다르마키르티의

인식론평석

종교론

철학의 정원 55
다르마키르티의 인식론평석: 종교론

초판1쇄 펴냄 2023년 02월 28일

지은이 권서용
펴낸이 유재건
펴낸곳 (주)그린비출판사
주소 서울시 마포구 와우산로 180, 4층
대표전화 02-702-2717 | **팩스** 02-703-0272
홈페이지 www.greenbee.co.kr
원고투고 및 문의 editor@greenbee.co.kr

편집 이진희, 구세주, 송예진, 김아영 | **디자인** 권희원, 이은솔
마케팅 육소연 | **물류유통** 유재영 | **경영관리** 유수진

ISBN 978-89-7682-817-0 93150

1. 이 저서는 2021년 부산대학교 인문학연구소의 지원을 받아 수행된 연구임.
2. 이 저서는 2021년 대한민국 교육부와 한국연구재단의 지원을 받아 수행된 연구임.
(NRF-2021S1A5B5A16076240)

धर्मकीर्ति

다르마키르티의

인식론평석

종교론

권서용 지음

그린비

책머리에

누군가가 비트겐슈타인(Ludwig Wittgenstein)에게 "신에 대해 아는 것이 무엇인가?"라고 묻자, 그는 "나는 이 세계가 존재한다는 것을 안다"고 말한다. 신에 대해 물었는데 신에 대해서는 답하지 않고 세계가 존재한다는 것을 안다고 답한다. 『논리철학논고』의 머리말에서 비트겐슈타인은 "말해질 수 있는 것은 명료하게 말해질 수 있다. 그리고 말할 수 없는 것에 관해서는 우리들은 침묵해야 한다"고도 말한다. 신은 말할 수 없지만, 이 세계가 존재한다는 것은 안다. 계속해서 그는 말한다. "세계는 내게 주어져 있다. 즉 나의 의지는 이미 완성되어 있는 어떤 것 속으로 들어가듯 완전히 밖에서부터 세계 속으로 들어간다. (나의 의지가 무엇인지에 대해서 아직 나는 모른다.) 그것이 우리가 외부의 의지에 의존하고 있다는 느낌을 가지는 이유이다. 그것은 그렇다 치고, 어쨌든 우리는 어떤 의미에서 의존적이며, 우리가 의존하는 것을 우리는 신이라 부를 수 있다."(하영미, 『비트겐슈타인의 종교관과 철학』, 21) 그의 이 말에서, 우리가 근원적으로 의존하고 있는 것 곧 사실로서 주어져 있는 세계가 외부의 의지이며 운명이며 신임을 안다. 요컨대 사실들의 총체인 세계가 곧 신이다.

그렇다면 세계는 어떻게 존재하는가? 『주역』「계사전」5장에는 "한 번 음이 되고 한 번 양이 되는 것을 일컬어 도"(一陰一陽之謂道)라 한다. 사실들의 총체인 세계는 한 번 음이 되고 한 번 양이 되는 방식으로 존재한다는 것이다. 낮이 밤이 되고 밤이 낮이 되는 것이 일음일양이며, 봄이 여름이 되고 여름이 가을이 되며 가을이 겨울이 되어 다시 봄이 오는 것이 일음일양이며, 태어나 죽고 죽어서 다시 태어나는 것이 일음일양이며, 괴로움이 즐거움이 되고 즐거움이 괴로움이 되는 것이 일음일양이며, 만남이 곧 이별이며 이별이 다시 만남이 되는 것이 일음일양이다. 이러한 천지자연의 항상성(중용, Homeostasis)을 어떠한 유기체든 벗어날 수 없다는 점에서 일음일양으로 존재하는 세계는 외부의 의지이며 운명이기도 하다. 그런데 이러한 일음일양하는 세계는 설명의 대상이 아니라 기술의 대상일 뿐이다. 달리 말하면 분별적 사유의 대상이 아니라 무분별적 지각의 대상이 일음일양하는 세계이다. 그렇기 때문에「계사전」5장 말미에는 "한 번 음이 되고 한 번 양이 되는 것을 헤아리지 못하는 것을 일컬어 신"(陰陽不測之謂神)이라 했다. 여기서 헤아린다는 것은 사유로 분별한다는 의미이며, 신이라고 한 것은 명사로서 실체로서의 신이 아니라 부사로서의 신비스러운 느낌이다. 요컨대 일음일양하는 세계는 사유분별로써 헤아릴 수 없는 신비스러운 것이다.

그런데 이러한 신비스러운 느낌을 종교적 경험에만 한정시켜 과학이나 철학으로부터 배제시켜서는 안 된다. 왜냐하면 그것은 우리가 느끼는 것이기 때문이다. 우리의 경험은 하나의 전체이자 총체적이며 인드라의 그물망과도 같이 서로 의존적으로 발생하고 소멸하기도 하는 것이기 때문이다. 이런 측면에서 화이트헤드의 다음과 같은 언명은 눈으로 보고서 마음으로 새겨둘 만하다. "철학은 종교나 과학 — 자연

과학이든 사회과학이든—과 긴밀한 관계를 맺을 때, 무기력하다는 오명에서 벗어날 수 있다. 철학은 이 양자, 즉 종교와 과학을 하나의 합리적 사고의 도식 속에 융합시킴으로써 그 최고의 중요성을 획득한다. 종교는 특정한 사회, 특정한 시대에 솟구쳐 나온, 그리고 특정한 선행자들에 의해 제약된 정서나 목적을 철학의 합리적 일반성과 결합시켜야 한다. 종교는 일반적 관념들을 특수한 사상, 특수한 정서, 특수한 목적으로 번역한다. 그것은 개인적 관심을, 그 자멸적인 특수성을 넘어서 신장시킨다는 목적을 향해 나아가도록 한다. 철학은 종교를 발견하고 그것을 수정한다. 역으로 말하면, 종교는 철학이 자신의 도식에 짜 넣지 않으면 안 될 경험의 여건들 가운데 하나인 것이다. 종교란 본래 관념적 사고에만 속하던 저 무시간적 보편성을 정서의 집요한 특수성 속에 주입시키려는 근원적인 갈망이라고 할 수 있다. 고등 유기체에 있어, 이와 같은 지고한 융합이 달성되지 않는다면, 단순한 정서와 관념적 경험 사이의 템포의 차이는 삶의 권태를 낳게 된다. 이러한 유기체의 두 측면은 정서적 경험이 개념적인 것에서 정당화되고, 개념적 경험은 정서적인 것에서 예시되는 그런 화해를 필요로 한다."(화이트헤드, 『과정과 실재』, 오영환 옮김, 69)

인간이라는 유기체는 두 가지 경험의 복합체이다. 하나는 정서적 경험이며 또 하나는 개념적 경험이다. 그런데 이 두 경험이 분리되고 갈등하고 반목할 때 철학과 종교는 무기력하다는 소리를 듣게 된다. 반면 그러한 두 경험이 화해될 때 무기력하다는 오명에서 벗어날 수 있는 것이다. 그렇다면 어떻게 화해시킬 것인가? '정서적 경험이 개념적인 것에서 정당화되고, 개념적 경험이 정서적인 것에서 예시될 때' 화해가 가능하다. 다시 말하면 정서적 경험을 본질로 하는 종교가 개념적 경험을 본질로 하는 철학에 의해 정당화되고, 개념적 경험을 본질로 하는 철학이 정서적 경험을 본질로 하는 종교에 의해 예시될 때, 종교와 철학은 우리의 일상적 삶의 공동체에서 유용한 역할을 하게 될 것이다.

다르마키르티(Dharmakīrti, 600~660)가 집대성한 인도불교 인식논리학은 종교로서의 불교와 철학으로서의 인식논리학이 결합되어 있다. 종교로서의 불교는 자비의 체현자로서의 부처가 되는 것을 목적으로 한다. 철학으로서의 인식논리학은 올바른 인식인 깨달음을 목적으로 한다. 일체가 연기(緣起)이며, 무자성(無自性)이며, 공(空)임을 깨닫는 것이 지혜이자 올바른 인식이라면, 이러한 깨달음을 우리의 삶 속에서 자비로서 행하는 분이 부처이다. 그래서 지혜가 곧 자비이고 자비가 즉 지혜이다. 다르게 표현하면 합리적인 지혜로운 사람이 곧 성스러운 사람인 것이다.

이 책 『다르마키르티의 인식론평석: 종교론』은 인도불교 인식논리학의 집대성자인 다르마키르티의 주저 『프라마나바르티카』(Pramāṇavārttika, 量評釋, 약칭은 PV) 제2장 종교론을 번역[譯]하고 역자의 생각[案]을 덧붙인 것이다. 『프라마나바르티카』는 인도불교 인식논리학의 초석을 놓은 디그나가(Dignāga, ca.480~540)의 주저 『프라마나삼웃차야』(Pramāṇasamuccaya, 量集成, 약칭은 PS)의 평석이다. 주석(註釋)에 의하면 이 다르마키르티의 종교론은 디그나가의 『프라마나삼웃차야』의 귀경게 즉 "세상 사람들의 이익을 바라는 분(慈悲者)이며, 교사(教師)이며, 선서(善逝)이며, 구제자(救濟者)인 규범자(프라마나가 되신 분=세존)에게 경례하여 나(디그나가)는 프라마나를 확립하기 위해 [『니야야뭇차』Nyāyamuchha 등의 자신의 저술에서] 산발적으로 설해져 있는 자기의 말들을 하나로 정리하여 『프라마나삼웃차야』를 저술한다"에 대한 평석이라고 한다. 이 짧은 귀경의 게송을 다르마키르티가 286개의 송으로 평석한 것이 바로 『인식론평석: 종교론』이다.

다르마키르티의 『인식론평석: 지각론』에 이어 『인식론평석: 종교론』에서도 많은 선생님들의 연구에 도움을 받았다. 기무라 도시히코(木村俊彦)의 『다르마키르티 종교철학의 원전연구』(ダルマキールティ宗教哲學の原典研究)와 『다르마키르티 철학과 종교』(ダルマキールティにおける哲學と宗教), 이나미 마사히로(稲見正浩)의 「『프라마나바르티카』「프라마나싯디」장 연구」(『プラマーナヴァールティカ』プラマーナシッディ章の研究), 나마이 지쇼(生井智紹)의 『윤회의 논증』(輪廻の論證), 혼다 메구무(本多惠)의 『다르마키르티의 인식비판』(ダルマキールティの認識批判) 등이다. 이 네 분 선생님의 연구를 참고하였다. 감사드린다.

끝으로 어려운 출판 여건 속에서도 이 책을 출판해 준 그린비출판사에 감사드린다.

2022. 11. 21.
권서용

차례

일러두기

1 이 책에 기술되어 있는 산스크리트 원문과 목차는 기무라 도시히코(木村俊彦)의 『ダルマキールティ宗教哲學の原典研究』에 의한다.

2 원문은 모두 게송 즉 운문(시)이다. 하지만 번역할 때에는 운문조의 번역으로 하지 않고 가능한 한 원문 문장의 의미를 토대로 산문 번역을 제시했다.

3 원문 번역 속의 ( )은 원어나 환언에 의한 설명이고, [ ]은 원문의 의미를 보충하기 위해 삽입한 어구이다. 다만 가독성을 위해 보충은 최소한으로 했다.

4 본문의 'K'와 'KT'는 기무라 도시히코의 『ダルマキールティ宗教哲學の原典研究』와 『ダルマキールティにおける哲學と宗教』, 쪽수를 간단히 표기했다(예: K.34). 이 외에 인용한 글들은 처음에는 지은이, 책(글)명, 옮긴이 순으로, 이후에는 책(글)명 등으로 간략히 표기했다. 자세한 서지사항은 참고문헌에 밝혀 놓았다.

5 본문의 반론은 마노라타난딘(Manorathanandin)의 『프라마나바르티카브리티』(Pramāṇa vārttika-Vṛtti)를 참고했으며, 게송의 해석은 이나미 마사히로(稲見正浩)의 「『プラマーナヴァールティカ』プラマーナシッディ章の研究」(I로 약칭)와 혼다 메구무(本多惠)의 『ダルマキールティの認識批判』(H로 약칭)에 의존했음을 밝혀 둔다.

6 외국어 고유명사는 2002년에 국립국어원에서 펴낸 외래어표기법을 따르는 것을 원칙으로 하되, 관례가 굳어서 쓰이는 것은 관례를 따랐다.

다르마키르티의

인식론평석

종교론

I. 프라마나의 정의

案

다르마키르티의 주저는 『프라마나바르티카』와 『프라마나비니쉬차야』이다. 전자는 『인식론평석』(量評釋), 후자는 『인식론결택』(量決擇)이라 한역되는 것이다. 이 두 권의 서명에서도 알 수 있는 바와 같이 그의 주된 관심은 '프라마나'이다. 프라마나는 인도불교 인식논리학뿐만 아니라 인도철학 일반에서도 중요한 철학적·논리학적 개념이다. 프라마나라는 낱말은 동사어근 mā(헤아리다, 계량하다, 계측하다, 측량하다, 재다, 인식하다)와 접두어 pra(~대하여) 그리고 수단, 도구, 방법 등을 의미하는 접미사 ana가 합성된 명사이다. 이 프라마나는 일반적으로 계측수단이나 계량도구 혹은 측량도구 등을 의미하며, 철학적으로는 인식수단이나 인식방법 혹은 인식도구 등으로 번역된다. 종교·윤리학적으로는 인간의 행위 규범이나 기준 혹은 종교적 권위 등을 의미한다. 여기서는 프라마나를 '**인식도구**'로 통일하여 사용하고자 한다. 즉,

[프라마나(pramāṇa)]

인식도구·계측도구·

계량도구·인식수단·

인식방법·인식근거·

종교적 권위·행위 규범

베다 문헌 시대에는 인식도구(프라마나)는 "인간의 행위규범으로서의 베다성전을 가리키는 것 이외에 천문학, 음악, 운율학, 기하학 등에 관한 베다 보조문헌에서는 무엇인가의 '기본단위'를 나타내는 술어로 사용"(가쓰라 쇼류 외, 『불교인식론과 논리학』, 권서용 옮김, 108)되기도 한다. 그런데 인식론적 탐구가 진행되면서 인식도구(프라마나)는 인식논리학의 핵심 개념이 된다. 특히 인도 정통학파 가운데 하나인 니야야학파는 그들의 학설 강요서인 『니야야수트라』에서 인식논리학이 탐구해야 할 16개의 주제를 제시하는데, 그 제1과 제2가 프라마나(pramāṇa, 인식도구)와 프라메야(prameya, 인식대상)이다.

"니야야학파의 열여섯 철학 주제(padārtha)는 다음과 같다. 하나 '우리가 어떤 것을 참되게 그리고 객관적으로 알게 하는 수단'으로서의 인식도구(pramāṇa), 둘 '참되게 그리고 객관적으로 알려지는 어떤 것(혹은 알려지는 것)'인 인식대상(prameya), 셋 '회의 혹은 확실성의 결여'인 의심(saṁśaya), 넷 '그것을 취하려고 욕구하거나 버리고자 하는 목표'인 목적(prayojana), 다섯 '논란의 여지가 없는 사실이기 때문에 일반적 진리나 원리의 사례로서 사용되는 것'인 유례(dṛṣṭānta), 여섯 '한 학파에 의해 확정적으로 지지되는 이론이나 교설'인 정설(siddhānta), 일곱 니야야학파의 '5단 논법의 구성요소'인 논증요소(avayava), 여덟 '어떤 주장의 부정이 불합리로 귀결됨을 보임으로써 처음 주장의 진리를 간접적으로 증명하는 방법으로 서양논리학의 귀류법에 해당하는'

가정적 논증(tarka), 아홉 '합당하고 바른 인식방법을 적용함으로써 도달된 참되고 확실한 인식'인 결정(nirṇaya), 열 '전제와 결론, 인식의 수단과 기준이 명료하게 진술된 논증'인 논의(vāda), 열하나 '진리에 도달하려는 것이 아니라 오직 승리를 목적으로 하는 쟁론'인 논쟁(jalpa), 열둘 '논증하고자 하는 자신의 입장이나 주장이 없이 오직 상대방의 주장을 파괴하는 데에만 관심을 가진 쟁론'인 논파(vitaṇḍā), 열셋 '바른 추론인인 것처럼 보이지만 사실은 오류를 범하는 것'인 그릇된 추론인(hetvābhāsa), 열넷 '상대방의 말의 의미를 왜곡시키거나 논지를 바꾸고 흐리게 하는 등의 술수로 상대의 반박을 교묘하게 피하는 것'인 궤변(chala), 열다섯 '부적당한 논리에 의해 자신의 입장을 방어하거나 상대를 논박하는 것'인 그릇된 논박(jāti), 열여섯 '논쟁이 패배하는 근거'인 약점(nigrahasthāna)이다."(뿔리간들라, 『인도철학』, 이지수 옮김, 184~185) 이상 니야야학파의 인식논리학의 16개 탐구주제를 요약하면 다음과 같다.

[16개의 탐구주제]

인식도구·인식대상·의심·목적·

유례·정설·논증요소·가정적 논증·

결정·논의·논쟁·논파·그릇된 추론인·

궤변·그릇된 논박·약점

니야야학파는 '인식도구에 근거하여 대상을 이해하는 경우에 인간의 활동이 힘을 갖기 때문에 인식도구는 유효하다'고 하여 모든 철학적 사유의 근간에 인식도구를 두고 있다. 그렇기 때문에 인도불교를 포함한 인도의 정통 육파철학에서는 인식도구로서의 프라마나의 종류에 대해서 다양한 의견을 제시한다. 고대인도 유물론적 쾌락주의 학파인 차르바카는 지각(現量) 1종, 상키야학파는 지각과 추론(比量) 그리고 증언(聖言量)의 3종, 니야야학파는 지각과 추론과 증언과 비교의 4종, 프라바카라 미망사학파는 4종에다 요청을 더한 5종, 바타 미망사학파는 5종에다 비인식을 더한 6종, 디그나가와 다르마키르티로 대표되는 인도불교 인식논리학은 지각과 추론 2종을 인식도구로 제시한다. 이것을 간략하게 도시하면 다음과 같다.

학파	인식도구
차르바카	지각(pratyakṣa)
상키야	지각·추론(anumāna)·증언
요가	지각·추론·증언(śabda)
니야야	지각·추론·증언·비교(upamāna)
바이셰시카	지각·추론
미망사(프라바카라파)	지각·추론·증언·비교·요청(arthāpatti)
미망사(바타파)	지각·추론·증언·비교·요청·비인식(anupalabdhi)
베단다	지각·추론·증언·비교·요청·비인식
인도불교(디그나가, 다르마키르티)	지각·추론

인도불교 인식논리학의 정초자인 디그나가와 완성자인 다르마키르티는 지각과 추론의 2종만을 인식도구라고 인정한다. 그런데 다르마

키르티는 인식도구의 수를 지각과 추론의 2종으로 정리한 다음, 인식도구의 정의를 시도하면서 『프라마나바르티카』의 종교론이 시작된다.

1a.

[반론]

인식도구란 어떠한 앎(인식)인가?

[답론]

인식도구란 정합적 앎(인식)이다.

pramāṇam avisaṃvādi jñānam

[반론]

그렇다면 '정합적 [앎]'이란 어떠한 것인가?

[답론]

'정합적 [앎]'이란 [인식대상에] 인과적 효과의 작용(목적의 달성, 결과를 낳는 것)이 확정되어 있는 것이다.

arthakriyāsthitiḥ / avisaṃvādanaṃ

案

다르마키르티의 주저 『프라마나바르티카』는 모두 4장으로 구성된다. 제1장은 추리론(PVI), 제2장은 종교론(PVII), 제3장은 지각론(PVIII), 제4장은 변증론(PVIV)이다. 지금 역안(譯案)을 하는 『프라마나바르티카』의 「프라마나싯디」장은 제2장 종교론에 해당한다. 이 장은 다르마키르티 스승의 스승인 인도불교 인식논리학의 개조 디그나가의 『프라마나삼웃차야』의 귀경게(예배게송)에 대한 평석이다. 디그나가의 귀경게는 다음과 같다. "세상 사람들의 이익을 바라는 분(慈悲者)이며, 교사(教師)이며, 선서(善逝)이며, 구제자(救濟者)인 규범자(프라마나가 되신 분=세존)에게 경례하여 나(디그나가)는 프라마나를 확립하기 위해 [『니야야뭇차』Nyāyamuchha 등의 자신의 저술에서] 산발적으로 설해져 있는 자기의 말들을 하나로 정리하여 『프라마나삼웃차야』(量集成)를 저술한다."(prāmṇabhūtāua jagaddhitaiṣine praṇamy śāstre sugatāya tāyine / pramāṇasiddhya svasmāt samuccayaḥ kariṣyate viprasṛtād ihaihataḥ //)

귀경게의 '프라마나가 되신 분'이라는 '프라마나부타'(pramāṇa-bhūta)에서 프라마나를 해설하고 있는 것이 1송에서 10송까지이다. 이것은 마노라타난딘(Manorathanandin)의 다음과 같은 해설에 기인한다. "스승(다르마키르티)은 큰 스승(디그나가)의 『프라마나삼웃차야』라는 논서에 대한 평석을 작성하고자 하여 스스로 세존에 대해 귀명한다. 그래서 스승(디그나가)이 그(의 『프라마나삼웃차야』라는) 논서를 저술하기 시작할 때 지었던 세존에 대한 귀경게를 해설하려고 하여 [다르마키르티는] 서두에서 프라마나 일반의 정의를 기술한다."(I.1.65)

그렇다면 프라마나란 무엇인가? 프라마나란 인식근거·인식수단·인식도구·종교적 권위·공적인 기준 등으로 번역되는 산스크리트이며, 다르마키르티에 있어서 인식논리학 체계의 범주적 개념이다. 그렇다면 인식도구는 무엇인가? 이것은 인식도구의 정의 내지 본질에 대한 물음이다. 이에 대해 다르마키르티는 "인식도구란 정합적 앎이다"라고 답한다. 이것을 사계에서는 인식도구의 제1정의라 한다.

그렇다면 정합적 앎이란 무엇인가? 마노라타난딘은 다음과 같이 설명한다. "인식도구로서의 적합성인 속이지 않는 것(정합성)이란, [그 앎에 의해서] 제시된 그대로의 목적 달성이 확정해 있는 것이다. 그렇기 때문에 어떤 앎에 근거하여 대상을 결정해도, 활동을 일으키지 않는다든지, 활동을 일으킨다고 해도 무엇인가의 장애 등에 의해서 목적 달성을 획득할 수 없는 경우에도, 그 앎은 인식도구에 다름 아니다. 인식도구로서의 적합성인 속이지 않는 것(정합적인 것)이 있기 때문이다. 목적의 달성을 획득할 수 없을 때, 어떻게 해서 그 인식도구로서의 적합성[인 속이지 않는 것]이 결정되는 것인가? 우선 여러 번 행동을 반복하기 때문에 한 번 보는 것만으로 오류가 없는 특정의 본성이 간파되는 것과 같은 [목적 달성] 수단(예를 들면, 불)의 지각이 있지만, 그것은 반드시 자율적으로(svatah) 인식도구로서의 적합성이 결정된다. 모조품과 진짜 보석이나 은 등이 진짜인가 아닌가[는 눈에 익으면 한 번에] 결정되는 것처럼. 또 추론과(推論果, 추론대상)와 필연적으로 결합하는 [추론인(推論因)]으로부터 생긴 추론도 [마찬가지로 자율적으로 인식도구로서의 적합성이 결정된다.] [추론과(추론대상)로부터] 일탈하는 것이라는 의심은 없기 때문이다. 나아가 목적 달성이 현재 현현하고 있는 앎은 그것 자신, 목적 달성의 경험을 본성으로 하는 것이며 그것에 대해서 다른 목적 달성은 필요로 하지 않는다. 따라서 그것은 자율적으로 인식도구임이 결정되는 것이다. 그러므로 목적 달성이 연속하는 것에 의한 무한 소급의 오류도 있을 수 없다. 한편 그다지 반복하여 경험되지 않기 때문에 [그 앎이] 생긴 시점에서는 인식도구인 것이 의심스러운 것은, 첫째 목적 달성의 앎 혹은 둘째 추론에 근거하여 인식도구임이 결정된다."(I.1.66~67)

'정합적'이란 '속이지 않는 것', '인식대상의 인과적 효과의 작용

(목적 달성, 결과를 낳는 것)이 확정되어 있는 것'이다. 이것은 설명이 필요하다. 모든 유기체는 생존하기 위해서 인식도구를 다 지니고 있다. 예를 들어, 지렁이는 장애물을 만났을 때 촉각을 통해 장애물임을 인지하고 우회하는 행동을 취한다. 이때 장애물과 장애물에 대한 촉각(지각)이 정합적이기 때문에 우회하는 행동을 취했던 것이다. 이 촉각(지각)이 인식도구이며, 이 인식도구의 본질은 정합적 앎이라는 것이다. 고등의 유기체인 인간의 경우도 마찬가지인데, 가령 캄캄한 방에 갑자기 불이 켜지면 그 사람은 눈을 감는다. 눈을 감을 경우 여기에도 인식도구인 지각이 작동했던 것이다. 또한 연기를 보고 불을 추론하는 경우 그 추론을 근거로 불을 진압하는 행위를 초래하는 것이다. 이때의 추론이 인식도구이며, 이 인식도구의 본질은 불이 났다는 사건과 불이 났다는 판단 사이의 일치 즉 정합성이다.

디그나가뿐만 아니라 다르마키르티도 인식도구를 2종으로 한정한다. 하나는 지각(pratyakṣa)이며 또 하나는 추론(anumāna)이다. 지각은 대상에 대한 직접적 앎이며, 추론은 간접적·매개적 앎이다. 추론을 매개하는 것은 사유(분별)와 언어이다. 기지(既知)의 앎이 원인이 되고, 미지(未知)의 앎이 결과가 되어 인식된다. 이 일련의 과정을 추론이라 한다.

그런데 인식대상과 인식의 일치를 정합성이라 할 때 외계대상을 인정하는 경량부(經量部)의 인식론에서는 타당하지만, 외계대상을 인정하지 않고 오직 마음뿐이라는 유식학파(唯識學派)의 인식론에서는 타당하지 않다고 할 수 있을 것이다. 다시 말하면 다르마키르티는 자신의 인식론이 외계실재론과 유식론 모두 적용 가능하다는 주장과 배치되는 것이 아닌가 하는 것이다. 이에 대해 마노라타난딘은 다음과 같이 말한다. "그런데 이 '정합적 [앎]'은 외계의 실재를 인정하는 실재론자와 외계의 실재를 인정하지 않는 관념론자 모두 인정하는 공통의 인식도구의 정의이다. 유식설에서도 [인과적 효과의 작용=목적 달성의] 수단(예를 들면 불)이 현현한 앎 직후에 인과적 효과의 작용(예를 들면 태우는 것)이 현현한 앎이 '정합적 [앎]'이다. 그러므로 다만 식만으로도 인식도구와 인식도구가 아닌 것의 구별에 관한 행위는 혼동되지 않는 것이다."(I.1.66~67) 데벤드라붓디도 "외계 존재의 유무에 관계없이 기만하지 않는 것에 근거해서 인식도구인가 아닌가가 결정된다는 것을 기술한다. 그에 의하면 외계가 존재하지 않아도 어떤 앎이 바라는 목적 달성이 현현한 앎을 생기게 하는 것이 속이지 않는 것이다"(I.1.74)라고 설명한다.

언어인식에 관하여

1b-2.

[반론]

언어에 근거하여 향기나 맛 그리고 감촉을 아는 앎이나 그림에 그려진 것을 아는 앎에는 달리 인과적 효과의 작용(목적 달성)의 앎은 없다. 따라서 그것은 인식도구가 아닐 것이다.

[답론]

언어[에 근거한 앎]에도 [정합성은 있다]. [왜냐하면 화자의] 의사를 [일탈하지 않고] 전하기 때문이다.

śabde apy abhiprāyanivedanāt //

[반론]

언어에는 실재하는 대상(현실적 존재)과의 필연관계는 없기 때문에 인식도구가 아니다. 그러나 추론이라는 이유에서 [그것도 인식도구라] 인정된다.

[답론]

화자의 언어활동(의사)을 대상으로 하는 의미가 [청자의 분별적] 앎에 현현한다. 그것에 대해서 언어는 인식도구이다. [그렇지만 언어가 인식도구인 것은] 실재(현실적 존재)의 실상에 근거한 것은 아니다.

vaktṛvyāpāraviṣayo yo'rtho buddhau prakāśate /
pramāṇyaṃ tatra śabdasya nārthtattvanibandhanam //

案

인식도구(프라마나)의 본질이 대상과 인식의 일치 즉 정합성에 있다고 한다면 언어에 의한 앎은 인식도구라 할 수 없다. 왜냐하면 언어에 근거하여 향기나 맛 그리고 감촉을 아는 앎이나 그림으로 그려진 것을 아는 앎에는 달리 인과적 효과의 작용(목적의 달성)의 성취는 없기 때문이다. 따라서 그것은 인식도구가 아니다. 이상과 같은 반론이 제기될 수도 있다. 이러한 반론에 대해 "언어[에 근거한 앎]에도 정합성은 있다. 왜냐하면 화자의 의사를 일탈하지 않고 전하기 때문에 언어에 근거한 앎은 인식도구이다"라고 다르마키르티는 답론한다. 언어에 근거한 앎이 인식도구인 까닭은 그 앎도 정합성을 본질로 하기 때문이다. 다시 말하면 화자의 의사와 청자의 마음속에 떠오르는 의미는 일치하기 때문이다. 언어를 통해 화자가 자신이 의도하고자 하는 바를 청자에게 정확하게 전달하는 인과적 효과의 작용(목적의 달성, 결과를 낳는 능력)을 성취하기 때문에 언어에 근거한 앎도 인식도구라 할 수 있다.

마노라타난딘은 언어에 근거한 앎이 인식도구라는 다르마키르티의 주장을 다음과 같이 주석한다. "언어에 근거한 앎 즉 언어로부터 생긴 앎도 그것이 언어에 근거하여 향기 등을 대상으로 하는 앎이라고 해도 [화자의] 의사라는, 바라는 인과적 효과의 작용(목적의 달성)을 전하기 때문에, 즉 이해하게 하기 때문에 인식도구이다. 실로 인과적 효과성(목적의 달성, 결과를 낳는 것)이란 경우에 따라서는 [현실적 존재] 자신의 존재방식에 대한 이해에 다름 아니다. 또 경우에 따라서는 그것 이외의 것이다. 그것은 마땅히 그렇게 해야 할 행위의 대상이다. 그리고 그것에 도달하는 것이 인식도구인 것이다. 따라서 인식도구의 정의는 정의되는 것 모두를 변충(遍充)하지 않는 것은 아니다."(I.1.67) 요컨대 지각이나 추론인에 근거한 앎(추론) 혹은 언어에 근거한 앎(추론)이 인식도구인 까닭은 그것이 대상을 이해하게 하고, 또한 대상에로의 행위를 가능하게 하기 때문이다. 즉 '대상이해'와 '대상행위'를 성취하기 때문에 인식도구라는 의미이다. 요컨대,

인식도구의 확실성

① 대상이해

② 대상행위

하지만 그럼에도 불구하고 '언어에 근거한 앎'이 추론이라는 이유

에서 인식도구이지만, 엄밀한 의미에서는 언어에는 대상과의 필연관계가 없기 때문에 인식도구가 아니라고 대론자는 반론한다. 이러한 반론에 대해 다르마키르티는 "화자의 언어활동(의사표현활동)을 대상으로 하는 의미가 [청자의 분별적] 앎에 현현한다. 그것에 대해서 언어는 인식도구이다. [그렇지만 언어가 인식도구인 것은] 현실적 존재의 실상에 근거한 것은 아니다"라고 답론한다. 언어에 근거한 앎이나 추론인에 의한 앎 모두 추론이다. 이것들은 모두 세속적 차원에서는 인식도구이지만, 궁극적 차원에서는 인식도구라고 할 수가 없다. 왜냐하면 언어에 근거한 앎이나 추론인에 의한 앎은 대상의 실상 즉 현실적 존재(vastu, actual entity)에 근거한 것이 아니기 때문이다. 따라서 언어에 근거한 앎은 추론인에 근거한 앎과 마찬가지로 세속의 차원에서의 인식도구라 할 수 있다.

마노라타난딘은 이 게송에 대해 다음과 같이 주석한다. "'화자의 언어활동'이란 의사(意思, vivakṣā)이다. 그 대상인 것 즉 외계의 존재로서 개념적으로 구성된 앎의 형상이 의사를 본성으로 하는 앎에 현현한다. 그것에 관해서 언어는 인식도구이다. 요컨대 추론인(linga)이다. 의도된 것이 현현하는 [화자의] 분별적 사유가 발화된 언어에 근거하여 [청자에 의해서] 추론된다는 의미이다. 그 언어는 그 [화자의 분별적 사유]의 결과이기 때문이다. 그러나 [언어가 인식도구인 것은] 실재(현실적 존재)의 실상에 근거한 것이 아니다. 그것(실재의 실상)과 필연관계가 존재하지 않기 때문이다."(I.1.68) 이렇게 언어에 근거한 앎인 추론도 인식도구라는 다르마키르티의 언명은, 베다 언어가 인식도구라고 주장하는 바라문 계통의 인도 정통학파의 주장을 부정 배제하는 것이다. "실은 '언어'라는 말이 바라문교 계통의 학파에서는 인식도구인 베다를 가리키기 때문에 여기서는 그 배제도 포함한다. 대치되는 언어이론은 위자비량(爲自比量)장에서 앎(dhī)의 대상이 부정(apoha)을 대상으로 하는 개념적 구성인 것이라는 논의에서 전개된다. '본질로서의 추론인(自性因)'의 분석성에 관한 설명에서 전개된 것으로 상당히 장대한 언어이론도 부수한다. 다르마키르티는 분별적 앎과 언어의 문제는 항상 동일하며 또한 바이셰시카학파의 속성이나 정리학파의 공상(共相, 보편)을 실재시하는 관점과 대척점에 있다. 다만 여기서는 언어의 부정적 의미보다도 오히려 의사표현 기능을 적극적으로 인정하고 있기 때문에 세속적 차원의 진실에 입각한 인식이라는 규정과 함께 이해되어야 한다."(K.34)

인식론개설

3ab.

[반론]

'이것은 병이다' 등이라는 세속적(분별적) 앎에 근거하여 행동을 일으키는 것에도 [대상의] 정합성이 있다. 따라서 그것은 인식도구일 터이다.

[답론]

세속적(분별적) 앎은 [인식도구라고는] 인정되지 않는다. 왜냐하면 [그것은] 이미 파악한 것을 [다시] 파악하는 것이기 때문이다.

gṛhīta-grahaṇān na iṣṭaṃ sāṃvṛtaṃ

案

세속적(분별적) 앎이란 '이것은 그것이다', '이것은 병이다'와 같은 재인식(pratyabhijñapratyaya)이자 개념적 앎이다. 이것은 지각에 근거한 판단을 의미하기 때문에 지각판단이라고 할 수 있다. 이러한 지각판단에 근거해서 행위를 하는 자에게는 대상의 정합성이 있기 때문에 세속적 분별적 앎(개념적 앎, 지각판단)은 인식도구가 아닌가 하는 반론에 대해 다르마키르티는 "세속적(분별적) 앎은 [인식도구라고는] 인정되지 않는다. 왜냐하면 [그것은] 이미 파악한 것을 [다시] 파악하는 것이기 때문"이라고 답론한다. 다시 말하면 '이것이 저것이다'라고 재인식하는 앎은 기억에 의존하는 인식으로 진실성을 인정할 수 없다. 과거에 파악한 것을 다시 파악한 것이기 때문에 그 재인식의 대상은 현실적 존재가 아니라 실상을 가린 인식이 된다.

이 다르마키르티의 답론에 대해 마노라타난딘은 다음과 같이 해설한다. "지각 이후에 존재하는 세속적 앎이라는 분별적 앎은 인식도구라고는 인정되지 않는다. 직관지(dhī, 외계 대상인식을 본질로 하는 지각)에 의해서 이미 파악한 것을 [다시] 파악하는 것이기 때문이다. 또한 그것(직관지)에 의해서만 [대상을] 획득하는 것이 가능하기 때문이다. 세속적인 앎은 어떤 작용도 담당하지 않는다."(I.2.21) 다르마키르티에 의하면 언어에 근거한 앎이나 추론인에 근거한 앎은 전혀 다른 인식도구가 아니라 동일한 인식도구 즉 추론이다. 그런데 이 추론이라는 인식도구는 인식과 대상의 일치, 비기만성, 정합성이라는 인식도구의 제1정의를 만족시킬 뿐, 이미 알고 있는 대상에 대한 앎이 아니라 아직 알려져 있지 않은 미지의 새로운 대상에 대한 앎이라는 인식도구의 제2정의를 만족시키지 못하고 있다. 따라서 세속적인 분별적 앎이나 언어, 추론인에 근거한 추론은 인식도구가 아니다. 이것은 승의의 차원에 근거해서 말한 것이다.

3cd.

[반론]

그렇다면 어떻게 해서 앎이 인식도구라 인정되며 감관 등은 인식도구라 인정되지 않는가?

[답론]

[현실적 존재에 근거한] 앎(외계 대상인식을 본질로 하는 지각)만이 인식도구이다. 왜냐하면 버려야 할 현실적 존재와 취해야 할 현실적 존재에 대한 행위는 그것(현실적 존재에 근거한 앎)을 주된 요인으로 하기 때문이다.

dhī-pramāṇatā /

pravṛttes tat-pradhānatvāddheya-upādeya-vastuni //

案

우리의 인식을 구성하는 요소로는 인식기관(根), 인식대상(境), 인식작용(識, 인식결과)이 있다. 대론자에 의하면 감관 등과 같은 것이 인식도구이며, 인식작용인 앎은 인식의 결과 내지 목적이기 때문에 인식도구가 아니라고 반론한다. 하지만 다르마키르티는 인식작용(인식결과) 즉 현실적 존재(vastu)에 근거한 앎(dhī)만이 버려야 할 현실적 존재와 취해야 할 현실적 존재를 구별하여 취사선택하는 행위가 가능하며 감관 등이 있다고 해서 취사선택의 행위는 일어나지 않는다고 한다. 따라서 현실적 존재에 근거한 앎만이 우리로 하여금 어떤 것을 취사선택하는 행동을 옮기게 하는 도구라고 할 수 있다.

마노라타난딘은 다음과 같이 이 송을 주석한다. “버려야 할 현실적 존재와 취해야 할 현실적 존재를 대상으로 하는 행위는 그것을 주된 요인으로 하기 때문에 앎만이 인식도구이다. 감관이 있다고 해서 행위가 일어나는 것이 아니기 때문이다. 그렇다면 어떠한 것인가? 앎이 있기 때문에 [행위가 있는 것이다]. 그리고 가장 유효한 수단이 인식도구이다. 그것(앎)은 기능이 방해되지 않는 것이기 때문이다.”(I.2.22) 이 송에서는 결과를 바라는 것에 대해 행위라는 활동을 초래한다는 점에서 앎이 인식도구임을 입증한다. 다시 말하면 대상행위를 가져오는 앎이 인식도구라는 것이다. 아래 4송은 ‘대상행위’가 아니라 ‘대상이해’라는 결과의 구별을 초래한다는 점에서 앎이 인식도구임을 기술한다.

4ab.

[반론]

위에서 결과를 바라는 것에 있어서 행위라는 활동을 초래하기 때문에 앎은 인식도구라고 하였다. 그런데 앎이 인식도구인 또 다른 이유는 없는가?

[답론]

[직관적] 앎(dhī)에는 대상형상의 차이에 근거해서 [대상]이해의 차이가 있기 때문[에 앎이야말로 인식도구]이다.

viṣaya-ākāra-bhedāc ca dhiyo adhigama-bhedataḥ /

案

만약 인식도구의 본질이 정합성 즉 대상과 인식의 일치에 있다고 한다면 '이것은 항아리이다' 등과 같은 세속적인 분별적 앎도 인식도구라 해야 할 것이다. 왜냐하면 그 앎에 근거하여 행동을 일으키기 때문이다. 따라서 세속적인 분별적 앎은 인식도구라고 반론할 수가 있을 것이다. 하지만 다르마키르티에 의하면 세속적인 분별적 앎은 이미 파악한 것을 다시 파악한 것이기 때문에 인식도구가 아니다. 여기서 우리는 인식도구이기 위해서는 두 가지 조건을 갖추어야 한다는 다르마키르티의 언명을 떠올려야 한다. 하나는 정합적 인식일 것(정합성, coherence), 또 하나는 미지의 대상에 대한 인식일 것(새로움, novelty)이다. 그런데 세속적인 분별적 앎은 대상을 획득할 수 있는 정합성을 결여하고 있을 뿐만 아니라 아직 알려지지 않은 미지의 실재를 인식할 수 있는 새로움이라는 조건마저도 결여하고 있다. 왜냐하면 인식의 정합성과 새로움은 반드시 현실적 존재(vastu, actual entity)에 근거해야만 가능한데 세속적인 분별적 앎은 현실적 존재에 직접적으로 근거하지 않고 기억에 근거한 앎이기 때문이다.

재인식이 인식도구가 아니라면 감관 등은 인식도구가 될 수 없는가를 물을 수 있을 것이다. 다르마키르티는 "[현실적 존재에 근거한] 앎만이 인식도구이다. 왜냐하면 버려야 할 것과 취해야 할 것에 대한 행위는 그 현실적 존재들에 근거하기 때문"이라고 답론한다. 마노라타난딘은 이 송을 다음과 같이 해설한다. "버려야 할 것과 취해야 할 것에 대한 행위는 현실적 존재를 주된 요인으로 하기 때문에 앎이야말로 인식도구이다. 감관이 있다고 해서 행위가 있는 것이 아니다. 앎이 있기 때문에 행위가 있는 것이다. 그리고 가장 유효한 수단이 인식도구이다. 그것

(앎)은 기능이 장애되지 않는 것이기 때문이다."(I.2.22)

그런데 정합성을 대상과 인식의 일치 또는 대상에 대해 행위를 야기하는 것이라고 이해한다면 직접적인 인식인 지각의 경우에는 정합성을 확인할 수 없다. 이 경우에는 어떻게 인식도구라 할 수 있는가? 다시 말하면 앎이 인식도구인 다른 이유가 있는가? 다르마키르티는 "앎(외계 대상인식을 본질로 하는 지각)에는 대상형상의 차이에 근거해서 대상이해의 차이가 있기 때문에 앎이야말로 인식도구이다"라고 한다. 이것은 결과를 바라는 것에 있어서 행위를 초래한다는 점에서 앎이 인식도구일 뿐만 아니라 대상이해라는 결과의 구별을 초래한다는 점에서 앎이 인식도구임을 기술한 것이다. 마노라타난딘은 다음과 같이 해설한다. "앎에는 대상의 형상 즉 대상인 존재와 유사한 형상인 푸른색 등의 차이가 있기 때문에 앎이야말로 인식도구이다. 푸른색과 유사한 앎은 푸른색을 이해하는 것이며, 다른 앎은 다른 것을 이해하는 것이다. 따라서 앎이야말로 인식도구이다."(I.2.22)

4c.

[반론]

[앎의] 형상이 대상이해(대상인식)를 성립시키는 것처럼, 마찬가지로 감관도 [대상이해(대상인식)를 성립시키는 것이다. 왜냐하면 대상이해(대상인식)]는 그것으로부터 생기는 것이기 때문이다.

[답론]

그것(형상)이 있다면 반드시 이것(대상이해, 대상인식)이 있기 때문이다.

bhāvād eva asya tad-bhāvāt

案

대상에 대한 이해는 대상형상에 의해 가능하다. 만약 대상형상이 인식(외계 대상인식을 본질로 하는 지각=경량부의 지각)에 없다고 한다면 대상이해(대상인식)는 불가능할 것이다. "그 형상이 있다면 반드시 이 대상인식이 있기 때문에 그 형상이야말로 대상인식을 성립시키는 것이다. 다른 것이 개재하는 것은 아니기 때문이다. 그러나 한편 감관 등에는 그렇지 않다. 그것이 가령 존재한다고 해도 앎이 생기지 않는 한 대상인식은 있을 수 없기 때문이다."(I.2.23)

4d.

[반론]

어떤 자(미망사)는 이렇게 기술한다. "모든 앎에 있어서 반증되지 않는 것을 특징으로 하는 인식도구의 확실성(인식도구임)은 반드시 자율적으로 성립한다. 그리고 반증[하는 앎]과 원인의 결함의 앎에 의해서 어떤 경우는 그것(인식도구의 확실성)이 배제된다. 예를 들면 조개를 은이라고 아는 경우나 두 개의 달이 보이는 것처럼"이라고.

[답론]

[그러나 그것은 바르지 않다. 왜냐하면 단순한 앎은 대상의] 자기 형상을 자신이 인지하는 것이기 때문이다.

svarūpasya svato gatiḥ //

案

'자기 형상을 자신이 인지하는 것'이란 대상을 직접적으로 인식한다는 것이다. 즉 인식(지각)은 자상에 의해서 생긴다는 것이다. 그런데 이 논의의 대론으로서는 감관과 대상의 접촉에 의해서 인식(지각)이 생긴다고 하는 감관-대상 접촉설을 주장하는 인도 정통학파의 인식론이다. "프라즈냐카라굽타는 '승의적으로는 하나의 자기인식만이 존재할 뿐'이라고 하여 직관적 앎(dhī)을 인식결과의 자기인식에 배당한다. '자신'이라고 하는 것은 의식 자신이 자기를 본다는 의미에서의 자신이다. 프라즈냐카라굽타에 의하면 인식작용(과정)은 대상에 지향하는 것과 대상의 형상을 표상하는 것이다. 그 인지가 인식결과이다."(K.173) 경량부는 외계의 대상형상에 의해 인식이 생긴다는 인식론을 피력하는 반면 유식학파는 인식 자신 속에 있는 형상에 의해 인식이 생긴다는 인식론을 피력한다. 다시 말하면 경량부는 대상인식을 인식결과라고 보지만, 유식학파는 자기인식을 인식결과라고 본다. 다르마키르티는 세속의 차원에서는 경량부의 대상인식을 수용하지만 궁극적 차원(승의의 차원)에서는 유식학파의 자기인식을 수용한다.

5a.

[반론]

단순한 앎 그것은 그 자신으로(자율적으로) 알려지지만, 인식도구의 확실성은 그렇지 않다고 한다면, 인식도구의 확실성은 어떻게 해서 이해되는 것인가?

[답론]

인식도구의 확실성은 행위에 의해서 [알려진다].

prāmāṇyaṃ vyavahāreṇa /

案

마노라타난딘은 다음과 같이 이 송을 해설한다. "이것은 세간적인 인식도구(프라마나)의 특질이다. 미래나 과거의 색깔 있는 모양(色) 등의 찰나를 동일한 것이라 하여 일치하는 것을 대상으로 하는 세간적 행위는 모든 사람에 의해 비난을 받지 않는다. 추론과(推論果, 추론대상)와 추론인(推論因, 추론근거)을 어떤 하나의 개체에서 알고 그것과 동류(同類)인 모든 존재가 마찬가지임을 확정하는 일치를 세간의 행위자들은 결정한다. 그리고 그것에 따라서 인식도구의 확실성(진실성)이 확정되는 것이다. 그러나 진실로는 행동도 행동부정도 초래되지 않는 자기인식만이 존재한다."(I.2.26) 세속의 차원에서는 대상에 대한 직접적 인식인 지각(대상인식을 본질로 하는 지각)과 간접적 인식인 추론 모두 인식도구이지만, 승의의 차원에서는 자기인식 즉 지각만이 인식도구임을 예감케 한다. 기무라 도시히코는 다음과 같이 설명한다. "대상의 형상을 마음에 떠올리는 인식은 대상의 인과적 효과성에도 뒷받침되어 목적을 성취하는 행위의 지침이 되기 때문에 일상 언어 차원의 행위의 근거가 된다. 일상 언어 차원에서 인식도구라고 하는 것은 궁극적 차원에서는 자기 인식인 지각만이 진실임을 예상케 한다. 이 이론은 디그나가의 체계를 통해서 유식설에로의 길로 향하는 것이지만, 「프라마나싯디」장에서는 일상 언어 차원의 진리의 입장에서 인식론이 부연된다. 이것은 『니야야빈두』에서 말해진 대상과의 유사성(대상유사성)이 인식의 작용이라고 하는 경량부적 인식론과 같은 차원이다. 궁극적 차원에서는 대상의 이해도 자기 마음의 활동도 같은 인식대상으로 하는 다만 하나의 자기인식의 지각만이 있을 뿐이라고 하는 것은 지각론에서 말해진다. 그 경우 현실적 존재는 유심(唯心)의 활동뿐이다."(K.36~37)

베다성전을 절대적인 인식도구 또는 종교적 권위(프라마나)라 인정했던 미망사학파나 붓다의 말씀의 결집인 불교경전도 마찬가지로 인식도구 또는 종교적 권위(프라마나)라 간주했던 인도불교 인식논리학 공히 베다성전이나 불교경전은 '종교적 권위'이고 인식도구이며, 이것들은 스스로 '참된 것' 혹은 '확실한 것'이다.

그런데 철학적 사유의 체계화가 진행되면서 베다성전과 불교경전이 프라마나라고 했을 때 왜 그것들이 프라마나인가 하는 근거를 묻기 시작했다. 정통 육파철학 가운데 가장 정통적인 미망사학파는 베다는 비인위적인 천계성전이기 때문에 그 인식도구의 확실성(진리성)은 스스로 존재한다고 주장한다. 한편 정통 육파철학 가운데 논리적 사유를 강조하는 니야야학파는 베다성전이 인식도구의 확실성(진리성)임을 인정하지만, 비인위성은 인정하지 않는다. 왜냐하면 니야야학파의 논사들은 베다의 작자가 존재하며, 그 작자의 인식이 일반적으로 참이라는 것에 근거하여 베다성전의 인식도구의 확실성(진리성)을 인정하기 때문이다. 이렇게 지식의 확실성(진리성)이 그 자신에게 존재한다고 간주하는 이론을 자율적 진리이론(svataḥprāmāṇyavāda)이라 하고, 지식의 확실성(진리성)의 근거를 자신이 아니라 타자(다른 지식이나 수단)에서 구하는 이론을 타율적 진리이론(parataḥprāmāṇyavāda)이라 한다.

인도불교 인식논리학의 정초자인 디그나가는 베다성전의 인식도구의 확실성(진리성)은 인정하지 않지만, 성전 일반의 작자성에 기반하여 그 작자의 인식의 진리성에 근거하여 성전 일반의 인식도구의 확실성(진리성)을 인정하는 타율적 진리이론을 수용한다. 그렇다면 인도불교 인식논리학의 완성자인 다르마키르티는 어떤 입장을 취했던 것일까? "그(다르마키르티)는 『프라마나바르티카』 제2장 서두에서 '프라마나란 정합적인 인식이다'라는 '제1정의'를 기술하고, '정합적이라는 것은 목적 실현으로 결정되는 것이다'라고 부언했다. 그는 목적 실현을 가져오는 지식을 프라마나라 했던 것이다. 이 언명은 어떤 지식의 참됨은 목적 실현의 인식이라는 별도의 지식에 의해서 확정된다는 타율적 진리론을 함의한다. 이것을 뒷받침하는 것처럼 '제1정의'의 문맥에서는 '(인식) 그 자신은 자신에 의해서 알려지지만 참됨은 행위를 매개로 하여 (알려진다)'라고도 설해진다. 이것은 인식 그 자체는 자기인식되지만 인식의 참됨은 바로 그 인식과는 다른 행위가 초래하는 목적 실현의 인식에 의해서 타율적으로 확정된다는 의미로 이해할 수 있다. 즉 인식의 참됨이 발생에 관해서 자율적이라는 설은 다르마키르티의 자기인식설과는 모순되지 않는다. 다른 한편 확정에 관해서는 사정이 다르다. 실재란 목적 실현을 가능하게 하는 것이라는 그의 존재론에 따르면 참됨=인식과 실재의 일치는 인식이 가져오는 목적 실현에 의해서 처음으로 확정된다."(『불교인식론과 논리학』, 211) 요약하면 다음과 같다. 인식 그 자체는 자기인식(svasaṃvid)되지만, 인식도구의 확실성(진리성)은 행위가 초래하는 목적 실현에 의해 타율적으로 확정된다.

[인식도구의 확실성(진리성)]

① 발생: 자율적 진리이론

② 확정: 타율적 진리이론

5b.

[반론]

우선 과거에 몇 번이나 경험한 [목적 달성의] 도구의 앎 등에 대해서 행위자들에게 그것이 오류라는 것이 배제될 때, 그것들에 대해서는 반드시 자율적으로 인식도구의 확실성이 결정된다. 한편 과거에 몇 번이나 경험하지 않은 [목적 달성의] 도구의 앎에 대해서는 행위에 의해서 [인식도구의 확실성이 결정된다]. 따라서 인식도구(프라마나)에 관한 논서의 작성은 무의미할 것이다.

[답론]

논서는 무지를 배제하는 것이다.

śāstraṃ moha-nivartanam /

案

인간의 바른 인식이 바른 인식이기 위한 근거는 자기인식이라는 자율성에 의해 확립되고, 또한 인식도구의 확실성(진리성)의 근거는 목적 실현의 행위라는 타율성에 의해서 확립된다면, 인식도구(프라마나)에 관한 논서의 작성은 별 의미가 없는 것이 아닌가 하는 반론에 대해서 다르마키르티는 '논서는 무지를 배제하는 것이다'라고 답론한다. 아무리 행위에 근거하여 프라마나의 본성이 확립된다고 해도 프라마나의 특질을 기술하는 각 학파의 논서에는 모순되는 주장이 개진되기 마련이다. 그렇기 때문에 논서를 통해 프라마나의 정의를 제시하여 다른 학파의 프라마나에 대한 무지를 광정(匡正)하기 위해서는 논서의 작성이 필요하다는 것이다. 이것은 마노라타난딘의 다음과 같은 주석에 기반한 것이다. "만약 행위에 근거하여 프라마나의 본성을 확립한다면 프라마나의 특질을 기술하는 제반 논서들이 상호 모순할 리가 없다. 따라서 논서에 의해서 프라마나의 정의를 제시함으로써 그것에 관한 무지가 배제되지 않으면 안 된다. 그리고 그것에 의해서 일상행위에서는 알려지지 않는 저 세상(paraloka)이나 지복(至福, niḥśreyasa) 등을 확립하는 것이다."(I.2.27) 또한 그에 의하면 우리의 경험을 초월한 저 세상이나 지복 등을 확립하기 위해서 논서의 작성이 필요하다는 것이다. "이와 같이 인식도구의 문제를 논하면 붓다의 교설은 무의미하게 될 것이라고 생각한다면, 그렇지 않다. 무지를 배척하는 활동이 있다. 제7송에서 세존=프라마나설과도 관련해서 해석되어야 한다. 여기서 무지란 구체적으로는 유신견(유아견, satkāyadṛṣṭiḥ)을 가리킨다."(K.36~37)

논서 = 무지를 배제

무지 = 유신견(有身見, 有我見)

5c.

[반론]

이상으로 정합적이라는 인식도구(프라마나)의 [제1의] 정의가 기술되었다. 그런데 지금 그것과는 별도로 기술된다.

[답론]

[인식도구란] 혹은 아직 알려지지 않은 [미지의] 실재를 밝히는 것(앎)이다.

ajñātārthaprakāśo vā

案
이 프라마나의 [제2의] 정의에 대해서 다르마키르티의 계승자들은 자신의 관점에 입각해 나름의 주석을 하는데, 그 가운데 7세기의 데벤드라붓디(Devendrabuddhi), 8세기의 다르못타라(Dharmottara, 740~800), 그와 동시대인 프라즈냐카라굽타(Prajñākaragupta, 8세기경~9세기 초), 11세기의 마노라타난딘(Manorathanandin, 1040~1100), 12세기의 목샤카라굽타(Mokṣkaragupta, 1150~1202) 그리고 현대의 연구자 등의 주석을 차례대로 살펴보자.

• 데벤드라붓디

먼저, 데벤드라붓디의 해석으로부터 시작해 보자. 그는 다르마키르티의 직계 제자로 알려져 있는 인물이다. 『프라마나바르티카』 종교론 1송 '인식도구란 정합적 앎이다'와 5송 '[인식도구란] 미지의 실재를 밝히는 것(앎)이다'라는 두 개의 구절을 제1정의와 제2정의로 불렀던 논사가 바로 데벤드라붓디였다. "두 개의 정의의 관계에 관해서는, 그는 '제2정의'(이하 5c구를 이렇게 부른다)에 관해서 그것이 단독으로 프라마나의 정의라고 한다면, 착오도 미지의 실재를 밝히는 한에서 프라마나가 되어 버린다는 반론을 상정하고, '제2정의' 속의 '실재'라는 말이 비실재에 관한 정합적이지 않은 인식이 프라마나임을 배제하는 기능을 지닌다고 설명한다(『프라마나바르티카판지카』; PVP, 6b1ff.). 그는 두 개의 구절이 각각 다른 정의라고 기술함으로써 우선 '제2정의'가 단독으로도 정의될 수 있음을 보여 주기 위해 그러한 설명을 부가했다고 생각한다. 그러나 이 서술에서는 그가 두 개의 정의의 관계를 어떻게 이해했는가는 반드시 분명하지는 않다. 그는 '제2정의'가 '제1정의'(이하 1a

구를 이렇게 부른다)를 함의할 수 있다는 것을 제시하지만, 그 역은 제시하지 않기 때문에 그에 있어서는 '제2정의'가 충분한 정의라고도 해석할 수 있다. 반대로 '제2정의'는 '제1정의'가 설한 프라마나의 조건인 '정합성'에서 연역된다고 생각했을 가능성도 부정할 수 없다. 또한 '제1정의'와 '제2정의'가 사실상 같은 의미로 다른 것을 함의한다고 생각했을 가능성도 있다. 두 개를 독립된 정의라고 하는 데벤드라붓디의 기본 견해에 가장 무리 없이 합치하는 것은 이 제3의 해석일 것이다."(『불교인식론과 논리학』, 199) 데벤드라붓디의 인식도구 정의를 요약하면 다음과 같다.

> [인식도구의 정의]
>
> 제1정의: 정합적 앎(정합성, coherence)
>
> 제2정의: 아직 알려지지 않은 [미지의] 실재에 대한 앎(새로움, novelty)
>
> 두 정의의 관계: 같은 의미이지만 다른 것을 함의

• 다르못타라

다음으로 법상(法上)이라 이름하는 다르못타라는 『프라마나바르티카』 종교론에 대해 직접 주석을 하지 않았지만, 그 텍스트의 다이제스트판이라 할 수 있는 다르마키르티의 저서 『니야야빈두』(NB)에 대한 주석서 『니야야빈두티카』(NBT)에서 제1정의와 제2정의에 대한 자신의 견해를 밝히고 있다. "『니야야빈두』 서두의 '인간의 모든 목적 성취는 바른 앎을 전제하고 있기 때문에 그것을 설명한다'(NB I.1)라는 다르마키르티의 언명을 해석하는 곳에서 '바른 앎 = 프라마나'를 '정합적 앎'으로 환언한다. 그리고 그는 이 '정합성'에서 출발하여 바른 앎의 일반적·추상적 특질을 도출한다. 결국 정합적인 것은 사람에게 사상(事象)을 '획득케 하는 것'(prāpaka)이며, 사람을 사상에 대해서 '동기 짓는 것'(pravataka)이며, 사람에게 '행위의 대상 영역을 지시하는 것'에 다름 아니다. 결국 인식도구(프라마나)의 활동은 사상(事象)을 요해(了解)하게 하는 것으로 끝난다. 그 의미에서는 이미 요해되고 있는 사상에 대해서 작용하는 인식은 인식도구(프라마나)가 아니기 때문에 인식도구(프라마나)는 미료해의 존재를 대상 영역으로 한다(anadhigataviṣaya)라고 그는 말한다(NBT 17, 1ff.). 이렇게 해서 인식도구(프라마나)는 '아직 알려지지 않은 미지의 실재를 밝히는 것'에 다름 아닌 것이 된다.

여기서는 사실상 다르못타라는 『프라마나바르티카』(PV)의 '제1정의'(정합적 앎)에서 '제2정의'(미지의 실재를 밝히는 것)를 연역하고 있다. 요컨대 그는 전자 속에 후자가 함의된다고 생각했던 것이다(Franco, *Dharmakīrti on Compassion and Rebirth*, 51f.). 나아가 그는 인식도구(프라마나)에 관한 독립 저작 『진리의 고찰 소론』(Laghuprāmāṇyaparīkṣā)의 서두에서 '인식도구(프라마나)란 정합적 앎이다'라는 명제를 들어서 인식도구(프라마나) 전반을 논하지만, '제2정의'에 대해서는 전혀 언급하지 않는다(Krasser, "Dharmottara's theory of knowledge in his Laghuprāmāṇyaparīkṣā", 249). 이들 사실에서 다르못타라는 '제1정의'만으로 인식도구(프라마나)의 정의로서 충분하다고 생각했다고 해석할 수 있다. 다르마키르티의 『프라마나비니쉬차야』에 근거한 다르못타라의 인식도구(프라마나) 이론은 본질적으로 '인식도구(프라마나)로서의 세존'이 아니라 '앎으로서의 인식도구(프라마나)'에 조준을 맞추고 있다."(『불교인식론과 논리학』, 200) 다르못타라의 프라마나에 대한 주석을 요약하면 다음과 같다.

제1정의(정합성) ⊃ 제2정의(새로움)

• 프라즈냐카라굽타

다음으로 중관유식학파에 속하는 논사라 불리는 프라즈냐카라굽타는 『프라마나바르티카』의 주석서 『프라마나바르티카아란카라』(Pramāṇavārttikālaṅkāra, PVA)에서 인식도구(프라마나)의 정의에 대해서 다음과 같이 언급한다. "세존만이 최고의 인식도구(프라마나)라고 하는 자신의 해석을 시사하고 나서 '거기서 (다르마키르티는) 일반적으로 인식도구(프라마나)의 정의를 설한다'라고 기술하여 다르마키르티의 제1정의 '인식도구(프라마나)란 정합적 앎'을 도입하는 것이다(PVA 2, 8f.). 요컨대 그는 '제1정의'를 '최고의 인식도구(프라마나)로서의 세존'을 포함한 인식도구(프라마나) 일반에 공통하는 정의 = 필요충분조건으로 해석했던 것이다. 이 경우 세존은 인식도구(프라마나) 중의 특별한 존재이기 때문에 '제1정의'는 '인식도구(프라마나)로서의 세존'에 있어서는 어디까지나 필요조건에 머물며 필요충분조건은 아니다. 다른 한편, 프라즈냐카라굽타는 '제2정의'에 대한 주석 속에서 두 개의 정의의 관계를 논급한다(PVA 78, 9ff.). 거기서 그는 제2정의야말로 인식도구(프라마나)의 정의라고 기술하고, 그 이유를 '제2정의'만이 개념적 앎을 배제할 수 있다는 점에서 구하고 있다. 또한 데벤드라붓디와 마찬가지로 '제2정의'가 단독으로 인식도구(프라마나)의 정의라고 한다면, 착오도 인식도구(프라마나)가 되어 버린다는 반론을 상정하고 '정합성'은 '실재성'에서 연역된다고 한다.

다른 한편, 그는 '세속적인 존재는 정합적이라고 해도 실재는 증명되지 않기 때문에 실재성은 정합성에 의해서 알려지는 것도 아니다'라고 기술하고 '실재성'은 '정합성'에서 연역되지 않는다고 한다. 이 경우에는 '제2정의'가 우선 인식도구(프라마나)의 필요충분조건이며 '제1정의'는 단지 인식도구(프라마나)의 필요조건이다. 이것은 다르못타라와는 정반대의 입장이다."(『불교인식론과 논리학』, 202) 그에 의하면 제1정의인 '정합성'은 '목적 실현으로 정해지는 것'이 그 요건이며, 제2정의인 '새로움'은 '대상의 실재성'이 그 요건이다. 그리고 새로움을 본질로 하는 제2정의야말로 궁극적 차원의 인식도구(프라마나) 정의이며, 정합성을 본질로 하는 제1정의는 세속적 차원의 인식도구(프라마나) 정의라고 간주한다.

그는 계속해서 다음과 같이 말한다. "오히려 여기서는 '실재'라는 말은 승의의 실재(paramārtha)를 말한다. '아직 알려지지 않은 미지의 실재를 밝히는 것'이란 승의의 실재를 밝히는 것이라는 의미이다. 그리고 승의의 실재란 불이성(不二性)이며 인식도구(프라마나)란 그것을 밝히는 것에 다름 아니다. 그리고 이것에 대응하여 (다르마키르티는) '그것 자신은 자신에 의해서 알려진다'라고 기술하고 또한 (제1정의에 대응하여) '진리(인식도구의 확실성)는 행위를 매개로 하여'라고 기술한 것이다. 그 경우에는 후자(제2정의)는 승의적 인식도구(프라마나)의 정의이며, 다른 한편으로 전자(제1정의)는 세속적 인식도구(프라마나)의 [정의]이다(PVA 79, 15ff.)."(『불교인식론과 논리학』, 203) 이 프라즈냐카라굽타의 해석에 대해 오노 모토이(小野基)는 "'제2정의' 가운데 '실재'라는 말이 인식도구(프라마나) 일반의 대상을 가리키는 경우에는 위에서 기술한 것과 같은 난점이 발생할지도 모른다. 그러나 실은 이 정의 가운데 '실재'라는 말이 의미하는 것은 승의의 실재로서의 불이성(不二性), 요컨대 '인식도구(프라마나)로서의 세존'의 [인식] 대상에 다름 아니다. 세존이 '실재'를 인식한다는 것은 말할 것까지도 없다. 이상은 프라즈냐카라굽타의 최종적 해석이다. 이 설명에 의하면 '제2정의'는 승의적(pāramārtika) 인식도구(프라마나 = 세존)의 정의가 된다. 요컨대 '아직 알려지지 않은 미지의 실재를 밝히는 것'은 오직 한 분뿐인 '인식도구(프라마나)로서의 세존'에 있어서의 필요충분조건이다. 다른 한편, 프라마나 일반에 있어서는 '아직 알려지지 않은 미지의 실재를 밝히는 것'은 충분조건이며 '정합성'은 다시 필요충분조건이 되어 정의의 지위를 회복한다. 이렇게 해서 '제1정의'가 세속적(sāṃvyavahārika) 인식도구(프라마나, 지각과 추리)의 정의가 된다. 이상과 같이 프라즈냐카라굽타는 다르마키르티가 『프라마나비니쉬차야』 제1장 말미에서 사용한 '세속적 인식도구(프라마나)', '승의적 인식도구(프라마나)'라는 말에 의해서 두 개의 정의의 대상 영역을 구별하고 두 개의 정의가 존재하는 의미를 설명했던 것"(『불교인식론과 논리학』, 203)이다. 프라즈냐카라굽타의 인식도구(프라마나) 해석을 간략하게 정리하면 다음과 같다.

[제1정의]

정합적 앎 = 세속적 차원의 인식도구

[제2정의]

미지의 실재에 대한 앎 = 궁극적 차원의 인식도구

[궁극적 차원(현실적 존재의 차원)]

정합적 앎(제1정의) = 정합성(본질) = 필요조건

미지의 실재에 대한 앎(제2정의) = 새로움(본질) = 필요충분조건

[세속적 차원(일상 언어 차원)]

정합적 앎(제1정의) = 정합성(본질) = 필요충분조건

미지의 실재에 대한 앎(제2정의) = 새로움(본질) = 충분조건

• 마노라타난딘

다음으로 마노라타난딘의 프라마나 정의를 보자. 그는 1송에서 인식도구의 제1정의에 대해 주석한 다음, 여기 제5송에서 인식도구의 제2정의에 대해 주석한다. "'밝히는 것'이라는 것은 '분명히 하는 것'이라는 의미이다. 아직 알려져 있지 않은 대상을 밝히는 앎, 그것이 인식도구(프라마나)이다. '실재(대상)'라 기술함으로써 두 개의 달 등의 앎이 배제된다. 또한 '아직 알려져 있지 않은'이라 기술함으로써 '전체' 등을 대상으로 하는 세속적(분별적) 앎이 배제된다. 개별적으로 파악된 색깔 있는 모양(色) 등을 단일한 것으로 개념적으로 구성하기 때문이다. 또한 상기(기억)도 이전에 파악한 것을 개념적으로 구성하는 것을 본성으로 하는 것이기 때문에 새로운 무엇인가를 파악하는 것은 아니다. 이미 파악한 것에 대해서는 이전에 있었던 것이 인식도구(프라마나)이며, 지금 현재의 기억(상기)은 행동을 일으키게 하는 것은 아니다. 그것이야말로 의심스러운 것이기 때문이다."(I.2.27)

그렇다면 다음과 같은 반론을 제기할 수도 있을 것이다. "정합적인 것만으로 아직 알려지지 않은 미지의 실재를 밝히는 것이라는 것이 알려져야만 한다. 그렇지 않으면 노란 조개껍질(을 황금으로 착각하는) 앎도 인식도구(프라마나)로 되어 버린다. 따라서 정합성만이 인식도구(프라마나)이어야만 하고, 이 [아직 알려지지 않은 미지의 실재를 밝히는 것이라는] 언급은 불필요하다." 이에 대해 "만약 단지 존재할 가능성만

으로 특질이라고 한다면 그러한 것이 있을지도 모른다. 그러나 직접 지시된 것이 특질이다. 그렇지 않다면 앎인 것이나 존재하는 것 등도 특질로 되어 버린다"라고 답론한다.

계속해서 "정합적인 것 등에 의해서는 아직 알려지지 않은 미지의 실재를 밝히는 것은 알려지지만, 앎인 것 등에 의해서는 알려지지 않는다. 그렇기 때문에 전자(정합적인 것 등)가 특질에 의해서 의거되어야만 하는 것이며, 후자(앎 등)는 그렇지 않다고 하는 것처럼 차이가 존재하는 것이다"라고 반론을 제시할 수 있다. "만약 그렇다면 가령 정합적인 것이라고 해도 미지의 실재를 밝히는 것에 반드시 의거하는 것이다. 그렇지 않다면 세속적 앎을 배제할 수 없다. 따라서 양자 모두 상호 간에 의거하는 특질이라고 이해해야만 한다"고 답론한다.

위의 마노라타난딘의 주석에 의하면 '정합성'을 본질로 하는 인식수단의 제1정의와 '새로움'을 본질로 하는 인식수단의 제2정의에 의해서 배제되는 것이 다르다는 것을 알 수 있다. 즉 제1정의는 노란색의 조개껍질을 황금으로 착오하는 앎 등을 배제하고, 제2정의는 세속적인 앎 등을 배제한다. 요약하면 다음과 같다.

[제1정의]

정합적인 앎(인식, 정합성)에 의한 배제

→ 착오적 앎

[제2정의]

미지의 실재를 밝히는 앎(인식, 새로움)에 의한 배제

→ 세속적인 앎

• 목샤카라굽타

다음으로 다르마키르티의 후기 계승자 가운데 한 사람인 목샤카라굽타는 인식도구(프라마나)를 다음과 같이 정의한다. "이전에 인식한 적이 없는 대상에 관해서 최초로 갖는 정합적인 앎이 인식도구이다."(가지야마 유이치, 『인식론과 논리학』, 328) 이 정의는 다르마키르티의 인식도구(프라마나) 제1정의와 제2정의를 통합한 것이다. 즉 '이전에 인식한 적이 없는 대상'은 새로운 대상이기 때문에 이 대상에 의해 생성되는 인식도구는 새로움(novelty)을 본질로 하는 것이며, '정합적인 앎'은 대상과 인식의 일치이기 때문에 이 인식도구는 정합성(coherence)을 본질로 하는 것이다.

목샤카라굽타는 위의 통합적 정의에 대해 다음과 같이 설명한다. "인식도구라는 것은 그것에 의해 대상을 헤아리는 수단이라는 의미이다. 도구(수단)라고 해도 그것은 확실한 정합적 인식 그것을 말한다. [이와 같은 인식만이] 의혹과 착오와 같은 오류를 초래하지 않기 때문이다. 일반적으로 사람은 [인식과 그 효용 사이에] 정합성이 있는 앎을 정합적 앎이라 부르지만, 의심스러운 앎이나 착오를 본질로 하는 앎에는 이러한 정합성은 없다. 가령 기둥인가 사람인가 [확정할 수 없는] 앎이나 아지랑이를 물이라고 착오하는 앎[에는 전후 일관된 정합성은 없는 것과] 같은 것이다."(위의 책, 328~329)

목샤카라굽타는 계속해서 인식도구의 정의를 둘러싼 여러 가지 논란을 문답의 형식을 통해서 천착해 들어간다. "어떤 앎의 대상이 최초로 경험되는 것일 때, 그 앎은 '이전에 인식한 적이 없는 대상(gocara)에 관한 것'이라고 말해진다. '고차라'(gocara)는 '비사야'(visaya)와 같은 뜻으로 항아리 등의 대상 인식의 의미이다. 그 대상으로부터(즉 대상을 원인으로 하여) 생기고 (사람에게) 그 대상을 획득하게 하는 앎이 인식도구라고 말해지는 것이다."(위의 책, 329) 이에 대해 다음과 같은 반론이 제기될 수 있다. "(이 인식의 작용을 분석하면) 앎이 작용의 주체이며, (그 앎을 소유하는) 사람이 일꾼이며, 대상이 작용의 객체인 것이 된다. (그대는 대상을 획득하게 하는 앎이 인식도구라고 말하지만, 바른 앎이라고 해도 사람에게 대상이 실제로) 획득되지 않는 것도 때로는 있다. 그 경우에는 획득되지 않는 앎인 것에 인식도구라고 어떻게 말할 수 있는가?"(위의 책, 329) 이렇게 스스로 묻고 다음과 같이 답한다. "(획득된다고 하는 것은 사물의 사례이며) 실제로는 목을 붙잡아서 끌어당기는 방식으로 앎이 사람을 우격다짐으로 행동하게 한다고 말하는 것은 아니다. 물론 이 사물의 본성은 이와 같고, 그것 이외의 것은 아니라는 형태의 결정을 생기게 하는 것을, (획득시킨다고 하는 말에서 제시하고 있는 것에 지나지 않는다). 그리고 이 결정이 행해지는 경우에는 그러한 한 그 앎에는 정합적인 확실성이 있다고 하는 것이 되는 것이다."(위의 책, 329)

또한 다음과 같이 말할 수 있다. "그 경우에도 사람이라고 하는 것은 무엇인가 동기가 있다면 그것에 따라서 (대상을 획득하기 위해서) 실제로 행동을 일으키기도 하고, 또한 동기가 없다면 행동을 일으키지 않을지도 모른다. 대상의 쪽도 또한 요가 행자의 (주술의 힘)이나 악령 등의 (방해)에 의해서 빼앗겨 버려 (사람이 그것을 실제로는 획득할 수 없다고 하는 경우도) 있을 것이다. 그러나 그렇다고 해서 앎(의 확실성)이 손상될 수는 없다."(위의 책, 329~330) 이에 대해 다음과 같이 반론할지도 모른다. "앎의 확실성은 정합성에 의해서 확실하다. 그리고 그 정합성은 인식한 대상을 실제로 획득하는 것을 통해서 확실하게 되는 것은 아닌가. 그러나 사물은 생긴 순간에 소멸해 버린다고 하는 성질(찰나멸성)을 가지고 있기 때문에 인식된 순간의 대상은 (획득되는 순간의 대상과는 달랐던 것이다. 따라서 전자 그것이) 획득되는 것은 아니다. 나아가 우리들이 보는 것은 (시각의 대상인) 색깔 있는 모양(色)이지만, 우리들이 손으로 잡는 것은 촉각의 대상이다. 따라서 실제로는 이미 본 대상과는 별개인 존재를 획득하는 것이다. 소위 인식한 적이 없는 것을 획득하는 것만으로 (거기에 정합성은 없는 것이기 때문에) 이와 같은 인식에 어떻게 해서 확실성이 있을 수 있을까?"(위의 책, 330) 다음과 같이 답한다. "그렇지 않다. 가령 현실적 존재의 차원에서는 (인식한 대상과는) 별개인 존재가 획득된다고 하지만 나는 본 것과 같은 것을 얻었다고 하는 형태의 동일성의 판단은 생기는 것이기 때문에 이 경우에도 인식한 것과 같은 것을 획득했다고 말할 수 있는 것이다. 그렇지만 아지랑이를 물이라고 생각하는 인식은 그 물을 획득하는 것이 전혀 가능하지 않는 것이기 때문에 확실한 인식도구에서는 결코 있을 수 없다."(위의 책, 330) 목샤카라굽타의 프라마나 정의를 요약하면 아래와 같다.

[제1정의+제2정의의 결합]

→ 이전에 인식한 적이 없는 실재(대상)에 대한 정합적 앎

[제1정의+제2정의에 의해 배제되는 앎]

→ 의심스러운 앎, 착오에 의한 앎

• 다니 다다시

그리고 마지막으로 현대의 주석자인 다니 다다시(谷貞志)는 다음과 같

이 말한다. "이것에 의하면 제2정의가 제1정의를 부정·한정하는 형식을 취하고 있다고 말할 수 있다. 즉 지각대상으로서의 자상으로 향하는 제2정의가 개념구상의 정합성을 가진 제1정의를 부정·한정하는 형식이 되는 것이다. 이 구조를 간파하지 못하고 다르마키르티의 이중의 정의를 현대의 통상의 논리로 분석하려고 하면 산스크리트 vā는 앰비밸런스한 것이 되어 해결할 수 없는 것은 아닐까? 무엇 때문에 다르마키르티는 인식론적 논리(프라마나)를 중시하는 것인가? 말할 것도 없이 개념구상의 허구를 지각에 의해서 해체하고 실존(리얼리티)의 전환을 도모함으로써 새로운 대상을 분명히 하여 각성하는 것이다. 게다가 그 같은 개념구상에 근거한 인식도구에 준거한다. 가령, 『아함경』(阿含經)에 있는 뗏목의 비유와 같다. 그에 있어서 개념구상의 허구의 정합성을 구하여 논리를 위한 논리를 구축하는 게임은 의미가 없었던 것이다. '새로운 대상'이란 찰나멸에 의해서 항상 그때마다 새롭게 발현하는 순간적 존재 이외에는 없다. 즉 붓다에게 섬광처럼 번쩍였던 '무상'과 같이, '모든 존재는 찰나멸이다'라는 가설을 창발하는 것이다. '새롭게'는 여기서 새로운 대상으로서의 순간적 존재와 그것을 분명히 하는 인식도구 자신의 창조적 가설로서의 새로움을 의미한다. 진리는 신이나 초월적 실체 속에서 선취되어 버리는 것이 아니다. 연역논리(deduction)는 전제 속에 이미 있었던 것을 인출하는 토톨로지에 지나지 않는다. 귀납논리(induction)도 부여된 테마의 전제로서의 모집합을 추정하는 것에 불과하다. 이들에 대해서 가설의 창출은 퍼스(Charles Sanders Peirce)가 말하는 어브덕션(abduction)에 상당하는 '새로운 대상'인 것이다. 따라서 제1정의의 '정합성'이란 형식논리의 정합성이 아니라 그 가설의 이론적 타당성을 의미하는 것이다.

다르마키르티는 가설을 설명하기 위해서 '존재 = 인과적 효과성 = 효과적 작용'이라는 규정을 도입하고 나서 가설을 연역적으로 증명하고, 나아가 유례에서 그 가설의 증명의 타당성을 검증하려고 한 것이다. 이 가설의 검증을 위해서 다르마키르티는 유례를 소거하지 않았다고 생각된다. 앞서 본 『프라마나바르티카』 '추리론'의 최종 부분의 텍스트의 맥락을 중첩시킴으로써 이것이 더욱 명확하게 되었던 것이다. 더욱이 거기서 궁극적 차원의 인식도구로 간주되는 요가수행자의 지각에 관해서 『프라마나바르티카』 제3장 '지각론'에서는 일상성의 차원에서 고찰된다. 그러나 거기에서의 차원의 한계는 '색깔 있는 모양 등이나 의식의 대상형상에 관한 이상과 같은 고찰은 청정하지 않은 앎을 가진 자에 대한 것이다. 요가수행자의 인식은 고찰하기 어렵다'(PVIII, 530)라는 형식으로 독백되고 있는 것에서 보아도 이것을 일상성의 차원을 초월하여 궁극적 차원으로 향하는 정의로 볼 수 있는 것이다. 일상성의 차원과 궁극적 차원을 분리하는 것이 아니라 양자의 경계선상에서 인식도구를 다르마키르티는 정의하려고 한 것이다. 프라즈냐카라굽타만이 제2정의만을 궁극적 차원의 정의로 간주한다. 그러나 이 해석도 일상성의 차원을 궁극적 차원과 분리하기 때문에 다르마키르티의 본의에 벗어난 것이다.

이와 같이 다르마키르티의 정의 그것은 처음부터 정의역을 평면적으로 고정해 두고서 양가논리로 분석하는 것과 같은 통상의 정의가 아니라 일반상과 자상의 경계와 일상성의 차원과 궁극적 차원의 경계가 다이나믹하게 전환하는 순간·찰나를 간파하여 정의되고 있다고 생각되는 것이다. 그렇기 때문에 그는 다음과 같이 말했던 것이다. '인식도구는 찰나멸이다.' 인식도구 또는 인식수단은 스스로 전환함으로써 인식도구 또는 인식수단의 역할을 담당한다. 환언하면 인식도구는 자신의 종언으로 향하여 인식도구의 한계를 다하는 것이 요청되었던 것이다. 이 의미에서 다르마키르티의 정의는 결코 단순한 순환도 아니고 토톨로지도 아니다."(다니 다다시, 『찰나멸 연구』, 92)

5d-6a.

[반론]

[그렇다고 한다면] 자기형상(자상)을 파악한 뒤에 [발생하는] 공상을 대상으로 하는 분별적 인식이 [인식도구가] 되어 버릴 것이다.

svarūpādhigateḥ paraṃ //

prāptaṃ sāmānyavijñānam

6bc.

[답론]

무릇 아직 알려지지 않은 자상에 대한 앎, [그것이 인식도구라고] 의도되기 때문에 [이 제2의 인식도구의 정의가 성립된다].

avijñāte svalakṣaṇe /

yajjñānam ity abhiprāyāt

案

다르마키르티의 인식도구의 제1정의인 '정합적인 앎'을 충족시키는 것은 지각과 추론이다. 그런데 인식도구의 제2정의인 '아직 알려지지 않은 미지의 실재에 대한 앎'을 만족시키는 것은 지각일 수밖에 없다. 왜냐하면 '아직 알려지지 않은 미지의 실재'란 '자상'이기 때문이다. 이렇게 되면 지각과 추론이라는 2종의 인식도구설은 설득력을 잃게 될 것이다. 이러한 논의를 전제로 대론자는 '자기형상(자상)을 파악한 뒤에 [발생하는] 공상을 대상으로 하는 분별적 앎(추론)'도 아직 알려지지 않은 미지의 실재를 밝히는 것이기 때문에 [추론도] 인식수단이라고 반론한 것이 위의 5d-6a송이다. 이 송에 대한 마노라타난딘의 주석은 다음과 같다. "자상의 앎 직후의 일반(공상)을 대상으로 하는 앎(분별)은 미지의 실재를 밝히는 것이기 때문에 프라마나인 것이 된다. 실로 그것을 기술한다. '프라마나로 [되어 버린다]'라는 말을 보충해서 읽어야 한다."(I.2.28)

그런데 인식도구이기 위한 제1의 정의 즉 '정합적인 앎'(정합성, coherence)을 근거로 한다면 지각과 추론 모두 인식도구일 터이지만, 인식도구이기 위한 제2의 정의 즉 '아직 알려지지 않은 미지의 실재에 대한 앎'(새로움, novelty)을 전제로 한다면 지각은 인식도구일 수 있으나 추론은 인식도구일 수가 없다. 왜냐하면 추론은 미지(未知)의 실재에 대한 앎이 아니라 기지(旣知)의 실재에 대한 앎이기 때문이다. 마노라타난딘의 아래 주석이 이것을 뒷받침한다. "'아직 알려져 있지 않은 자상을 대상으로 하는 앎' 그것이 프라마나이지, 이미 알려진 것을 대상으로 하는 [앎]은 그렇지 않다고 '의도되고 있기 때문'에 과대적용은 아니다. 그렇다면 추론도 공상을 대상으로 하는 것이기 때문에 프라마나가 아닌 것으로 될 것이라고 반론한다면, 그렇지 않다. 자상이야말로 무상성 등을 본성으로 하는 것으로서 대상으로 하는 것이다."(I.2.29) 정합성 즉 '결과를 낳는 힘을 성취하는 앎, 목적 성취의 능력을 성취하는 앎, 인과적 효과의 능력을 성취하는 앎'이라는 제1정의에 의하면 지각과 추론 모두 인식도구이지만, '아직 알려지지 않은 미지의 실재에 대한 앎'

이라는 제2정의에 의하면 지각만이 인식도구이다. 그럼에도 추론은 아직 알려지지 않은 미지의 실재인 자상에 간접적으로 의존하기 때문에 이 프라마나의 제2정의도 추론을 전적으로 배제하는 것은 아니다. 앞에서도 본 바와 같이 다르마키르티는 세속의 차원에서는 '정합성'을 본질로 하는 지각과 추론이 인식도구이지만, 궁극적 차원에서는 '새로움'을 본질로 하는 지각만이 인식도구임을 주장한 것이다.

6d.

[반론]

그렇다면 왜 아직 알려져 있지 않은 자상을 대상으로 하는 것만이 인식도구라 인정되는 것인가?

[답론]

[또한 인과적 효과성 즉 목적의 성취는] 자상이 음미되기 때문이다.

svalakṣaṇavicārataḥ //

案

그렇다면 왜 자상을 대상으로 하는 지각만이 인식도구인가? 라고 대론자는 반론할 수 있을 것이다. 이에 대해 다르마키르티는 "자상이 음미되기 때문이다"라고 답론한다. 마노라타난딘은 이 '자상이 음미되기 때문'을 다음과 같이 주석한다. "목적의 성취를 추구하는 사람들은 자상만을 프라마나에 의해서 탐구한다. 그것(자상)이야말로 목적 성취를 실현시키는 것이기 때문이다. 그들에 의해 탐구되는 것, 그것이야말로 논서(論書)에서 음미된다. 세간적인 프라마나가 문제가 되기 때문이

다."(I.2.29)

나아가 기무라 도시히코는 다음과 같이 위의 송을 해설한다. "미지(未知)의 대상인 자상 — 눈앞의 생생한 대상의 존재방식이며, 과거에 기지(旣知)의 대상의 재인식(분별)은 아니기 때문에 — 에 대한 직관이 바른 인식도구이다. 공상의 판단은 과거의 인식에 의존하는 재인식인 분별적 앎으로 바른 인식도구라고 할 수 없다. 공상이란 관념에 유래하는 보편상이다. 제95송에 대한 데벤드라붓디의 주에 의존하면 '한 마리의 큰 흰 소가 걸어간다'라고 한 표현은 개별적 존재의 형상을 가진 개체에 대해 가탁한 각종의 보편상이다. 바이셰시카 형이상학설은 그것을 실재시하는 것에 대해서 다르마키르티의 경우는 타자부정(anyāpoha)이라는 심적 조작에 의한 관념의 소산이다."(K.37~38) "이와 같은 공상은 인과적 효과의 능력이 없는 대상으로 그 인식은 참이라 할 수 없다. 따라서 마노라타난딘이 말하는 것처럼 이 프라마나의 정의는 처음의 정의와 서로 의존하며 보완하고 있다고 보아야 한다."(K.38)

세존·프라마나설

7a.

[반론]

그렇다면 세존은 인식도구(프라마나)라 할 수 있는가?

[답론]

그것과 마찬가지로 세존은 인식도구(프라마나, 종교적 권위)이다.

tadvat pramāṇaṃ bhagavān

案

다르마키르티의 주저인 『프라마나바르티카』는 모두 4장으로 구성되는데, 그 가운데 제2장인 「프라마나싯디」(종교론)는 디그나가의 주저 『프라마나삼웃차야』의 귀경송 즉 "중생의 행복을 서원하는 분(慈悲者), 교사(教師), 선서(善逝), 구제자(救濟者)이신 프라마나부타에 귀의하고 나서, 프라마나를 확립하기 위해서 산발적으로 말해진 자신의 학설을 여기에 하나로 모아 총설을 저술한다"를 286송에 걸쳐 평석한 것이다. 그리고 특히 종교론의 1송에서 10송까지는, 귀경송에서 디그나가가 언급한 '프라마나부타'를 해석한 것이다. '프라마나부타'의 의미는 디그나가에 의하면 '프라마나이다'이며, 다르마키르티에 의하면 '프라마나가 된다'이다.

그런데 디그나가에 의하면 프라마나(인식도구)에는 자상을 대상으로 한 지각과 공상을 대상으로 한 추론의 2종이 있다. 이것은 '인식(철학)으로서의 프라마나'이다. 그런데 본래 불교도에 있어서 종교적 권위 내지 근원적 행위 규범으로서의 프라마나인 세존 즉 '종교적 권위로서의 프라마나 혹은 근원적 행위 규범으로서의 프라마나인 세존'을 어떻게 결합할 것인가가 과제였다. 디그나가는 세존이 원인과 결과 두 측면에서 완성하고 있는 것에 근거하여, 원인인 '중생의 행복을 서원한 분'과 '교사인 분' 그리고 결과인 '선서인 분'과 '구제자인 분', 이렇게 네 개의 궁극적 덕목을 갖춘 분이 세존이기 때문에 세존은 '프라마나부타'라고 했던 것이다. 이렇게 디그나가는 귀경송에서 네 개의 궁극적 덕목을 갖춘 인격적 완성자로서 세존을 존경하지만, 다르마키르티와 같이 이들 네 개의 덕목을 매개로 여기 7송에서 '세존은 프라마나이다'라고 적극적으로 주장하여, 그 주장을 논거를 통하여 논증하지 않는다. 오노 모토이에 의하면, 디그나가는 '프라마나(종교적 권위, 근원적 행위규범)로서의 세존'에 최대한 경의를 표하면서도, '인식(철학)으로서의 프라마나'를 제1의적(궁극적)인 프라마나라 하여 '프라마나로서의 세존'에는 자신의 인식론 체계 속에서 굳이 적극적인 의미를 부여한 적은 없었다(『불교인식론과 논리학』, 193).

그런데 다수의 형이상학적 체계나 사유체계를 인정하면서 불교든 비불교든 간에 보편적 학문체계와 방법론을 구축하고자 했던 기원 5~6세기의 디그나가의 인도불교는 7세기에 접어들어 '프라마나로서의 세존'과 '인식으로서의 프라마나' 가운데 전자인 '프라마나로서의 세존'에 대한 격렬한 비판에 직면한다. 즉 비불교도, 특히 인도정통 육파철학은 세존의 권위를 결코 인정하지 않았던 것이다. 특히 니야야학파의 웃됴타카라(Uddyotakara)와 미망사학파의 쿠마릴라(Kumārila) 등에 의한 인도불교의 개조인 세존의 권위에 대한 폄하와 격하는 인도불교의 존립을 위협하는 것이었다. 요컨대 인도불교는 위기에 직면했던 것이다. 이러한 상황에서 다르마키르티는 인도불교의 존립을 위해서 세존이야말로 제1의적이며 궁극적인 프라마나임을 논증하기 위해 「프라마나싯디」를 제출했던 것이다. 오노 모토이는 다음과 같이 기술한다.

"그(다르마키르티)는 프라마나부타(pramāṇabhūta)를 '프라마나가 되신 (세존)' 내지 '생성한 프라마나'의 의미로 이해한다. 다르마키르티는 자신의 존재론의 관점에서는 전혀 목적 실현을 이룰 수 없는 불생(abhūta) = 상주인 베다성전이나 주재신(īśvara)을 프라마나로부터 배제하는 역할을 이 말(프라마나부타)에 맡겼다. 이렇게 해서 다르마키르티에서 프라마나부타는 정통 바라문교 철학에서 절대적 존재와는 차별화된 '제1의적인 프라마나'로서의 세존을 의미하는 어구가 되었다. 나아가 그는 디그나가가 제시한 프라마나부타이기 위한 네 개의 궁극적 덕목을 사용하여 세존이야말로 프라마나임을 적극적으로 논증하는 시도를 수행했다. 『프라마나바르티카』 제2장의 대부분은 이 논증에 충당되고 있다. 이 경우의 프라마나란 지각이나 추론이라는 '인식으로서의 프라마나'에 준하는 것이 아니라 사람들이 의거해야 할 종교적 권위로서의 '제1의적인 프라마나'에 다름 아니다. 그러나 다르마키르티는 그 증명은 불교도 자신을 위한 아프리오리한 논증에 머무는 것을 피하기 위해 세존이 제1의적인 프라마나인 것의 증명의 전제로서 세존이 일반적인 '인식으로서의 프라마나'의 조건을 갖추고 있다는 것도 논할 필요가 있었다. 다음 절에서 검토하는 『프라마나바르티카』 제2장(종교론) 서두의 일곱 게송, 이른바 '프라마나의 정의'는 이와 같은 필요성에서 설해진 것으로 생각된다. 그런데 이상과 같이 『프라마나바르티카』 제2장에는 '프라마나로서의 세존'이 근원적인 프라마나이면서 동시에 '인식으로서의 프라마나'의 일종인 추론이 '프라마나로서의 세존'의 증명을 기초짓는 원환적 구조가 있다(Dunne, *Foundation of Dharmakīrti's Philosophy*, 233ff.). 다르마키르티의 사상에는 세존이야말로 제1의적인 프라마나임을 증명하는 요청과 동시에 다른 한편으로 세존이 설한 근본 명제인 '제행무상'(諸行無常), 요컨대 사물의 찰나멸을 증명하는 수단으로서의 추론이 근본적으로 중요한 프라마나라는 인식이 틀림없이 존재한다. 과연 다르마키르티에 있어서 참으로 제1의적인 프라마나는 세존인가, 그렇지 않으면 '인식으로서의 프라마나'인가? 이 문제를 안으로 껴안으면서, 프라마나부타의 해석은 다르마키르티 주석자 사이에도 중요한 관심사가 되었다. 특히 『프라마나바르티카』 주석자의 한 사람인 프라즈냐카라굽타가 프라마나부타를 '진실한 프라마나'의 의미로 해석하여 '프라마나로서의 세존'을 '최상의 프라마나'(paraṃ pramāṇa) 라고 불러 '인식으로서의 프라마나' 일반보다도 상위에 두었다. 또한 세존을 지각을 본성으로 하는 존재로 간주한 해석은 특필할 만하다. 이 프라즈냐카라굽타의 프라마나부타 이해는 다음 절에서 기술하는 '프라마나의 정의'에 관한 그의 해석과도 밀접하게 연결되지만, 그 뒤의 불교논리학파의 전통 속에서는 『프라마나바르티카』의 장의 순서를 둘러싼 논쟁으로 변용하여 계승되기에 이르렀다."(『불교인식론과 논리학』, 194~195)

오노는 대체로 프라즈냐카라굽타의 프라마나부타 해석을 수용한다. 프라즈냐카라굽타는 앞에서도 살펴본 바와 같이, '인식(철학)으로서의 프라마나'에 대한 다르마키르티의 2종의 정의 즉 프라마나(인식도구)이기 위해서는 '정합적인 앎'(정합성)이어야 하며, '아직 알려지지 않은 미지의 실재에 대한 앎'(새로움)에 대해 '정합적인 앎'이라는 제1정의는 2종의 프라마나인 지각과 추론을 세속의 언어 분별의 차원에서 설정한 것인 반면, '아직 알려지지 않은 미지의 실재에 대한 앎'이라는 제2정의는 제1의적 궁극적 차원에서의 지각만을 설정한 것이라 해석한다. 이러한 프라즈냐카라굽타의 해석은 『프라마나바르티카』 제3장 지각론에서 제1의적인 궁극적인 승의의 존재는 자상이며 이것만이 현실적 존재이며, 이 현실적 존재를 인식하는 도구인 지각이 궁극적 차원의 도구임을 언명한 다르마키르티의 사유에 근거한 것이다. 나아가 프라즈냐카라굽타는 프라마나(인식도구)를 '인식으로서의 프라마나'와 '종교적 권위로서의 프라마나'로 나눈다. 그리고 전자는 세속의 언어적 차원에서의 프라마나이며 후자는 초세속의 제1의적 궁극적 차원에서의 프라마나라고 하는 세속과 승의라는 이제론적 관점에서 이해하고 있다. '인식도구로서의 프라마나'는 철학의 관점에서 프라마나를 해석한 것이며, '종교적 권위(프라마나)로서의 세존'은 종교의 관점에서 프라마나를 해석한 것이다. 전자는 깨달은 자이든 그렇지 못한 자이든 누구나 지니고 있는 보편적 삶의 도구인 프라마나이지만, 후자는 깨달은 자에게만 고유한 프라마나라 할 수 있다. 제2장의 종교론은 이러한 깨달은 자의 프라마나와 그 근거를 논술한 것이라 볼 수 있다. 이상의 논의를 정리하면 다음과 같다.

[『프라마나바르티카』 제3장 지각론]

[프라마나]

자[繩]는 사물의 길이를 재는 행위를 위한 도구이자 행위의 결과이다.

되[升]는 사물의 양을 헤아리는 행위를 위한 도구이자 행위의 결과이다.

지각(pratyakṣa)은 직접인식이라는 행위를 위한 도구이자 행위의 결과이다.

추론(anumāna)은 간접인식이라는 행위를 위한 도구이자 행위의 결과이다.

세존(bhagavān)은 해탈이라는 행위를 위한 도구이자 행위의 결과이다.

세존은 나의 깨달음을 위한 도구이자 도달해야 할 목표(결과)인 이상적 존재이다.

세존이라는 프라마나는 해탈이라는 행위를 위한 도구이자 행위의 결과이다.

[인식도구로서의 프라마나] = [2종의 인식도구(프라마나)]

세속적 인식도구 = 지각, 추론

승의적 인식도구 = 지각

[『프라마나바르티카』 제2장 종교론]

- 철학으로서의 인식도구(프라마나)
  = 세속으로서의 인식도구(프라마나)
  = 깨달은 자(세존)와 깨닫지 못한 자(중생)들이 지닌 공통적 인식도구(프라마나)이자 삶의 도구

- 철학으로서의 인식도구(프라마나)의 정의
  제1정의 = 정합적인 앎(정합성)
  제2정의 = 아직 알려지지 않은 미지의 실재에 대한 앎(새로움)

- 종교로서의 인식도구(프라마나)
  = 세존(붓다)
  = 종교적 권위(프라마나)로서의 세존
  = 근원적 행위규범(프라마나)으로서의 세존
  = 깨달은 자(세존, 붓다)만이 가진 프라마나이자 해탈을 위한 도구
  = 제1의적인 프라마나
  = 궁극적인 프라마나
  = 초세속적인 프라마나
  = 종교적인 프라마나

• 종교적 권위(프라마나)로서의 세존이기 위한 근거

= 중생의 행복을 서원하는 분(자비자)

= 교사

= 선서(善逝)

= 구제자

위에서 인식도구(프라마나)는 '정합적인 앎'(정합성)과 '아직 알려지지 않은 미지의 실재에 대한 앎'이라는 두 가지 특성을 갖는 것으로 정의된다. 여기서는 세존이 인식도구(프라마나)임을 논하고 있다. '세존이 인식도구이다'라고 했을 때의 '세존'은 세존의 언어(경전)에 의한 앎을 의미할 것이다. 가령 세존께서 말씀하신 4개의 성스러운 진리인 사성제(四聖諦)라는 말씀은 사람들을 기만하지도 않으며 아울러 인과적 효과의 능력을 실현하게 하는 앎을 생기게 하고, 또한 사성제라는 진리의 말씀은 다른 사람들에게 아직 알려지지 않은 미지의 실재를 알게 하는 앎을 생기게 하기 때문에 '세존은 인식도구(프라마나)이다'라고 했던 것이다.

그렇다면 이 '정합적인 앎'임과 동시에 '아직 알려지지 않은 미지의 실재에 대한 앎'의 대상은 무엇인가? 그 앎은 무엇을 대상으로 하는가? 다르마키르티에 의하면 그 앎의 대상은 사성제이다. 붓다가 붓다인 까닭은 사성제를 깨닫고 그것을 중생들에게 설법을 하였기 때문이다. 이것을 마노라타난딘은 다음과 같이 정리한다. "그것과 마찬가지로 세존은 인식도구(프라마나)이다. [세존이] 말씀하신 사성제는 [사람을] 기만하지 않기 때문이다. 또한 다른 사람들에 있어 미지의 그것(사제)을 명시하는 것이기 때문이다."(I.3.17)

7bcd.

[반론]

만약 그렇다면 [『프라마나삼웃차야』의] 귀경게에서 프라마나(인식도구)에게 [경례하여]라고만 기술되어야 한다. [그런데] 프라마나(인식도구)가 된(생성하게 된) 분에게 [경례하여]라고 기술되는 것은 무슨 까닭인가?

[답론]

'생성'이라는 말은 불생(不生, 상주)인 존재의 배제를 위한 것이다. 따라서 [세존이] 인식도구임은 [위의] 논증에 근거하여 [논리적으로] 타당하다.

abhūta-vinivṛttaye /
bhūta-uktiḥ sādhana-apekṣā tato yuktā pramāṇatā //

案

디그나가는 그의 주저인 『프라마나삼웃차야』의 예배 게송 전반부의 세존 호칭 가운데 '프라마나인 분'(프라마나부타)이라 칭하고 있다. 이에 대해 다르마키르티는 'bhuta'를 '이다'라고 해석하고 않고 '생기게 된 것'(생성)이라 해석한다. 이 '생기게 된 것'(생성) 즉 bhuta라는 말은 불변(不變)이며 불생(不生)이며 상주(常住)하는 존재를 부정하고 배제하기 위해서 언표되었다고 설명한다. 마노라타난딘은 "[디그나가가 『프라마나삼웃차야』의 귀경게에서] '된'(존재가 아니라 생성이라는 의미)이라는 말을 기술한 것은 생성된 것이 아닌 것을, 요컨대 상주인 것을 배제하기 위함이다. 상주인 인식도구(프라마나)는 존재하지 않는다는 의미이다. 따라서 위의 논증에 근거하여 세존이 인식도구(프라마나)라는 주장은 타당하다. 세존이 인식도구(프라마나)인 것에 대한 구체적 세부적 논증은 이 「프라마나싯디」의 34송에서 기술될 것이다."(I.3.17~18) 여기서 'bhuta'는 생성과 변화, 'abhuta'는 불생 즉 상주와 불변으로 이해하면 대차는 없을 것이다. 아울러 "'되신 분'이라는 격 한정 복합사의 피수식어를 다르마키르티는 글자의 뜻 그대로 과거분사 즉 '생기게 된'이라고 해석하여 '무상한'이라는 해석과 일맥상통하는 것으로 간주한다. 산스크리트 의미론에서는 '불생'은 '상주'의 의미가 되기 때문"(K.39)이다.

8a.

[반론]

왜 상주를 본질로 하는 인식도구는 존재하지 않는 것일까?

[답론1]

인식도구는 결코 상주[를 본질로 하는 것]이 아니다. 왜냐하면 [무상(찰나멸)을 본질로 하며, 인과적 효과의 실현을 초래하는] 현실적 존재로서 존재하는 것에 대한 앎이 인식도구이기 때문이다.

nityaṃ pramāṇaṃ na eva asti prāmāṇyād vastusaṅgateḥ /

[답론2]

[목적의 실현을 초래하는 현실적 존재로서 존재하는 것의 앎이 인식도구이기 때문에 상주인 인식도구(프라마나)는 결코 존재하지 않는다. 왜냐하면] [현실적 존재인] 인식대상은 무상[을 본질로] 하며, (또한) 그

것(현실적 존재로서 존재하는 것에 대한 앎)은 무상이기 때문이다.

jñeya-anityatayā tasyā adhrauvyāt

案

다르마키르티의 존재 내지 세계에 대한 입장은 일체 존재는 찰나멸, 무상을 본질로 한다는 것이다. 따라서 존재가 대상이 되어 생성되는 인식도구는 대상인 존재와 마찬가지로 찰나멸, 무상을 본질로 하는 것이다. 마노라타난딘은 인식대상과 인식도구의 본질을 다음과 같이 요약한다. "앎의 대상인 현실적 존재는 목적 실현을 초래하는 것이기 때문에 무상이며 그것 즉 그 대상으로부터 생긴, 현실적 존재로서 존재하는 것에 대한 앎도 무상이기 때문이다."(I.3.18) 기무라 도시히코는 다음과 같이 해설한다. "현실적 존재의 인식대상 — 인과적 효과의 능력을 지닌 것 — 을 인식하는 것이 참된 인식도구 즉 프라마나이다. 현실적 존재는 찰나멸이며 무상이라는 형이상학적 입장에 입각하면 그것을 대상으로 하는 인식도구도 그것과 상응하여 무상이 되어야만 한다는 이론으로 그 이유는 계속해서 논의된다. 프라즈냐카라굽타는 베다성전 — 상주인 언어 — 을 인식도구로 하는 미망사학파 등이 배제된다고 한다."(K.39) 요약하면 다음과 같다.

[인도불교]

존재(대상) = 찰나멸 = 무상 = 목적을 실현하는 힘 = 인과적 효과성

인식도구 = 찰나멸 = 무상 = 목적을 실현하는 힘 = 인과적 효과성

[미망사학파]

존재(대상) = 상주 = 비인과적 효과성

인식도구 = 상주 = 비인과적 효과성

8b-9a.

[반론]

다음과 같이 생각할지도 모른다. 무상을 본질로 하는 현실적 존재를 대상으로 하는 앎만이 무상이지, 그 앎을 가진 인식주체(jñātṛ)는 상주이다.

[답론]

계시적으로 생기는 것(앎)이 상주[를 본질로 하는 것으]로부터 생긴다는 것은 모순이기 때문이다. [또한 상주인 것이 계시적으로 생기는 공동인에 의존하여 계시적인 앎을 낳는다는 것도 있을 수 없다. 다른 것에] 의존하는 것은 타당하지 않다.

nityād utpatti-viśleṣād apekṣāyā ayogataḥ /

案

서양 인식론의 역사를 전관해 볼 때 유기체철학자이자 과정철학자인 화이트헤드 연구의 권위자인 오영환의 다음과 같은 언명은 유의미하다. "종래의 인식론에서는 경험이 의식을 전제하는 입장을 취하고 있다. 의식의 입장은 경험의 주-객 구조와 결부되어 있다. 화이트헤드는 이러한 사고방식을 부정한다. 그는 경험의 객-주 구조라는 입장에 선다. 주관이 먼저 실체로서 있고, 그것이 객관을 구성하고 인식하는 것이 아니라, 객관이 주관을 한정하는 데서 경험이 시작된다. 그리고 객-주 구조는 원초적으로 정서적인 것으로 본다. 인간을 포함한 모든 경험 구조는 원초적으로 정서적이다. 의식은 인간의 후기 경험 단계에서 나타난다. 의식이 명제적 느낌의 주체적 형식이라 불리는 이유도 여기에 있다."(『과정과 실재』, 134) 사실 인간의 인식 과정에 대해 두 가지 설명방식이 존재한다. 하나는 불변의 인식주체와 인식대상이 선재하며 그 선재하는 인식주체가 대상을 파악한다고 하는 것과 또 하나는 인식대상에 의해 인식주체가 한정되는 데서 우리의 인식적 경험 즉 인식작용이 시작된다는 것이다. 전자를 주객인식론이라 하고 후자를 객주인식론이라 한다.

다르마키르티는 객주인식론을 견지한다. 주객인식론에 의하면 인식주체의 본질은 무상이 아니라 상주이다. 이 상주인 인식주체가 불변의 인식대상을 파악한다. 반면 객주인식론에 의하면 무상, 찰나멸을 본질로 하는 인식대상에 의해 한정되는 인식수단(인식주체)도 마찬가지로 무상, 찰나멸을 본질로 한다. 마노라타난딘은 객주인식론에 입각하여 9송을 다음과 같이 주석한다. "[계시적으로 생기는] 앎이 상주인 인식주체로부터 생기는 것은 있을 수 없다. 왜냐하면 항상 동일한 본성을 가진 상주인 존재가 계시적으로 생기는 앎을 낳는 것이 가능하다면 그것들을 한꺼번에 낳을 것이다. '또한 상주인 것이 [앎을 낳는 것은] 가능하지만, 계시적인 공동인에 근거하여 계시적으로 [앎을] 낳는다'고 한다면 그것도 바르지 않다. [다른 것에] 의존하는 것은 타당하지 않기 때문이다."(I.3.19)

9b.

[반론]

어떻게 해서 [상주인 것이] 공동인에 의거하는 것이 바르지 않은 것인가?

[답론]

왜냐하면 상주인 존재가 [계시적으로 생성되는 무상인 존재에 의해] 조성되는 것은 결코 있을 수 없기 때문이다.

kathaṃcin na upakāryatvād

案

불변을 본질로 하는 상주인 존재는 타자 의존적 존재가 아니라 자기 독립적 존재이기 때문에 다른 보조적 요인에 의해 도움을 받지 않는 것이다. 만약 그것이 보조적 요인에 의해 도움을 받는다고 한다면 상주인 존재라 할 수가 없다. 데벤드라붓디는 이러한 논의를 다음과 같이 추론식으로 정리한다.

[변충]:

어떤 것(X)이 어떤 것(Y)과 서로 피보조자와 보조자의 관계가 아닐 경우, 그것(X)은 그것(Y)에 의해서 보조된다고 말할 수 없다. 가령 다른 무엇인가와 관계가 없는 무엇인가와 같이.

[주제소속성]:

현실적 존재의 본성의 앎은 상주라고 간주되고 있는 실재와 서로 피보조자와 보조자의 관계는 없다. (I.3.37)

마노라타난딘도 다음과 같이 설명한다. “상주인 것은 항상 본성이 ‘무엇인가 다른 한정자에 의해서’ 한정되지 않는 것이며, 따라서 공동인이라는 타자에 의해서 그 어떠한 것에도 보조될 수는 없는 것인데, 도대체 무엇에 의거한다고 할 수 있는가? 따라서 모든 앎을 반드시 한꺼번에 낳는다고 하는 이러한 곤란한 결론은 피할 수 없다.”(I.3.19) 계속해서 기무라 도시히코는 다음과 같이 해설한다. “인식에 의한 앎은 계시적으로 생긴다. 즉 찰나 찰나 발생하고 소멸하는 무상인 존재이다. 인식결과가 무상인 존재인데도, 어떻게 인식도구가 상주일 수 있을까? 또한 상주인 인식도구이면서 무상인 존재를 공동인으로서 낳는다고 보아서는 안 된다. 상주인 것이 무상인 것에 도움을 받는다는 것은 있을 수 없기 때문이다. 요컨대 무상인 존재에 영향을 받는 것은 있을 수 없다는 논리이다. 따라서 신에 의한 앎이 무상인 존재에 모습을 바꾸어서 현현한다고 해도 인식도구(종교적 권위)로는 인정되지 않는다.”(K.40)

9c.

[반론]

본래 연속하는 찰나를 본성으로 하는 어떤 특정한 연속은 실로 무상인 존재이며, 그것은 근거에 의존하는 것 없이 인식도구(프라마나)이다.

[답론]

[따라서 그와 같은 상주인 존재는] 무상인 존재에 대해서도 인식도구일 수가 없다.

anitye apy apramāṇatā //

案

계속해서 이 송에 대해 다니 다다시는 다음과 같이 주석한다. “여기서는 진리라는 것을 재현 가능한 영원불변의 동일한 존재로 간주하는 사고방식으로부터 결연히 떠날 것을 표방한다. 논리에 의해서 통상의 논리를 초월하기 위해서 그는 ‘자기동일성에 정체하는 논리대상’이 아니라 ‘자기차이화하는 순간적 존재’라는 가설의 타당성을 논리에 의해서 증명하고자 했던 것이다. 즉 2중으로 정의된 인식도구란 ‘순간적 존재성/찰나멸’의 의미인 것이다. 지각은 항상 그때마다 ‘새로운 자상’을 순간적 존재로서 인식한다. 그러므로 지각은 필연적으로 찰나적으로 소멸하지 않으면 안 된다. 그렇지 않으면 새로운 인식이 현출하지 않기 때문이다. ‘순간적 존재성’ 논증의 ‘생동적 필연성’은 이와 같이 다르마키르티의 인식도구 그것의 성립조건이 된다. 다르마키르티의 경우 미혹으로부터 깨달음에로의 전환을 가능하게 하는 인식도구는 정합성을 가짐과 동시에 새로운 인식이 아니면 안 된다. 이것을 말하기 위해서 인식도구는 순간적 존재가 아니면 안 된다고 생각되는 것이다. 붓다 자신이 비판적인 인식도구인 것에 의해서 도그마를 해체하고, 나아가 그 인식도구 그것과 붓다라는 분이 ‘무상’인 것에 의해서 이중으로 권위의 항상적 절대성을 박탈하고 있는 것이다. 이 점이 다른 학파의 도그마틱한 절대자와 실재론적 인식근거설과 결정적으로 다른 부분이다. 인식도구는 초월적 전체지에는 없다. 그러한 것이 아니라 사성제의 집제(集諦)에서 멸제(滅諦)에로의 전환, 그 연기의 순관(順觀)과 역관(逆觀)의 전환이 ‘찰나멸’임을 통찰하는 것만이 핵심이 있다고 하는 것이다.”(『찰나멸 연구』, 93)

II. 니야야학파의 신의 존재증명 비판

案

이 제2장에서는 니야야학파의 시바신이 창조주이자 주재신이라는 주장에 대해서 다르마키르티가 그 주장의 논거 자체가 성립할 수 없는 것이라고 하여 니야야학파의 주재신의 존재를 부정하고 있다. 여기 대론자의 반론에서는 신의 존재를 증명하는 논거(추론인)로서 세 개를 제시한다. 하나는 '정지한 뒤에 [간헐적으로] 작용하는 것', 둘은 '특정한 형태를 갖는 것', 셋은 '목적을 실현시키는 것' 등이다. 여러 논서에서는 이러한 논거를 근거로 신의 존재 증명을 위한 추론식을 제시한다.

먼저 '[상주를 본질로 하는 질료인이 항상 작용하는 것이 아니라 때로는 잠시 멈추고 난 뒤] 간헐적으로 작용(하는 것)'을 근거로 신의 존재를 논증하는 추론식은 다음과 같다.

> [주장명제]: 세계의 원인인 질료인의 극미(원자)와 눈에 보이지 않는 업(業, karma)은 자기의 결과를 낳을 때, 탁월한 앎을 가진 주재자인 신에 의존한다.

[이유명제]: [세계의 원인인 질료인의 극미(원자)와 눈에 보이지 않는 업은 항상 작용하는 것이 아니라] 간헐적으로 작용[하는 것]이기 때문이다.

[유례명제]: 실과 베틀의 북과 같이.

여기서 상주를 본질로 하는 질료인도 잠시 쉬고 난 뒤에 작용하는 것이지 항상 작용하는 것은 아니다. 그 '의도적'인 작용은 지적인 동력인 즉 주재자인 신이 존재하기 때문에 가능하다(K.42).

다음으로 '[지(地)·수(水)·화(火)·풍(風)·공(空)의 다섯 요소에 의해 구성되는 사물들의] 특정한 형태를 갖는 것'을 근거로 신의 존재를 논증하는 추론식은 다음과 같다.

[주장명제]: 2개의 감각기관에 의해 파악되고 또한 파악되지 않는 대론의 주어가 되는 것은 지적인 작인에 의존한다.

[이유명제]: 자기를 구성하는 요소들의 집적이 특정의 형태를 갖기 때문이다.

[유례명제]: [동류례로서는] 병 등과 같이, [이류례로서는] 극미와 같다.

눈(眼根)과 피부(身根)의 두 감관에 의해 파악되는 지·수·화의 세 원소에 의해 이루어진 조대한 산물들 및 눈과 피부의 두 감관에 의해 파악되지 않는 풍·공의 두 원소에 의해 이루어진 조대한 산물들은 특정의 형태를 갖기 때문에 지적인 능력이 있는 작인(주재자인 신)에 의해 주재된다는 것이 이해된다(K.43).

마지막으로 위의 세 번째 논거와는 다르지만, '비정신인 것'을 논거로 신의 존재를 논증하는 추론식은 아래와 같다.

[주장명제]: 질료인인 극미(원자)와 업은 작동하기 이전에 지적인 능력이 있는 작인에 의해 주재된다.

[이유명제]: [질료인의 극미(원자)와 업은] 비정신이기 때문이다.

[유례명제]: 도끼 등과 같이.

이들 세 개의 추론인을 근거로 신의 존재를 증명하는 것에 대해 다르마키르티가 각각의 추론인이 중복증명이라든가, 비유로서는 성립되지 않는다라든가, 불확정적인 것이라 하여 사이비 추론인이라 간주한다. 따라서 이러한 사이비 추론인에 의거해 '신이 존재한다'고 주장하는 것은 이치에 맞지 않다고 반론한 것이다.

10.

[반론]

주재신이 존재한다는 주장을 뒷받침하는 논거(추론인)로는 다음과 같은 것이 있을 수 있다. 우선 정지한 뒤에 [간헐적으로] 작용하는 것, 다음으로 특정한 형태를 갖는 것, 마지막으로 목적을 실현시키는 것(인과적 효과의 능력을 실현시키는 것) 등[의 추론인]에 의해, 논의의 과녁이 다른 [비정신적 존재인] 신체·세계·감관 등은 질료인 등에 정통한 앎을 가진 자(주재자인 신)를 전제로 한다. 가령, 베틀 등과 같은, 궁전 등과 같은, 도끼 등과 같은, 또한 병 등과 같은 것 등이다.

[답론1]

[상주를 본질로 하는 질료인이 항상 작용하는 것이 아니라 때로는 잠시] 정지한 뒤 [간헐적으로] 작용하는 것이기 때문, [지·수·화·풍·공의 다

섯 요소에 의해 구성되는 사물들의] 특정의 형태를 갖는 것이기 때문, [비정신적 존재인 신체·세계·감관 등의] 목적을 실현시키는 작용을 갖는 것이기 때문 등[이 추론인]이라면 [우리들 불교 측에서] 바라는 것이 입증된다.

sthitvāpravṛtti-saṃsthāna-viśeṣa-arthakriyā-ādiṣu /
iṣṭasiddhir

案

다르마키르티는 니야야학파 논사들이 신의 존재를 증명하는 근거로서 제시한 세 가지 추론인은 상주를 본질로 하는 것이 아니라 무상을 본질로 할 때 적절한 추론인이 된다고 조소하는 것이 위 송이다. 니야야학파와 다르마키르티는 주재신의 존재에 대해서 상반된 견해를 피력한다. 전자는 정지한 뒤에 간헐적으로 작용하는 것, 특정한 형태를 갖는 것, 목적을 실현시키는 것 등이라는 추론인에 의해 주재신이 존재한다는 것을 논증한다. 반면 후자는 이러한 추론인들이 오류를 범한 사이비추론인이기 때문에 이에 근거하여 신이 존재한다는 니야야학파의 논증은 사이비논증에 지나지 않는다고 주장한 것이다. 마노라타난딘은 다음과 같은 주석을 하고 있다. "추론과(推論果)에 존재하는 한정요소(특수성) 없이는 논증기체(추론의 주제)에 추론인이 타당하지 않은 것과 같은, 그 한정요소만이 '포괄적 논거로서의 정설'에 의해서 알려진다. 예를 들면 산에 있는 연기에 근거하여 산에 있는 불이 [알려지는 것]처럼. 왜냐하면 [산과는] 다른 장소에 있는 불에서 생기는 연기가 산에 있는 것은 타당하지 않기 때문이다. 그러나 이것과 마찬가지로 상주성, 일체지자성, 편재성 등이 없이는 의지를 가진 자에 관해서 신체나 물질세계 등에 있는 '정지한 뒤에 작용하는 것' 등이 타당하지 않다고 할 수는 없다. 그것(정지한 뒤에 작용하는 것 등)이 상주성 등과 반대의 것과 결합한 의지를 가진 자에 의해서 초래되는 것은 전혀 문제가 없는 것이다."(I.3.21)

기무라 도시히코는 다음과 같이 설명한다. "이들 논증의 술어는 모두 '지적인 작인에 의존한다'는 의미이지만, 상주를 본질로 하는 앎을 가진 신인가 아니면 무상을 본질로 하는 앎을 가진 인간인가 하는 것이 분명하지 않다. 고의로 양자택일로 분별하지 않는 것에 공부의 의미가 있지만, 다르마키르티는 예리하게 그것을 갈파하여 '무상을 본질로 하는 앎을 가진 인간이 주재자라면 아무 쓸모없는 중복증명'이라고 했던 것이다. 다시 말하면 중복증명 즉 동어반복의 오류를 범한 것이다. 또한 그것이 상주를 본질로 하는 앎을 가진 신의 주재라고 한다면 아주 유사한 사례가 단지 보이지 않는다. 요컨대 신 이외에 상주를 본질로 하는 앎을 가진 작인이 주재하는 사례가 없기 때문에 추론인과 추론과 사이의 포함관계(변충관계)가 대전제로서 성립하는 것이 의문(saṃśaya)이기 때문에 그 추론인은 불확정의 사이비 추론인이 된다."(KT.176)

[답론2]

또한 [주재자인 신이 존재한다는 추론에서] 유례가 성립하지 않는다. 혹은 [추론인이] 불확정적이다.

asiddhir vā dṛṣṭānte saṃśayo atha vā //

案

위의 송은 주재신을 인정한다면 유례가 추론과를 결여하게 되어 유례가 성립하지 않는다는 오류를 지적하고 있으며, 또한 '정지한 뒤에 간헐적으로 작용하기 때문'이라는 추론인과 '목적을 실현시킬 수 있는 것이기 때문'이라는 추론인은 추론과를 확립하기에 불충분한 추론인의 오류(不定因)를 범한다는 것을 지적한 것이다.

이에 대한 마노라타난딘의 주석을 보자. "만약 상주성 등에 의해서 한정되는 사람을 전제로 하는 것이야말로 추론과라면 유례가 성립하지 않는다. 요컨대 유례는 성립을 결여한다는 의미이다. 실로 어떠한 유례에서도 그와 같은 추론과는 알려지지 않는다. 만약 알려질 것 같으면 변충이 이해될 것이지만. 그리고 추론인은 변충이 성립하지 않는 것이며 따라서 추론과를 확립하기에 불충분한 추론인[不定因]에 다름 아니다. 혹은 또한 '정지한 뒤에 작용하는 것'과 '목적을 실현시키는 것'이라는 두 개의 추론인은 불확정적이다, 즉 부정인이다. 그 [그대들에 의해서] 생각되는 사람(주재신)이기 때문이다. 왜냐하면 그는 정지한 뒤에 작용하는 자이며, 또한 결과에 대해서 목적을 실현하는 것이지만, 그와 같이 [다른] 사람에 의해서 제어되고 있는 것이 아니다. 그렇다고 하면 무한소급되어 버리기 때문이다."(I.3.23)

다시 말하면 어떤 것이 정지한 뒤에 다시 작용하는 것은 지적인 작인(作因)인 주재신이 그렇게 하는 것이라면, 또한 비정신적인 존재인 신체, 감관, 세계 등의 목적을 실현시키는 것도 마찬가지로 지적인 작인인 주재신이 원인이라고 한다면, 그 주재신의 원인은 무엇인가? 이렇게 원인을 물어 가면 무한소급의 오류를 범하게 된다. 따라서 주재신이 궁극적 원인일 수가 없다.

11.

[답론3]

어떤 특정의 형태 등이 주재자(인 신)의 존재와 비존재에 수반하는 것으로 확정될 때, 그것(어떤 특정의 형태)에 근거하여 추론되는 것은 바르다.

siddhaṃ yādṛg adhiṣṭhātṛ-bhāva-abhāva-anuvṛttimat /
saṃniveśa-ādi tad yuktaṃ asmād yad anumīyate //

案

이 송은 "지적 능력을 가진 자를 전제하면 유례에서 알려지는 특정의 형태 등은 추론 주제에는 성립하지 않는다는 것을 기술한 것이다. 다시 말하면 특정의 형태를 근거로 신의 존재를 논증하는 추론인은 불성인의 오류를 범한다는 것을 말하는 것이다." 마노라타난딘은 다음과 같이 주석한다. "유례의 기체인 병에서 넓은 바닥 부분이나 중간의 배 부분 등이라는 지각된 범위의 개체나 종류(보편)에 한정된 어떤 특정의 형태 등이 주재자의 유무에 따르는 것이라면, 일상 행위에 능숙한 사람들에 있어서 그 정설에 따르지 않고, 지각에 의해서 그것과 유사한 결정된 앎(決定知)이 생기는 것에 의해서 확정된다. 그 경우 그것 즉 형태 등에 근거하여 사람으로부터 생겼다고 알려지지 않은 것과 같은 다른 병에서 추론되는 '지적 능력을 가진 자에게 주재되는 것', 그것은 바르다. 그것이 사람의 작품임이 결정되기 때문이다." 요컨대 "인간이 주재자가 되어 사물의 형태가 다양하게 만들어지는 것이기 때문이다. 각종의 형태라는 추론인은 '인간'이라는 주제에 속하는 성질(주제소속성)인 경우에 추론도 바르게 행해진다."(KT.177)

12.

[답론[4]]

어떤 특정의 현실적 존재(병 등)에서 알려진 것(사람의 작품인 것)을 언어가 같기 때문에 차이는 없다고 간주되는 것(형태 일반)에 근거하여 [다른 현실적 존재(산 등)에서] 추론하는 것은 바르지 않다. 흰 물체로부터 불[을 추론하는] 경우와 같이.

vastubhede prasiddhasya śabdasāmānyād abhedinaḥ /
na yuktā anumitiḥ pāṇḍudravyād iva hutāśane //

案

어떤 사물의 속성이 확실하지 않은 개념은 추론인을 구성할 수 없다. 가령, 흰 연기로부터 불을 추론할 수 있지만, 연기인지 수증기인지 분명하게 판단하기 어려운 것, 즉 단지 '흰 것'만을 가지고 불이 있다는 것을 알 수 없다는 취지이다. 기무라 도시히코는 다음과 같이 설명한다. "대론자의 유례인 병 등에서 '각종의 형태'와 결합하는 '지적인 작인에 의존한다'라는 속성이 있다는 것은 누구나 아는 사례이지만, 보편적인 포함관계(산 등에도 적용될 수 있는 것)로서 '지적인 작인에 의존한다'는 것을 성립케 하는 '각종의 형태' 등의 추론인은 병들의 사례와 같이 포함관계가 의문시되는 사례에도 적용하려는 것으로 그와 같은 추론인에서는 바른 추론적 앎은 얻어지지 않는다. 예를 들면 아궁이 등에서 연기와 불이 결합하고 있는 것은 누구나 아는 사례지만 단순히 흰 물체로부터 불을 이해하게 할 수는 없다. 요컨대 연기인지 수증기인지 분간할 수 없는 채로 추론인을 사용하여 의심스러운 주장명제인 '저 곳에 불이 있다'라는 것을 주장하는 것과 같다."(K.45)

13.

[반론]

형태 등 일반은 형태가 아닌 것의 배제에 의해서 추론인이 된다.

[답론[1]]

그렇지 않으면(개념의 외연이 명료하지 않으면) 도공에 의해서 병 등이라는 무엇인가 흙의 변이가 지어지는 것에 근거해서 개미무덤도 그(도공)의 작품인 것이 성립해 버린다.

anyathā kumbhakāreṇa mṛdvikārasya kasyacit /
ghaṭādeḥ karaṇāt sidhyed valmīkasya api tatkṛtiḥ //

案

'형태 등 일반은 형태가 아닌 것의 배제에 의해서 추론인'이 되는 경우, 도공이 흙 작업을 통해 만든 '항아리' 등으로부터 개미가 만든 무덤도 도공의 작품이 되어 버릴 것이라는 것을 언급한 것이 위의 송이다. 마노라타난딘은 다음과 같이 말한다. "그렇지 않다면, 즉 만약 추론과(推論果, 추론대상)에 의해서 변충되는 특수성를 무시하고 공통성을 추론인으로 한다면, 그 경우는 도공에 의해서 병 등이라는 무엇인가 흙의 변이가 지어짐으로써 개미무덤도 흙의 변이인 것에 근거하여 그 도공의 작품인 것으로 성립해 버린다. [대론자는] 이렇게 생각할지도 모른다. 즉 '흙의 변이인 것은 도공에 의해서 변충되는 것이 아니다. 그것(도공) 없이도 개미무덤은 생기기 때문이다'라고. 그러나 만약 그렇다고 한다면 지적 능력을 가진 자 없이 이 신체 등도 생기는 것이라고 한다면, [변충이 성립하지 않기 때문에] 그것(지적 능력을 가진 것을 전제로 하는 것이라는 추론과)도 주제에는 존재하지 않을지도 모른다. 주제로부터 일탈하는 것은 없다고 반론한다면, 개미무덤에 관해서도 이 논리는 같다. [요컨대 변충이 성립하지 않는데 그 추론인에 근거하여 추론과를 입증한다면 흙의 변이인 것에 의해서 개미무덤도 도공의 작품인 것이 된다.] 따라서 형태 등 일반[이라는 추론인]은 변충이 성립하지 않기 때문에 부정인(不定因)에 다름 아니다."(I.3.24~25)

이것을 추론식으로 구성하면 다음과 같다.

[주장명제]: 개미무덤도 도공의 작품이다.
[이유명제]: 흙의 변이이기 때문이다.
[유례명제]: 병 등과 같이.

추론인인 '흙의 변이'는 주장명제에서 술어인 '도공의 작품'의 외연을 초월하여, 병과 같이 결합하는 경우도 있지만, 개미무덤과 같이 결합하지 않는 경우도 있다. 그것을 식별하지 않는 비차별적인 추론인을 '주제의 속성임이 확립되어 있지 않은' 불성사인(不成似因)이라 한다.

14.

[답론2]

추론대상[인 무상성]이 수반하기 때문에 '만들어진 것'(所作性)이 [주장명제와 유례명제에] 공통적으로도 추론인인 경우, 관계항이 다르기 때문에 [추론인도] 다르다고 기술하는 오류가 '소작상사'(所作相似)라고 우리들은 생각한다.

sādhyena anugamāt kārye sāmānyena api sādhane /

sambandhibhedād bhedoktidoṣaḥ kāryasamo mataḥ //

案

이 송에서 핵심은 '만들어진 것'(所作)이라는 추론인이 소작상사(所作相似)의 오류를 범한다는 것이다. 그렇다면 소작상사란 무엇인가? "'[주장] 소리는 무상한 것이다. [이유] 만들어진 것이기 때문이다. [유례] 가령, 항아리와 같다.'라고 입론자에 의해서 주장될 때, 그 주장에서 만들어진 것(所作)이 무상한 것이라고 간주되는 것은 소리에 존재하는 '만들어진 것'(소작)과는 다른 항아리의 만들어진 것에 근거한 것이기 때문에, 가령 소리에 만들어진 것이 존재해도, 그렇다고 해서 그 소리에 무상성이 존재한다고는 할 수 없다고 하여 반대하는 것이 소작상사이다. … 소리에 존재하는 만들어진 것은 발음에 의해서 만들어진 것이라는 의미에서의 소작성(所作性)이며 항아리에 존재하는 소작성은 녹로에 의해 만들어졌다는 의미에서 소작성이다. 그러나 이와 같은 소작성은 소리에는 존재하지 않는다. 가령 소리에 소작성이 있다고 해도, 그것에 의해 소리가 무상이 되는 것은 아니라고 하여 반대하는 것이 소작상사에 의한 논란이다."(기타가와 히데노리, 『인도고전논리학』, 300~301)

디그나가의 『인명정리문론』에 의하면 소작상사에는 3종이 있다. 첫째, 항아리 등의 '만들어진 것'이라는 성질(추론인)이 소리에는 없다고 한다면, 이것은 사불성(似不成)의 오류이다. 둘째, 상주하는 소리의 '만들어진 것'이라는 성질(추론인)이 추론대상인 상주성과 모순하는 (상위하는) 무상성을 확립한다면, 이것은 사상위(似相違)의 오류이다. 셋째, 상주하는 소리의 '들리는 것'(所聞性)이라는 성질(추론인)이 상주하는 소리에도 무상한 항아리에도 존재한다는 것을 확립할 수 없다면,

이것은 불공부정(不共不定)의 오류이다.

15.

[반론]

'형태 등'이라는 언어에 의해 표시되는 사항은 항아리에 있어서 지적 능력을 가진 존재에 의해 포함된다고 이해된다. 그리고 그것은 신체 등에서도 보인다. 그렇기 때문에 특수에 관해서 상정하는 것은 불합리하다.

[답론1]

어떤 특정의 보편에 관해서 알려진 것을 언어의 공통성이 보이는 것으로부터 논증하는 것은 바르지 않다. 가령, 언어(vāc) 등이 'go'[라는 말로 표시되는 것]이기 때문에 '뿔을 가진 것'[이라고 논증하는 것은 바르지 않은 것]과 같다.

jātyantare prasiddhasya śabdasāmānyadarśanāt /
na yuktaṃ sādhanaṃ gotvād vāgādīnāṃ viṣāṇivat //

案

이 송에 대해 기무라 도시히코는 "논리적 결합관계가 성립하는 경우에만 주장명제의 대전제가 될 수 있다. 유사한 언어를 보고서 잘못된 추론을 하는 것, 마치 'go'라는 말이 공통이기 때문이라고 해서, 소가 아닌 다이아몬드나 그 이외의 다른 것까지 '뿔이 있다'라고 입증하려고 하는 것과 같다. 'go'는 다의적인 낱말로서 잘 사용되는 소 이외에 '유제품', '우사제'(牛祀祭), '웅우좌'(雄牛座), '별', '허공', '보리', '태양', '광선',

'다이아몬드', '대지', '어머니', '언어의 여신' 등 남성, 중성, 여성형에 걸쳐서 다수의 의미를 갖는다. 다르마키르티는 이 점을 해학적으로 이용했다"(K.48)고 설명한다. 계속해서 마노라타난딘의 주석을 보자. "항아리의 형태 등이라는 어떤 특정의 보편에 관해서 알려진, '지적 능력을 가진 존재를 전제로 한다'고 하는 추론과를 그 특수성을 무시하고 ['형태' 등이라는] 언어의 공통성이 보이기 때문에 단순한 형태 일반에 의해서 [산 등에 관해서] 논증하는 것은 바르지 않다. 언어[나 보리] 등은 'go'이기 때문에 즉 'go'라는 말로 표현되는 것이기 때문에 뿔을 가진 것처럼, 즉 뿔을 가진 것이라고 논증하는 것은 바르지 않은 것처럼. 특수한 보편만이 뿔에 의해 변충된다고 알려지고 있기 때문이다."(I.3.26)

16.

[답론2]

언어는 [현실적 존재에 의존하는 것이 아니라 화자의] 의사에 의존하기 때문에 무엇이든 표시한다. 그것(언어)이 존재하기 때문에 의미가 성립한다면, 모든 사람에게 모든 것이 성립한다.

vivakṣā-paratantratvān na śabdāḥ santi kutra vā /
tad-bhāvād artha-siddhau tu sarvaṃ sarvasya sidhyati //

案

이 송은 만들어진 것(所作性, 피조물)과 같은 애매한 언어(추론인)로 주재자인 신을 증명하고자 하는 니야야학파에 대한 총괄적 비판이다. 마노라타난딘의 주석은 다음과 같다. "언어는 화자의 의사에 의존하는 것이기 때문에 무엇이든 표시한다. 그 언어가 있음으로써 의미내용이 성립한다면 모든 추론과(추론대상)가 바라는 대로 모든 사람에게 성립한다. 이상 주재신 논증에 대한 논란이 기술되었다."(I.3.26) 다음으로 기무라 도시히코는 "언어는 화자의 의사에 의존하는 것이다. 언어의 대상(의미)은 현실적 존재에 근거한 것이 아니다. 언어 자체는 현실적 존재인 대상에 구애되지 않고 [화자의] 의사에 근거하여 자유롭게 사용될 수 있기 때문에 언어에 의지하는 입증이라면, 그 어느 누구도 모든 것을 입증할 수 있다. 여기서 신의 존재 증명에 대한 비판이 기술되었지만, 논리와 언어의 문제 및 신과 동력인설의 비판이 이어진다"(K.48)고 설명한다.

논리와 언어

17.

[답론]

무상 등 때문에 [붓디나 즐거움은] 비정신적인 것 등이라고 하는 상키야학파 등[의 주장]이나, [나무의] 껍질을 벗기면 고사(枯死)하기 때문에 [나무는] 마음을 갖는다[고 하는 자이나교 공의파의 주장]도 이것에 의해서 고찰되었다.

etena kāpila-ādīnām acaitanya-ādi cintitam /

anitya-ādeś ca caitanyam maraṇāt tvagapohataḥ //

案

실로 위의 논리를 상키야학파나 자이나교에도 적용한 것이 17송 이하의 내용이다. 즉 붓디(buddhi)나 쾌감(즐거움, sukha) 등이 비정신을 본질로 하는 이유는, 그것들이 무상이며 생성을 본질로 하기 때문이다. 또한 나무가 마음을 가지고 있는 이유는, 그것의 껍질을 벗기면 나무는 고사하기 때문이다. 전자는 상키야학파의 주장이며, 후자는 자이나교 공의파(空衣派)의 주장이다. 이 두 주장을 비판한 것이 위의 송이다.

마노라타난딘의 주석에는 다음과 같이 설명되고 있다. "상키야학파 등에 있어서는 붓디나 쾌감(즐거움) 등은 무상인 것(무상성)이나 생긴 것(생기성)이라는 것 등이라는 추론인에 근거하여 비정신적인 것이라고 인정되며, 마찬가지로 자이나교의 공의파들에 있어서는 나무는 껍질을 모두 벗기면 고사하기 때문에 마음을 갖는다고 인정된다. 하지만 그것들이 이것에 의해서 즉 의미내용이 없는 다만 언어가 공통하는 것만으로는 추론인이 아니라고 지적함으로써 고찰되었다고 알아야만 한다. 예를 들면 무상성이란 이전의 본성이 없어지는 것이 아니라 감추어지는 것이라고 상키야학파는 인정한다. 한편 불교도는 [무상성이란] 후속하지 않고 소멸하는 것이[라고 인정한]다. 그것을 차례로 채용하면 대론자에게 성립하지 않든가, 입론자에게 성립하지 않는다. 언어가 같은 것 이외에 양자에 있어서 성립하는 듯한 무상성 등은 전혀 없는 것이다. 마찬가지로 죽음이란 인식·감관·수명의 소멸이라고 불교도의 정설에서는 인정된다. 그러나 그것(인식·감관·수명의 소멸을 특징으로 하는 죽음)은 나무에게는 성립하지 않는다. 마음을 가진 것만이 [지금의] 추론대상(소립)이기 때문이다. 실로 [마음을 가진 것이] 성립하지 않는 [나무]에서는 그것(마음)의 소멸은 타당하지 않다. 그러나 단순히 고사하는 것만이 나무에서는 '죽음'이라고 비유적으로 기술된다. 만약 다만 '죽음'이라는 낱말로 표시되는 것이 추론인이라고 한다면, 그 경우는 기름 등에도 그것은 존재하는 것이기 때문에 [그 추론인은] 공부정인(共不定因)으로 될 것이다."(I.4.43~44)

기무라 도시히코는 다음과 같이 설명한다. "상키야학파는 근본원질(pradhāna)에서 전변한 붓디(buddhi)나 쾌감(즐거움) 등을 무상성·생기성 때문에 비정신(acaitanya)이라고 정립한다. 정신은 영혼(puruṣa)의 작용이며, 근본원질의 전변은 붓디, 아함카라(ahaṁkāra)까지 비정신의 범주에 속한다. 그 추론인으로 근본원질의 변이인 무상성·생기성을 사용한 것이다. 또한 자이나교는 나무에도 영혼이 깃들어 있다는 것을 '나무껍질을 벗기면 죽기 때문'이라고 주장한다. 바라문교 계통의 아트만설과 다른 것은 풀 한 포기, 나무 한 그루에 이르기까지 영혼을 인정하는 것이며, 원시 애니미즘을 계승하면서 불살생의 윤리 규범으로 향하는 방향으로 발전했다. 이 논증도 그와 같은 도덕적 계기를 갖는다."(K.49)

17송을 추론식으로 정리하여 알기 쉽게 기술해 보자.

[추론식1]

[주장명제] 붓디나 쾌감(즐거움)은 비정신적인 것이다.

[이유명제] (붓디나 쾌감은) 무상이기 때문이다.

[추론식2]

[주장명제] 나무는 마음을 갖는 것이다.

[이유명제] (나무는) 껍질을 벗기면 고사하기(죽기) 때문이다.

바른 추론인(正因)이기 위해서는 입론자와 대론자 모두에게 인정되는 추론인이어야 한다. 그런데 [추론식1]에서 무상이라는 추론인은 상키야학파에서 주장하는 무상과 인도불교에서 인정하는 무상은 그 의미가 다르다. 즉 전자는 무상을 존재에서 존재에로의 변화를 의미하지만, 후자는 비존재에서 존재에로, 존재에서 비존재에로의 변화를 의미한다. 또한 [추론식2]에서 '죽음'이라는 추론인은 자이나교에서 주장하는 죽음과 인도불교에서 인정하는 죽음은 그 의미가 다르다. 즉 전자는 나무의 껍질을 벗기면 고사하는 것을 죽음이라 본 반면 인도불교는 인식이나 마음의 정지를 죽음으로 보고 있기 때문이다. 따라서 [추론식1]에서 무상이라는 추론인이나 [추론식2]에서 죽음이라는 추론인은 입론자와 대론자 모두 각각 다르게 사용하기 때문에 불확정(불성)의 사이비 추론인(不成因)이라 할 수 있다.

18.

[반론]

그렇다면 [소리가 무상인 것에 대해서] 만들어진 것(소작성) 등도 추론인이 아닌 것으로 되어 버린다. 허공의 속성인 소리에 [만들어진 것(소작성)이] 존재한다고 하는 것은 불교도에 있어서는 성립하지 않으며, 또한 그렇지 않다고 하는 것은 타자(니야야, 바이셰시카학파 등)에게는 성립하지 않는다.

[답론]

현실적 존재의 자기형상(자상, svarūpa)이 [지각의 대상으로서] 확립되지 않을 때, 이 논리가 적용되는 것이다. [현실적 존재의 자기형상이] 확립되는 경우는 [그 현실적 존재의] 특수성(viśeṣaṇa)이 [언어상에서] 확립되지 않아도 부정요인으로는 되지 않는다. 가령 '소리는 허공에 의존한다'라고 말하는 것과 같다.

vastusvarūpe asiddhe ayaṃ nyāyaḥ siddhe viśeṣaṇam /
abādhakam asiddhāv apy ākāśa-āśraya-vad dhvaneḥ //

案

이 송에 대해 마노라타난딘은 다음과 같이 주석한다. "현실적 존재의 자기형상이 확립되지 않는 경우에, 이 불성(不成)이라고 지적하는, 이상 기술한 논리가 적용되는 것이며, 현실적 존재의 자기형상, 즉 주제 혹은 추론인이 확립되는 경우에는 [그 현실적 존재의] 특수성이 확립되지 않아도 부정요인으로는 되지 않는다. 예를 들면 그 유례는 무엇인가? 라고 묻는다면, '소리는 허공을 근거로 한다'라고 말하는 것과 같다. 예를 들면 소리의 '허공소속성'이라는 특수성[은 그것이 불교도에 있어서 성립되지 않아]도 [만들어진 것(소작성)이 소리라는] 주제에 존재하는 것에 대한, 혹은 만들어진 것(소작성) 등이라는 추론인에 대한, 부정요인으로는 되지 않는다. 왜냐하면 특수성이 확립되지 않아도 소리라는 주제는 지각에 의해서 확립되고, 만들어진 것(소작성) 등[이라는 추론인]은 추리에 의해서 확립되기 때문이다. 다만 그것만으로 소립(추론과)과 능립(추론인)의 관계는 문제가 없는 것이다."(I.4.44~45)

19.

[반론]

언어(소리)는 확립되지 않는다. 그러나 현실적 존재라고 확립되는 경우는 어떻게 해서 그러한가?

[답론1]

언어(소리)가 확립되지 않는다고 해도 [추론인인] 현실적 존재가 확립된다면 [추론대상은] 성립된다. 예를 들면 바이셰시카학파에 대해서 [원자는 무상이라고 입증하기 위해] 불교도가 기술하는 물체(형태) 등의 추론인과 같다.

asiddhāv api śabdasya siddhe vastuni sidhyati /
aulūkyasya yathā bauddhena uktaṃ mūrtyādisādhanam //

案

바이셰시카학파의 6범주 가운데 실체의 범주에 속하는 원자를 다르마키르티는 그 물체성(형태)이라는 측면에서 반박한 것이다. 불교의 입장에서 말하는 추론인은 소촉성을 본질로 하는 물체이다. 그런데 바이셰시카학파가 말하는 원자는 특정의 장소를 점하는 물체의 질량이다. 언어차원에서의 정의는 다르지만, 물체성 자체가 공통의 지각체험이기 때문에 불교학파의 추론인은 유효하다고 할 수 있다(KT.180 참조). 마노라타난딘은 다음과 같이 주석한다. "언어(소리)가 성립되지 않는다고 해도 추론인이라고 지목되는 현실적 존재가 성립된다면, 추론과(추론대상)는 성립된다. 예를 들면 울루카(ulūka), 즉 바이셰시카학파에 대해서 원자들은 무상이라고 입증하기 위해 불교도가 기술하는 물체(형태) 등의 추론인은 언어(소리)가 성립되지 않는다고 해도 [추론과인 무상성은] 확립되는 것과 같다. 즉 바이셰시카학파에 있어서는 물체(형태)란 편재하지 않는 실체의 분량이라고 인정된다. 한편 불교도에 있어서는 그것(물체, 형태)은 접촉을 갖는 것이라고 널리 알려진다. 따라서 양자 함께 인정하는 물체(형태)라는 언어의 지시기능은 없다. 지시대상이 다르기 때문이다. 그러나 [이와 같이 '물체'(형태)라는] 언어가 [양자 사이에] 확립되지 않아도 감촉을 갖는 것이라는 것을 특징으로 하는 사물은 양자 함께 확립되고 그것이야말로 추론인으로서 [불교도에 의해서] 의도된다. 따라서 [그것은] 추론인(능립)이다."(I.4.45) 이어서 기무라 도시히코의 해설을 보도록 하자. "극미의 원자를 상주라고 보는 바이셰시카학파에게 불교학파가 '물체(형태) 때문에 무상이다'라고 논쟁한다. 물체(형태)란 감촉대상의 구비라고 설명되지만, 대론자에 있어서는 '특정의 장소를 점하는 물체의 질량'이라고 말해져야만 하는 것이다. 그러나 물체(형태)는 양자의 지각하에서 인정되는 것이기 때문에 표현의 차이에 실질적 해로움은 없다."(K.51)

20.

[답론2]

실로 그것(사물=현실적 존재)이 부정(不定) 등의 경우는, 가령 언어가 [아무리] 부정이 아니라고 해도 추론인은 오류를 범한 것이라고 알아야만 한다. 현실적 존재(vastu)에 의해서 현실적 존재가 확립되기 때문이다.

tasya eva vyabhicārādau śabde apy avyabhicāriṇi /
doṣavat sādhanaṃ jñeyaṃ vastuno vastusiddhitaḥ //

案

이 송은 추론인이 되는 언어 사용의 엄밀함이 논증의 핵심이 된다. 마노라타난딘은 다음과 같이 주석한다. "실로 그것 즉 사물(현실적 존재)이 부정(不定) 등의 경우는 '등'이라는 말에 의해서 불성(不成)의 경우와 상반하는 것에 변충되는 경우(요컨대 상위의 경우)가 함의되고 있다. 가령 언어가 부정이 아니라고 해도 추론인은 오류를 범한 것이라고 알아야만 한다. 어떻게 해서 그러한가? 추론인인 현실적 존재에 의해서 추론과(추론대상)인 현실적 존재가 확립되기 때문이다. 이상과 같이 추론과(추론대상)에 변충되는 사물이 아니라 다만 언어만의 것인 주재신[의 존재에 대한] 여러 논거들(추론인)은 오류를 범한 것이라고 알아야 한다."(I.4.46) 기무라 도시히코는 다음과 같이 해설한다. "추론인으로 하는 언어의 의미가 확정되어 있으면 논증 전체도 정합적이지만, 내용에 착오가 있어 추론인으로서 확인되지(인정되지) 않을 때는 논증은 성립하지 않는다. 신의 존재증명은 이렇게 해서 추론인이 정확하게 술어에 변충되는 논리적인 결합관계에 착오(부정합성)가 있는 것으로서 배제되지 않으면 안 된다. 이렇게 해서 '지적인 작인에 의해 주재된다'는 추론과(술어)를 도출하는 추론인들이 부정되었다."(K.52)

신·작인설의 비판

21.

[반론]

그렇다면 [상주인] 주재신[이 세계의 원인인 것]을 부정하는 인식도구(프라마나)는 무엇인가?

[답론]

그 [주재신이라 불리는] 현실적 존재는 [세계를 창조할 때에는] 어떤 존재방식에서 원인이지만, [세계 창조 이전에는] 그것과 전적으로 같은 존재방식에서 원인이 아니라고 한다면, 도대체 무엇에 의해서 [세계를 창조할 때에] 그것이 원인이라고 생각되고, 원인이 아니라고 인정되지 않는 것인가?

yathā tat kāraṇaṃ vastu tathā eva tadakāraṇam /
tadā tat kāraṇaṃ kena mataṃ na iṣṭam akāraṇam //

案

상주와 불변을 본질로 하는 주재신이 세계 창조의 원인이라고 했을 때, 세계가 창조되기 이전에는 주재신은 원인이라고 할 수 없다. 왜냐하면 결과가 존재하지 않았기 때문이다. 이렇게 되면 주재신은 상주와 불변을 본질로 한다는 그들의 전제와 서로 어긋나기 때문이다. 마노라타난딘은 위의 송을 다음과 같이 주한다. "그 주재신이라 불리는 현실적 존재는 세계를 창조할 때에는, 어떤 존재방식으로 즉 어떤 본질에 의해서 원인이라고 인정되지만, 세계를 창조하기 이전에는 그것과 전적으로 같은 존재방식으로, 즉 그것과 전적으로 같은 본질에 의해서 원인이 아니라고 한다면, 도대체 어떠한 차이에 의해서 [세계를 창조할 때에] 그것이 원인이라고 생각하고 원인이 아니라고 인정하지 않는 것인가? 왜냐하면 원인인 것은 원인이 아닌 상태와의 차이에 의해서 변충된다. 그것(원인이 아닌 상태와의 차이성)이 없기 때문에 원인인 것도 없는 것이다."(I.4.46)

다르마키르티에 의하면 찰나멸을 본질로 하는 존재만이 변화를 추동하는 동력인이 될 수 있는 것이지, 상주와 불변을 본질로 하는 존재는 그 어떠한 변화도 추동할 수 없다. 전자만이 인과적 효과성을 본질로 하는 현실적 존재이며, 후자는 인과적 효과성을 결여하고 있는 추상적인 비현실적 존재이기 때문이다. 기무라 도시히코는 다음과 같이 해설한다. "상주를 본질로 하는 신이 세계 창조의 순간에 세계의 동력인으로서 작용하고 그 이전은 그렇지 않은 다른 작용을 할 수 있을까? 상주를 본질(자성)로 하는 존재에게는 변화는 있을 수 없다. 변화하는 작용을 인정하는 것은 무상(찰나멸)인 존재를 제외하지 않는다는 사고방식이다."(K.52~53)

이 송에 대한 다르마키르티의 취지를 두 가지로 이해해 볼 수 있다. 하나는 주재신을 세계의 원인이라고 간주하는 자들에 있어서 주재신은 상주라고 인정되는 것이다. 그런데 주재신이 상주인 한 세계를 창조할 때와 그 이전의 상태에 차이가 있을 수 없다. 따라서 한쪽이 원인이고 다른 쪽은 원인이 아니라고 할 수 없다는 취지이다. 또 하나는 세계 창조 이전에는 주재신이 아니다. 마찬가지로 세계를 창조할 때에도 차이가 없기 때문에 주재신이 원인이 아니라는 취지이다. 요컨대 주재신은 세계 창조 이전에도, 세계를 창조할 때에도 원인이 될 수 없다는 것이다.

22.

[반론]

가령, 원인이 아닌 것의 상태와의 차이가 없는 것이라고 해도, 주재신은 원인이라고 말해진다.

[답론]

[4월에 해당하는] 차이트라 달은 무기와 관계함으로써 [사람을 해치는]

상해[의 효과]와 [4월에 해당하는 차이트라 달은] 의약과 관계함으로써 [사람을 살리는] 치료[의 효과]가 있다. 그렇다면 [그 상해와 치료에] 전혀 관계가 없는 부러진 나뭇등걸이 [상해와 치료의] 원인(동력인, 주재자인 신)이라고 어떻게 생각할 수 없는가?

śāstrauṣadhābhisambandhāc caitrasya vraṇarohaṇe /
asambaddhasya kiṃ sthāṇoḥ kāraṇatvaṃ na kalpyate //

案

이 송은 차이트라를 어떻게 보는가에 따라 해석은 약간 다를 수 있다. 가령 차이트라를 인명(人名)으로 이해할 경우와 차이트라를 1년 가운데 4월 전후의 달[月]에 지내는 의식(rite)으로 이해하는 경우 등이다.

마노라타난딘은 전자의 관점에서 다음과 같이 주석한다. "무기와 관계함으로써 차이트라에게는 상해가 있고, 의약과 관계함으로써 차이트라에게는 상해의 치료가 있을 때, [그 상해와 치료에] 전혀 관계가 없는, 즉 행위에는 거리가 먼, 부러진 나뭇등걸이 [그 상해나 치료의] 원인이라고 어떻게 생각하지 않는 것인가? [주재신과 이 경우의 부러진 나뭇등걸은] 특징은 같기 때문이다."(I.4.47) 무기가 원인이 되어 차이트라가 상해를 입는 경우와 의약이 원인이 되어 차이트라가 치료가 될 경우에는 명료한 인과관계가 존재한다. 하지만 나뭇등걸과 차이트라 사이에는 아무런 인과관계가 존재하지 않는 것처럼, 주재신도 나뭇등걸과 같이 아무런 인과관계가 없는데 어떻게 해서 원인이라고 주장할 수 있는가 하고 다르마키르티는 조소하고 있는 것이다.

그런데 기무라 도시히코는 후자로 해석한다. 그는 다음과 같이 설명한다. "4월 전후의 차이트라 달에는 신사(神事)로서의 무기를 숭배하는 라마 탄생제, 님(사람을 살리는 기적의 나무) 나뭇잎을 먹고서 1년의 병을 예방하는 신년제가 있다. 태양이 백양궁으로 들어가는 춘분에서 1년이 시작되기 때문에 차이트라 달에는 이것과 관계한다. 그러나 특히 인도종교 교도가 아닌 경우는 차이트라 달과 이들 행사 사이의 관계를 이해하기 어렵다. 만약 이해하라고 한다면 같은 관계를 보기 어려운 부러진 나뭇등걸이 창조주로서 왜 생각되지 않는 것일까? 하고 야유한다. 이것은 시바 신의 호칭의 하나이기도 하지만, 주석에 설명하고 있지 않다."(K.53~54) 두 해석 가운데 어느 것을 취한다고 해도 의미의 이해에는 별다른 지장은 없다. 여기서는 후자의 의미로 송을 해석했다.

데벤드라붓디는 이 송을 추론식으로 제시한다.

[변충]

어떤 것(X)이 어떤 특정의 결과(Y)를 생기게 할 때 그것을 생기게 하지 않는 상태와는 다른 본질이 되어 탁월성을 가진다고 할 수 없다면, 그것(X)은 그것(Y)의 원인이 아니다. 예를 들면 무기와 약과 관계하는 것에 의해서 차이트라에게 상해와 [그 상해의] 치료가 있는 경우에, [다른] 본질이 되어 탁월성을 가질 수 없는 나뭇등걸은 그들(상해와 치료)의 원인이 아닌 것과 같다.

[주제소속성]

주재신도 실재들이라는 특정의 결과를 생기게 할 때에 생기게 하지 않는 상태와는 다른 본질이 되어 탁월성을 갖는다고 할 수 없다. 이것은 '비인식으로서의 추론인'에 근거한 추론이다. (I.4.60)

23.

[반론]

[주재신은] 원인이 아닌 존재의 상태에서 활동을 개시하기 때문에, 원인인 상태에서서는 [원인이 아닌 존재의 상태와의] 차이가 있다.

[답론1]

본질(自性)의 차이가 없이는 [지금까지 존재하지 않았던] 활동도 타당하지 않다. 상주[를 본질로 하는] 존재에게는 부정적 수반관계가 없기 때문에 [결과를 낳게 하는 인과적 효과의] 능력도 또한 [주재신에게 존재한다고 하는 것은] 이해하기가 어렵다.

svabhāvabhedena vinā vyāpāro api na yujyate /

nityasya avyatirekitvāt sāmarthyaṃ ca duranvayam //

案

다르마키르티는 존재를 자기동일성을 본질로 하는 불변의 상주하는 것이 아니라 자기차이성을 본질로 하는 변화하는 무상한 것이라고 간주한다. 이 자기차이성은 찰나멸성과 같은 의미이다. 존재가 찰나멸할 때 그 찰나멸하는 존재가 원인이 되어 결과를 낳는 힘이 되기 때문에 인과적 효과성이라 할 수 있다. 요컨대 다르마키르티에 의하면 존재는 찰나멸성(자기차이성)과 인과적 효과성을 본질로 하는 것이다. 따라서 찰나멸성과 인과적 효과성을 본질로 하지 않는 존재 즉 주재신과 같은 존재는 진정한 존재(res vera)라 할 수 없다. 마노라타난딘은 이러한 점을 견지하면서 다음과 같이 위의 송을 주석한다. "본질의 차이가 없이는, 원인인 것뿐만 아니라 [지금까지 없었던] 활동도 또한, 활동을 초래하지 않은 상주인 존재에게는 타당하지 않다. 상주인 존재에게는 부정적 수반관계가 없기 때문에 [결과를 낳게 하는] 능력도 또한 [주재신에게 존재한다고 하는 것은] 이해하기가 어렵다. 왜냐하면 존재하는 것[만]으로 원인인 것은 아니다. 그러한 것이 아니라 어떤 것(A)이 존재하지 않음으로써 결과(B)가 존재하지 않을 때, 그것(A)이 그것(B)의 원인이다. [그러나 상주하는 존재인 주재신에게는 그것이 존재하지 않는다고 할 수 없다. 따라서 부정적 수반관계가 없기 때문에 원인일 수가 없다.] 그렇지 않다고 한다면 [마찬가지로 상주하는 존재인] 허공 등도 원인인 것으로 되어 버린다."(I.4.48) 다시 말하면 찰나적 존재로서 본질(자성)을 지닌 존재에게만 인과적 효과의 능력이 있고, 상주를 본질로 하는 신에게는 인과적 효과의 능력이 있을 수 없기 때문에, 따라서 일체를 창조하는 능력 즉 창조성은 신의 능력이라고 간주할 수가 없다.

진정한 존재(res vera)

= 현실적 존재(vastu, actual entity)

= 찰나멸을 본질로 하는 존재

= 인과적 효과성을 본질로 하는 존재

= 결과를 낳는 존재

= 창조하는 능력으로 충만한 존재

추상적 존재(absolute entity)

= 비현실적 존재(avastu, non actual entity)

= 허망한 존재

= 상주를 본질로 하는 존재

=비인과적 효과성을 본질로 하는 존재
=결과를 낳을 수 없는 존재
=창조의 능력을 결여한 존재
=신

24.

[답론2]

어떤 복수의 존재들(예를 들면, 종자나 흙 등의 원인)이 있다면 어떤 존재(예를 들면, 싹이라는 결과)가 반드시 있는 경우에, 그들(종자나 흙 등) 이외의 다른 존재(예를 들면, 주재신)가 그것(싹)의 원인이라고 생각한다면, 항상 원인에 관해서 무한소급[의 오류]가 발생할 것이다.

yeṣu satsu bhavaty eva yat tebhyo anyasya kalpane /
taddhetutvena sarvatra hetūnām anavasthitiḥ //

案

다르마키르티에 의하면, 싹이라는 결과에서 종자나 흙 등의 원인을 추론할 때 그 추론의 논리적 필연성을 담보하는 것은, 두 현실적 존재의 본질에 입각한 결합관계이다. '본질에 입각한 결합관계'는 두 가지가 있다. 하나는 '인과관계'이며, 또 하나는 '동일관계'이다. 싹이라는 추론인에서 종자나 흙 등의 추론과를 추론할 때, 그 추론의 논리적 필연성은 현실적으로 존재하는 종자나 흙이 원인이 되어 현실적으로 존재하는 싹이 결과가 되는 관계를 가질 때 그 논리적 필연성이 담보된다는 것이다. 그런데 그러한 인과관계의 영역에 존재하지 않는 것을 원인으로 한다면, 그것의 원인과 그것의 원인의 원인이 무엇인가를 묻게 되어 무한

소급의 오류를 범하게 된다.

이러한 점을 마노라타난딘은 말하고 있다. "어떤 복수의 원인들(예를 들면, 종자나 흙 등)이 있다면 어떤 결과(예를 들면, 싹)가 반드시 있는 경우에, 그들 원인(종자나 흙 등) 이외의 다른 존재(예를 들면, 주재신)가 그 결과의 원인이라고 생각한다면, 항상 원인에 관해서 차례대로 [원인을] 생각하는 것에 의해서 무한소급의 오류가 발생할 것이다. 따라서 현재 그 [인과적 효과의] 능력이 지각되는 흙이나 종자 등이 싹의 원인이지, 그 [인과적 효과의] 능력이 지각되지 않는 주재신 등이 [싹의 원인은] 아니다."(I.4.48) 요컨대 "종자 등의 원인이 있고, 싹 등의 결과가 생기는 것과 같은 참된 인과관계를 떠나서 원인 이외의 존재를 원인으로 생각한다면 이런저런 원인이 추구되어 멈추는 바를 알지 못한다."(K.55) 즉,

[존재론적 인과관계]

원인 = 종자, 흙 등

결과 = 싹

[논리적 인과관계]

원인 = 싹

결과 = 종자, 흙 등

[종자와 싹의 논리적 필연성의 근거]

본질을 매개로 한 인과관계

논리적 관계　　　　　　싹(추론인) → 종자 등(추론과)

　　　　　　　　　　　↑

존재적 관계　　종자 등(원인) → 싹(결과)

25.

[반론]

[싹의 원인이라고 생각되는] 흙 등도 싹의 원인인 상태일 때와 원인이 아닌 상태는 본질의 차이는 없다. [마찬가지로 주재신도 원인인 상태와 원인이 아닌 상태에 본질의 차이는 없지만 세계의 원인이다.]

[답론]

싹이 생기는 경우, [대]지 등은 그 본질의 전변에 의해서 원인이 된다. 그것(본질)이 작용하는 것에서 이 [싹의] 차이(변화)가 보이기 때문이다.

svabhāvapariṇāmena hetur aṅkurajanmani /
bhūmyādis tasya saṃskāre tadviśeṣasya darśanāt //

案

원인이 되는 존재들이 자기의 본질을 전변하지 않는 한 결과를 낳을 수 없다. 다시 말하면 싹을 낳는 종자나 흙 등의 원인들이 자기의 본질을 전변하면서 최종원인의 총체가 될 때, 그 결과로서의 싹을 낳게 되는 것이다. 반면 자기의 본질을 전혀 전변하지 않는 상주인 존재(주재신)는 인과적 효과라는 결과를 전혀 낳을 수 없다. 즉 주재신은 참으로 존재하는 참된 실재가 아니라는 의미이다.

마노라타난딘은 보다 자세하게 설명한다. "흙 등은 지금까지 알려지지 않았던 공동인의 지극히 가까운 공존이라는 조건에 의해서 결과를 생기게 하는 데 상응하는 탁월성을 획득하고, 결과[의 생기에] 상응하는 탁월성의 증대를 갖춘 연속하는 찰나를 특질로 하는 본질의 전변에 의해서 최후의 상태가 되어 싹의 발생에 대해서 원인이 된다. 그러나 전후의 순간에 같은 본질의 존재는 아니다. [전후의 시간에 같은 본질의 존재 즉 상주하는 존재는] 계시적으로도 동시적으로도 결과를 낳게 하는 것과 모순하기 때문이다. 그것은 왜인가? 땅을 가는 것이나 비료를 뿌리는 것 등에 의해서 흙 등의 작용을 할 때, 그 싹에 성장 등의 차이(변화)가 보이기 때문이다."(I.4.49) 그의 주석의 핵심은 '상주하는 존재는 계시적으로도 동시적으로도 결과를 낳게 하는 것과 모순'한다는 것이다. 계시적·동시적으로 결과를 낳을 수 있는 것은 찰나멸(刹那滅)·무상(無常)·무아(無我)·무자성(無自性)·공(空)을 본질로 하는 현실적 존재뿐이다.

기무라 도시히코는 위의 송과 주석에 대해서 다음과 같이 해설한다. "대지(大地)라고 해도 본질(自性)을 지니며 그와 같은 본질의 전변에 의해서 싹이라는 결과가 생긴다고 생각한다. 예를 들면 쟁기의 작용이나 굴삭방법 여하에 따라 발아에도 호오가 있다. 그것은 대지의 본질(자성)의 차이를 이해하게 하는 것이다. '전변'(pariṇāma)이란 원인에서 결과가 생기는 변화를 말하는, 상키야학파나 유식학파에서 사용하는 용어이지만, 여기서는 본질(자성)이 원인이 되어 작용하는 것을 말한다."(K.55) 찰나멸한다는 것, 무상을 본질로 한다는 것은 스스로 자기의 본질을 소멸케 한다는 것이다. 자기가 소멸하지 않으면 타자에게 어떠한 인과적 효과의 영향을 미칠 수 없다. 인과적 효과성은 연기(緣起)의 다른 이름이며, 의타기성(依他起性)·공(空)·무자성(無自性)·무아(無我)의 다른 이름이다.

26.

[반론]

[감관과 대상은 동일한 지원소로 구성된다는 점에서] 차이가 없음에도 불구하고 대상과 감관의 결합이 인식(지각)의 원인이 되는 것처럼, 그와 같은 경우(주재신도 본질의 차이 없이 감관과 대상의 극히 가까운 공존에 의해서 결과 즉 인식을 생기게 하는 경우)도 마찬가지이다.

yathā viśeṣena vinā viṣayendriyasaṃhatiḥ /

buddher hetus tathā idaṃ cen

[답론1]

그렇지 않다. 그 [대상과 감관의 결합의] 경우에도 특수성(차이)이 있기 때문이다.

na tatra api viśeṣataḥ //

案

모든 존재는 찰나멸성(자기차이성)과 인과적 효과성을 본질로 하는 것이다. 주재신과 같이 찰나멸을 본질로 하지 않고 상주를 본질로 하는 불변의 존재는 인과적 효과를 낳을 수 없다. 마노라타난딘은 다음과 같이 주석한다. "예를 들면 특수성(차이) 없이 [시간을 달리하는 것 없이] 곧바로 작용하는 대상과 감관의 결합이 앎의 원인이 되는 것처럼, 마찬가지로 이 주재신이라는 현실적 존재도 특수성(차이) 없이 공동인의 지극히 가까운 공존에 의해서 결과를 낳게 하는 것이라고 [반론]한다면, 그렇지 않다. 그 경우에도 즉 대상과 감관 등의 결합의 경우에도 이전의 상태와는 다르다. 지극히 가까운 공존이라는 인연에 의해서 생긴, 앎을 낳게 하는 능력을 가진 앎이라는 특수성(차이)이 있기 때문이다."(I.4.49) 주재신이라는 상주하는 존재가 동시적으로 존재하는 어떤 것을 낳는다는 것은 불가능하다. 동시적으로 존재하는 소의 두 뿔이 상대에게 어떠한 영향도 미칠 수 없듯이, 동시적으로 존재하는 주재신은 동시적으로 존재하는 어떤 존재도 낳을 수 있는 원인은 될 수가 없다.

기무라 도시히코는 다음과 같이 해설한다. "같은 지원소로 구성되는 대상과 감관이 접촉하여 인식(buddhi)이라는 결과를 낳을 수 있는 것처럼, 상주와 보편을 본질로 하는 존재는 인과적 효과의 능력이 있다고 반론한다면, 그 경우도 자상의 인과적 효과의 힘이 작동하기 때문에 가능하다고 답한다. 바이셰시카학파 등은 지·수·화·풍의 4원소를 신체·감관·세계(대상)의 구성요소로 하여 푸루샤(puruṣa, 靈我, 아트만)와 감관 그리고 대상의 접촉에 의해서 인식(지각)이 있다고 한다. 그 경우, 같은 지원소로 구성되는 것은 차이성이 없는 것이지만, 인식(지각)이라는 결과를 창출하고 있지 않은가라고 반론하는 것이다."(K.56) '푸루샤와 감관과 대상의 접촉'이 원인이 되어 인식(지각)이라는 결과를 낳는다고 할 때, 이때의 인과관계는 동시(同時)적 인과관계이다. 그런데 인과관계는 동시적일 수가 없다. 왜냐하면 동시적으로 존재하는 것은 상대에게 어떠한 인과적 효과의 힘을 발휘할 수가 없기 때문이다. 따라서 인과관계는 반드시 이시(異時)적인 것이다. 그런데 인식(지각)이라는 결과를 낳는 원인 가운데 하나인 푸루샤(영아, 아트만)가 현실적으로 원인이 되기 위해서는 시간적으로 한 찰나 이전에 존재해야 한다. 그래야만 다음 찰나의 인식을 결과로 낳을 수 있는 것이다. 또한 반복해서 말하지만 푸루샤가 상주불변하는 것이라면 이것은 결코 인식을 낳을 수가 없다. 왜냐하면 그것은 비현실적 존재이기 때문이다. 비현실적 존재는 어떠한 인과적 효과의 힘도 없는 것이다.

27.

[답론2]

[원소들의 시·공간적 근접이라는 조건에서 발생하는 마음의 연속의] 본질의 탁월성이 없다면 개별적으로는 [지각을 낳을 수 있는 인과적 효과의] 능력이 없는 [감관과 대상이] 결합한다고 해도, [지각을 낳는 인과적 효과의] 능력은 없을 것이다. 그러므로 [마음 연속의 본질의] 탁월성이 인정된다.

pṛthak pṛthag aśaktānāṃ svabhāvātiśaye asati /

saṃhatāv apy asāmarthyaṃ syāt siddho atiśayas tataḥ //

案

만약 인식(지각)이라는 결과를 낳는 원인들로서 감관이나 대상 그리고 주의집중과 같은 마음작용들이 개별적으로 존재하는 것만으로도 인식을 낳을 수 있는 인과적 효과의 능력이 있을 수 있다고 한다면, 그렇지 않다. 이것들이 시공간적 근접관계에 있을 때 인식이라는 결과를 낳을 수 있는 인과적 효과의 능력을 지니는 것이라 할 수 있다. 동시에 이러한 원인들은 순간순간 찰나멸하면서 최종원인의 총체가 되지 않으면 인식이라는 결과를 낳을 수 없다는 것은 더 이상 말할 필요가 없을 것이다. "만약 그렇지 않고 본질의 탁월성이 없다면 개별적으로는 [앎을 생기게 하는] 능력이 없는 대상이나 감관은, 가령 결합한다고 해도 앎의 생기에 대해서 능력은 없는 것이 된다. 본질에 차이가 없기 때문이다. 그러나 [실제는] 앎은 생긴다. 따라서 즉 앎이 생기기 때문에 탁월성이 성립하는 것이다."(I.4.50) 결과를 낳는 본질적 탁월성은 여건들이 개별적으로 존재해서는 생길 수 없다. 이것들이 어떤 하나의 목적을 위해 시공간적 근접관계를 맺을 때, 결과를 낳는 본질의 탁월성을 갖는 것이다.

28.

[답론3]

그러므로 [지각을 낳는 최초의 여건] 각각은 [인과적 효과의] 능력이 없다고 해도 [그러한 최초의 여건이] 결합하면, [결과를 낳는다고 하는] 특성이 있는 존재에게는 원인성도 있지만, 이슈바라(주재신) 등은 비차이(상주하는 존재)이기 때문에 [그와 같은 인과적 효과의 능력은] 없다.

tasmāt pṛthag aśakteṣu yeṣu sambhāvyate guṇaḥ /
saṃhatau hetutā teṣāṃ na neśvarāder abhedataḥ //

案

따라서 "단독으로는 능력이 없는 복수의 존재에 그것들이 결합한다면 다른 본성의 생기라는 탁월성이 생길 때 찰나멸인 그들은 원인이다. 그러나 주재신 등은 그렇지 않다. [항상] 차이가 없기 때문이다. 주재신(이슈바라)이나 물질원리(프라다나, 프라크리티)나 정신원리(아트만, 푸루샤) 등은 [상주를 본질로 하기에 원인이라고 간주되는 상태의 존재는] 원인 아닌 [상태로 간주되는 존재]와는 본성에 차이가 없기 때문에 원인이 아니라는 것이 요지이다."(I.4.50) 즉 무상한 존재만이 타자를 낳을 수 있는 인과적 효과의 능력(창조성)을 갖지만, 상주하는 존재는 그러한 능력을 가질 수 없다. 따라서 신은 일체를 창조하는 것도, 만물을 주재하는 것도 불가능하다. 이상 주재신 등에 대한 논란이 기술되었다.

III. 미망사학파의 성언량(聖言量) 비판

案

여기서 비불교도들은 인간의 길·흉·화·복과 세계의 흥·망·성·쇠를 주관하는 신(주재신) 혹은 개미의 숫자나 갠지스 강의 모래알 수마저도 아는 일체지자(一切智者)만이 인식도구(프라마나)이며, 인간은 결코 인식도구(프라마나)가 될 수 없다는 입장을 견지한다. 하지만 다르마키르티는 주재신이나 일체지자는 인식도구(프라마나)가 될 수가 없으며, 다만 사람들에게 유익한 사성제를 가르치는 세존만이 인식도구(프라마나)일 수 있음을 주장한다. 우선 베다성전에 근거한 감관을 넘어서 대상에 대한 앎과 그 앎의 체현자인 신(주재신)이나 일체지자만이 인식도구임을 대론자는 다음과 같이 말한다. "프라마나가 프라마나인 까닭은 감관을 넘어선 대상에 대한 앎이다. 그러나 어떠한 인간에게도 [그것은] 없다. [즉] 그것(감관을 넘어선 대상에 대한 앎)의 논증수단은 없기 때문에 어떠한 사람도 [그 논증수단을] 실천[하여, 감관을 넘어선 대상을 아는 자가 될 수] 없다. 따라서 그와 같은 [세존과 같은] 프라마나가 어떻게 해서 타당한가? 라고 어떤 사람들 즉 미망사학파의 사람들은 기술한다."(I.5.77) 진정한 인식도구 또는 종교적 권위는 전지전능하며 일체를 아는 지자인 신만이 가능하며 무상한 존재이며 불완전한 앎을 가진 인간인 붓다는 결코 인식도구 또는 종교적 권위가 될 수 없다고 하는 것이 미망사학파의 주장이다. 감관을 넘어선 대상 즉 초감각적 대상에 대한 앎만이 프라마나이며 그것을 설한 자만이 종교적 권위이며, 감관에 의한 대상인식이나 그 대상인식을 근거로 추론을 행하는 인간은 아무리 세간 사람들의 존경을 받는다고 할지라도 프라마나일 수가 없다는 것이다. 요컨대 그들에 의하면 세존은 결코 프라마나가 될 수 없다는 것이 요지이다.

그러나 다르마키르티는 세존만이 프라마나일 수 있다고 주장한다. 그는 세존을 두 가지 차원에서 사유한다. 우선, 세속의 차원에서는 세존의 지각과 추론이 프라마나이다. 이 도구를 가지고 세속의 삶을 영위하는 사람은 합리성을 본성으로 한다. 이런 측면에서 세존은 합리적인 인간이다. 그러나 세존은 여기에 머무르지 않는다. 다음으로 그는 세속의 차원을 근거로 초세속의 차원인 성스러움으로 나아간다. 즉 그는 중생의 행복과 이익을 위해 노력하고, 그들의 고의 원인과 그것의 소멸 및 소멸하는 방법을 방편에 입각하여 잘 설득하며, 나아가 일체는 공이며, 무아이며, 무자성이며, 연기임을 자각케 하여 자성자도(自性自度)하게 하는 성스러운 존재이다. 따라서 세존은 합리적인 인간이면서 동시에 성스러운 인간이라 할 수 있다. 이것이 다르마키르티가 그리고 있는 세존의 모습이다.

이하 29송에서 33송까지는 인도정통 육파철학 중 가장 정통이라 할 수 있는 미망사학파의 성언량 비판이다. 성언량이란 성교량(聖教量)이라 하기도 하고 증언(證言)이라 하기도 한다. 이 학파는 다르마키르티와 달리 지각과 추론 이외에 증언, 비교, 요청, 비인식의 6종을 프라마나(인식도구)라 간주하는데, 증언이 바로 성언량이다. 이 학파의 성언량은 성인의 말씀이기 때문에 곧 베다성전이다. 다르마키르티는 미망사 학파의 베다 성전 즉 성언량을 프라마나가 아니라고 부정한다.

29.

[반론]

어떤 사람들(Jaiminīya)은 "[베다성전에 근거한] 감관을 넘어선 대상에 대한 인식이 인식도구(프라마나)이다. 그러나 그 [존재를 입증하는] 논증수단이 없기 때문에 [이러한 앎을 가진 인간의] 체현이라는 것은 있을 수 없다. [따라서 인간은 인식도구(종교적 권위)가 될 수가 없다]"라고 주장한다.

prāmāṇyaṃ ca parokṣārthajñānaṃ tat sādhanasya ca /
abhāvān na asty anuṣṭhānam iti kecit pracakṣate //

30.

[답론1]

[미망사와 같은] 무지의 가르침을 기만이 아닌가 의심하는 [사려 깊은 합리적인] 사람들은 무엇인가 지적인 앎을 가진 자, 그 사람의 가르침을 실천하기를 추구한다.

jñānavān mṛgyate kaścit taduktapratipattaye /
ajñāopadeśakaraṇe vipralambhanaśaṅkibhiḥ //

案

데벤드라붓디는 다음과 같은 추론식을 작성하여 설명한다. "[사려 깊은 사람은] 그 앎을 가진 자가 설한 것을 획득하여 실천하기 위해, 그것에 관한 앎을 가진 자를 탐구하는 것이지, 아무런 목적도 없이 [탐구하는 것은] 아니다. 사려 깊은 사람은 어떤 사람이 기술하는 것을 실천하고자 바라지 않는다면 그 사람의 그것에 관한 앎을 추구하지 않는다. 만약 그것을 탐구하고자 한다면 [그 사람은] 사려 깊은 합리적인 사람이 아니다. 이것을 추론식으로 구성하면 다음과 같다.

[변충]

사려 깊은 사람은 어떤 사람이 설한 것을 실천하고자 바라지 않는다면, 그 사람은 그의 앎을 탐구하지 않는다. 가령 자기 자신 병이 없는 건강한 사람은 약에 관한 앎을 추구하지 않는 것과 같이.

[주제소속성]

이 사람은 교시자가 설한 것을 실천하고자 바라지 않는다. 이상은 '원인의 비인식'이다.

따라서 [그 사람이 설한 것을] 실천하고자 하여 [사려 깊은 사람들은] 그 사람의 앎을 탐구하는 것이다.

삶의 고통은 자신의 연기적 삶의 관계에서 발생하며, 고통의 해방도 또한 자신의 연기적 삶의 관계 속에서 이루어진다. 자신의 고통을 자신의 연기적 삶의 관계 속에서 일어나는 것인 줄을 모르고 오로지 자기 자신의 탓으로만, 또는 타자에게만 구하는 자는 진정으로 해방의 길은

요원하다. 이러한 자는 해방의 길, 구원의 길을 '지금 여기서'가 아니라 '미래의 저기서', 해방의 주체를 연기적 삶의 관계 속에 있는 자기에게서 구하는 것이 아니라 전지하고 전능한 절대자에게서 구한다. 병에 걸린 사람은 약을 찾지만, 건강한 사람에게는 약은 필요 없다.

계속해서 마노라타난딘은 다음과 같이 주석한다. "실로 사려 깊은 자들은 [어떠한 목적도 없이 다만] 집착 때문에 프라마나를 탐구하지는 않는다. 그러한 것이 아니라 스바르가(昇天)와 아파바르가(解脫)라는 인간의 제1의 목적을 성취하려고 바라고서 [승천과 지복을 위한] 방편을 실천하기 위해서이다. [사려 깊은 사람들은] 어리석은 자에 대해서 교시가 행해질 때 [그것이] 기만이 아닌가라고 의심하기 때문에, 즉 기만하는 것이 있다고 생각할 수 있기 때문이다."(I.5.78) 우리는 어떠한 가르침에 대해서도 항상 의심을 해야 한다. 그리고 의심하여 질문을 해야 한다. 의심하지 않으면 물을 수 없고, 묻지 않으면 맹목적으로 추수하게 된다. 그러한 사람은 승천과 지복을 저기서 구하지만, 그렇지 않은 지혜롭고 합리적인 사람은 '지금 여기' 자신의 연기적 삶의 관계에서 구한다.

31.

[답론2]

따라서 그(세존)의 실천해야 할 것에 관한 [붓다의] 앎이 고찰되어야만 하며, 그(일체지자)의 곤충의 수에 대한 앎은 우리들에게 무슨 소용이 있을까?

tasmād anuṣṭheyagataṃ jñānam asya vicāryatām /
kīṭasaṅkhyāparijñānaṃ tasya naḥ kvopayujyate //

案

다르마키르티는 세존의 앎과 일체지자의 앎을 구분한다. 전자는 인간의 삶에 유익한 사성제(四聖諦)와 같은 진리를 체득하게 해 주는 반면, 후자는 인간의 삶에 전혀 유익하지 않은 곤충의 수나 갠지스 강의 모래알의 수와 같은 앎을 알게 해 주는 것이다. 따라서 진리를 추구하는 사려 깊은 사람(보살)은 전자의 앎을 추구하지 후자의 앎을 추구하지 않는다. "고(苦)의 소멸의 수단을 설한 사람의 앎이 추구되는 것이기 때문에, 따라서 그의, 즉 프라마나인 사람의, 실천해야 할 것에 관한, 즉 윤회의 고를 소멸하는 수단인 앎이 고찰되어야만 한다. 그의 교시자의, 무익한 곤충의 수에 대한 앎은 우리들에 있어서, 인간의 목적에 대해서 아무 소용이 없다. 그러므로 그것(곤충의 수에 대한 앎)은 고찰되어선 안 된다. 이상이 주장이다. 따라서 이와 같은 사려 깊은 자들에 있어서 실천해야만 하는 것, 그것에 관한 교시자의 앎은 유익하지만, 다른 것에 관한 앎은 [유익하지] 않다"(I.5.78)라고 마노라타난딘은 주석한다.

32.

[반론]

그대(불교도)들이 붓다를 인식도구(프라마나)라고 추앙하는 이유는 무엇인가?

[답론]

'버려야 할 것'에 대한 실상(진리, 苦諦)을 [그것을 버리는] 방편(滅諦)과 함께 가르치고, '취해야 할 것'에 관한 실상(진리, 集諦)을 [그것을 취하는] 방편(道諦)과 함께 가르치는 분이 인식도구(종교적 권위)로 인정된다. [그것 이외의] 일체를 가르치는 사람은 [인식도구(종교적 권위)가] 아니다.

heyopādeyatattvasya sābhyupāyasya vedakaḥ /

yaḥ pramāṇam asāv iṣṭo na tu sarvasya vedakaḥ //

案

이 32송에 대해 마노라타난딘은 다음과 같이 해설한다. "'버려야 할 것'이란 '고의 진리'(苦諦)이며, 그것을 버리는 방편이란 '고의 원인의 진리'(集諦)이다. '취해야 할 것'이란 '고의 소멸의 진리'(滅諦)이며, 그것을 취하는 방편이란 '고를 소멸하는 방법의 진리'(道諦)이다. 인식도구에 의해서 완전하게 된 4개의 진리(四聖諦)를 가르치는 분이 인식도구(종교적 권위)로서 인정된다. 무엇이든 모든 것을 가르치는 이가 인식도구로서 인정될 수가 없다." 이에 대해 나마이 지쇼(生井智紹)는 다음과 같이 설명한다. "다르마키르티가 종교적 권위(인식도구)로서 승인하는 것은 신(이슈바라, 자재신)이나 천계성전이 아니다. 초감각적인 인식을 가지고 세계의 모든 것을 아는 것 등을 결과적으로 요청한다고 해도 궁극적 차원에서는 아무 소용이 없는 것이다. 다만 이 윤회의 '고'라는 현실, 이 현실을 살아가는 인간의 근원적 무지(avidya), 그 무지가 제거되어 현전하는 그대로의 세계, 그리고 그 무지를 제거하기 위한 방법, 이 4개의 성스러운 진리를 계시하는 자야말로 종교적 권위(인식도구)로서의 필요조건을 갖춘 자이다."(나마이 지쇼, 『윤회의 논증』, 65) 요컨대 이렇게 정리된다.

미망사학파: 신(이슈바라, 자재신), 천계성전(베다) → 초감각적 대상의

인식 → 프라마나

다르마키르티: 세존 → 사성제의 인식 → 프라마나

[사성제의 인과구도]

버려야 할 것 → 고제 (果)

버리는 방편 → 집제 (因)

취해야 할 것 → 멸제 (果)

취하는 방편 → 도제 (因)

위의 송을 마노라타난딘은 다음과 같이 주석한다. "따라서 인식도구(프라마나)에 의해서 분명하게 된, 버려야만 할 것에 관한 진리, 즉 고제(苦諦)를 그 원인과 함께 즉 집제(集諦)와 함께, 또한 취해야만 할 것에 관한 진리, 즉 멸제(滅諦)를 그 원인과 함께 즉 도제(道諦)와 함께 알게 하는 자가 인식도구(프라마나)라고 인정된다. 그러나 이렇게도 저렇게도 일체를 알게 하는 자는 [인식도구(프라마나)라고 인정될 리가] 없다. 실로 일체를 아는 것으로부터 사성제(四聖諦)의 교시가 있는 것이 아니라 그것(사성제)을 알기 때문에 [사성제의 교시가 있는 것이다.] 그리고 그것(사성제)의 교시자이기 때문이야말로 [세존이] 인식도구(프라마나)라고 인정되는 것이다."(I.5.79)

33.

[답론]

멀리 있는 것을 보든 보지 못하든 [그것은 문제되지 않는다]. 추구되어야 할 실상을 보는 것[이 중요하다]. 멀리 있는 것을 보는 이가 종교적 권위(인식도구, 프라마나)라고 한다면, [멀리 있는 것을 또렷하게 보는] 독수리를 경배해야 되지 않는가?

dūraṃ paśyatu vā mā vā tattvam iṣṭaṃ tu paśyatu /
pramāṇaṃ dūradarśī ced eta gṛdhrān upāsmahe //

案

다르마키르티는 신(이슈바라, 주재신)이나 신이 계시한 성전(천계성전)도 프라마나(인식도구, 인식근거, 종교적 규범, 종교적 권위)가 될 수 없을 뿐만 아니라 수만 리 멀리 떨어진 창공에서 기어가는 개미를 보는 능력을 가진 자도 인식도구(프라마나)가 될 수 없다는 견해를 피력한다. 다만 진정한 해탈을 위해서는 사성제를 보는 세존만이 궁극적인 인식도구(프라마나)일 뿐이다. "멀리 있는 것을 보든 보지 않든 관계없다. [세존은] 바라는 진리, 즉 사성제를 본다. 그러한 한에서 세존은 프라마나인 것이다. 만약 그러한 것이 아니라 진리를 보는 자가 아니라고 해도 멀리 있는 것을 보는 것이 가능한 자를 프라마나라고 한다면 해탈을 바라는 자들이여, 오라. 멀리 있는 것을 볼 수 있는 독수리에게 경배하라. 또한 멀리서 들려오는 소리를 들을 수 있는 돼지에게 경배하라. 이와 같이 [다르마키르티는 대론자를] 조소하고 있다. 이상, [우리들이] 인정하는 바의 [세존이] 인식도구(프라마나)인 까닭이 기술되었다."(I.5.79) 이상은 33송에 대한 마노라타난딘의 주석이다. 일체를 아는 자만이 인식도구(종교적 권위)라고 한다면, 아득히 먼 창공에서 지상에 기어 다니는 미세한 생물체조차 식별할 수 있는 눈을 가진 독수리에게 경배하는 것이 나으며, 멀리서 들리는 아주 희미한 소리조차 들을 수 있는 민

감한 귀를 가지고 있는 돼지에게 경배하는 것이 더 낫다고 마노라타난딘은 한술 더 떠 이슈바라 신이나 베다성전이 곧 프라마나라는 미망사학파의 설을 조소한다.

IV. 마음의 연속 입증

案

이 제4장 '마음의 연속 입증'에서는 신체에 대한 마음의 우월성을 부정하는 유물론학파인 차르바카파에 대한 논쟁이 전개된다. 이 차르바카파의 사상을 알 수 있는 문헌은 거의 남아 있지 않다. 산재해 있는 단편에 전해져 오는 것에 의하면, 그들은 지수화풍 등의 물질 원소만을 원리로서 인정하고, 푸루샤나 아트만과 같은 순수영혼이나 순수자아는 사고라는 특질을 지닌 신체에 불과하다고 한다. 그러한 사고작용도 물질에서 나오고 물질로 환원된다는 입장이다. 이에 대해 다르마키르티는 마음은 신체를 소의(所依, 질료인)로 하는 것이 아니라고 반론한다. 만약 소의라고 한다면 마음에서 자비의 수행은 신체의 소멸과 함께 무로 돌아갈 것이다. 우리의 마음의 연속과 심식의 윤회를 부정하면 행위의 윤리적 근거를 상실할 것이다. 자비 수행의 성취를 보증하기 위해서 내세에로의 윤회를 설정해야 한다. 그래서 34송 이하는 바로 차르바카파의 유물론에 대한 다르마키르티의 유심론의 전개이자, 정리학파의 전일자설과 바이세시카학파의 형이상학에 대한 비판이다.

34a.

[반론]

이와 같은 프라마나의 성립근거는 무엇인가?

[답론]

[세존이 인식도구(종교적 권위, 프라마나)임을] 논증하는 것은 자비(慈悲)이다.

sādhanaṃ karuṇa

案

세존이 인식도구임을 논증하는 것은 자비이다. 자비란 [세간 사람들을] 고(苦)와 고의 원인에서 구제하려는 서원이며, 그것이 세존이 인식도구임을 논증하는 것이다.

34b.

[반론]

어떻게 해서 그 자비는 획득되는가?

[답론]

그것(자비)은 [오랜 시간에 걸친] 반복적인 [마음의] 수행에 의해서 획득된다.

ābhyāsāt sā

案

세존이 인식도구(종교적 권위, 프라마나)임을 논증하는 근거는 오랜 시간에 걸친 반복적인 마음의 수행에 의해 체득된 자비이다. 중생의 고통을 가슴 아프게 여겨 그들로 하여금 그것으로부터 벗어나게 하려는 발고(拔苦)의 마음인 자비 때문에 세존이 되신 것이며, 이러한 자비심을 구현하신 세존만이 인식도구일 수가 있는 것이다. 다시 말하면 "그것(자비)은 여러 세대에 걸친 수행에 의해서 획득된다. 즉 어떤 진리를 추구하려는 위대한 마음을 가진 수행자(마하사트바mahāsattva, 대보살)는 뛰어난 종교적 자질을 갖춘 자(gotra, 종성種姓)이기 때문에, 선지식과 사귀기 때문에, 악한 마음의 성향[睡眠]을 직관하기 때문에, [진리를 알지 못하고 고를 거듭하고 있는 중생들에 대해서] 자비의 마음을 불러일으킨다. [그리고] 그는 많은 생의 연속에 걸치는, 열심히 끊임없는 수행에 의해서 자비가 본성이 된다. 그 자비를 불러일으켜서 그는 모든 유정이 고의 원인(집)의 소멸에 의해서 고를 소멸하고, 고를 소멸하는 방법(도)의 실천에 의해서 고의 소멸에 이르도록 가르침을 베풀려고 한다. [그뿐만 아니라] 스스로 [진리를] 체현하지 못한 사람의 가르침에는 기만이 있을 수 있기 때문에 그 '4개의 성스러운 진리'(사성제)를 스스로 체현한다. 따라서 세존이 인식도구(행위규범, 종교적 권위)임을 논증하는 것은 [그의] 자비의 마음이다."(I.6.11) 그러므로 세존은 자비를 본성으로 하기 때문에 인식도구이자 종교적 권위 즉 프라마나인 것이다.

34c.

[반론]

마음은 신체에 의존하기 때문에 [신체가 소멸하면 마음도 소멸한다. 그러므로 윤회는 존재하지 않는다. 따라서 자비의] 몇 세대에 걸친 수행은 성립하지 않는다.

buddher dehasaṃśrayāt /

asiddho abhyāsa iti

案

마노라타난딘은 다음과 같이 대론자의 반론을 주석한다. "마음은 신체에 의존하기 때문에 [신체가 소멸하면 마음도 소멸한다. 그러므로 윤회는 존재하지 않는다. 따라서 자비의] 몇 세대에 걸친 수습은 성립하지 않는다. 즉 [추론식으로 작성한다면 아래와 같다.]

(1)

[주장] 마음은 신체에 의존한다.

[이유] 결과이기 때문이다.

[유례] 빛이 등불에 [의존하는 것]처럼.

(2)

[주장] 마음은 신체에 의존한다.

[이유] 능력이기 때문이다.

[유례] 취하게 하는 [인과적 효과의] 능력이 술[에 의존하는 것]처럼.

(3)

[주장] 마음은 신체에 의존한다.

[이유] 속성이기 때문이다.

[유례] 흰색이 천[에 의존하는 것]처럼.

[이들 결과, 능력, 속성의] 세 개의 경우 모두 그 근거가 소멸하면 그것도 소멸하기 때문에 [신체가 소멸하면 마음도 소멸한다]. 따라서 어떻게 해서 타세(他世, 내세) 등이 존재할까? 또한 어떻게 해서 오랜 시간에 걸친 자비의 수행이 있을까? 라고 차르바카들은 반론한다."(I.6.12) 마노라타난딘은 위의 반론 주체를 유물론자이자 쾌락주의를 표방하는 차르바카학파로 보고 있다.

34d.

[답론]

그것은 바르지 않다. [신체가 마음의] 근거임은 부정되기 때문이다.

na āśrayapratiṣedhataḥ //

案

기무라 도시히코는 다음과 같이 해설한다. "디그나가가 언급한 붓다의 제2의 호칭인 '중생을 위해 서원을 일으킨 분'(자비자)에 관해 평석하는 곳이지만, 그것을 간단히 자비의 문제로 환원하여, 자비가 붓다의 인식도구(종교적 권위)임을 입증한다고 한다. 이 뒤는 마음에 있어서 수행이라는 것을 물질론적으로 부정하는 유물론자에 대해 신체가 마음의 근거라고 하는 유물론자의 견해를 논파하려고 노력한다."(KT.189)

35-36a.

[반론]

[우선] 마음을 결여한 신체가 원인이기 때문에, 속성의 기체이기 때문에, 능력을 갖는 것이기 때문에 [마음의] 근거이다.

[답론]

날숨·들숨·감관·마음이 [선행하는] 자기와 동류의 존재에 의존하지 않고서, 다만 신체로부터 생길 수 없다. 만약 생긴다면 과대적용이 되기 때문이다.

prāṇāpānendriyadhiyāṃ dehād eva na kevalāt /
svajātinirapekṣāṇāṃ janma janmaparigrahe // atiprasaṅgād

案

유물론자는 신체로부터 날숨·들숨·감관·마음 등이 생긴다고 보는 신체(身)의 연속성에 기반하는 반면, 다르마키르티는 마음에서 마음이 생긴다고 보는 마음(心)의 연속성에 근거한다. 전자는 윤회설을 부정하지만, 후자는 윤회설을 긍정한다. 마노라타난딘은 위의 송을 다음과 같이 주석한다. "'날숨'이란 상승하는 숨(風)의 의미이다. '들숨'이란 그 역의 의미이다. '감관'이란 눈 등의 의미이다. '마음'이란 앎의 의미이다. 그것들이 [선행하는] 자기와 동류의 존재에 의존하지 않고서, 즉 원인인 선행하는 동류의 들숨 등의 많은 존재에 의존하지 않고서, 다만 신체로부터 생길 수는 없다. 어떻게 해서 그러한가? 만약 생긴다고 한다면 과대적용이 되기 때문이다. 즉 만약 다만 여러 대종(大種, 물질요소)으로부터만 날숨 등이 생긴다고 한다면, 모든 것으로부터 [들숨 등이] 생기는 것으로 된다. 따라서 이 세계는 모두 목숨이 있는 것(생물)으로부터 성립하는 것으로 되어 버린다. 그러나 실제 그러한 것은 있을 수 없다. 따라서 눈 등은 선행하는 동류의 존재에 의존하여 신체로부터 생긴다. 그러므로 전세(前世)와의 결합이 성립하는 것이다."(I.6.12) 그러나 우리가 여기서 오해해서는 안 되는 것은, 다르마키르티가 마음의 연속으로 생명현상과 생사윤회를 설명한다고 해서 신체를 인과관계에서 완전히 배제하지는 않는다는 사실이다. 전 찰나의 날숨과 들숨 그리고 감관과 마음(지각)에 이어, 다음 찰나의 날숨과 들숨 그리고 감관과 마음(지각)이 생길 때, 전 찰나의 날숨과 들숨 그리고 감관과 마음(지각)이 질료인이 되고, 신체는 공동인이 되어 그것들의 연속이 가능하다고 생각한다.

36bcd.

[답론]

생명을 연결하는 능력을 갖는다고 알려진 것(날숨 등) 뒤에(임종 순간에) 그것이 존재하지 않기 때문에 [날숨 등의] 생명을 연결하지 않게 되는 [무엇인가 다른 원인]이 있었던 것인가? [그 어떠한 것도 있을 수 없다. 따라서 그 마음 등은 계속해서 연속하기 때문에 내세는 증명된다.]

yad dṛṣṭam pratisandhānaśaktimat /
kim āsīt tasya yan na asti paścād yena na sandhimat //

案

마노라타난딘은 다음과 같이 주석한다. "날숨과 들숨 등은 중간의 상태(즉 생명이 있는 것)에서 [후속하는] 날숨 등을 생기게 하는 능력이 있다고 알려진다. 그[들숨 등]에 있어서 뒤에 즉 임종 시에 그것이 존재하지 않기 때문에, 즉 그것이 결여하고 있는 것에 의해서, 그 [임종]시에는 [들숨 등이] 결생하지 않게 되는 [무엇인가] 다른 [원인]이 있었던 것인가? [그 어떠한 것도 없다.] 결국 모든 원인이 문제없이 갖추어져 있기 때문에 반드시 결생한다는 의미이다."(I.6.13) 이것을 추론식으로 구성하여 보면 보다 이해가 쉬울 것이다.

[변충]

어떤 것(x)이 생길 때 그 어떤 것(x)은 원인을 결여한 것이 아니라면, 그 것(x)은 생기지 않을 수가 없다. 가령, 싹이 자신의 본질을 획득할 때(생길 때)에는 원인을 결여할 수가 없는 것처럼.

[주제소속성]

사후에 감관 등이 생길 때에는 원인을 결여할 수가 없다. (이것은 '능변과 모순하는 것의 지각'이다.) (I.5.24)

기무라 도시히코는 다음과 같이 설명한다. "생명현상이라 여겨지는 호흡·감관·마음은 신체만의 원인이 되어 다음 찰나의 자신의 연속을 야기하는 것이 아니라고 한다. 모든 것은 찰나적 존재이면서 인격으로서 통일하고 있는 것은 자기의 연속이 이전 찰나의 마음을 질료인으로 하고 업을 동력인으로 하여 지속하기 때문이다. 인격뿐만 아니라 얼핏 영속적으로 보이는 것 모두가 연속이론에서 고려된다. 그리고 인간 존재에 소속하는 호흡·감관·마음(의식)은 신체를 원인으로 하는 것이 아니라 심식(마음)을 원인으로 한다. [대]지 등의 원소로 이루어진 신체로부터 생명현상이 출현한다면 같은 원자로 이루어진 돌[石] 등에서 생명현상이 일어난다는 모순을 유도하여 귀류법으로 논증하고 있다."(KT.191)

37.

[반론]

[차르바카 논사들은] 이렇게 생각할지도 모른다. 즉 감관 등은 선행하는 동류를 원인으로 하는 것이 아니라, 신체를 원인으로 한다. 또한 과대적용으로는 되지 않는다. 왜냐하면 [지·수·화·풍인 대종 모두가 감관 등의 원인인 것이 아니라] 신체라는 혹은 대종의 변이만이 그것(감관 등)의 원인이기 때문이다. 그러나 [신체] 이외의 그것(신체)과는 다른 본성을 가진 것은 [감관 등의] 원인이 아니다. 가령 금의 종자인 돌[에서는 금을 취할 수 있지만,] 금의 종자가 아닌 돌에서는 [금을 취할 수 없는 것]처럼.

[답론]

무릇 거기에 있어서 습기에서 생긴 생물(saṃsvedaja, 습생)[·태내에서 생긴 생물(jarāyuja, 태생)·알에서 생긴 생물(aṇḍaja, 난생)] 등이 생기지 않는 경우, 그와 같은 지[·수·화·풍] 등의 어떠한 부분도 전혀 [존재할 수] 없다. 따라서 [실재요소의 변이에 의해서 생기게 되는 것은 신체라는 형태를 갖든 갖지 않든 간에] 모든 것이 [들숨 등의] 종자(思業)를 그 본성으로서 갖는 것이 된다. [그러므로 앞에서 기술한 귀류(난점)가 늘 따라다니게 된다. 일단 돌 등에서는 금의 원자가 존재하는가, 존재하지 않는가라는 것에 의해서 금의 원인으로도 되고 금의 원인이 아닌 것으로

도 되는 것이다.]

na sa kaścit pṛthivyāder aṃśo yatra na jantavaḥ /
saṃsvedajādyā jāyante sarvaṃ bījātmakaṃ tataḥ //

案

마노라타난딘의 주석을 보자. "거기에 습생 등의, '등'이라는 말에 의해서 태생과 난생 등이 포함되는 생물이 생기지 않는 지(地) 등의 부분은 전혀 존재하지 않는다. 따라서 모든 대종의 변이는 날숨 등의 생기에 대해서 종자를 본질로 한다. 그러므로 어떠한 것에도 [날숨 등의] 종자와 다른 본질을 갖는 것은 있을 수 없다. 한편 돌이 금의 종자인가 그렇지 않은가는 [그 돌에] 금의 원자가 있는가, 아닌가에 의한다. 따라서 [앞의] 유례는 바르지 않다.

[반론] 대종만을 원인으로 하는 것에 변화는 없다고 해도 [그것의] 변이는, 가령 금의 원자로 이루어진 것과 그렇지 않은 것에 의해서 차이가 있는 것처럼, 날숨 등의 원인인가 원인이 아닌가에 의해서 차이가 있을 것이다. [답론] 이것에 대해서도 '어떠한 곳에서도 생물이 [태어나는 것이] 현재 보이기 때문에 어떠한 것도 그것(날숨 등)의 종자를 본질로 한다'고 기술되었다. 어떠한 [대종의] 변이도 [날숨 등의] 종자를 본질로 하지 않는 것은 아니다. 또한 이것에도 앞과 마찬가지의 곤란한 귀결이 있다. 즉 대종만을 원인으로 하는 이 [신체라는] 변이가 [날숨 등의] 종자라고 한다면 모든 [변이]는 마찬가지로 [날숨 등의 종자인 것으로] 될 것이다. 원인에 차이가 없을 때에는 결과에 차이는 있을 수 없기 때문이다.

[반론] 대종도 이차적인 다종다양한 특수성을 갖기 때문에 각종의

변이를 낳게 한다. 그렇기 때문에 [변이가 모두] 같은 것으로 되어 버리는 것은 아니다. [답론] 우선 그 특수성은 대종만으로부터는 아니다. 모든 것에 [같은 특수성이 있는 것으로] 되어 버리기 때문이다. 또한 [그 특수성은 대종] 이외의 것으로부터 있는 것도 없다. [그대들, 차르바카에 있어서] [대종] 이외의 것은 존재하지 않기 때문이다. 한편 우리들(불교도)에 있어서는 업도 공동인으로서 인정된다. 그것(업)의 다양성에 의해서 일군의 결과가 다양하게 되는 것이 타당하다."(I.6.13)

38.

[반론]

마음은 신체의 능력이다.

[답론[1]]

따라서 [선행하는] 자기와 동류의 존재에 의존하지 않고서 감관(눈) 등이 [신체로부터] 생긴다면, 그것들은 어떤 [신체로부터] 전변하는 것과 같이 모든 존재로부터 [전변하는 것과 같이] 될 것이다. [지 등의 원소로 이루어져 있다는 점에서 신체와 사물은 원인에] 차이가 없기 때문이다.

tat svajātyanapekṣāṇām akṣādīnāṃ samudbhave /
pariṇāmo yathā ekasya syāt sarvasya aviśeṣataḥ //

案

여기서 '자기와 동류의 존재'란 감관 등이 의존하고 있는 심식이다. 윤회를 할 때 심식에 의존하지 않고 신체에 의존한다면, 지금 본 바와 같이 물질적인 존재 모두로부터 감관 등이 생기게 된다는 난점, 즉 상식에

반하는 주장으로 귀결된다는 것이다.

39.

[답론2]

[감관을 동반한 신체도 마음의 기체인 것은 불합리하다고 말한다.] 감관들이 각각 손상된다고 해도, 의식이 [즉 개념적 인식이 예리하게 된다든지 혹은 둔하게 된다든지 하는 것처럼] 손상되는 것은 아니다. [또한 역으로 공포, 근심 등에 의해서] 후자(의식)가 손상되는 경우(변화한 경우)에 전자(감관)가 손상되는 것은 일반적으로 경험된다. [또한 행복한 느낌 등에 의해서 감관이 생생한 것이 있다. 따라서 개념적 인식의 변화에 의해서 변화하는 것이기 때문에 여러 감관이야말로 의식에 의존하고 있는 것이다.]

pratyekam upadhāte api na indriyāṇāṃ mano mateḥ /
upaghāto asti bhaṅge asyās teṣāṃ bhaṅgaś ca dṛśyate //

案

상식적으로 감관이 손상된다고 해서 마음의 손상이 귀결되지 않는다. 반면 마음의 손상으로 인해 감관의 손상이 귀결되는 것을 우리들은 경험한다. 가령, 공포나 비탄 그리고 절망으로 인해 마음이 손상당하면 눈앞이 캄캄해지거나 백지상태가 되어 아무것도 보이지 않는 경우나 맹인이라고 해서 마음의 손상을 가져오지 않는 경우 등을 경험한다. 이렇게 볼 때 감관이 마음의 근거가 아니라 마음이 감관 내지 신체의 근거가 된다고 할 수 있다. 이에 대해 마노라타난딘은 다음과 같이 주석한다. "감관이 각각 무엇인가의 인연에 의해서 손상되어도 의식 즉 개념적 인식은 손상되는 것, 즉 예리하게 된다든지 혹은 둔하게 된다든지 하는 일은 없다. 실로 어떤 것이 어떤 것에 의존하는 경우, 그것이 변화한다면 그것도 변화한다. 가령 병이 소각될 때 등의 그 병의 흰색 등과 같이. 따라서 마음은 그것(감관)에 의존하지 않는다. 그러나 [역으로] 공포나 비탄 등에 의해서, 그것(의식)이 손상된다든지 변화한다든지 한다면 그것(감관)이 손상된다든지 변화한다든지 하는 것이 일반적으로 경험된다. 또한 기쁨 등에 의해서 [감관이] 활기가 샘솟는 것[이 경험된다]. 따라서 개념적 인식의 변화에 의해서 변화하는 것이기 때문에 감관이야말로 그것(개념적 인식 즉 마음)에 의존한다."(I.6.14)

기무라 도시히코는 "공포·비탄·절망·분노 등에 의해서 의식이 손상되면 눈앞이 캄캄해지는 것처럼 눈 등의 감관에 변이를 초래한다. 그런데 눈이 멀었다고 해서 의식에 변화를 초래하지 않는다는 것은 경험으로 알 수 있다. 요컨대 감관은 의식에 의존하는 것이다"(K.65)라고 한다. 요약하면 다음과 같다.

감관의 손상(因) → 의식의 손상(果)

가 아니라

의식의 손상(因) → 감관의 손상(果)

의식의 손상이 감관의 손상을 초래한다. 따라서 의식이 신체에 의존하는 것이 아니라 신체가 의식에 의존하는 것이다.

40.

[반론]

그렇다면 감관은 무엇에 의지하는가?

[답론]

따라서 마음의 지속 근거는 실로 마음에 의거한 무엇인가이며, 그것이 감관의 원인이다. 따라서 감관은 마음에 근거한다.

tasmāt sthity-āśrayo buddher buddhim eva samāśritaḥ /
kaścin nimittam akṣāṇāṃ tasmād akṣāṇi buddhitaḥ //

案

위에서 감관이 손상된다고 해도 의식은 손상되지 않지만, 의식이 손상된다면 감관이 손상된다. 가령, 밤길에서 새끼줄을 뱀으로 잘못 보고 혼절하여 아무것도 보이지도 않고 들리지도 않는 것처럼, 감관이 제대로 기능하지 않음을 우리는 경험한다. 그렇다면 이 감관은 무엇에 근거하는가? 이에 대한 답론이 40송이다. 마노라타난딘은 다음과 같이 주석한다. "따라서 마음의 존속 근거는 동류에 속하는 무엇인가이며, 감관을 가진 신체는 아니다. 그렇다면 그것(마음의 존속 근거인 무엇인가)이 그것(감관을 가진 신체)에 의거할 것이라고 반론할 수 있다. 그렇지 않다. 그것은 마음에 근거하는 것이다. 또한 그것은 감관의 원인이다. 따라서 감관이 마음에 근거하는 것이지 마음이 감관에 근거하는 것이 아니다."(I.6.14)

기무라 도시히코의 해설은 다음과 같다. "마음이 생기는 근거는 전 찰나의 마음이며 다음 찰나의 마음은 과거의 마음에 있었던 업에 의해서 계속해서 전변해 왔던 연속에 의존하여 일어난다. 감관도 마음에 기인하고 있는 것이 이해되었다. 감관은 생명현상 그 자체이다. 프라즈냐카라굽타는 감관을 사업(思業)에서 유래하는 신업(身業)의 결과로서 생기는 것이라 하고, 환희 등을 경계로 하는 신업에 의해서 일어나게 된다고 해석하면서 '사업과 사이업(思已業)이다'라는 『중아함』의 구절을 인용한다."(K.66)

41ab.

[반론]

그렇다면 그것(마음의 지속 근거인 무엇)이 그것(감관을 가진 신체)에 근거할 것이다.

[답론]

그것(마음)은 [탄생시(현세)에 마음이나 감관을] 일으킨 것과 전적으로 같은 방식으로 뒤(임종시)에도 [내세의 마음이나 감관을 일으키는 것] 이어야만 한다.

yādṛśyākṣepikā sā āsīt paścād apy astu tādṛśī /

41cd.

[반론]

세존(불타)은 '신체와 마음은 상호 수순한다'라고 기술하여 마음도 또한 신체에 의존한다는 것을 주장한다. 이것은 어떻게 된 것인가?

[답론]
그것(신체)을 대상으로 하는 앎에 의해서 보조되기 때문에 '마음은 신체에 의존한다'고 [세존은] 기술한 것이다.

tajjñānair upakāryatvād uktaṃ kāyāśritaṃ manaḥ //

案

마음의 지속 근거는 동류에 속하는 무엇이지, 감관을 가진 신체가 아니다. "그렇다면 그것(마음의 지속 근거인 무엇)이 그것(감관을 가진 신체)에 근거한 것이다"[라고 반론한다면] "그렇지 않다. 그것은 마음에 근거한 것이다. 또한 그것은 감관의 원인이다. 따라서 감관은 마음에 근거하는 것이지, 마음이 감관에 근거하는 것이 아니다"라고 답론한다. 이에 대해 마노라타난딘은 다음과 같이 주석한다. "따라서 [마음이나 감관 등을] 생기게 하는 능력이 있다고 알려진 [그] 마음은 탄생시(현세)에 마음이나 감관 등을 일으킨 것과 전적으로 같은 방식으로 뒤에도 즉 임종시에도 다른 신체에 결합한 마음이나 감관 등의 생기를 특징으로 하는 다음 생을 일으키는 것이어야만 한다. 이것이 이상 기술된 것의 결론이다. 마음은 그 앎에 의해서 즉 신체를 대상으로 하는 앎에 의해서 이것은 색깔 있는 모양(色) 등을 파악하는 앎이지만, 유쾌함이라든가 즐거움 등의 형태로 보조되고 있기 때문에 '마음(의식)은 신체에 의존한다'라고 세존은 기술한 것이다. [신체로부터] 직접 그것(마음)이 생기기 때문에 그렇게 기술한 것은 아니다."(I.6.14~15)

기무라 도시히코는 다음과 같이 이 송을 해설한다. "신식(身識)은 신업(身業)에 의해서 발생한다. 그것은 사이업(思已業)이며 언어행위와 함께한다. 이렇게 해서 붓다가 팔리 『장부아함경』에서 마음은 무상한 신체에 의거해서 무상하다고 말한 것은 신식에 유래하는 것을 말씀하신 것이라고 회통한다. 안식에 있어서는 눈이 근거가 되며 신식에 있어서는 신체가 근거가 된다. 그러나 마음은 신체에 의존하지 않는다. 그러나 마음이 신식에 의해 조성되기 때문에 붓다는 비유적으로 그것을 말씀하신 것이라고 설명한다."(KT.193)

42.

[반론]

감관들 없이는 마음은 없기 때문에 그것들(감관들)이 [마음의] 근거인 것은 바르다.

[답론1]

가령, 감관들이 없이는 마음(buddhi)은 없다고 해도, 그것들(감관들)도 그것(마음) 없이는 있을 수 없기 때문에 상호 간에 원인이다. 따라서 [신체와 마음은] 서로를 원인으로 하는 것이다.

yadyapyakṣair vinā buddhir na tānyapi tayā vinā /

tathāpyanyonyahetutvaṃ tato'pyanyonyahetuke //

案

바수반두(Vasubandhu)는 '마음'과 감관이 존재하는 신체의 양자는 서로 원인이 된다고 하는 옛 경량부 논사의 색심호훈설(色心互薰說)을 수용하는데, 다르마키르티도 이 색심호훈설에 근거하면서 마음이 신체의 발생원인이며, 신식(身識)은 마음의 조성인이라고 설명한다. 마노라타난딘은 다음과 같이 주석한다. "가령 감관들 없이는 마음은 없다고 해도 그들 감관들도 마음 없이는 있을 수 없기 때문에 '다만 [지·수·화·풍의] 대종으로부터 [마음이] 생긴다면, 모든 것으로부터 [마음이] 생긴다고 하는 곤란한 것으로 [귀결]되어 버리기 때문'이라고 이미 기술되었기 때문에 상호 원인이라고 [세존은] 기술한 것이다. 따라서 신체와 마음은 서로를 원인으로 하는 것이며 중간의 상태(存命時)와 마찬가지로 무시이래 그것이 연속하는 것이다. 따라서 타세(他世, 내세)는 성립한다."(I.6.15)

43.

[답론2]

비계시적인 것(상주인 것, 원인)에서 계시적인 것(무상한 것, 결과)은 생기지 않는다. 또한 비차이[를 본질로 하는 상주]인 존재가 [차이를 본질로 하는 무상인 존재에] 의존하는 것도 [있을 수] 없다. [따라서] 마음(dhī)은 계시적인 신체로부터 생긴다고 한다면, 그 마음은 신체가 계시적으로 존재하는 것임을 시사한다.

na akramāt kramiṇo bhāvo na apy apekṣā aviśeṣiṇaḥ /
kramād bhāvantī dhīḥ kāyāt kramaṃ tasya api śaṃsati //

案

기무라 도시히코는 다음과 같이 해설한다. "비계시적인 것이란 상주하는 것, 계시적인 것이란 찰나적인 것으로 무상이며 차이성(viśeṣī)을 본질로 한다. 신체와 마음이 상호 원인이 된다고 하는 것은 곧 서로가 무상, 찰나멸을 본질로 하는 존재임을 표현한다. 상주인 것은 무상인 것을 생기게 할 수 없으며, 생기게 한다는 작용도 있을 수 없다는 것은 이미

논의했다."(K.68)

비계기적인 것 = 비찰나멸 = 상주하는 것 = 비현실적 존재 = 비인과적 효과성

= 육파철학

계기적인 것 = 찰나멸 = 무상한 것 = 현실적 존재 = 인과적 효과성

= 인도불교 인식논리학

44.

[답론3]

[그러므로] 각각의 순간에 이전에는 존재하지 않았던 [새로운 결과가 생길 때, 그것]에 있어서는 각각 선행하는 순간[과 같은] 원인이 있는 것이다. 그렇기 때문에 [어느 시점에 어떤 것(x)이 다른 어떤 것(y)의] 원인이라고 알려진다면, 그것(x)은 항상 그것(y)의 원인인 것이다.

pratikṣaṇam apūrvasya pūrvaḥ pūrvaḥ kṣaṇo bhavet /

tasya hetur ato hetur dṛṣṭa eva astu sarvadā //

案

다르마키르티는 비계시적인 것 즉 상주하는 것은 어떠한 결과도 낳을 수 없다고 한다. 왜냐하면 비계시적인 것은 인과적 효과성 즉 결과를 낳을 수 있는 힘을 결여하기 때문이다. 따라서 계시적인 것만이 즉 무상한 것만이 인과적 효과성을 본질로 하기 때문에 결과를 낳는다. 여기서 계시적인 것이란 무상한 것이며, 무상한 것은 찰나멸을 본질로 하는 순간

적 존재이다. 이러한 점을 근거로 마노라타난딘은 위의 송을 다음과 같이 주석한다. "계시적으로 존재하는 것이 아닌 것(상주인 것)으로부터 계시적으로 존재하는 결과(무상인 것)는 생기지 않는다. [계시적이 아닌] 원인에는 계시적이라는 것은 있을 수 없기 때문이다. 그것에 의해서 생기게 하는 결과는 한꺼번에 생기는 것으로 될 것이다. 원인은 계시적인 것이 아니라고 해도 계시적으로 존재하는 공동인에 의존하여 계시적으로 [결과를] 생기게 하는 것이라고 물을 수 있을 것이다. [그러나 그것은] 그렇지 않다. 차이가 없는 것, 즉 상주이며 단일한 본성을 가진, 타자에 의해서 차이를 부여받지 못하는 존재는 다른 공동인에 의존할 수가 없다. 따라서 마음이 계시적으로 신체로부터 생긴다고 한다면, 그 마음은 신체가 계시적으로 존재하는 것임을 시사한다. 그러므로 각 순간에 이전에는 없었던, 마음, 감관, 신체의 집합체라는 결과[가 생길 때 그것들]에 있어서는 각각 선행하는 순간의 같은 원인이 있을 터이다. 그렇기 때문에 [원인의] 직후에 생긴 마음이나 감관 등에 있어서 [직전의] 마음이나 감관 등의 집합체가 원인이라고 알려진다면 [그] 중간의 상태(살아 있는 상태)와 마찬가지로 그것은 항상, 즉 현세의 시작에서도, 내세의 시작에서도, 원인일 터이다."(I.6.15)

45.

[반론]

만약 마음을 가진 신체인 것에 근거하여 같은 [마음을 가진 신체]의 생기가 추론되기 때문에 다른 세계가 증명된다고 한다면, 어떻게 해서 아래와 같이는 추론되지 않는가? 즉,

주장명제: [임종 순간의 마음은] 다음 마음에 결합하여 생기지는 않는다.
이유명제: 임종 순간의 마음이기 때문이다.
유례명제: 아라한의 최후의 마음과 같이. (I.7.11)

[답론]
[임종하는 순간 그] 최후의 마음이 다음 [생의] 마음에 연계된다는 것과 무슨 모순이 있는가? 또한 [그대 유물론을 주장하는 차르바카 논사들은] 어떻게 해서 아라한의 [최후의] 마음이 [다음 생의 마음에] 연계되지 않는다고 생각하는가?

citta-antarasya sandhāne ko virodho antya-cetasaḥ /
tad vad apy arthataś cittam asandhānaṃ kuto matam //

案

이 송은 윤회의 주체가 무엇인가 하는 것과 관련된다. 지금 생에서 다음 생으로 윤회전생(輪廻轉生)한다고 할 때, 그 윤회의 주체를 다르마키르티는 임종 직전의 마음이라 간주한다. 육체는 임종하는 순간 모든 인과적 효과의 기능을 정지한다. 반면 임종 직전의 마음은 원인이 되고 다음 생에서 생기는 마음이 결과가 되어 윤회전생한다는 것이 다르마키르티의 윤회관이다.

이 송에 대해서 마노라타난딘은 다음과 같이 주석한다. "최후의 마음, 즉 임종 순간의 마음은 다음 마음에 결합하여 생기는 것과 어떠한 모순이 있는 것인가? 즉 우선 임종 순간의 마음과 다음 마음에 결합하여 생기는 것과의 사이에는 공존하지 않는다고 하는 특질을 가진 모순은 없다. 즉 [양자 사이에는] 소멸하게 하는 것과 소멸하게 되는 것의 관계는 없기 때문이다. 또한 상호 배제하여 존재한다고 하는 특질을 가진 [모순]도 없다. 왜냐하면 임종 순간의 마음이 아닌 것의 배제에 의하여 임종 순간의 마음은 존재하기 때문이다. 또한 [그대들 차르바카학파의 논사들은] 어떠한 근거에 의해서 아라한의 [최후의] 마음이 결합하여 생기지 않는다고 생각하는가? 만약 생각되는 것이라면 그것은 유례로 될 것이지만. 그러나 그대들(차르바카학파의 논사들)에 있어서 아라한이라는 존재는 성립하지 않는다. 그것의 부정을 위해서 노력하고 있기 때문이다. 만약 [아라한의 최후 마음이 다음 마음에 결합하여 생기지 않는다고 하는 것은 적극적으로 승인하고 있는 것이 아니라, 편의상] 잠정적으로 승인된다고 한다면 [이렇게 답하고자 한다. 즉] 그것(아라한 최후 마음)이 결합하여 생기지 않는 것은 번뇌가 없는 것에 의한 것이며 다른 이유에 의한 것은 아니다. 그러나 범부에게는 그것(번뇌)이 없을 수가 없다. 따라서 어떻게 해서 그들(범부)의 임종 순간의 마음이 결합하여 생기지 않는 것이 있을까? 실로 '번뇌가 없는 것'이 '결합하여 생기는 것'과 모순되는 것이지, '임종 순간의 마음'이 ['결합하여 생기는 것'과 모순되는 것은] 아니다."(I.7.11)

삼세양중(三世兩重)의 인과에 의한 연속이라는 삼세의 거시세계의 윤회도 있지만, 이전 생각과 지금 생각 그리고 이후 생각의 인과에 의한 연속이라는 삼시(三時)의 미시세계의 윤회도 있다. 이전 생각이 원인이 되어 지금 생각이 결과로서 생성되고, 지금 생각이 원인이 되어 이후 생각이 결과로서 생성되는 것이 미시세계의 윤회이듯이, 임종 직전의 한 생각(마음)이 원인이 되어 임종 직후의 마음이 결과로서 생성되는 것이 거시세계의 윤회이다. 한편 임종 순간 한 생각(마음)이 일어나지 않는 것을 우리들은 열반이라 한다. 즉 열반은 생사윤회의 연쇄 고리를 끊은 것이다.

46.

[반론]

[또한 차르바카학파의 논사들은] 이렇게 생각할지도 모른다. 즉 '아라한의 [최후의] 마음이 결합하여 생기지 않는 것은 그대들(불교도)의 교의에 있어서 확립된다. 그렇기 때문에 [우리들(차르바카학파의 논사들)이 기술한 앞의 추론식의] 유례는 성립한다.

[답론]

인식도구(프라마나)에 의해서 그 내용이 확립되지 않는 교의(siddhānto)에 어떻게 따르는 것인가?

asiddha-arthaḥ pramāṇena kiṃ siddhānto anugamyate /

[반론]

[근거는 있다. 임종 순간의 마음은] 원인을 결여하고 있기 때문에 결생(結生)하지 않는 것이다.

hetor vaikalyatas tac cet

[답론]

어떻게 해서 그것을 이것(결생하지 않는 것)에 대한 [논거로서] 기술하지 않았던 것인가?

kiṃ tad eva atra na uditam //

案

마노라타난딘의 주석은 다음과 같다. "프라마나에 의해서 그 내용이 확립되지 않는 즉 그 내용이 결정되지 않는, 교의에 어떻게 해서 따르는 것인가? 그 [교의]에 따름으로써 [그대들 차르바카가] 다른 세계를 승인하는 것이 되어 버리기 때문이다. [그런데] '[근거는 있다.] 임종 순간의 마음은 들숨·날숨·감관의 예민함 등이라는 원인을 결여하고 있기 때문에 결생하지 않는 것이다' [라고 반론한다면] '어떻게 해서 그것(원인의 결여)을 이것(결생하지 않는 것)에 대한 논거로서 기술하지 않았던 것인가? 그러나 [만약 그것이 논거였다 해도 그대들에 있어서는] 임종 순간의 마음은 유례를 결여한다고 이미 설했다. 또한 날숨 등이 원인인 것의 부정은 뒤에 말할 것이다' [라고 답한다]."(I.7.12)

기무라 도시히코의 설명은 다음과 같다. "현세주의자의 논증은 대전제가 되는 변충관계는 불성립, 또는 유례이며 인식도구의 본질을 이루고 있지 않다. 즉 '임종 순간의 심식'이 '다음 생의 심식의 비존재'라는 술어에 포함되고 변충된다는 논리적 결합관계가 성립하지 않는 것이다. '임종 순간의 심식'이라는 추론인 대신에 '호흡 감관 등의 다음 생의 심식의 작인이 되는 것이 쇠약하기 때문'이라는 추론인을 사용해도 마찬가지로 부정의 추론인이다. 또한 데벤드라붓디는 '추론인을 결여한' 것도 '임종 순간의 마음'과 마찬가지로 술어를 성립하는 것도 아니며 그 안티테제를 성립하는 것도 아니다. 소위 불공부정(不共不定)의 추론인이라고 말할 수 있다."(K.69~70)

47.

[반론]

또한 신체가 [마음의] 원인이라면, 그 신체는 [A] 감관을 동반한 것이든가, [B] 감관을 동반하지 않은 것이든가 둘 중 하나이다. 게다가 [이 가운데 A. 신체가] 감관을 동반한 것인 경우에도, 그 신체는 [A-1] 각각의 감관을 동반한 것이든가, [A-2] 모든 감관을 동반한 것이든가 둘 중 하나이다.

[답론[1]]

의식은 감관과 공동하는 [신체에서 생기는] 것이 아니다. [만약 그렇다면 의식은] 그 [감관에 의한] 앎과 같은 [명료한] 파악이 있는 것으로 되어 버리[는 모순을 범하]기 때문이다. [또한 각각의 감관은] 앎을 생기게 하는 [인과적 효과의] 능력에 차이가 있기 때문에, [의식은 감관의] 총체로부터도 생기지 않는다.

taddhīvad grahaṇaprāpter manojñānaṃ na sa indriyāt /
jñānotpādanasāmarthyabhedān na sakalād api //

案

기무라 도시히코는 다음과 같이 해설한다. "신체(kāya)를 감관과 공통하는 신체와 다른 신체로 나눈다. 하지만 그 어떤 신체로부터도 의식은 생기지 않는다고 하는 딜레마논법이다. 눈을 감더라도 의식은 남는다. 그렇기 때문에 의식을 생기게 하는 것은 눈이 아니다. 안식만 사라지기 때문이다. 모든 감관에서 의식이 생기는 것도 아니다. 그 가운데 하나를 결여해도 마음은 생기지 않는다고 하는 모순에 빠진다."(KT.195) 마노라타난딘은 다음과 같이 주석한다. "그 감관에 의한 앎과 마찬가지로 [의식에 의해서] 개념화되는 색깔 있는 모양(色) 등에 대해서도 보다 명료한 파악이 있는 것으로 되어 버리기 때문에 의식은 감관을 동반한 신체로부터 생기는 것은 아니다. 미란(착오)이 아닌 앎 등에서 감관으로부터 생긴 [앎]은 명료성에 의해서 변충되는 것이 알려지기 때문이다. 각각의 감관은 색 등의 파악이라는 각각에 특정의 앎을 생기게 하는 [인과적 효과의] 능력이 있는 것처럼 [인과적 효과의] 능력에 차이가 있다는 것이 경험되기 때문에, 특정의 대상을 파악하는 것이 아닌 의식은 모든 것으로부터 즉 감관의 총체로부터도 생기지 않는다. 또한 가령, 하나의 감관이 결여해도 [의식은] 생기지 않는 것으로 되어 버리기 때문에 [의식은 감관의 총체로부터 생기지 않는다.]"(I.8.9)

48a.

[답론2]

그것 이외의 존재(감관을 동반하지 않은 신체 즉 머리칼이나 손톱 등)로부터도 [마음은 생기는 것이] 아니다. 왜냐하면 [그것 이외의 존재는] 비정신[을 본질로 하기] 때문이다.

acetanatvān na anyasmād

案

'그것 이외의 존재'란 감관을 동반하지 않는 신체 즉 손톱이나 발톱 그리고 머리털 등이다. 신체로부터 마음이 생긴다면 신체와 본질을 같이 하는 손톱이나 발톱 그리고 머리털에서도 마음이 생겨야 한다는 반론에 대한 답론이다. 마노라타난딘은 다음과 같이 주석한다. "[그것 이외의 존재는] 심적인 존재가 아니기 때문에 그것 이외의 것에서, 즉 감관을 동반하지 않는 [신체]에서, 의식은 생기지 않는다. 머리털이나 손톱 등에서 [의식은 생기지 않는 것]처럼. 심적인 것이 아닌 것이란 첫째, 감관에 의한 앎이 없는 것이든가, 그렇지 않으면 둘째, 의식이 없는 것이든가, 이 가운데 전자가 반드시 인정될 것이다. 감관이 없다면 그 앎(감관에 의한 앎)은 없기 때문이다. 후자의 경우 추론인(推論因)은 추론과(推論果)와 같게 된다. '의식만이 [목하의] 추론과이기 때문이다'라고 [반론한다면] 감촉 등이 감촉에 의한 앎에 의해서 지각되는 것과 같이는 손톱이나 머리칼 등은 [지각되지 않는다]. 그러한 의미에서 [손톱이나 머리칼 등은] 비정신적인 것이다. 그리고 마음과 필연관계에 있는 의식은 그것(심)이 없다면 없는 것이다[라고 답론한 것이 위의 송이다]."(I.8.10)

48bc.

[반론]

만약 신체가 [마음의] 근거가 아니라면, 어떻게 해서 [신체와 마음은] 공존하는가?

[답론]

[신체와 마음의 공통기반인 업이라는] 원인에 차이가 없기 때문에 [그 결과인 신체와 마음은] 공존하는 것이다. 가령, 감관과 [그것에 대응하는] 색깔 있는 모양과 맛[이 의존하는 것과 의존되는 것의 관계가 아니라고 해도 공존관계에 있는 것]과 같다.

hetvabhedāt sahasthitiḥ /

akṣavad rūparasavad

案

신체와 마음이 공존하는 것은 업을 공통기반 혹은 공동인으로 하기 때문이다. 즉 업과 신체, 업과 마음은 인과관계이지만, 신체와 마음은 인과관계가 아니라 동시적 관계이기 때문에 서로 간에 인과적 효과의 힘을 미칠 수가 없다. 이에 대해 마노라타난딘은 다음과 같이 주석한다. "업이라 불리는 원인에 차이가 없기 때문에 즉 동일한 원인총체와 필연관계에 있기 때문에 [신체와 마음은] 공존하는 것이다. 의존관계에 있기 때문이 아니다. 여러 감관들과 같이. 또한 색과 맛과 같이. 즉 여러 감관들이나 색과 맛과 같은 것은 상호 의존관계가 아니라고 해도 동일한 원인총체에 의거하는 것이기 때문에 공존하는 것이다."(I.8.10) 신체와 마음은 전 찰나의 원인총체인 업에 의존하는 것이다. 다시 말하면 전 찰나의 업이 원인이 되고, 다음 찰나의 신체와 마음은 결과가 되는 것이다. 그리고 신체와 마음은 동시적 관계에 있기 때문에 서로에게 어떠한 직접적인 영향도 미칠 수가 없다. 가령, 색깔과 맛이 전 찰나의 복합체인 과일이라는 원인총체에 의해 생성되었지만, 이 둘은 서로에게 어떠한 영향을 미치지 않는 것과 같다. 따라서 마음은 신체에 의존하는 것이 아니라 전 찰나의 마음에 의존하는 것이다.

48d.

[반론]

의식이 신체에 의존하는 것은 아래와 같이 추론된다. 즉,

[변충]

어떤 것(X)의 변화에 의해서 다른 어떤 것(Y)이 변화한다면, 그것(Y)은 그것(X)에 의존한다. 가령, 눈 등의 변화에 의해서 변화하는 눈 등의 앎은 눈 등에 의존하고 있는 것처럼.

[주제소속성]

의식도 독이나 가래나 천식(痰)에 의해서 신체가 변화한다면 변화한다.

[결론]

그러므로 [의식은] 그것(신체)에 의존한다. (I.8.10)

[답론1]

[신체가 변화한다면 의식이] 변화하는 것은, [신체가 의식의] 대상이기 때문이다.

arthadvāreṇa vikriyā //

案

신체는 마음의 근거라고 하는 유물론자의 주장은 받아들이기 어렵다. 왜냐하면 근본적으로 신체는 물질성을 본질로 하지만, 마음은 정신성을 본질로 하기 때문이다. 물질성은 물질성으로 연속하며, 정신성은 정신성으로 연속한다. 그런데 신체는 마음의 근거가 될 수는 없지만 마음(인식)의 대상은 될 수가 있다. 그렇기 때문에 대상인 신체가 변화하면 인식주체인 마음(인식)도 변화한다. 그렇다고 해서 신체의 변화로 인해 마음의 변화가 초래된다는 사실을 두고 그 신체가 마음의 근거라고 하는 것은 어불성설이다. 마노라타난딘은 다음과 같이 주석한다. "[신체가 변화한다면 의식이] 변화하는 것은, [신체가 의식의] 대상이기 때문이다. 즉 칼에 의한 상처 등은 인식대상으로 간주되기 때문에 의식에 변화를 초래하는 것이지, [신체가] 근거이기 때문은 아니다."(I.8.10)

이러한 동시성과 상대성에 대해서 화이트헤드 과정철학은 심도 있게 논의한다. "임의의 한 현실적 계기 M과 관련해서, 고려되어야 할 세 개의 판이한 계기들의 결합체가 있다. (i) M에 동시적인 것들의 결합체, 그것은 M과 M에 동시적인 것들 — 그 어느 것이든 — 이 인과적으로 상호 독립하여 생겨난다고 하는 특성에 의해 정의된다. (ii) M을 포함하는 여러 지속, 그 지속은 어느 것이나 모두 그 임의의 두 성원이 동시적인 것이라는 특성에 의해 정의된다. (이로부터 이러한 지속의 성원은 모두 M과 동시적이며, 따라서 이 지속은 모두 장소 (i)에 포함된다는 결론이 나온다. 지속의 특징적인 속성은 생성의 일치라고 불린다.) (iii) M의 현재화된 장소, 그것은 감각 여건에 의해 한정된 자신의 영역을 지니고 있는 현시적 직접성의 양태에 있어서 지각된 동시적 결합체이다. M의 현재화된 장소가 M을 포함하는 하나의 지속과 밀접하게 관계되어 있다는 것은 직접적 직관을 토대로 하여 상정된다. 또 현대물리학 이론의 결과로서 M을 포함하는 하나 이상의 지속이 있다고 상정된다. M의 현재화된 장소에 이렇게 관련되어 있는 단일의 지속은 'M의 현재화된 지속'이라 불린다.

아래 '동시성' 그림은 이 구별을 예시하고 있다. M에서 교차하고 있는 실선이 M이 동시적인 것과의 결합체의 범위를 정한다. 이런 실선이 만드는 쐐기 모양으로 M의 위와 아래에 있는 어느 계기도 M과 동시적인 것이다. 특히 N과 P는 그 어느 쪽도 M과 동시적이다.

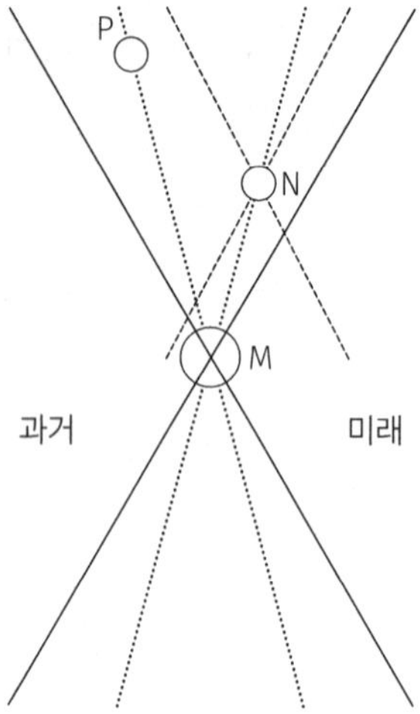

동시성

이런 동시성 영역의 내부에 다수의 지속이 있다. P와 M을 통과하는 점선, N과 M을 통과하는 점선은 그런 지속을 두 개 나타내 주고 있다. N에서 교차하고 있는 파선은 N과 동시적인 것과의 결합체의 범위를 정해 주고 있다. 결정적인 것은 P가 N과 동시적인 것과의 결합체의 범위를 정해 주고 있다. 결정적인 것은 P가 N과 동시적인 것이 아니라는 것을 깨닫는다는 점이다. 그러므로 M을 포함하면서 동시에 P와 N의 양쪽을 포함하는 지속 같은 것은 있을 수 없다. 왜냐하면 상술한 (ii)에 의해 지속은 그 임의의 두 성원이 동시적인 것이라는 특성에 의해 정의되기 때문이다. 그리고 (ii)에 따라 M과 P가 생성의 일치에 있고 그러면서 M과 N이 생성의 일치에 있는 반면, 한편에서의 P와 N은 생성의 일치가 될 수 없다.

이런 거부는 상식으로는 기묘하게 들릴지 모르지만 상대성 이론에서 요구되는 것은 바로 이런 거부라는 것이다. 고전적 이론에서는 '임의의 현실적 계기는 다만 하나의 지속 내에 있을 뿐이다'라는 상정에서 내린 지속의 정의로부터 M과의 지속을 공유하는 어떠한 두 개의 계기도 서로 동일한 지속 안에 있어야 한다는 귀결이 뒤따른다. M을 통과하는 많은 지속을 인정하는 것은 바로 상대성 이론의 요구에 부응하는 것이다. 그러나 P와 N의 관계에 관해서 그것이 함의하고 있는 것은 상식에 어긋난다.

비물리학자를 위해 상대성 이론을 직관적으로 통찰할 수 있게 해 주는, 일반적으로 사용되는 예를 들면 다음과 같다. 케이프케네디(우주기지)에서 상공을 향해 한 줄기의 광선이 달린다고 가정해 보자. 케이프케네디와 상관적으로 그 광선 줄기는 매초마다 186,000마일의 속도로 달리고 있다. 그런데 케이프케네디와 상관적으로 매초마다 1,000마일의 속도로 케네디 창공을 향해 로켓을 쏘아 올렸다고 가정해 보자. 이제 문제는 로켓에 상대적인 광선의 속도가 무엇인가라는 것이다. 상식적으로 매초마다 185,000마일이라는 즉답이 나온다. 그러나 상대성 이론은 이런 즉답이 틀렸다는 것을 확인시켜 준다. 아인슈타인의 이론에 의하면 결국 어느 대상에 대한 상대적 광속은 매초마다 항상 186,000마일이며, 따라서 로켓에 상대적인 광속은 또한 매초마다 186,000마일이라는 것이 적절한 대답이 된다. 이제 이것이 만일 사실이라면 — 그리고 여기에는 가장 강력한 이론적이고 실험적인 증거가 있는데 — 상식은 케이프케네디, 로켓, 그리고 광선 주변의 공간과 시간을 다만 뒤틀고 왜곡시킬 수 있을 뿐이다. 이것이야말로 상대성 이론이 주장하는 것이다. 다시 말해서 공간과 시간은 절대적인 것이 아니라는 것이며, 자칫하면 왜곡되기 쉽다는 것이다.

화이트헤드에게 되돌아가 보자. 그림은 바로 이런 점을 예시해 준다. 만일 M이 케이프케네디에서의 한 현실적 계기라면, 광선의 역사적 경로에서 하나의 현실적 계기 p는 m과 동시적인 것(동시태)이고, 하나의 현실적 계기 N은 로켓의 역사적 경로에서 M과 동시적이어서는 안 된다는 것이다. — 만일 그러했다면, 로켓과 광선의 상대적 속도는 매초마다 185,000마일이어야 하고 매초마다 186,000마일이 아니라는 것을 그 이론이 요구하는 것이 되고 만다.

그러나 마지막 한 가지, 이러한 단락에서 유의해야 할 매우 중요한 논점이 있는데, 그것은 현시적(표상적) 직접성의 논제로 논의를 되돌리는 논점이다. '어떤 에포크에 있어서 세계의 직접적인 상태들이 있다'라는 '낡은 고전적인 시간론'을 확신하는 것은 '형이상학은 그러한 관념을 어느 정도 수용하지 않으면 안 된다'라는 명백한 확신에 기초를 두고 있다는 것을 화이트헤드는 특별히 언급하고 있다. 그는 고전적 이론을 어느 정도 수용한다는 것을 현시적(표상적) 직접성의 견지에서 표명하고 있다. 현실적 존재는 많은 시간의 지속 가운데 하나를 객체화한다. 현실적 존재가 현시적(표상적) 직접성의 양태로 지각되고 있을 경우, 그 지속 속에 그 현실적 존재가 포함되어 있는 것이다. 이 지속은 따라서 그 현실적 존재가 '직접 지각된 직접적 현재'와 결부되어 있는 것이다. 그리고 그 지속은 그렇기 때문에 압도적 영향력을 가지게 되며 그 영향력이 고전적 이론과 결부된 명백한 확신을 설명한다. 이런 식으로 화이트헤드는 고전적 이론의 직관적인 그럴듯함을 설명하는 한편, 동시에 현대 상대성 이론의 발견을 자신의 철학에서 구체적으로 명시하고 있다."(셔번, 『화이트헤드의 『과정과 실재』 입문』, 오영환·박상태 옮김, 179~182)

49.

[답론2]

어떤 것(X)의 존재가 그것[결과가 되는 것(Y)]에 항상 수반한다는 방식으로 [다른 어떤 것(Y)을] 보조하는 것인 경우, 그것(X)은 (Y의) 원인이다. 따라서 ('X가 있다면, Y가 있다'라고 하여 그 원인이) 제7격으로 기술된다. 혹은 '그것에 근거하여', 또는 '[어떤 것의] 생성에 의해'라고 [제5격이 세존에 의해] 기술된다.

sattāupakāriṇī yasya nityaṃ tadanubandhataḥ /
sa hetuḥ saptamī tasmād utpādād iti ca ucyate //

案

불교의 핵심사상인 연기설은 인과론이다. 이것은 두 항(item) 사이에 수반과 배제의 관계가 성립할 때 가능하다. 수반이란 '저것이 있으면 이것이 있다', '저것이 생기면 이것이 생긴다'라는 긍정적 포섭관계이며, 배제란 '저것이 없으면 이것이 없다', '저것이 소멸하면 이것이 소멸한다'라는 부정적 포섭관계이다. 이것이 가능하기 위해서는 '저것'과 '이것'이라는 항(item)은 무아, 무자성, 공이어야 한다. 이것을 현대적 감각으로 풀어 보면, '나의 본질은 타자와의 관계맺음에서 생성된다, 또는 모든 것은 반드시 어떤 것 속에 있어야 한다'는 것이다. 위의 송은 이것을 말하고 있는 것이다.

관계(구체적, 실제적)

↑

존재 ↔ 존재(추상적, 개념적)

가 아니라

존재　　존재 (추상적, 개념적)

↖ ↗

관계(구체적, 실제적)

관계가 실제적인 것이며 존재란 개념적이며 추상적인 것이다. 화이트헤드는 철학의 목적을 다음과 같이 말한다. "철학적 설명의 목적은 흔히 잘못 이해되고 있다. 그것이 하는 일은 보다 구체적인 사물로부터 보다 추상적인 사물이 출현하는 것을 설명하는 일이다. 구체적이며 특수한 사실이 어떻게 보편적인 것들로부터 구성될 수 있는가라고 묻는 것은 전적으로 잘못이다. 그 답은 '결코 그럴 수 없다'는 것이다. 진정한 철학적 물음은 '구체적 사실이 그 자신으로부터 추상되는, 그러면서도 그 자신의 본성상 관여하고 있는 그런 존재들을 어떻게 나타내 보일 수 있는 것인가?'라는 것이다. 달리 말하면, 철학은 추상에 대하여 설명하는 것이지 구체에 대하여 설명하는 것이 아니다."(『과정과 실재』, 76)

마노라타난딘은 다음과 같이 주석한다. "어떤 것(X)의 존재가 생기게 되는 것[인 다른 어떤 것(Y)]을 보조한다면, 그것(X)은 [Y의] 원인이다. 즉 그것(X)이야말로 [Y의] 근거이다. '그것은 어떠한 방식으로 보조하는 것인가?' [라고 반론한다면] 항상 [X가] 그것, 즉 생기게 되는 것[인 Y에] 수반한다는 방식이다. 그러나 어떤 것(X′)이 [항상은 아니라] 가끔, [Y′를] 보조하는 것이라면 그것(X′)은 [Y′의] 특수성의 원인이며, 기체의 [원인은 아니다.] 그것(X′)이 없다고 해도 그것(기체)은 있는 것이기 때문이다. 마음은 [다만 직전의] 마음과 필연관계에 있지만,

그것(마음)의 특수성은 신체 등을 원인으로 한다. 따라서 신체는 [마음의] 원인이 아니며, 그것(신체)의 소멸에 의해서 마음의 소멸은 없다. 그리고 항상 수반하는 것에 의해서 원인이라고 말할 수 있다는 것을 의도하여 '이것이 있으면 저것이 있다'고 [그 원인은] 제7격으로 기술된다. 혹은 '그것에 근거하여'라고 제5격으로 [기술된다]. 또한 그 원인에 수반되는 것에 의해서 결과라고 말할 수 있는 것을 의도하여 [어떤 존재의] 생기에 의해서라고 기술된다."(I.8.11)

50.

[반론]

원인이란 보조자이다. 그리고 어떤 순간에는 어떤 방식으로 신체가 마음을 보조하는 것이 실제로 경험된다. [따라서 신체는 마음의 원인이다.]

[답론]

어떤 순간에는 [신체가] 마음의 연속체(심상속)의 보조자였다고 해도 상관없다. 항아리 등에 있어서의 불 등과 같이. 그러나 그것만으로는 소멸은 [있을 수] 없다.

astu upakārako vā api kadācic citta-santateḥ /
vahnyādivad ghaṭādīnāṃ vinivṛttir na tāvatā //

案

'항아리 등에 있어서의 불 등과 같이'라는 유례명제에서 항아리는 마음의 연속체(심상속)이며 불은 신체에 비유된다. 불은 항아리를 만드는 데 보조적 역할을 하지만, 항아리와의 수반과 배제의 관계는 없다. 따라서 신체가 마음의 연속체의 근거 또는 원인일 수가 없다. 마노라타난딘은 다음과 같이 주석한다. "어떤 순간에는 신체가 마음의 연속체(심상속)의 보조자였다고 해도 상관없다. 항아리 등에 있어서의 불 등과 같이. 그러나 그것만으로는 즉 보조자의 소멸에 의해서는 피보조자의 소멸은 없다. 실로 불은 항아리를 구워 낸다고 하는 보조를 하는 것이지만, 그것 자신의 소멸에 의해서 [항아리를] 소멸시키는 것은 아니다."(I.8.11) 기무라 도시히코는 설명한다. "불은 항아리를 구워 만들지만 병을 파괴하지 않는 것처럼 신체는 마음의 연속체(심상속)를 조성해도 그것을 파괴하지는 않는다. 신체가 죽어도 마음은 다음 생으로 이어진다."(KT.196)

51a.

[반론]

신체의 불완전에 의해서 임종 순간에 마음은 소멸한다.

[답론]

[신체가 마음의 원인이라면] 신체가 존재하는 한 마음은 소멸하지 않는 것으로 되어 버린다는 난점이 발생한다.

anivṛttiprasaṅgaś ca dehe tiṣṭhati cetasaḥ /

案

[신체가 마음의 원인이라면] 신체가 존재하는 한 마음은 소멸하지 않는 것으로 되어 버린다. 마음이 [직전의] 동류의 존재(마음)에 의존하지 않

고서 신체만을 원인으로 한다면, [임종 순간에도] 원인이 갖추어져 있기 때문에 [마음이] 생기지 않는다고 하는 것은 있을 수 없기 때문이다. 따라서 [신체라는] 원인이 있는 한, 죽음은 있을 수 없다는 것이 위의 답론의 요지이다.

51b.

[반론]

들숨과 날숨도 마음의 원인이다. 그것들이 불완전하기 때문에 임종 순간에 마음은 생기지 않는다.

[답론1]

[날숨과 들숨은] 그것(마음)이 존재할 때 존재하기 때문에, 또한 [날숨과 들숨은 마음에 의해서] 지배되고 있기 때문에, 들숨과 날숨은 그것(마음)에 의해서 생기는 것이다. 그것(마음)이 [들숨과 날숨에 의해서 생기는 것은] 아니다.

tadbhāve bhāvād vaśyatvāt prāṇāpānau tato na tat //

案

다르마키르티는 신체가 마음의 원인 또는 근거가 아닌 것과 마찬가지로 들숨과 날숨도 마음의 원인 또는 근거가 아님을 언급한 것이 위의 송이다. 마노라타난딘은 다음과 같이 주석한다. "그것이 즉 마음이 존재할 때에 [들숨과 날숨은] 존재하기 때문에 날숨과 들숨은 그것(마음)에 의해서 생기는 것이다. 또한 마음에 의해서 지배되고 있기 때문에 날숨과 들숨은 그것(마음)에 의해서 생기는 것이다. 그것이 즉 마음이 그들(날숨과 들숨)에 의해서 [생기는 것은] 아니다. 그 역이기 때문이다."(I.9.17) 기무라 도시히코도 거의 비슷한 내용으로 설명한다. "신체가 마음의 직접적 원인이라고 하면 마지막 찰나의 신체에 이어지는 찰나에 마음이 생겨 죽은 시신에 정신이 깃든다고 하는 모순을 설명하지 않으면 안 된다. 심상속의 이론에서는 마지막 찰나의 신체와 마음에 이어지는 다음 찰나에 마음이 생기며, 중유(中有, antarābhava)의 상태를 거쳐서 다시 태아로서 신체를 얻어 윤회한다. 중유의 상태를 다르마키르티는 뒤에 인정한다."(KT.196~197) 요컨대,

윤회(비불교)

날숨과 들숨(因) → 마음(果)

윤회(불교)

전 찰나의 마음(因) → 마음(果)

해탈(불교)

전 찰나의 마음(因) → × → (단절, 불생) 마음(果)

52.

[답론2]

공기를 마신다든지 내쉰다든지 하는 것은 의지적 노력 없이 어떻게 해서 있을 수 있을까?

preraṇākarṣaṇe vāyoḥ prayatnena vinā kutaḥ /

[답론3]

[마음이 들숨과 날숨에 의존한다면] 그것들의 감소와 증대에 의해서 [마음에도] 감소와 증대가 있는 것으로 되어 버린다.

nirhrāsātiśayāpattir nirhrāsātiśayāt tayoḥ //

案

날숨 즉 프라나(prāṇa)는 체외로 나가는 바람이며, 들숨 즉 아파나(apāna)는 체내로 들어오는 바람이다. 이 호흡이라는 생명현상도 감관과 신체와 마찬가지로 마음에서 생긴다. 마음의 상태에 따라서 호흡이 거칠어진다든지 가쁘게 된다든지 하거나 호흡이 막힌다든지 하게 하는 것은 심적 상태가 원인이다. 마노라타난딘은 다음과 같이 주석한다. "공기를 밖으로 내쉰다든지 안으로 들이마신다든지 하는 것은 순차적으로 날숨과 들숨이지만, 그것들은 사람의 마음인 바의 의지적 노력(의사) 없이 어떻게 해서 있을 수 있을까? 따라서 [들숨과 날숨의] 양자는 그것(의지적 노력이라는 마음)에 의존한다. 마음이 들숨과 날숨에 의존한다면 그들 날숨과 들숨의 감소와 증대에 의해서 마음에도 감소와 증대 즉 침울(沈鬱)과 고양(高揚)이 있는 것으로 되어 버린다. 왜냐하면 결과의 특성은 원인의 특성에 수반하기 때문이다."(I.9.18)

53a.

[답론4]

그들(들숨과 날숨)에게는 [신체가 지속하는 한 소멸하지 않는다고 하는 앞과] 같은 난점도 발생한다.

tulyaḥ prasaṅgo api tayor /

案

마음뿐만 아니라 들숨과 날숨 그리고 감관이 신체에 근거한다면, 신체가 지속하는 한 들숨과 날숨 그리고 감관은 지속할 것이다. 또한 마음이 들숨과 날숨에 의존한다면 들숨과 날숨이 지속하기 때문에 마음은 지속할 것이다. 이렇게 되면 열반은 불가능하고 생사윤회의 수레바퀴의 굴레 속에 영원히 갇혀 있게 될 것이다. 따라서 윤회의 초월은 불가능하게 될 것이다. 마노라타난딘도 마찬가지로 주석한다. "그들 날숨과 들숨에도 신체가 지속하는 한 소멸하는 것이 없어져 버린다는 [앞과] 같은 곤란한 귀결도 발생한다. 왜냐하면 [그대의 주장에 의하면] 그것들(들숨과 날숨)[도] 그것(신체)[만]을 원인으로 하는 것이기 때문이다. 따라서 임종 순간에 들숨과 날숨이 불완전하게 될 수는 없기 때문에 마음은 소멸하지 않는 것으로 되어 버린다는 곤란한 귀결이 역시 거기에 잔존한다."(I.9.18)

53bc.

[반론]

[차르바카 논사들은] 이렇게 생각할지도 모른다. 즉 마음은 마음을 원인으로 한다고 인정하는 [불교 논사의 주장의] 경우에도 임종 순간에 마음은 없어져 버리는 것은 아니기 때문에 마음의 생기가 있는 한 신체에 있어서 [마음은] 소멸하지 않는 것으로 된다는 곤란한 귀결이 발생한다.

[답론]

[마음이] 마음을 원인으로 하는 경우는 같지는 않다. [마음의] 지속을

일으키는, 별도의 다른 원인(업)도 인정되기 때문이다.

na tulyaṃ cittakāraṇe /
sthityāvedhakam anyac ca yataḥ kāraṇam iṣyate //

案

계속해서 신체와 더불어 감관 그리고 생명현상인 호흡이 마음의 원인인가 아니면 마음이 그들의 원인인가 하는 주장이 대립된다. 하지만 신체 내지 호흡이 마음의 원인이 된다면 다음과 같은 난점이 발생한다. "신체를 마음의 원인이라 한다면 죽은 시신에 마음이 생긴다는 오류를 범하게 된다. 지금 호흡도 신체에서 나오는 것이라 한다면 ,죽은 시신에 호흡이 발생하는 모순에 빠진다. 마지막 찰나의 마음에서 다음 찰나의 마음이 생기지만, 그 경우 마음은 소위 질료인이며 업이 동력인이 되어 중유와 내세에 마음을 야기한다. 업이란 의사(cetanā)의 성질을 지니며 마음과 별체가 아니다. 다만 과거의 행위의 여훈(vāsanā)이 작동하게 된다."(KT.197) 마노라타난딘은 위의 송을 다음과 같이 주석한다. "[마음이] 마음을 원인으로 하는 경우는 같은 [오류는 범하지] 않는다. 실로 수순하게 하는 것만이 원인으로 인정되는 것은 아니다. 만약 그것만이 원인으로 인정된다면 그 근거가 있는 한 항상 [결과가] 있는 것으로도 될 것이지만. 묻기를, '그렇다면 어떻게 되는 것인가?' 답하길, [마음의] 지속을 일으키는 업이라고 불리는 다른 원인도 인정된다. 따라서 그 업에 의해서 마음은 어떤 신체에 있어서 어느 기간 존속이 일어나게 되지만, 그 뒤 원인이 다하고 나서는 [그 신체에는] 생기지 않고, 다음 신체에 생기는 것이다. 그러므로 같지 않다."(I.9.18)

이상을 근거로 윤회를 마음의 연속이라는 관점에서 피력하고 있는 다르마키르티의 생각을 도시하면 다음과 같다.

제1찰나	신체(보조인, 공동인), 업(동력인), 전 찰나의 마음(질료인)	因
	↘ ↘ ↙	
제2찰나	마음	果

54.

[반론]

[반대논사는 말하기를, 체액의] 불순에 의해서 조화를 상실한 신체는 [마음의] 원인이 되지 않는다. [조화를 상실한] 등잔불 심지 등[이 불의 원인이 되지 않는 것]처럼. [따라서 임종 순간에는 신체로부터 마음은 생기지 않는 것이다.]

na doṣair viguṇo deho hetur vartyādivad yadi /

[답론]

그 경우, [사망한] 신체에서 체액의 불순(도샤doṣa)이 고요하게 안정되면 다시 소생하는 것으로 되어 버릴 것이다.

mṛte śamīkṛte doṣe punar ujjīvanaṃ bhavet //

案

체액의 불순의 극한이 죽음이기 때문에 사망한 신체에서 마음은 생기지 않는다고 하는 차르바카의 유물론에 대해, 사망한 신체의 경우 다시 체액의 불순이 해소되어 죽은 자가 다시 살아나는 것이 아닌가 하고 다르마키르티가 반론한 것이다. 마노라타난딘은 다음과 같이 주석한다.

“‘풍질 등의 체액의 불순(불균형 요소) 등에 의해서 불완전하게 된 신체는 마음이나 들숨과 날숨의 원인이 아니다. 등잔불의 심지와 같이. 즉 불완전하게 된 등잔불의 심지 등은 등잔불의 원인이 아닌 것처럼. [따라서 임종 순간에는 신체로부터 마음은 생기지 않는 것이다]’라고 묻는다면, 그 경우 사망한 신체에서 마음 등이 소멸함으로써 사망한 신체에서 체액의 불순(도샤)이 해소되기 때문에 변이의 근원인 체액의 불순이 안정되면(해소되면), [마음이나 들숨과 날숨의] 원인인 신체는 건강을 다시 회복하기 때문에 마음이나 들숨과 날숨이 생기고 다시 소생하는 것으로 되어 버릴 것이다.”(I.9.18~19)

기무라 도시히코는 다음과 같이 설명한다. “인도생리학에서는 체액(dhātu)에 있어서 풍질(風質, vāta)·담질(膽質, pitta)·점질(粘質, śleṣma)의 세 요소(triguṇa)의 평형을 신체의 조화라 하고, 각 요소의 조화 상실을 문자 그대로 ‘위화’(viṣama)라 부르며 여기서는 ‘비구나’(viguṇa)라 한다. 죽음이란 이 관점에서는 체액 위화의 극한이며 따라서 그와 같은 신체에서는 마음은 생기지 않기 때문에 사망한 신체에서 마음이 생긴다는 오류는 발생하지 않는다. 물에 젖은 등잔불의 심지는 불을 점화하는 것이 불가능한 것과 같다. 차르바카가 말하는 바와 같이, 체액의 불순에 의한 죽음이라는 것이 된다면, 사망한 신체의 경우 다시 체액의 불순이 해소되어 죽은 자가 다시 살아날 것이라고 반론할 수 있다.”(K.75) 정리하면 다음과 같다.

• 로카야타학파

건강한 신체

= 풍질, 담질, 점질의 균형(체액의 조화)

=마음의 근거

불건강한 신체

=풍질, 담질, 점질의 불균형(체액의 위화)

=마음의 근거가 아님

임종 순간의 신체

=불건강한 신체

=마음의 근거가 아님

∴(건강한) 신체는 마음의 원인(근거)이다.

• 다르마키르티의 반론

임종 순간의 신체

=체액의 위화의 해소

→날숨과 들숨의 재생

→감관의 재생

→마음의 재생

→부활

∴ 신체가 마음의 근거라고 한다면 죽은 자가 부활할 것이라는 난점이 발생한다. 따라서 신체가 마음의 근거가 아니라 전 찰나의 마음이 다음 찰나 마음의 근거이다.

55.

[반론]

불이 소멸해도 [불에 의해서 초래된] 땔감의 변화는 소멸하지 않는 것처럼, [체액의 불순이 해소되어도] 그것(마음 등의 소멸)은 없어지지 않는다.

nivṛtte apy anale kāṣṭhavikāravinivṛttimat //

tasya anivṛttir iti cen

[답론[1]]

그렇지 않다. [살아 있을 때에도] 치료를 가함으로써 [병에 의해서 초래된 변화가 없어지게 되는 것이 있기] 때문이다.

na cikitsāprayogataḥ //

案

마노라타난딘은 다음과 같이 주석한다. "'원인인 불이 소멸해도 [불에 의해서 초래된] 숯 등의 땔감의 변화는 소멸하지 않는 것처럼, 체액의 불순(도샤)이 죽은 시신으로부터 없어져도 그것 즉 마음 등의 소멸은 없어지지 않는다' [라고 반론한다면], 그렇지 않다. [살아 있을 때에도] 치료를 가함으로써 [병에 의해서 초래된 변화가 없어지게 되는 것이 있기] 때문이다. 만약 체액의 불순 요소(불균형 요소, 체액의 불순)에 의해서 초래되는 변화가 소멸할 수 없는 것이라고 한다면, 그러한 것이 있을지도 모른다. 그러나 발열 등의 병의 증상은 치료되는 것이 실제로 경험된다."(I.9.19) 체액의 위화 불순이 소멸된 죽은 시신에서는 다시 날숨과 들숨 그리고 감관과 마음 등이 생길 수 없다. 따라서 신체가 마음 등의 근거가 아니라는 다르마키르티의 반론이다. 체액의 위화 불순의 극한이 신체의 죽음이다. 그런데 대론자의 논리에 의하면 죽은 시신에는 위화 불순이 있을 수 없다. 따라서 죽은 시신도 위화 불순이 없는 건강한 신체이기 때문에 이것을 원인으로 날숨과 들숨 그리고 감관과 마음 등이 다시 생겨야 하는 것이다. 하지만 이것은 우리의 경험을 위배하는 것이다.

56.

[답론2]

어떤 것은 다른 어떤 것에 대해 회복 불가능한 변화를 초래한다. 어떤 것은 역의 경우도 있다. [즉 회복 가능한 변화를 초래하는 경우도 있다.] 가령, 불이 땔감에 대해서[는 회복 불가능한 변화를 초래하지만, 한편] [불이] 금에 대해서[는 회복 가능한 변화를 초래하는 것과] 같다.

apunarbhāvataḥ kiñcid vikārajananaṃ kvacit /
kiñcit viparyayād agnir yathā kāṣṭhasvarṇayoḥ //

57.

[답론3]

전자(불과 땔감)의 경우는 어떠한 회복도 [있을 수] 없다. 그러나 [후자의] 회복 가능한 변화를 가하게 되면 다시 그것은 이전으로 회복할 것이다. [불에 의해서 녹은] 금이 [불이 꺼졌을 때 다시] 고체가 되는 것처럼.

ādyasya anyo apy asaṃhāryaḥ pratyāneyas tu yat kṛtaḥ /
vikāraḥ syāt punarbhāvaḥ tasya hemni kharatvavat //

案

마노라타난딘은 다음과 같이 해설한다. "어떤 현실적 존재가 다른 어떤 변화되는 것에 대해서 다시 원래대로 되돌아가지 않는다는 방식으로, 즉 변화가 없는 상태로 다시 되돌아갈 수 없는 것처럼, 변화를 낳게 하는 경우도 있다. 예를 들면 땔감에 대한 불과 같이. 한편 [원래대로 되돌아간다는 방식으로 변화를 낳게 한다는] 그 역의 경우도 있다. 예를 들면 금에 대한 불과 같이. 이 가운데 전자의 경우는, 가령 거의 없다고 해도 검은색 등이라는 [불에 의해서 초래된 변화는] 소멸할 수 없지만, 어떤 것에 초래된 변화가 원래대로 되돌아가는 것의 경우(후자의 경우)는 변화된 그것은 원래대로 되돌아가는 것이다. 즉 변화가 없게 되어 이전의 상태로 되돌아가는 것이다. 불에 의해서 초래된 액체성이 없게 되었을 때 금의 고체성같이."(I.9.19) 마노라타난딘의 주석을 근거로 기무라 도시히코는 다음과 같이 요약한다. "불이 땔감에 가한 변화는 회복 불가능하지만 금에 대해서는 냉각되면 다시 고체성을 회복하는 것과 같은 변화이다. 마음에 있어서 수면은 회복 가능, 죽음은 회복 불가능한 변화이다. 체액의 위화라는 생리학적 설명에는 병과 죽음의 구별이 생기지 않게 된다."(KT.198)

요컨대 관계 항들의 변화는 다음과 같다. 가령 불과 땔감의 경우는 회복 불가능한 변화지만, 불과 금의 경우는 회복 가능한 변화이다. 또한 마음과 수면의 경우는 회복 가능한 변화지만, 신체와 죽은 시신의 경우는 회복 불가능한 변화이다. 유물론자는 신체가 질료인이며 마음은 질료과라고 하는 반면 다르마키르티는 마음이 질료인이며 마음이 질료과라고 한다. 가령, 공포와 비탄으로 인해 실신이라는 결과를 초래하는 것과 같다.

<회복 가능한 변화>

마음과 수면

불과 금

<회복 불가능한 변화>

마음과 죽음

불과 땔감

58.

[반론]

체액의 불순(불균형 요소)에 의한 [신체의] 변화는 [반드시] 없게 되는 것(원래대로 되돌아가는 것)이라고 한다면, 불치(不治)의 병 등은 전혀 없게 된다.

[답론1]

어떤 종류의 병이 치료불가능(不治)이라고 말해지는 것은 치료수단을 얻기 어렵기 때문에, 혹은 수명(āyu)이 다했기 때문이다. 그러나 다만 체액의 불순 위화만이 [병의 원인으로 인정한다]면 [어떠한 병도] 치료할 수 없는 것은 아니다.

durlabhatvāt samādhātur asādhyaṃ kiṃcid īritam /
āyuḥkṣayād vā doṣe tu kevale na asty asādhyatā //

案

위의 송에 대해 마노라타난딘은 다음과 같이 말한다. "어떤 종류의 병이 치료불가능(不治)이라고 말해지는 것은, 병을 다스리는 약초나 라사야나(長命法) 등의 치료수단을 얻기 극히 어렵기 때문이다. 혹은 업에 의해서 야기된 그 신체와 함께 마음 등이 존속하는 원인인 수명이 다하기 때문이다. 그러나 [그대들] 유물론자가 다만 체액의 불순 위화만[을 병의 원인으로 인정한]다면, 어떠한 병도 치료불가능(不治)은 아니다. 오직 물질로부터 생긴 체액의 불순 위화는 현재 치료법이 알려져 있기 때문이다. 또한 [그대들에 있어서는 업 등이라는 개개의] 차이를 가져오는 [별개의] 원인은 없는 것이기 때문이다."(I.9.19~20) 기무라 도시히코는 다음과 같이 해설한다. "육체에 가해진 죽음이라는 변화는 의약 등의 치료수단을 얻기 어렵다거나 업의 힘에 의해 수명이 끝난다거나 해서 일어나기 때문에 치료가 불가능하지만, 차르바카와 같이 죽음을 체액의 불순 위화로서 설명한다면 그것의 해소에 의해서 다시 소생한다는 모순이 발생한다."(K.77)

죽음을 어떻게 볼 것인가? 차르바카와 같은 유물론자는 죽음을 육체의 기능 정지로 이해한다. 그리고 육체는 체액의 조화로 인해 건강한 살아 있는 신체가 되고, 체액의 위화의 극단으로 인해 죽은 시신이 된다고 말한다. 그들에게 있어 죽음이란 단지 체액의 위화로 인한 소멸이다. 그렇다면 죽은 시신은 다시 체액의 위화가 해소된 상태이기 때문에 다시 시신은 소생하게 될 것이라고 다르마키르티는 조소(嘲笑)한다. 그런데 실로 죽은 신체가 소생한다는 것은 전혀 경험 불가능한 사태이다. 다르마키르티는 죽음을 신체의 기능의 소멸과 함께 의식의 소멸로 이해한다. 이것이 신체의 죽음이다. 그렇지만 전 찰나의 의식은 소멸하지만 다시 다음 생의 의식을 낳아서 의식의 연속으로 인해 윤회가 계속된다. 윤회는 육체의 연속이 아니라 정신 즉 마음의 연속이라는 사태이다. 이러한 마음이 다시는 일어나지 않아 완전하게 멈추는 것을 해탈 즉 반열반(槃涅槃, 완전한 열반)이라 한다.

59.

[답론2]

[예를 들면 독 등에 의해서] 죽게 되면 [로카야타학파에 의하면] 독 등을 제거하거나 혹은 그 상처를 절개[하는 등의 응급처치]를 함으로써 [죽음이라는] 변화[를 초래하는] 원인을 제거해도, 그가 살아나지 않는 것은 어떻게 해서 그러한가?

mṛte viṣādisaṃhārāt tad daṃśacchedato api vā /
vikārahetor vigame sa na ucchvasiti kim punaḥ //

案

신체의 체액 불순 위화가 죽은 시신의 원인이라면 체액 불순 위화라는 원인이 제거된다면 시신은 소생할 것이다. 가령, 뱀에 물려 죽은 사람의 경우, 뱀의 독은 죽은 사람의 시신의 상처에 모이기 때문에 그 독이 모인 상처를 절개하면 그 사람은 살아나야 할 것이다. 그런데 그 상처를 절개한다고 해도 살아 돌아오지 않는 것은 어떻게 된 것인가? 라고 독사에 물린 경우를 상정하고 있다. 마노라타난딘은 다음과 같이 주석한다. "[뱀의] 독 등에 의해서 유정이 죽게 되었을 때, 독 등은 [상처에] 모이기 때문에 그 상처를 절개하여 변화의 원인, 즉 죽음의 원인인 독 등을 제거해도, 그 죽은 사람이 살아 돌아오지 않는 것은 어떻게 해서 그러한가? 마음의 원인인 신체가 변화하는 것이기 때문에 [그대의 주장에 의하면] 살아 돌아오는 것이 바를 것이다."(I.9.20) 따라서 신체가 마음의 원인이 아니라 전 찰나의 마음이 마음의 원인이다.

60.

[답론[3]]

[신체가 마음의 질료인이라고 한다면] 질료인(upādāna)의 변화 없이 질료과(upādeya)의 변화는 불가능하다. 가령 점토 흙의 변화에 의하여 그릇 등[의 변화가 있는 것]과 같다.

upādānāvikāreṇa na upādeyasya vikriyā /
kartuṃ śakyā vikāreṇa mṛdaḥ kuṇḍādino yathā //

案

대론자에 의하면 가령, 점토 흙과 항아리의 관계와 같이, 신체와 마음 사이에는 질료인과 질료과의 관계에 있다. 하지만 다르마키르티는 신체에 의해서 마음의 변화가 초래되는 것이 아니라 전 찰나의 슬픔이나 두려움이 원인(질료인)이 되어 다음 찰나의 마음이 발생(질료과)한다는 입장을 견지한다. 마노라타난딘은 다음과 같이 주석한다. "만약 신체가 마음의 질료인이라고 한다면, 질료인인 신체의 변화 없이 질료과인 마음의 변화는 있을 수 없는 것이 된다. 예를 들면 점토의 변화 없이 그릇 등의 변화는 있을 수 없는 것처럼."(I.9.20)

기무라 도시히코는 다음과 같이 설명한다. "신체와 마음이 질료인과 질료과의 관계에 있다면 가령 소재인 점토 흙의 변이에 의해 그릇의 변이가 있는 것처럼, 질료인의 변화에 의해서만 질료과가 변화할 터이지만, 사실은 실신 등 마음의 작은 변화가 공포나 비탄 등 전 찰나의 마음의 변화에 의해서 일어나는 것이 아닌가?"(K.78) 즉,

'신체(질료인) → 마음(질료과)' 가 아니라

'마음(질료인) → 마음(질료과)' 이다.

61.

[반론]

그것은 어떻게 해서 그러한가?

[답론1]

왜냐하면 어떤 현실적 존재가 변화하지 않고서 [다른] 어떤 대상이 변화할 때, 전자가 후자의 질료인이라고 하는 것은 이치에 맞지 않기 때문이다. 가령 소와 물소[가 아무 관계가 없는 것과] 같다.

avikṛtya hi yad vastu yaḥ padārtho vikāryate /

upādānaṃ na tat tasya yuktaṃ gogavayādivat //

案

다르마키르티가 '현실적 존재가 변화하지 않고서'라고 하는 말의 의미는 현실적 존재의 본질이 찰나멸이라는 것이다. 현실적 존재가 찰나멸하는 순간, 자신은 찰나멸하면서 소멸해 가지만 동시에 타자의 생성을 위한 여건이 된다는 점에서 이것은 인과적 효과성이기도 하다. 따라서 현실적 존재는 찰나멸과 인과적 효과성을 본질로 한다고 할 수 있다. 이렇게 현실적 존재가 자신이 변화해야만 타자를 변화시킬 수 있다는 의미에서 전자는 질료인이며 후자인 타자는 질료과이다.

마노라타난딘은 이렇게 주석한다. "'hi'라는 말은 '왜냐하면'이라는 의미이다. 어떤 현실적 존재(X)가 변화하지 않고서 어떤 대상(Y)이 변화한다면, 그것(X)이 그것(Y)의 질료인인 것은 타당하지 않다. 예를 들면 소와 가바야(물소) 등과 같이. 즉 소와 가바야(물소) 사이에는 질료적 인과관계가 없는 것처럼. 한쪽의 변화 없이 다른 쪽의 변화가 있기 때문이다."(I.9.20)

요컨대 '이것이 있으면 저것이 있고, 이것이 생기면 저것이 생긴다. 이것이 없으면 저것이 없고, 이것이 멸하면 저것이 멸한다'고 하는 연기의 이법의 적용이다. 다르마키르티는 여기서 각 항을 구성하는 '이것'과 '저것'을 궁극적 존재 즉 현실적 존재라 간주하며, 아울러 이러한 현실적 존재 그 자체의 본질은 자성 즉 실체를 가진 것이 아니라 무자성 즉 찰나멸 = 인과적 효과성이라 한 점이 그의 독창이다.

62a.

[답론[2]]

마음과 신체의 양자[의 관계]도 그와 같다.

cetaḥśarīrayor evaṃ

案

마노라타난딘은 다음과 같이 주석한다. "마음과 신체도 그것과 마찬가지이다. 즉 신체의 변화 없이 공포, 비탄 등이라는 등무간연(等無間緣)의 변화에 의해서만 마음에 변화가 생기기 때문에 [심신 사이에는] 질료적 인과관계는 없다. 가령, [마음의] 어떤 특정의 상태의 원인이기 때문에 무엇인가의 방식으로 신체는 마음의 보조자였다고 해도 [마음의] 상속의 [직접적] 원인이 아니기 때문에 질료인인 아니다. 따라서 그것(신체)의 소멸에 의해서 마음의 소멸은 없다. [마음의] 특정의 상태만은 소멸

할지도 모르지만."(I.9.20)

62bc.

[반론]

신체가 마음의 질료인이 아닌데, 그 양자는 어떻게 해서 공존하는 것인가?

[답론]

그들(마음과 신체)의 원인이 [동시에] 작용하는 것에 의해 [마음과 신체라는] 결과가 생기기 때문에 [그것들은] 공존하는 것이다. 가령, 불과 [용해된] 동의 유동성[이 공존하는 것]과 같이.

taddhetoḥ kāryajanmanaḥ /

sahakārāt sahasthānam agnitāmradravatvavat //

案

마음과 신체의 양자도 그와 같다. 즉 신체가 변화하지 않아도 공포나 근심 등과 같은 한순간 전의 원인(등무간연)의 변화만으로 [뒤의] 마음은 변화를 초래하기 때문에 질료적 인과관계에 있는 것이 아니다. 가령 신체는 마음의 상태를 한정하는 원인이라는 점에서 말하면 무엇인가의 형태로 [마음에] 보조하는 것(upakāraka)이라고 해도, 그럼에도 불구하고 [신체는] 지속의 원인이 되는 것이 아니기 때문에 질료인은 아니다. 단지 그 특수한 상태가 소멸한 것에 지나지 않는 것이다(『윤회의 논증』, 354).

마노라타난딘은 다음과 같이 주석한다. "그들 즉 마음과 신체의 원인인 선행하는 찰나의 마음과 카라라(kalala, 수태 직후의 태아) 등이 공히 [동시에] 작용하는 것에 의해 마음과 신체라는 결과가 생기는 것이기 때문에 그것들은 공존하는 것이다. 예를 들면 [선행하는] 불과 동에서 생긴 [후속하는] 불과 동의 액체성[이 공존하는 것]처럼."(I.9.21)

기무라 도시히코는 다음과 같이 해설한다. "현재 순간에 신체와 마음이 공존하는 것은 원인인 업이 공존하여 작용하고 있기 때문이지 결과인 신체와 마음 사이에 직접적 관계는 없다. 동의 유동성과 불이 공존하는 현상은 불의 원인과 유동성의 원인인 동의 두 원인이 공존하여 작용하기 때문이다. 그와 같이 신체와 마음의 관계를 이해하면 무난하다."(K.79)

원인 없는 찰나생멸

案

63송 이전까지는 신체와 마음의 관계 문제를 다루었다. 여기 63송 이후에는 바수반두의 철학에서 체계화된 찰나멸 이론을 전개하고 있다. 핵심은 찰나멸하는 존재는 그 어디에도 의존하지 않는다는 것이다. 마노라타난딘은 다음과 같이 주석한다. "현재 존재하고 있는 것도 존재하지 않는 것도 [무엇인가에] 의존하는 것이 아니기 때문에 [마음과 동시에 존재하는 신체는 마음의] 근거가 아니다. 왜냐하면 원인이 아닌 것은 근거가 아니다. 과대적용이기 때문이다. 존재하는 것은 이미 생긴 것이기 때문에 그것에 있어서 어떠한 근거도 없다. 혹은 존재하지 않는 것에 있어서도 무엇인가 원인이 있을지도 모르지만, 근거는 없다. 그것 자체가 존재하지 않기 때문이다. 만약 현재 존재하는 것에 있어서 지속의 원인이 근거라고 인정된다고 한다면, 그것도 바르지 않다. 그것(지속)은 지속자와 다르지 않기 때문이다. 실로 지속이라는 것은 지속자인 물체와 다르지 않다. 만약 다르다면 그 지속을 초래하는 것이 근거인지도 모르지만."(I.10.1) 마노라타난딘의 주석을 추론식으로 구성해 보면 다음과 같다.

[주장명제] 마음과 동시에 존재하는 신체는 마음의 근거가 아니다.

[이유명제] 현재 존재하고 있는 것도 존재하지 않는 것도 [무엇인가에] 의존하는 것이 아니기 때문이다.

이유명제에서 두 가지로 나누어서 설명할 수 있다. 하나는 '현재 존재하고 있는 것' 즉 마음과 동시에 존재하는 신체는 마음의 근거일 수가 없다. 왜냐하면 동시적 존재는 서로에게 의존하지 않기 때문이다. 따라서 서로에게 의존하지 않는 것은 근거가 될 수 없듯, 신체는 마음의 근거가 될 수 없다. 또 하나는 '존재하지 않는 것'은 마음의 근거가 될 수가 없다. 왜냐하면 존재하지 않는 것은 타자의 근거가 될 수 없기 때문이다. 그러므로 신체는 마음의 근거일 수가 없다. 계속해서 나마이 지쇼도 다음과 같이 설명한다. "[(마음의) 존재와 비존재는 (신체를) 근거로 하지 않기 때문에 (신체는 마음의) 근거가 아니다. 왜냐하면 원인이 아닌 것은 근거가 아니기 때문이다. (만약 그렇지 않으면 모든 것이 마음의 근거가 되는) 과대적용의 오류를 범하게 되어 버리기 때문이다. '존재하는 것에 있어서의 지속하는 원인은 근거이다. (따라서 마음의 지속하는 원인으로서 신체는 근거일 것이다.)'라고 인정한다면 그것은 이치에 맞지 않다. 왜냐하면 이것(지속)은 지속하는 주체 그것에 다름 아니기 때문이다. 즉 지속이라고 말해지는 것은 지속하는 주체인 실체와 달리 근거가 되는 것 같은 유적 존재인 것이 아니다."(『윤회의 논증』, 354)

63.

[반론]

신체는 마음의 근거이다. 그러므로 [양자는] 공존하는 것이다.

[답론1]

[신체는 마음의] 근거가 아니다. 왜냐하면 [마음의] 존재와 비존재는 [물질인 신체를] 근거로 하지 않기 때문이다. [즉 원인이 아닌 것은 근거가 아닌 것이기 때문이다. 그렇지 않으면 모든 것이 마음의 근거로 된다고 하는 과대적용의 오류를 범하게 될 것이다.] [마음의] 존재에 있어서의 지속의 원인이[기 때문에 신체는 마음의 근거이다]라고 한다면 그것은 근거가 아니다. 이것(지속)은 지속의 주체와 다르지 않기 때문이다.

anāśrayāt sadasator nāśrayaḥ sthitikāraṇam /

sataś ced āśrayo na asyāḥ sthātur avyatirekataḥ //

64a.

[답론2]

가령 [지속의 주체(지속자)와 지속(의 작용)이] 다르다고 해도 [어떤 것이] 그것(지속)의 원인일지도 모르지만, 현재 존재하는 것에 그것에 의해서 무엇이 행해진다고 할 수 있는가?

vyatireke api taddhetus tena bhāvasya kiṃ kṛtam /

案

지속의 주체(지속자)와 지속 작용(지속), 존재의 주체(존재자)와 존재 작용(존재), 소멸의 주체(소멸자)와 소멸 작용(소멸)은 불일불이(不一不二)의 관계에 있다. 즉 전자와 후자는 같은 것도 아니고 다른 것도 아닌 관계이다. 마노라타난딘은 다음과 같이 주석한다. "가령 [지속과 지속자가] 다르다고 인정했다고 해도 [어떤 것이] 그것(지속)의 원인 즉 근거일지도 모르지만, 그것 즉 근거라고 지목되는 것에 의해서 현재 존재하는 지속자에 무엇이 행해진다는 것인가? 만약 행해진다면 그것은 근거일지도 모른다."(I.10.1) 하이데거의 『존재와 시간』에서는 존재와 존재자를 구별해서 사용한다. 마찬가지로 여기서도 존재와 존재자, 지속과 지속자를 구별해서 사용하고 있다. 하이데거에 있어 존재와 존재자가 전혀 다른 것이 아니듯이 지속과 지속자는 다른 것이 아니다. 그렇다고 같은 것도 아니다. 같은 것도 아니며 다른 것도 아닌 불일불이(不一不二)의 관계이다.

지속(用)과 지속자(體) 즉 체용의 관점에서 기무라는 다음과 같이 자세하게 설명한다. "존재와 존재자가 다르다고 한다면, 존재의 원인이 하여튼 있을 것이지만, 그것이 이미 존재하는 존재자에게 무엇을 베풀 수 있을까? 또한 그와 같은 원인이 있는 한, 존재자는 소멸할 수가 없을 것이다. 생성하는 것이 이윽고 소멸하는 것은 현실적 존재가 본래 갖추고 있는 성질이다. 소멸이 원인이 있다고 한다면, 그 경우도 마찬가지로 모순이 발생할 것이다. 소멸과 소멸자는 다르지 않다. 설령 다르다고 해도 소멸의 원인이 이미 소멸한 소멸자에게 그 어떠한 것도 할 수 없다. 소멸의 원인이 있다면 존재는 있을 수 없게 된다. 소멸의 원인에 도달하기까지는 존재의 원인이 있다고 한다면, 우리들은 그와 같은 작위적 구성을 필요로 하지 않는다."(K.81) 존재와 존재자, 지속과 지속자, 소멸과 소멸자의 각각의 두 항(item)이 다르다고 한다면, 존재 없이 존재자가 있게 되며, 지속 없이 지속자가 있게 되며, 소멸 없이 소멸자가 있게 될 것이다. 같다고 한다면 존재자는 영원히 존재할 것이며, 지속자는 영원히 지속할 것이며, 소멸자는 영원히 소멸할 것이다. 따라서 이 두 항들은 같은 것도 아니며 다른 것도 아니다.

64b.

[반론]

이렇게 생각할지도 모른다. 즉 존재자와 결합한 지속이 존재자를 지속시킨다. 그러므로 그것(지속)의 작자(주체)가 근거인 것이다.

[답론1]

[또한 그와 같은 원인이 있다면] 소멸하는 것이 없다는 난점이 발생한다.

avināśaprasaṅgaḥ

案

대론자에 의하면 존재자를 지속하게 하는 원인이 존재자 속에 존재하는 것이 아니라 존재자와 별도로 존재한다는 것이다. 이에 대해 마노라타난딘은 "만약 이미 생긴 지속에 의해서 존재자가 지속된다고 한다면, 그 경우 이 존재자는 절대로 소멸하지 않는 것으로 되어 버린다"(I.10.2)고 설명한다. 그에 따르면 별도로 존재하는 지속에 의해 존재자가 지속한다면, 그 존재자는 영원히 지속할 뿐 소멸이란 있을 수 없다. 그러나 이 세상에 존재하는 어떠한 존재자도 영원히 지속하는 것은 경험되지 않는다.

64c-65a.

[답론[2]]

만약 '그것(소멸)은 소멸의 원인에 의한다'고 생각한다면, 그 경우도 같은 난점이 생기게 된다.

sa nāśahetor mato yadi //

tulyaḥ prasaṅgas tatra api

案

위에서 존재자의 지속의 원인이 별도로 있다고 한다면 그 존재자는 영원히 지속할 것이라는 난점이 발생한다고 언급했다. 마찬가지의 난점이 존재자와 소멸의 관계에서도 발생한다. 이에 마노라타난딘은 "만약 '그것(소멸)은 망치 등의 소멸의 원인에 의한다'라고 생각한다면, 그 경우도 같은 곤란한 결과가 발생하게 된다. 즉 우선 소멸도 존재자와 다르지 않는 것으로서는 초래되지 않는다. 그것(존재자)은 이미 생긴 것이기 때문이다. 또한 소멸이 [존재자와] 다른 것으로서 초래된다고 해도, 존재자는 존재 그 자체이기 때문에 그것 이전과 마찬가지로 지각되는 등이라는 난점이 발생한다"(I.10.2)라고 한다. 마노라타난딘에 의하면, 소멸과 존재자가 다르지 않다고 한다면 존재자가 이미 생성하여 존재하고 있는데 어떻게 소멸이 있을 수 있는가라는 난점과, 소멸과 존재자가 다르다고 한다면 소멸 이전과 마찬가지로 존재자가 동일한 것으로 지각된다는 난점이 발생한다.

데벤드라붓디는 다음과 같이 말한다. "그것은 소멸의 원인에 관해서도 마찬가지이다. 소멸의 원인에 의해서 초래되는 소멸은 첫째 현실적 존재와는 다른 것인가, 그렇지 않으면 둘째 현실적 존재 그것인가? 우선 소멸의 원인이 현실적 존재 그것인 소멸을 초래하는 것은 아니다. 현실적 존재는 이미 성립해 있기 때문이다. 또한 현실적 존재와는 다른 것인 소멸을 초래한다면 현실적 존재에 대해서는 전혀 어떠한 것도 행해질 수가 없다. 그 경우 현실적 존재는 그 상태대로이기 때문에 어떻게 소멸하는가? 소멸의 원인은 현실적 존재에 대해서 하등 작용하지 않는 것이다."(I.10.11)

65b.

[답론3]

[그때 소멸의 원인에 의해서 처음으로 소멸이 행해진다면] 도대체 지속의 원인에 무슨 소용이 있을까?

kim punaḥ sthitihetunā /

案

마노라타난딘은 다음과 같이 주석한다. "만약 소멸의 원인에 의해서 소멸이 초래된다고 한다면, 도대체 지속의 원인 즉 근거에 무슨 소용이 있을까? 소멸의 원인이 다가오지 않는 한 [지속의 원인 없이] 스스로 지속하지만, 그것이 다가오면 이것(지속)은 고수할 수 없다. 그와 같이 그것(지속의 원인)을 생각할 필요는 없다."(I.10.2)

65c.

[반론]

소멸의 원인이 다가오기까지 그것(지속의 원인)에 의해서 지속하는 것이다.

ānāśakāgamāt sthānaṃ

[답론1]

[그렇다면] 소멸은 현실적 존재의 본성이다. [존재자가 소멸해야만 하는 존재라면 소멸할 때까지 그의 지속의 원인에 의해서 지속하게 될지도 모른다. 그러나 그 경우는 소멸의 원인은 불필요하게 된다.]

tataś ced vastudharmatā //

案

'소멸은 현실적 존재의 본성'이라는 것은 다르마키르티의 존재의 자발적 소멸 이론이다. 그는 지속과 지속자, 존재와 존재자, 소멸과 소멸자, 지속과 존재자, 소멸과 존재자를 둘로 보지 않는다. 왜냐하면 그는 지속과 소멸과 존재라는 작용은 현실적 존재의 본성이라 간주하기 때문이다. 존재는 자발적으로 생성하며, 지속하며, 소멸한다는 것이 그의 입장이다. 마노라타난딘도 같은 입장에서 주석한다. "'소멸의 원인이 다가올 때까지 그것, 즉 근거(지속의 원인)에 의해서 지속하는 것이다'라고 인정한다면, 그렇다면 소멸은 현실적 존재의 본성이다. 존재자가 [스스로] 소멸해야만 하는 것이라고 한다면, [그대가 말하는 것처럼] 소멸의 원인이 생기기까지 [지속의 원인인] 근거에 의해서 지속하는 것이 될 것이다. [가만히 내버려 두면 소멸해 버리기 때문이다.] 한편 그렇지 않다면(존재자가 소멸해야만 하는 것이 아니라면) 그것 자신으로 지속하는 것이기 때문에 근거는 불필요하다."(I.10.2) 요컨대,

현실적 존재의 본성은 소멸이다.

현실적 존재는 자발적으로 소멸하는 것이다.

현실적 존재는 생성하자마자 소멸하는 것이다.

현실적 존재는 찰나멸을 본성으로 하는 것이다.

현실적 존재는 인과적 효과성을 본성으로 하는 것이다.

66ab.

[답론2]

[현실적 존재가] 존재할 때, 이것(소멸)은 [본성이기 때문에 다른 어떤 사물에 의해서도] 방해되지 않는다. 따라서 지속의 원인에 무슨 소용이 있을까?

satyabādho asāv iti kiṃ sthitihetunā /

案

대론자의 입장은, 마치 물이 그릇에 가득 차 있는 것처럼, 신체는 마음을 가득 채우고 있는 그릇이다. 즉 신체가 마음의 원인이자 근거이다. 마노라타난딘은 다음과 같이 주석한다. "이 경우(소멸이 현실적 존재의 본성인 경우) 이것(소멸)은 방해되지 않는다. 따라서 지속의 원인에 무슨 소용이 있을까? 즉 현실적 존재가 존재할 때, 이것 즉 소멸은 본성이기 때문에 [다른 어떤 것에 의해서도] 방해되지 않는다. 따라서 지속의 원인을 인정해도 그것에 무슨 소용이 있을까?"(I.10.2)

66cd.

[반론]

[마음에 있어서 신체는] 예를 들면 물 등에 있어서 그릇과 마찬가지이다.

yathā jalāder ādhāra iti cet

[답론]

이 경우도 또한 [앞서 기술한 것과] 같다.

tulyam atra ca //

案

마노라타난딘은 다음과 같이 주석한다. "'[마음에 있어서 신체는] 예를 들면 물 등이 존재할 때, 그것에 있어서 항아리 등이라는 그릇과 마찬가지이다'[라고 반론한다면], 이 경우도 또 모두 앞서 기술한 것과 마찬가지이다."(I.10.3) 기무라 도시히코는 다음과 같이 설명한다. "존재(작용)와 존재자(본체)가 배제의 관계에 있다면, 존재의 원인이 여하튼 존재할 것이다. 그렇다면 그것이 이미 존재자에 무엇을 적극적으로 작용하게 하는가? 또한 그와 같은 원인이 지속하는 한 존재자는 소멸의 시간이 오지 않는다. 존재자가 찰나마다 소멸하는 것은 그 자신이 지닌 본성이다. 소멸(작용)의 원인이 있다고 한다면, 그 경우도 같은 모순이 발생한다. 소멸(작용)과 소멸자(본체)는 변별할 수 없다. 소멸의 원인이 있다고 해도, 이미 소멸을 프로그램으로 가지고 있는 존재자에 무엇을 행할 수도 없다. 그것에 그것이 있다면 존재할 수도 없게 된다. 소멸의 원인에 이르기까지는 존재의 원인이 있다고 한다면, 우리들의 입장은 그와 같은 작위적 구상을 필요로 하지 않는다. 존재는 생기자마자 소멸하기 때문에 어떠한 원인도 필요로 하지 않는다. 그것이 현실적 존재의 본성[法性]이다."(K.81)

67.

[반론]

그렇다면 어떻게 해서 그릇이라는 언어표현이 가능한 것인가?

[답론1]

존재들이 매 순간 소멸하는 경우에는 그 존재의 시간적 지속은 그와 같이 [동류의 한순간 전의 존재를 질료적] 원인으로 가지며, [그것에 의해서] 생기[고 지속하]기 때문에 그러한 의미에서 [자신의 직전 원인이라는] 근거를 갖는다고 말할 수 있다. 그러나 그것 이외의 의미에서 [근거를 갖는다고 하는 것]은 불합리하다.

pratikṣaṇavināśe hi bhāvānāṃ bhāvasantateḥ /
tathā utpatteḥ sahetutvād āśrayo ayuktam anyathā //

案

모든 존재는 소멸을 본질로 한다. 소멸하면서 자신의 인과적 효과성이 다음 찰나의 존재로 이행하면서 존재자들의 지속이 가능해진다. 마노라타난딘은 다음과 같이 주석한다. "존재자들이 소멸을 본성으로 하기 때문에 찰나 찰나에 소멸하는 경우, 공동인인 어떤 존재자(A)는 [다른] 존재자(B)의 연속이 똑같이 그 자신의 질료인[인 선행하는 찰나의 존재]와 같은 곳에 생기는 것에 대해서 원인이다. 원인이기 때문에 그

것(A)은 [B의] 근거[라고 말해진]다. 다르지 않다. 바르지 않기 때문이다."(I.10.3)

68.

[답론2]

물 등에 있어서는 [물 등이] 움직이는 것을 방해하기 때문에 보존 유지자(그릇)가 있을 수 있다. [그러나] 움직임을 갖지 않는 속성(德, guṇa), 보편(同, sāmānya), 운동(業, karman)에는 보존 유지자는 불필요하다.

syād ādhāro jalādīnāṃ gamanapratibandhataḥ /
agatīnāṃ kim ādhārair guṇasāmānyakarmaṇām //

案

바이셰시카학파에 의하면 6범주 가운데 실체는 운동을 가지지만, 운동 그 자체는 운동을 갖지 않는다. 그런데 운동을 가지지 않는 속성 등의 범주에 어떻게 해서 실체라는 그릇이 필요한가? 마노라타난딘은 다음과 같이 주석한다. "흘러간다(유동, flux)는 성질을 가진 물 등에 있어서는 [그 물 등의 흘러간다는] 움직임을 방해하기 때문에 그릇 등과 같은 보존 유지자가 있을 수 있다. [그러나] 움직임을 초래하지 않는 — 움직임을 초래하지 않는 것이기 때문에 — 속성(덕), 보편(동), 운동(업)이라는 구의(padārtha)에는 속성을 갖는 것이나 개체 등이라는 그릇(보존 유지자)은 불필요하다."(I.10.3)

69.

[답론3]

이것(의존하는 것과 의존하게 하는 것과의 관계 부정)에 의해서 내속이나 내속인, 유(類) 개념 등의 존재는 근거가 없기 때문에 부정되었다.

etena samavāyaś ca samavāyī ca kāraṇam /
vyavasthitatvaṃ jātyādern nirastam anapāśrayāt //

案

여기서 차르바카에 대한 의존하는 것과 의존하게 하는 것의 관계의 부정에 의해서 동시에 바이셰시카학파가 설한 내속이나 내속인의 범주, 또는 니야야학파가 말하는 유 개념의 존재도 부정된다. 마노라타난딘은 다음과 같이 주석한다. "이상에 의해서 즉 의존관계의 부정에 의해서 내속, 내속인, 유 등이 실재하는 것이 부정되었다. [바이셰시카학파에서는] 내속이란 분리할 수 없는 것으로서 성립한, 보존 유지하는 것과 보존 유지되는 것의 관계에 있는 것 사이에 있어서 '여기에 [이것이 있다]'라는 관념의 원인이 되는 것이다. 예를 들면 개체와 보편 사이와 같이[라고 말해진다]. 또한 내속인이란 '그것 자신에 내속한 결과를 낳게 하는 것이다. 예를 들면 앎 등에 있어서의 아트만 등과 같이'[라고 말해진다]. 또한 유 등이 존재하는 것이란 어떤 개체에만 우성[이라는 유]가 존재하는 것이든가, 신체라는 형태가 된 어떤 것에만 마음이 존재하는 것이든가 둘 중 하나이다. [이것들이 모두 부정되는 것이다.] 근거는 없기 때문이다. 이들(내속 등)의 존재는 근거라는 것에 기초하기 때문에 [근거가 부정되기 때문에 이것들도 부정되는 것이다]."(I.10.3)

70.

[반론]

그렇다면 지속과 소멸에는 원인이 없는 것인가?

[답론[1]]

만약 다른 것(원인)에 의해서 존재자가 소멸한다면, 그 지속 원인은 무슨 [소용이 있는가]? 그 존재가 [소멸하는 것이라면] 다른 [소멸의 원인이 되는] 것을 결여해도 소멸하는 것으로 될 것이지만, [그때] 지속의 원인은 [지속하게 하는 인과적 효과의] 능력을 갖지 않는다.

parato bhāvanāśaś cet tasya kiṃ sthitihetunā /

sa vinaśyed vinā apy anyair aśaktāḥ sthitihetavaḥ //

案

기무라 도시히코는 다음과 같이 해설한다. "어떤 존재의 소멸의 원인을 그 존재 밖에서 구한다면 그것이 없다면 존재하는 것이기 때문에 그대가 말하는 존재하는 것의 원인은 필요 없을 것이라고 한다. 쿠마릴라는 『슐로카바르티카』(Ślokavārttika) 제6장(Śabdanityatādhikaraṇa)에서 소멸은, 예를 들면 항아리를 막대기로 쳐서 부수는 것과 같이, 사람의 인식이 선행하고 있다(buddhipūrvavināśa)고 하여, 소멸은 원인을 가지지 않는다고 주장하는(āhuḥ vināśam ahetuka) 불교설을 비난한다."(KT.202) 물론 언어가 영원을 본질로 한다는 것을 정립하기 위해서이다. 바수반두는 소멸에 원인이 없다고만 하여 찰나멸 이론을 강조했기 때문에 쿠마릴라는 특히 존재의 작인에 관해서는 말하지 않는다.

71.

[답론2]

지속하는 것이 모두 근거를 갖는다고 하거나 또는 생성하는 것이 모두 근거를 갖는다[고 한다면], 그것에 의해서 모든 존재는 어떠한 경우에도 소멸하지 않는 것이 된다[고 하는 모순이 발생할 것이다].

sthitimān sāśrayaḥ sarvaḥ sarvotpattau ca sāśrayaḥ /
tasmāt sarvasya bhāvasya na vināśaḥ kadācana //

72.

[답론3]

만약 [존재가] 자발적 소멸을 본질로 한다면 그것에 대해 어떠한 다른 지속 원인이 있을 수 있을까? [소멸을 본질로 하는 것은 반드시 자발적으로 소멸한다.] 만약 [존재가] 자발적 소멸을 본질로 하지 않는다면, 그것에 대해 어떠한 다른 지속 원인이 있을 수 있을까? [소멸을 본질로 하지 않는 것은 지속 원인이 없어도 제멋대로 지속한다.]

svayaṃ vinaśvara-ātmā cet tasya kaḥ sthāpakaḥ paraḥ /
svayaṃ na naśvara-ātmā cet tasya kaḥ sthāpakaḥ paraḥ //

案

아래의 주석은 모든 존재는 자발적으로(스스로) 소멸한다는 다르마키르티의 주장을 뒷받침하는 마노라타난딘의 설명이다. “만약 [그것 자신으로] 소멸하는 것이 아닌 존재물은 망치 등의 다른 것에 의해서 소멸한다고 한다면, 그것(존재물)에 있어서 지속의 원인, 즉 근거는 불필요하다. 그것 자신으로 소멸하는 것은 아니기 때문에 [소멸의 원인이 드러나기까지] 소멸하지 않는 것이다. 한편 그것(존재물)은 [그것 자신으로] 소멸하는 것이라고 한다면, 그것(존재물)은 다른 것 즉 소멸의 원인이 없어도 소멸하는 것이며, 지속의 원인은 [그 존재물을 지속시킬] 수 없다. 소멸을 본성으로 하는 것은 반드시 소멸하기 때문이다. 나아가 지속하는 모든 존재물이 근거를 갖는다. 이 가운데 어떤 것은 상주인 근거를 갖는 것이다. 예를 들면 아트만에 의존하는 즐거움 등과 같이. 그것은 모두 항상 지속하는 것으로 될 것이다. 왜냐하면 지속시키는 것이 항상 존재하기 때문이다. [또한] 어떤 것은 무상한 근거를 갖는 것이다. 예를 들면 결과인 실체에 의존하고 있는 흰색 등과 같이. 요컨대 모든 생기하는 것이 근거를 갖는다. 따라서 [항아리 등의] 실체도 근거를 갖는다. 그것의 근거인 망치 등이라는 부분도 [나아가 그것의 구성요소가 되는] 복수의 전체에 내속한다.

또한 그것들도 다른 것에 [내속하는] 것처럼, 근거의 한계인 원자들에 이르기까지 [이와 같은 관계가] 있다. 그러나 그들(여러 원자들)은 상주이기 때문에 그것에 의존하는 두 개의 원자로 구성되는 것도 상주라고 하는 것처럼, 이 연속에 의해서 [결국은] 속성도 상주인 것이 된다. 따라서 [이하와 같이] 기술한다. 따라서 모든 존재물 즉 앎 등이나 흰색 등은 절대로 소멸하지 않게 된다. 나아가 존재물이 그것 자신 소멸을 본성으로 하는 것이라면 그것에 있어서 근거라고 지목되는 다른 무엇인가가 존속케 하는 것으로 될 수 있을까? 전혀 없다. [소멸을 본성으로 하는 것은 반드시 소멸하기 때문에 다른 어떤 것도 인과적] 효과를 가져오지 않기 때문이다. 그것 자신, 소멸을 본성으로 하는 것이 아니라면, 그것에 있어서 다른 무엇인가가 지속시키는 것으로 될 것이다. 그것 자신 소멸하지 않는 것이라면 [제멋대로] 지속하기 때문에 지속시키는 것은

아무 소용이 없을 것이다."(I.10.4)

다니 다다시는 다음과 같이 설명한다. "리얼리티(실존)의 전환에 의한 윤회로부터의 탈출은 어떠한 인위적 노력도 없이 우연적으로 한 순간 일어나는 것이 아니다. 찰나멸론은 단멸론이 아니다. 끊임없는 노력의 연속하는 시간을 필요로 한다고 하는 것이 다르마키르티의 입장이었다. 여기서는 찰나멸의 연속의 문제가 테마이다. 『프라마나바르티카』 제2장 종교론의 기술은 '윤회로서의 순간의 연속'을 역전할 수 있는 '수행의 순간의 연속'에 집중한다. 수행은 윤회로 향하는 개념구상의 연속에 대해서 역방향으로 움직이는 힘이지만, 그것 자신 개념구상의 연속임은 주의되지 않으면 안 된다.

이 찰나멸의 연속성의 모델도 다르마키르티는 앞의 장에서 본 바수반두의 『구사론』(俱舍論) 「파아품」(破我品)의 '기체 없는 전변(pariṇāma)'을 근거로 한다. 이 연속의 기전에 자기동일성을 가진 기체(아트만의 항상성)를 구상하고, 변화상으로서 윤회를 무한 회 반복하는 사고방식을 해체하기 위해서 같은 연속을 역으로 이용하여 계시적으로 가행·수습하여 누진적으로 능력을 충실하게 하여 그 최종 순간의 찰나멸에서 깨달음에로 전환하는 리얼한 순간적 존재를 창발한다. 그것은 리얼한 순간적 존재에로의 회귀이기도 하다. 돈오(頓悟)가 아니라 점오(漸悟)를 가능하게 하기 위해 개념구상이면서 그 개념구상을 차례로 소거해 가는 역류하는 개념구상을 전제로 하지 않으면 안 되었던 것이다. 이 의미에서 다르마키르티는 파라로카(paraloka, 저세상)나 윤회에 관해서 단순히 부정하지 않았다고 말할 수 있다.

다르마키르티는 일상성 차원의 순간적 존재의 연속성을 단순히 거절할 수는 없었다. 그는 신체의 죽음(소멸)과 함께 의식이 단절된다고 주장하는 유물론자(차르바카)에 대해서 순간적 존재의 연속성(윤회)을 강조한다. 나마이 지쇼가 수집한 단편 텍스트에 의하면, 차르바카는 지각할 수 있는 물질만을 실재라 간주하고 의식(심)은 신체(물체)에 의해서 구상된 것이라고 주장한다. 이와 같이 유물론자가 의식(심)이 신체(물체)에 종속한다고 주장하는 것에 대해서 다르마키르티는 의식(심)과 신체는 공동원인으로서의 관계에 있고, 종속관계가 아니라고 반론한다. 따라서 신체적 죽음에 의해서 동시에 의식은 단멸하지 않는다.

다르마키르티에 있어서 모든 것은 연기의 구조 연관에 의해서 구축됨과 동시에 해체된다. 그 의미에서 그는 관념론자도 유물론자도 아니다. 신체를 구축하는 능력을 상실한 원인 총체에서 신체의 죽음이 결과하지만, 그러나 그것은 의식의 단멸을 의미하지는 않는다. 그러한 것이 아니라 그 소멸이 실로 새로운 연기의 구조 연관을 발생하는 것이다. 심식이 신체의 발생 원인이지만 신식은 심의 보조 원인이다. 따라서 임종 후에도 심은 연속한다. 마찬가지로 아라한의 마음도 연속한다. 이와 같이 다르마키르티는 차르바카의 신체의 소멸과 함께 의식의 소멸이 있다고 하는 단멸론을 극복한다. 여기에서 자발적 소멸 논증이 드러난다. 이 경우 찰나멸은 기체 없는 연속의 이유로서 제시된다.

> 만약 다른 것(원인)에 의해서 존재자가 소멸한다면, 그 지속 원인은 무슨 [소용이 있는가]? 그 존재가 [소멸하는 것이라면] 다른 [소멸의 원인이 되는] 것을 결여해도 소멸하는 것으로 될 것이지만, [그때] 지속의 원인은 [지속하게 하는 인과적 효과의] 능력을 갖지 않는다.(제2장, 70송)
>
> 지속하는 것이 모두 근거를 갖는다고 하거나 또는 생성하는 것이 모두 근거를 갖는다[고 한다면], 그것에 의해서 모든 존재는 어떠한 경우에도

> 소멸하지 않는 것이 된다[고 하는 모순이 발생할 것이다].(71송)
>
> **만약 [존재가] 자발적 소멸을 본질로 한다면 그것에 대해 어떠한 다른 지속 원인이 있을 수 있을까? [소멸을 본질로 하는 것은 반드시 자발적으로 소멸한다.] 만약 [존재가] 자발적 소멸을 본질로 하지 않는다면, 그것에 대해 어떠한 다른 지속 원인이 있을 수 있을까?** [소멸을 본질로 하지 않는 것은 지속 원인이 없어도 제멋대로 지속한다.](72송)

강조한 부분에 주목해야 한다. 바수반두의 자발적 소멸논증에 본질이론이 삽입되어 딜레마가 구성된다. 여기서 의식이 신체라는 의식이외의 원인에 의해서 존재를 지속하고 있는 것이 아니라는 것과 의식이 자발적으로 소멸하는 것에 의해서 존재 그것 자신의 연기구조로부터 자발적으로 새로운 순간적 존재를 발생시키는 것이 밝혀지게 된다. 그리고 다르마키르티는 굳이 생사 유전하는 일상성의 차원에 계속해서 머문다. 자비 때문이다. 그것은 고뇌하는 현실을 어쩔 수 없다고 자포자기하는 사람들에 대한 자비로 일관한다. 그리고 그것으로부터의 탈출의 길을 '언어'를 가지고 타자를 위한 추론/논증에 의해서 말하는 것, 그것이야말로 다르마키르티 논리학의 논증에로의 노력이 있었던 것이다. 자비야말로 일상성 차원의 자기와 타자를 가교함과 동시에 일상성의 논리로부터 탈출을 가능하게 하는 것이기 때문이다. '[성문 등은] 자비가 미약하기 때문에 [이 생사윤회의 세계에] 머물려고 크게 노력하지 않는다. 그러나 [무시이래로부터 수행에 의해서 그 자비에 숙련하여] 대비(mahatī kṛpā)를 지닌 사람은, 타자의 이익을 위해 [생사윤회의 세계에] 머무는 것이다.'(198b-199a송)"(『찰나멸 연구』, 95)

윤회의 실상

73-74a.

[반론]

마음과 신체 사이에는 질료적 인과관계가 존재한다.

[답론]

신체의 약함이나 강함이 없다고 해도 마음작용의 차이에 의해서 지혜 등[의 마음작용]도 열등함이나 우등함의 [차이가] 있을 수 있다. 이것(신체와 마음의 관계)은 [등불에] 의존하는 등불의 빛 등에는 존재하지 않는다.

buddhivyāpārabhedena nirhrāsātiśayāv api /
prajñāder bhavato dehanirhrāsātiśayau vinā //
idaṃ dīpa-prabhā-ādīnām āśritānāṃ na vidyate /

案

대론자는 신체와 마음의 관계를 등불과 등불의 빛의 관계로 판단하지만, 마음은 과거의 반복된 수행에 따라 각종으로 현현하기 때문에 그 비유와 같이 의존하는 것과 의존되는 것의 관계(의존관계)는 적절하지 않다. 마노라타난딘은 이러한 입장에 근거하여 다음과 같이 주석한다. "신체의 약함이나 강함 없이 앎의 작용의 차이에 의해서 즉 마음 수행의 차이에 의해서 지혜 등의 —'등'이라는 말에 의해서 자비, 연민, 이욕 등이 의도된다 — 약함이나 강함이 있다. 따라서 [마음에 있어서는] 마음이야말로 질료인이다. 그것(마음)의 변화에 의해서 [마음은] 변화하기 때문이다. [그러나] 신체는 [질료인이] 아니다. 역이기 때문이다. 이러한 것, 즉 근거의 변화 없이 변화하는 것은 [등불에] 의존하는 등불의 빛에는 없다. 그것의 변화에 의해서 변화하기 때문이다."(I.10.4~5)

74b.

[반론]

건전한 신체에 의해서도 지혜 등이 뛰어난 것이 있음을 현재 경험한다. 그렇기 때문에 그것의 변화에 의해서 변화하는 것이 실로 존재하는 것이다.

[답론]

[다만 신체가] 마음의 보조적 원인일 경우에는 이 [마음작용의] 차이가 그것(신체)에서도 생길 수 있다. [그러나 보조하지 않는 마음에 있어서는 그렇지 않다. 즉 건강한 신체에 대해 변화되고 만족한 특정의 습숙 여력을 동반한 마음이 지혜 등을 탁월하게 하는 것이다. 그러나 신체만이 그 속성으로서의 마음에 대해서 변화를 부여한다고 할 수는 없다.]

syāt tato'pi viśeṣo'sya na citte'nupakāriṇi //

案

지혜나 자비 등의 마음작용은 과거의 마음 수행에 의해서 증대된다. 건전한 신체나 강한 신체에 의해서 직접적으로 증대되는 것은 아니다. 그렇다고 다르마키르티는 신체와의 관련을 전적으로 부정하지는 않는다. 오히려 신체나 신체를 구성하는 감관 등이 마음의 증대나 감소에 보조적 요인이 된다는 것을 인정한다. 마노라타난딘은 다음과 같이 주석한다. "그것 즉 신체에 의해서도 이것 즉 지혜 등이 뛰어난 것이 있을지도 모른다. 그러나 마음에 대해서 [신체가] 보조자가 아닌 경우는 [그러한 것은 있을 수] 없다. 왜냐하면 건전한 신체에 의해서 보조된 심적 만족을 가진 마음이 어떤 특정의 수행을 동반하여 지혜 등을 뛰어남으로 하기 때문이다. 그러나 마음이 [신체에 의한 보조의 필요가 없는] 양호한 상태일 때에도 신체만이 [마음을] 뛰어나게 할 수가 없다."(I.10.5) 다만 앞서 논한 것처럼 신체가 조성인으로서 보조적 요인으로서 작용한다는 것을 다르마키르티는 인정한다. 그 경우 간접적으로 신체의 약함과 강함이 마음작용의 열등함과 우등함의 차이에 영향을 준다.

75.

[반론]

욕망의 경우는 어떤가?

[답론1]

어떤 경우에는 양호한 영양상태 등에 의해서 욕망 등의 증대가 있다. [그러나] 그것은 쾌감(樂)과 불쾌감(苦)에서 생기는 것이다. 그리고 그 양자(쾌감과 불쾌감)는 체액의 조화 등이라는 내적인 대상이 거기에 있기 때문(에 생기는 것)이다.

rāga-ādi-vṛddhiḥ puṣṭy-ādeḥ kadācit sukha-duḥkhajā /
tayoś ca dhātu-sāmya-āder antararthasya sannidheḥ //

案

신체가 비대한 영양상태가 좋은 사람은 정욕적이며, 반대로 신체가 야원 영양상태가 좋지 않은 사람은 정욕적이지 않다고 세간 사람들은 말한다. 하지만 꼭 그렇지는 않다. 신체의 건강함으로부터 직접적으로 마음에 애욕이 증가하는 것이 아니라 쾌감(樂)인 마음에서 다음 찰나의 마음에 있어서 애욕이 증대하는 것이다. 그 쾌감은 체액의 조화라는 내적인 대상을 신체가 지각하는 것에 의해서 일어난다. 거기에는 그 결과인 신식(身識)이 개재하고 있다. 또한 욕망이 감소하는 것은 신체의 체액의 위화를 신체가 지각하고 의식은 불쾌감을 신식에 의해서 느끼고 다음 순간에 마음은 증오를 낳는다는 패턴이다.

마노라타난딘은 다음과 같이 주석한다. "양호한 영양상태 등에 의한 욕망 등의 증대도 항상 있는 것이 아니라 이따금 존재한다. 왜냐하면 천성적인 욕망이 적은 자나 사물이나 사건에 대한 냉정한 사려의 힘을 가진 자에 있어서는 가령, 양호한 영양상태가 되어도 욕망은 증대하지 않기 때문이다. [또한] 가령, [욕망의 증대가] 있다고 해도 [그것은] 다만 양호한 영양상태 등만으로 있는 것이 아니라 쾌감과 불쾌감으로부터 생기는 것이다. 쾌감에서 탐욕(욕망)이 생기고 불쾌감에서 증오가 생긴다. 따라서 마음에 의존하지 않고 신체가 탐욕(욕망) 등의 원인일 수가 없다. 그리고 그 양자 즉 쾌감과 불쾌감은 다투(dhātu, 신체요소)의 균형상태 등이라는 내적인 대상, 즉 감촉의 앎의 대상으로 되는 좋은 내적 감촉이 거기에 있기 때문에 생기는 것이다. [즉] 쾌감과 불쾌감의 마음도 특정의 대상을 가진 선행하는 마음에 의존하고 있는 것이지, 다만 신체로부터 생기는 것은 아니라는 의미이다."(I.10.5)

76.

[답론2]

이것에 의해 [체액의] 부조화 등에 근거한 기억의 착오 등이 이해되었다. 즉 특수한 내적 대상에서 생긴 [한순간 전의] 마음만이 [다음 순간의 마음을] 변화시키기 때문이다.

etena saṃnipāta-ādeḥ smṛti-bhraṃśa-ādayo gatāḥ /
vikārayati dhīr eva abhyantarartha-viśeṣajā //

案

신체는 신식(身識)의 내적인 대상으로서 마음에 간접적으로 영향을 미친다고 보는 견해에 의해서 고열 등, 체액의 위화에 의한 기억상실과 같은 것이 설명되었다. 신식을 매개로 부여된 극도의 고통에 의해서 야기된 마음이 기억을 전하지 않고 다음 마음을 파괴하는 것이다. 요컨대 신체에 의해서 직접적으로 영향을 미치는 것이 아니라 보조적·간접적으로 영향을 끼치는 것이다. 마노라타난딘은 다음과 같이 주석한다. "이상으로 즉 직전에 기술한 논리에 의해서 체액의 불순 위화 등 — '등'이라는 말에 의해서 발열 등이 함의된다 — 에 의한 기억의 혼란 등이 이해된다, 즉 설명된다. 왜냐하면 다투의 불균형이라는 어떤 특정한 내적 대상에서 생긴 선행하는 앎이야말로 그것을 파악하는 [후속하는] 마음의 연속을 변화시킨다. 즉 기억의 애매함 등의 상해를 초래하기 때문이다."(I.10.5)

77.

[답론[3]]

예를 들면 호랑이[의 포효하는 소리]를 듣는 것이나, [쏟아지는] 피를 보는 것 등에 의해서 어떤 특수한 [마음의] 연속에 의해 실신 등이 발생하는 것처럼.

śārudūlaśoṇitādīnāṃ santānātiśaye kvacit /
mohādayaḥ sambhavanti śravaṇekṣaṇato yathā //

案

호랑이의 포효하는 소리를 듣는다든지, 피를 본다든지 하면, 기가 약한 사람은 정신을 잃지만, 그것도 이식(청각)이나 안식(시각)을 매개로 하여 공포의 의식(이 경우는 자증지)이 발생하여 다음 찰나의 의식을 변형케 하는 것이다. 마노라타난딘은 다음과 같이 주석한다. "예를 들면 호랑이[의 포효소리]나 피 등을 각각 듣는다든지 본다든지 하는 것 등에 의해서 어떤 특수한 [마음의] 연속으로, 예컨대 억병자에게 실신 등이, '등'이라는 말에 의해서 공포나 신체의 털이 서는 것 등이 의도된다. 실로 대상에 의해서 변화한 앎을 매개로 일어나는 것과 마찬가지이다. 왜냐하면 실신 등에 있어서 호랑이나 피 등은 질료인이 아니라 대상으로서 존재하여 간접적으로 보조하는 것이다. 마찬가지로 욕망이나 기억의 혼란 등도 알아야만 한다."(I.10.6) 다시 말하면 호랑이 소리를 듣게 되면 기가 약한 인격(심상속)이라면 실신한다든지 하게 된다. 이것은 신체와 관계하는 것이 아니라 안식(眼識)이나 이식(耳識)이 공포의 의식을 일으키고 그 마음이 연속적으로 다음 마음을 파괴하는 것이다.

78.

[답론[4]]

그러므로 마음은 [자신 속에 내재하는] 잠재적 힘에 확실하게 순응하기 때문에 그 [잠재적 힘을 전하는 이전 찰나의 마음과] 직접적으로 연속한다. 그렇기 때문에 [마음은] 마음에 의존하는 것이다.

tasmād yasyaiva saṃskāraṃ niyamenānuvartate /
tannāntarīyakaṃ cittam ataś cittasamāśritam //

案

신체 → 마음이라는 신체근거설이 아니라 마음 → 마음이라는 마음근거설이 계속해서 이어진다. 여기서 상스카라(saṃskāra)라고 하는 것은, 세속적인 혹은 심리적인 잠재적 영향력을 의미하는데 유식학파의 술어인 바사나(vāsanā)와 의미가 통한다. 77송의 모하(moha)는 호랑이의 포효하는 소리를 듣거나 피를 쏟거나 캄캄한 밤에 새끼줄을 뱀으로 잘못 보거나 바람에 흔들리는 버드나무를 처녀귀신으로 잘못 보거나 하여 실신 또는 마음의 평정을 잃는 마음의 변화를 의미한다. 마노라타난딘은 다음과 같이 주석한다. "따라서 다름 아닌 어떤 것의 영향력에 반드시 따른다면 마음은 그것과 불가리의 관계에 있다고 인정해야만 한다. 그렇기 때문에 마음은 마음에 의존하는 것이다. 마음의 영향력에만 따르는 것이기 때문이다. 한편 신체의 영향력은 냉정한 사려의 힘을 가진 자들에 관해서는 일탈이 있다고 이미 설했다."(I.10.6) 따라서 자신에게만 잠재적 영향력은 항상 수반하는 것이다. 그리고 마음은 그 잠재적 영향력에 필연적으로 수반하는 것이라면 인정되어야만 하는 것이다. 그렇기 때문에 마음은 마음에 의존하게 되는 것이다. 즉 마음은 마음의 잠재적 영향력에만 수반하는 것이기 때문이다. 한편 신체의 잠재적 영향력은 냉정한 판단을 갖는 것에 관해서는 그 이론에서 일탈하는 것이 이전에 75송에서 설해진 것과 같다(『윤회의 논증』, 290).

79.

[답론5]

마음에 초래된 청문 등의 잠재적 영향력이 차례대로 마음에 현현하지만, [이 마음과 신체는 본질적으로 같다고 하는 설에서는 마음과 신체는] 다르지 않기 때문에 [마찬가지로] 그것(잠재적 영향력을 각성시키는 원인)에 의해서 신체에도 특성이 [현현하는 것으로] 되어 버린다.

yathā śruta-ādi-saṃskāraḥ kṛtaś cetasi cetasi /
kālena vyajyate abhedāt syād dehe api tathā guṇaḥ //

案

마음에 초래된 행위의 습기가 잠재적 영향력으로서 계속 다음 찰나의 마음에 전해지며 때로 순응하여 현현한다. 가령 스승의 교설을 듣고서 마음에 지혜가 용솟음치는 것처럼, 신체와 마음이 같은 것이라고 한다면 신체에도 마찬가지로 특성의 변화가 있을 것이 아닌가? 요컨대 신체는 신식(身識)의 내적인 경계에 지나지 않는 것이다. 마노라타난딘은 다음과 같이 주석한다. "마음에 초래된 청문 등의 잠재적 영향력이 각성의 원인에 응하여 차례로 단계를 가지고 마음에 현현하지만, [그대의 설에서는] 마음과 신체는 다르지 않기 때문에 마찬가지로 신체에도 그 잠재적 영향력을 각성시키는 원인에 의해서 특성이 드러나는 것으로 되어 버린다. 또한 그러므로 신체를 보는 자에 의해서 청문 등의 잠재적 영향력도 그것은 신체 그것이며 지각되어야 할 존재이기 때문에 지각되는 것으로 되어 버린다. 따라서 [마음에 있어서] 신체가 근거인 것은 부정되기 때문에 신체가 소멸해도 마음은 소멸하는 것은 아니다. 그러므로 연속한 생존에 있어서 자비의 수습이 타당한 것이다."(I.10.6) 기무라 도시히코는 다음과 같이 위의 송을 해설한다. "보통 생각되고 있는 것처럼 신체와 마음은 한 몸(一體)이라고 하면 마음에서 오는 잠재적 영향력이 신체에 즉시 나타나게 될 것이지만, 실제로는 그와 같은 일은 없다. 신체는 신식 안에 내재하는 내적인 대상에 지나지 않는다. 병에 물을 담을 때에는 병은 물의 근거가 된다. 병이 깨어지면 물도 없어진다. 그러나 신체와 마음 사이에는 그와 같은 영향 관계는 없다."(KT.205)

80.

[반론]

어떻게 해서 [다음 세계에] 재생하는 것인가?

[답론1]

자아를 갈애하는 자는 [주재신 등의] 다른 존재(유정)에 의해 인도되는 것이 아니라, [스스로] 고(불쾌감)를 버리고 락(쾌감)을 얻고 싶다고 바람으로써 열등한 장소(모태)를 취한다.

ananya-sattva-neyasya hīna-sthāna-parigrahaḥ /
ātma-snehavato duḥkha-sukha-tyāga-āpti-vāñchayā //

案

여기서 '자아를 갈애하는 자'란 '자아에 대한 집착을 가진 자'를 의미한다. 또한 '다른 존재'란 이슈바라와 같은 주재신이다. 윤회전생하는 것은 신과 같은 외적인 존재에 의해서가 아니라 존재하지도 않는 자아를 존재한다고 갈애하는 자기 자신의 무지가 윤회전생의 원인이라는 것이다. 마노라타난딘은 다음과 같이 주석한다. "주재신[의 존재]는 부정되기 때문에 [아집을 가진 자는 주재신 등의] 다른 존재에 의해 인도되는 것이 아니라 [스스로] 열등한 장소를 취한다. 즉 모태를 근거로 하여 취한다. 아집을 가진 자에게는 즉 갈애를 가진 자에게는 고를 락으로 간주하는 전도(顚倒)가 있고, 그는 고(불쾌감)를 버리고 락(쾌감)을 획득하는 것을 바람으로써 [열등한 장소를 취한다]. 왜냐하면 갈애를 가진 자는 고를 락이라고 전도하여 이해하고 자기 자신에게 집착하여 모태라는 장소를 즐거움의 원인이라고 생각하고, 생을 이끄는 업에 의해서 [모태를] 취하는 것이다."(I.11.125) 기무라도 같은 견해를 견지한다. "처음의 구절 '다른 유정'(anyasattva)은 여러 주석에 의하면 신(神, īśvara)을 의미한다. 신에 의해 유도되고 지배되어 윤회하는 것이 아님을 말했다. 뒤에 아견(我見, ātmadarśana)이 무명의 근본이며 윤회의 근본 원인임을 다르마키르티는 논한다."(KT.205)

81.

[답론2]

[본래적으로] 고인 것에 대해서 전도된 마음과 갈애(tṛṣṇā)가 유정을 [다음 세상의 생존방식으로] 결박하는 원인이다. 양자(전도된 마음과 갈애)가 존재하지 않는 자는 [다시는 윤회전]생으로 나아가지 않는다.

duḥkhe viparyāsa-matiḥ tṛṣṇā ca ābandha-kāraṇam /
janmino yasya te na sto na sa janma adhigacchati //

案

실로 불쾌감(苦)인 것에 대한 전도된 마음과 갈애가 유정(중생)을 모태에 이르게 하는 작인이라는 것이다. 마노라타난딘은 다음과 같이 주석한다. "고에 대한 전도된 앎과 갈애가 중생들의 속박의 원인 즉 속박하게 하는 원인이다. 갈애에 의해서 아집도 [그] 원인인 것으로 함의된다고 알아야만 한다. 한편 아집이 근절된 자에게는 그 양자가 즉 전도된 앎과 갈애가 없기 때문에 그는 [다시는 윤회전]생으로 나아가지 않는다."(I.11.125) 실로 고 즉 불쾌한 것임에도 불구하고 유쾌한 것이라고 잘못 간주하는 앎과 갈애가 열등한 모태로 이끌게 한다는 것이다.

82.

[반론]

[내세로] 가는 것과 [전세에서] 오는 것은 지각되지 않는다.

gaty-āgatī na dṛṣṭe ced indriyāṇām apāṭavāt

[답론]

[그것은] 여러 감각기관이 예민함을 결여하고 있기 때문에 지각되지 않는 것이다. 예를 들면 시력이 약한 자에게는 가물가물한 연기가 확인되지 않는 것과 마찬가지이다.

adṛṣṭir manda-netrasya tanu-dhūma-āgatir yathā //

案

대론자는 내세의 비존재를 논증하기 위해 그 근거로 지각되지 않는다는 것을 제시한다. 이것은 다르마키르티의 세 가지 추론인 가운데 '비인식으로서 추론인'을 근거로 든 것이다. 하지만 내세의 비존재에 대한 논거로서 '비인식으로서 추론인'을 적용하는 것은 바르지 않다. 왜냐하면 감관이 둔한 자들만이 중유(中有)의 오온(五蘊)을 보지 못하기 때문이다. 마노라타난딘은 다음과 같이 주석한다. "내세로 가는 것과 전세로부터 오는 것은 지각되지 않는다[고 반론한다면]. 감관이 예민하지 않기 때문에 그 비인식이 있는 것이다. 미세한 중유신(中有身)에 그 양자(왕래)가 있다. 시력이 약한 사람에게는 가물가물한 연기가 보이지 않는 것과 마찬가지이다. 지각할 수 없는 것은 지각되지 않기 때문이라고 하여 존재하지 않는 것은 아니다."(I.11.125~126)

83.

[반론]

물질적 형태를 갖는 것이 다른 물질적 형태를 갖는 것에 진입할 수가 없다. [물질적 형태를 갖는 것은 다른 물질적 형태를 갖는 것에로 진입을] 거부하기 때문이다. 그런데 사후 다음 수태까지 중간 존재의 신체(中有身)는 물질적 형태를 갖는 것이다. 그러므로 사후 다음 수태까지 중간 존재의 신체는 모태에 깃들 수가 없다.

[답론]

그러나 물질적 형태를 갖는 것이라고 해도, 미세한 것에 의해서 어떤 것은 어떤 것에 대해서는 [그것에 진입하는 것을 거부하는] 능력을 갖지 않는다. 예를 들면 [항아리에 대한] 물과 같고, [또한] 금에 대한 수은과 같다.

tanutvān mūrtam api tu kiṃcit kvacid aśaktimat /

jala-vat sūta-vad hemni

[반론]

물과 수은은 물질적 형태를 가진 것이라고 해도, 항아리나 금 [각각]을 진입하는 것이 보일 것이다. [그러나] 사후 다음 수태까지의 중간 존재의 신체는 [태내에 깃드는 것을 거부하는 인과적 효과의] 능력을 갖지 않는다고 하는 것은 현실에 지각되지 않는 것이 아닌가?

[답론]

지각되지 않기 때문이라고 해서 반드시 존재하지 않는 것이라고는 할 수 없다. [그와 같은 사후 다음 수태까지의 중간 존재의 신체는 존재하는 것이다.]

na adṛṣṭer asad eva vā //

案

마노라타난딘은 다음과 같이 주석한다. "물질적 형태를 갖는 것이라고 해도 미세한 것에 의해서 어떤 것은 어떤 물질적 형태를 갖는 것에 대해서 저촉이 없다. 항아리에 대한 물과 같고, 또한 금에 대한 수은과 같다. 왜냐하면 물과 수은은 물질적 형태를 갖는 것이라고 해도 [각각] 항아리와 금으로 진입하는 것이 실제로 보이는 것이다. 중유신이 저촉이 없는 것은 실제로는 지각되지 않는다[고 반론한다면]. 또한 지각되지 않기 때문이라고 해서 반드시 존재하지 않는 것은 아니다. 중유신은 그와 같은 것(저촉이 없는 것)으로서 존재하는 것이다."(I.11.126)

계속해서 기무라는 위의 송을 다음과 같이 설명한다. "다르마키르티는 바수반두가 말하는 중유(中有)의 세계를 긍정하고 있다. 프라즈냐카라굽타가 『아비다르마코샤』(III, 10a게송) '사유(死有)와 생유(生有)의 중간에 있는 것[이 중유이다]' 및 같은 11a게송 '쌀이 상속하는 것처럼 부단히 존재가 생성한다'라는 것을 인용한다. 중유의 윤회는 '사유와 생유 사이에 존재하며 다른 곳에 태어나 변하기 위해서 머무는 장소를 중유라 부른다'라고 바수반두는 정의한다. 쌀은 볍씨를 매개로 매년 계속해서 생산된다."(KT.206) 미세한 까닭에 [중간 존재의 신체는] 어떤 것이라고 해도 다른 어떤 것을 전혀 장애할 수 없다. 가령, 물[이 병에 대해서 장애되는 것]과 같고, 수은이 금[에 대해서 장애되는 것]과 같다. 보이지 않는다고 해서 존재하지 않는 것은 아니다.

정리학파 전일자설의 비판

案

마노라타난딘은 다음과 같이 말한다. "신체가 마음의 질료인이라면, 그것은 첫째 '전체'를 본성으로 하는 단일한 것인가, 둘째 원자의 집합체를 본성으로 하는 복수의 존재인가 둘 중 하나일 것이다. 이 가운데 [신체가] 첫째 '전체'를 본성으로 하는 것이라면, 그것은 [1-A] 손 등의 여러 부분들과 같은 것인가, 아니면 [1-B] 그것들과는 다른 것인가 둘 중 하나일 것이다. [그런데 여기서는] 이 양쪽 모두를 부정하기 위해서 기술한다."(I.11.126)

84abc.

[반론]

신체는 전체를 본성으로 하는 단일한 것이다.

[답론]

[우선 전체가 부분과 다른 것이 아니라고 한다면] 손 등이 떨리는 경우, [신체] 전체가 떨리는 것으로 되어 버릴 것이기 때문에, 또한 단일한 존재에 모순하는 운동이 있을 수 있기 때문에 [전체가 부분과 다른 것이 아니라고 하는 입장은 불합리하다].

pāṇy-ādi-kampe sarvasya kampa-prāpter virodhinaḥ /
ekatra karmaṇo ayogāt syāt

案

신체가 전체를 본성으로 하는 단일한 것이라고 한다면, 신체는 마음을 포함한 전체라고 볼지도 모른다. 마음은 그 경우 신체의 일부가 된다. 이것을 염두에 두고 다르마키르티는 두 가지 모순을 지적한다. 하나는 신체가 전체라면 손이 떨리는데 발은 정지하는 경우와 같은 다른 행동을 할 수 있다. 또 하나는 부분과 전체가 별도로 존재하는 것이라 하지 않으면 안 된다. 그러나 그것은 분명히 전체의 개념에 위배된다. 이렇게 니야야학파의 '신체 전체설'을 비판한 다르마키르티의 송을 마노라타난딘은 다음과 같이 주석한다. "[신체는 '전체'를 본성으로 하는 단일한 것은 아니다.] 손 등이 떨리면 모두가 떨리게 되어 버리기 때문이다. 만약 단일한 것이라면 전체[로서의 신체]는 손 등의 여러 부분들에 다름 아니기 때문에 손 등이 떨리면 발 등도 모두 떨리게 되어 버린다. 왜냐하면 단일한 그 [신체에] 떨린다[라는 운동]과 모순하는, 떨리지 않는다고 하는 운동은 있을 수 없기 때문이다. 그러나 실체(dravya)는 단일하며 떨림[이라는 운동]은 그것에 내속하는 것이기 때문에 전부가 떨리는 것이 된다. 여러 부분들이 단일한 전체를 본성으로 하는 것이라는 추론인은 [목하의] 타자의 잠정적 승인에 의해서 확립한다. [그리고 그것에 의해서] 전부가 떨린다는 필연적 귀결(귀류)이 있다. 그러나 [실제로는 전부가] 떨리는 것은 아니다. 따라서 논증되는 것이 [실제로는] 없다는 것에 의해서 [그 전제의 여러 부분들이] 단일한 전체를 본성으로 하는 것이라는 것도 아니라는 귀류 환원이 있다. 이것과 마찬가지로 뒤에 설명되는 귀류와 그 환원도 이해되어야 한다."(I.11.126)

84d.

[반론]

'전체'는 부분들과는 다른 것이다. 그렇기 때문에 일부분이 떨려도 다른 부분은 떨리지는 않을 것이다.

[답론1]

만약 그렇지 않으면 [즉 부분과 전체가 다르다고 한다면 천의 일부를 드는 경우, 천 전체가 올라가는 것은 아니며, 그 동작은 구성원의 일부에만] 별도로 성립하는 것으로 될 것이다.

pṛthak siddhir anyathā //

案

부분과 전체가 같다고 할 때 또는 다르다고 할 때, 발생하는 난점을 계속해서 논의하고 있다. 마노라타난딘은 다음과 같이 주석한다. "그렇지 않다면 별개의 존재로서 있는 것이 된다. 부분과 전체가 다른 것이라면 별개의 존재로서 즉 떨리는 부분과는 다른 것으로서 그것에 내속하고 있는 떨리지 않는 전체가 실로 그 부분에 있는 것이 된다. 천과 물과 같이. 이 경우도 부분과 전체가 다른 것은 [목하의] 타자의 잠정적 승인에 의해서 성립하고 있는 추론인이다. [그리고 그 결과, 부분에 내속하는 전체가 부분과는] 별개로 존재하는 것이 필연적으로 귀결된다. [그러나 타자의 설에서는 전체는 부분과는 별개로 존재하는 것이 아니다. 따라서] 논증되는 것이 [실제로는] 없기 때문에 [그 전제인 부분과 전체가 별개인 것이라는] 논거도 없다고 하는 귀류 환원이 있다. 이것과 마찬가지로 뒤에 설명되는 귀류와 그 환원도 [이해되어야 한다]."(I.11.126)

기무라 도시히코는 다음과 같이 말한다. "니야야학파는 인식대상을 부분(avayavā)과 전체(avayavī)로 분류한다. 지각대상은 부분만을 대상으로 한다. 즉 감관과 접해 있는 부분만을 지각하는 것에 대해서 '나무'와 같은 전체적인 것은 추론의 대상이라고 한다. 뒤에는 문법학파의 영향도 있어, 자상(svalakṣaṇa)과 공상(sāmānyalakṣaṇa) 혹은 유(jāti)라 말하기도 하였다. 바이셰시카학파의 6범주(padārthā)설에서는 대상을 분해할 수 있기 때문에 따로 인식대상으로서 '전체'라는 것을 설정한 번역도 있다. 바츠야야나(Vātsyāyana)는 6범주로 분류한 대상의 전체를 파악하는 '이것은 병이다' 등의 인식대상인 '전체'가 존재한다고 하고 '실체'(dravya)도 원자의 상태에서는 감관의 대상이 되지 않기 때문에 '전체'를 인식하고 있는 것이라고 하였다. 바츠야야나의 이 이론을 신체와 마음의 문제에 해당시키면 신체가 마음을 포함한 전체자로 간주되지 않을 수 없기 때문에 마음은 그 경우 신체의 일부가 될 것이다. 이것에 대해서 다르마키르티는 신체가 마음을 포함한 전체(전일자)라면 위 게송(84송)에서 언급한 것처럼 모순이 발생하기 때문에 따라서 신체는 전체가 아님을 논했던 것이다. 이 '전체'상은 다르마키르티의 체계에서는 아포하(apoha) 이론적으로 가상으로 구성된 관념적인 대상이 되는 것이다. 그러나 니야야학파는 전체를 실체시하기 때문에 여기에서 지적되는 모순이 발생한다."(KT.207)

85.

[답론[2]]

[부분과 전체가 다른 것이 아니라면] 일부가 덮이면 전부가 덮이게 된다. [부분과 전체가 별개의 것이기 때문에 부분이 덮여도 전체는] 덮여지지 않는다고 한다면 [덮여져 있는 부분에 대해서도 덮여지지 않는 전체가] 보이게 된다. 또한 [부분과 전체가 별개의 것이 아니라고 한다면] 일부가 붉게 물들게 되면 [전부가] 붉게 물들어 버린다. [부분과 전체가 별개의 것이라면, 붉게 물들여진 부분에] 붉게 물들여지지 않는 [전체가 있다고] 알려지게 된다. 이것으로부터 단일한 집합체는 존재하지 않는다. [부분과 전체가] 동일하지 않는 경우, 앞과 같다.

ekasya ca āvṛttau sarvasya āvṛttiḥ syād anāvṛttau /
dṛśyeta rakte ca ekasmin rāgo araktasya vā gatiḥ //

案

이 송은 '전체'를 실체시하면 발생하게 되는 난점을 제시한 것이다. 마노라타난딘은 다음과 같이 주석한다. "또한 [부분과 전체가] 다르지 않다고 하는 설에서는 일부가 덮이면 전부가 덮이게 된다고 하는 필연적 귀결이 있다. [부분과 전체가] 다르다고 하는 설에 근거하여 전체는 덮이지 않는다고 인정된다면, 덮이는 부분에서도 덮이지 않는 그것(전체)이 보이는 것이 된다는 필연적 귀결이 있다. 또한 [부분과 전체가] 다르지 않다고 하는 설에서는 일부분이 붉게 물들면 전부 붉은색이 보이는 것이 된다는 필연적 귀결이 있다. 한편 [부분과 전체가] 다르다고 하는 설에서는 붉게 물들게 된 부분에 붉게 물들이지 않은 전체가 알려지게 된다는 필연적 귀결이 있다. [그리고 이들] 모든 경우에 [그 논거에 의해서] 논증되는 것이 [실제로는] 없는 것에 의해서 [그 전제의] 논거는 없다는 귀류 환원이 있다. 그것(귀류 환원)을 [다음과 같이] 기술한다."(I.11.127)

86ab.

[답론[3]]

따라서 단일한 집합체는 존재하지 않는다. [부분과 전체가] 하나가 아닌 경우에도 앞의 [단일한 집합체의] 경우와 마찬가지이다.

na asty eka-samudāyo asmād anekatve api pūrvavat /

案

마노라타난딘은 다음과 같이 주석한다. "이것으로부터 즉 흔들리는 것 등이라는 논증되어야 할 것이 존재하지 않는 것에서 부분의 집합체인 단일한 전체는 존재하지 않는다. 부분과 전체가 동일하지 않은 경우도 앞과 같다. 즉 [부분과 전체가] 다르지 않다고 하는 설의 경우와 마찬가지로 [그 논거에서] 논증되는 것이 [실제로는] 없는 것에 의해서 [그] 논거는 없다고 하는 귀류 환원이 있다. 혹은 오히려 [귀류와 귀류 환원이 아니라] 신체 등의 지각에 의해서 알려지는 기체에 있어서 흔들리는 것과 흔들리지 않는 것 등이라는 상호 모순하는 속성이 맺어지기 때문이라는 자립한 추론인에 근거하여 [신체 등이] 단일한 것의 부정이 논증되어야만 한다."(I.11.127)

86cd-87ab.

[반론]

전체성으로서의 신체가 존재하지 않는 경우, 극미의 집적은 신체나 천으로서는 한정되지 않기 때문에 그리고 그때 [그 집적은 지각되지 않는 미세한] 극미인 것이기 때문에 [그 활동이나 오염되는 것은] 인식될 수 없다[라고 한다면].

aviśeṣād aṇutvāc ca na gatiś cen

[답론]

[집합해도] 차이가 없는 것은 성립하지 않는다. 차이를 가진 것(집합한 원자)은 감관에 의해서 파악된다. 따라서 [집합한 것은 극소의] 원자는 아니다.

na sidhyati //

aviśeṣo viśiṣṭānām aindriyatvam ato anaṇuḥ /

案

대론자의 반론은 이러하다. 즉 신체를 구성하는 원자는 너무나 미세하기 때문에 장애 등을 할 수 없다. 그렇다면 장애가 가능하기 위해서는 전체가 되어야 한다. 따라서 전체가 별도로 존재한 것이다. 이에 대해 마노라타난딘은 다음과 같이 주석한다. “[부분과는 다른] 전체는 존재하지 않기 때문에 신체 등은 원자의 집합을 본성으로 하는 것이다[라고 하자]. 그렇다고 해도 [여러 원자들은] 집합한 상태에서는 [집합 이전의] 상호 결합하지 않은 상태와 차이가 없기 때문에, 게다가 [극소의] 원자인 것이기 때문에, 지각할 수 없는 미세한 존재이기 때문에 신체 등은 [지각에 의해서] 알려지지 않는 [것이 된]다[라고 반론한다면]. [답론하면 다음과 같다.] 차이가 없다는 것은 성립하지 않는다. [그것에 대한] 공동인이 보이지 않고 집합하지 않은 여러 원자들로부터 지각 가능한 집합한 [여러 원자들]이 생기기 때문에 차이를 가진 그들(집합한 여러 원자들)은 감관에 의해서 파악된다. 따라서 감관에 의해서 파악되기 때문에 [극소의] 원자가 아니라고 인정된다. 감관의 대상이 아닌 것이 원자라고 일반적으로 인정된다. 그리고 그것이야말로 [위에서 기술한 타자의 반론에서] 추론인으로 간주되었다. 그러나 집합체가 된 [원자]는 지각될 때에는 ‘원자’라고는 불리지 않으며 ‘신체’ 등으로 표현된다. 예를 들면 복수의 실은 천의 상태에서는 ‘실’이라고는 불리지 않고, ‘천’이라고 [불리는 것과 마찬가지이다.] 따라서 [타자가 기술한] 두 개의 추론인은 불성립[인]이다.”(I.12.90)

87cd.

[답론]

이것에 의해서 ‘[극소인 원자는 집합해도 무엇인가 다른 것을] 덮어 가리는 것 등이 없다’[라는 타자의 지적]도 부정되었던 것이다.

etena āvaraṇa-ādīnām abhāvaś ca nirākṛtaḥ //

案

마노라타난딘은 다음과 같이 주석한다. "이것에 의해서 즉 여러 원자들이 '집합' 이전의 상태와는 다르다는 것을 기술함으로써 '[원자는 집합한 상태에서도] 집합하지 않은 상태와 마찬가지로 [다른 무엇인가를] 덮어 가리는 것이나 [물 등을] 보존 유지하는 것 등이 있을 수 없다'라는 타자의 지적도 부정되었음을 알아야 한다. 일부의 여러 원자들은 집합한 것으로서 생기며, 덮어 가리어진 것이나 보존 유지하는 것이 가능하지만, 다른 [집합한 것으로서 생기지 않는 원자]는 그렇지 않다."(I.12.90)

88.

[반론]

전체가 아닌 집합체로부터 실제로 인식이 생기는가?

[답론]

또한 ["'전체'는 보이지만, 보이지 않는 원자가 몇 개 집합해도 보이지 않는다"라고 한다면 그대들에 있어서 '전체'라고는 인정되지 않는] 수은과 금 등의 혼합물(합금)이나 연소되는 석탄 등[의 혼합물]이 보이는 것은 어떻게 해서 그러한가? [또한] 단독으로는 [인식을 낳게 하는 인과적 효과의] 능력을 가지지 않는 눈 등에 [그것들이 집합했을 때에] 인식이 생기는 것은 무슨 까닭인가?

kathaṃ vā sūta-hema-ādi-miśraṃ tapta-upala-ādi vā /
dṛśyaṃ pṛthag aśaktānām akṣa-ādīnāṃ gatiḥ katham //

案

마노라타난딘은 다음과 같이 주석한다. "또한 ['전체'는 보이지만, 보이지 않는 원자가 몇 개 집합해도 보이지 않는다고 한다면, 그대들에 있어서 전체라고는 인정되지 않는] 수은과 금 등의 혼합물, 즉 아주 가늘게 가루가 된 상태에서 불에 의해서 원자의 집합체가 된 것이나 불에 탄 돌 등의 혼합물이 보이는 것은 어떻게 해서 그러한가? 다른 종류의 존재가 [집합하여 새로운] 실체를 만들어 낼 수가 없기 때문에, 그것은 '전체'라는 실체가 아니다. 그리고 원자는 그대의 설에서는 지각할 수 없다. 따라서 그것은 보이지 않는 것이 된다. 또한 만약 '원자는 독립한 상태에서는 인식을 낳게 하는 것은 가능하지 않기 때문에 집합한 상태에서도 같다'라고 한다면, 단독으로는 인식을 낳는 능력을 가지지 않는 눈 등에, 집합했을 때 인식이 생기는 것은 어떻게 해서 그러한가? 따라서 [타자가 주장하는] 두 개의 추론인은 불확정[인]이기도 하다."(I.12.90)

기무라 도시히코는 다음과 같이 위의 게송을 설명한다. "니야야학파가 원자 외에 전체가 있다고 하면, 금과 수은의 합금(合金)이 가능한 것은 이상하며, 석탄의 지원소와 불의 원소가 합하여 연소라는 현상이 있다고 하는 것도 불합리하다. 전체가 따로 존재한다면 혼합은 일어나기 어렵기 때문이다. 그대의 이론에서는 눈은 대상과 접촉하여 인식을 일으킨다. 현재 인식하고 있는 대상은 원자와 접촉하고 있는 것이다. 전체인 것이 있다면 현재 인식하고 있는 대상은 원자와 접촉하여 보이지 않는 원자는 접촉해 있지 않은 것이라는 일은 일어날 수 없다. '전체'와 '부분'이라는 발상은 인식에 관해서 발생한 이론이지만 존재론적으로 그 난점을 다르마키르티는 지적했다."(KT.208)

89ab.

[반론]

[수은과 금 등이나 감관 등이 집합할 때는 그것들의] 결합으로부터 [인식이 생기는 것이다].

saṃyogāc cet

[답론]

이 경우도 [집합했을 때 어떻게 해서 '결합'이 생기는 것인가라는] 같은 곤란한 귀결이 있다.

samāno atra prasañgo

案

마노라타난딘은 다음과 같이 주석한다. "감관 등으로부터 앎이 생기는 것이 아니라, 그것들의 '결합'에서 [앎이 생기는 것이라고 반론한다면], 이 경우도 같은 곤란한 귀결이 있다. 감관 등은 단독으로는 '결합'을 생기게 하지 않는 것과 마찬가지로, 집합해도 ['결합'을] 생기게 하는 것은 아닌 것이다."(I.12.91)

89cd.

[반론]

수은과 금의 '결합'이 보이는 것이다.

hema-sūtayoḥ /

dṛśyaḥ saṃyoga iti cet

[답론]

보이지 않는 것을 근거로 하는 것이 어떻게 해서 보이는 것인가?

kuto adṛṣṭa-āśraye gatiḥ//

案

기무라 도시히코는 다음과 같이 설명한다. "니야야학파는 수은의 화합물이 가능한 것 등을 원자설로 설명하려고 한다. 하지만 그렇다면 원자 자체를 지각할 수 없는데 그 결합인 화합물을 지각할 수 있는 것은 무슨 까닭인가라고 다르마키르티는 반문한다. 요컨대 '원자와 전체'라는 구상은 이율배반이기도 하며 한쪽의 미비한 점을 다른 쪽이 보완하는 것도 불가능하다. 다르마키르티의 입장은 다만 인과적 효과성에서 인식 대상의 진실성을 검증한다고 할 뿐 '전체'에 대한 개념적 구상은 아포하적 관념론에 속한다. 이상으로 니야야학파에 대한 논박을 마치고 이어서 바이셰시카학파에 대해서 속성(guṇa)의 결합(saṃyoga)이라는 사고를 논파한다. 이것도 화합(samavāya)이라는 니야야학파의 사고방식을 논파한 것의 영향이다. 마음이 신체나 아트만의 속성이라고 말하지 않게 하기 위함이기도 하다."(KT.209)

바이셰시카학파의 형이상학설에 대한 비판

90ab.

[반론]

'결합'이라는 속성이 '색' 등의 속성을 갖는 것이다.

[답론]

[또한 그대들의 주장에 의하면 다른 종류의 존재로부터 성립하는 혼합 음료도 '결합'이라는 것이 되지만, '맛있는 혼합음료', '좋은 색깔의 혼합 음료'라는 표현은 가능할 수 없게 된다. 왜냐하면 속성의 일종인 결합에 같은 속성인] 맛이나 색깔 등이 결합하는 것은 [그대들 니야야, 바이셰시카학파의 교의에 비추어서] 모순한다.

rasa-rūpa-ādi-yogaś ca viruddha

案

마노라타난딘은 다음과 같이 주석한다. "[그대들의 주장에 따르면] 각종의 실체로부터 구성되는 음료(혼합음료) 등도 결합이라는 '속성'으로 인정되어야만 한다. [그러나] 이것(혼합음료 등)에 대해서 ['맛있는 혼합음료']라든가 ['좋은 색깔의 혼합음료']라는 것은 모순한다. [그대들의 주장에 따르면] 속성은 속성을 갖지 않기 때문이다."(I.12.91)

90cd.

[반론]

[동일한 실체에 결합과 맛이나 색깔 등이 내속하고 있기 때문에] 전의적 가탁에 의해서 [결합에 맛 등이 결합하는 것이] 인정되는 것이다.

upacārataḥ /

iṣṭaś ced

[답론]

[그 경우, 일의적인가 전의적인가에 의해서] 인식에 [명료한가 불명료한

가의] 차이가 있는 것이다. [그러나 '맛있는 우유'와 '맛있는 혼합음료'라는 인식에는 명료, 불명료의 차이는 없다.] 또한 [열을 구성하고 있는 개개의 새에 장대함은 없는데] '[새의] 장대한 행렬'이라는 것은 어떻게 해서 그러한가? [따라서 동일물에 내속하는 것에 의한 전의적 가탁에서는 설명이 되지 않는다.

buddhi-bhedo astu pañktir dīrghā iti vā katham //

案

마노라타난딘은 다음과 같이 주석한다. "'속성'을 갖는 것인 각종의 '실체'에, '결합'과 '맛'이나 '색깔' 등이 내속하고 있기 때문에, 동일물에 내속하는 것에 근거하여 그 [실체의] 성질이 ['결합'인] 혼합음료 등에 전의적으로 가탁되는 것이기 때문에, [혼합음료 등에] 맛이나 색깔 등이 결합하는 것이 인정되는 것이다[라고 반론한다면]. 그 경우 우유 등의 [비혼합 음료]와 혼합음료 등에는 일의적인가 혹은 전의적인가에 따라서 '맛있다'라는 앎에, 명료함이나 불명료함의 차이가 있는 것이다. 왜냐하면 소년에 대한 전의적 가탁에 의한 불에 대한 앎은 불에 대한 [불의 앎]과 같은 것은 아니다. 또한 '[새의] 장대한 행렬'이라는 것은 어떻게 해서 그러한가? ['새의 장대한 행렬'의 경우 행렬을 구성하는 개개의] 새에 내속하는 행렬은 '수' 혹은 '속성'일 것이다. 그러나 그것(행렬)에는 장대함[이라는 속성]은 없다. '속성'은 '속성'을 가지지 않기 때문이다. 또한 [전체이며 장대한 행렬을 구성하는 개개의] 새에 장대함은 없다. 만약 있다고 한다면 동일물에 내속하는 것에 근거하여 비유적 표현이 있을지도 모르지만."(I.12.91~92)

91.

[반론]

'수'나 '결합' 등이 실재와는 다르게 존재한다.

[답론]

수·결합 [등의 속성]·운동 등의 형상도 그것을 가진 [사물의] 자기형상이나 [그것들을 표현하는] 언어와는 별도로 인식에 현현하는 것이 아니다.

saṃkhyā-saṃyoga-karma-āder api tadvat svarūpataḥ/
abhilāpāc ca bhedena rūpaṃ buddhau na bhāsate //

案

마노라타난딘은 다음과 같이 주석한다. "또한 수·결합·운동 등 — '등'이라는 언어에 의해서 분리·저것·이것·보편 등도 함의된다 — 의 본체가 그것들을 가진 것(실체), 즉 실체의 본성이나 수라든가 결합 등이라는 언어와는 별도로 실체를 파악하는 앎에 현현할 수는 없다. 그리고 현현하지 않는 이상, 지각대상이라고 간주되는 것은 지각대상의 비인식에 의해서 [그 존재는] 부정된다."(I.12.92)

92.

[반론]

만약 수 등이 [별도로] 존재하지 않는다면, 어떻게 해서 '하나의 결합한 큰 항아리가 떨어진다' 등으로 언어표현되는 것인가? 표시대상의 차이가 없다면 [이들 언어는 전부] 동의어인 것이 된다.

[답론]

현실적 존재의 자기차이성에 수반하는 분별에 의해, 판단된 대상에 대해 언어와 인식이 작동한다. [신맛 나는 우유의 색깔이나 맛 등의] 속성 등[도 신맛 나는 우유의 자상에 대해 가탁한 차이]와 같고, 또한 이미 소멸한 것이나 아직 생기지 않은 비존재의 대상[을 단수 등의 구별에 의해서 표현할 수 있는 것도 이 분별적 사유의 개념구성에 의한 것]과 같다.

śabda-jñāne vikalpena vastu-bheda-anusāriṇā /
guṇa-ādiṣv iva kalpya-arthe naṣṭa-ajāteṣu vā yathā //

案

기무라 도시히코는 다음과 같이 말한다. "언어와 분별적 개념적 인식(jñāna)은 타자의 부정을 매개하여 대상에 가탁(adhyāropa)시킨 것이다. 바이셰시카학파가 말하는 속성(guṇa)은 이것을 의미하며 현재는 존재하지 않는 과거나 미래의 존재마저 분별하여 표현할 수 있는 것도 이 분별적 인식(vikalpabuddhi)이다."(KT.210)

93.

[반론]

이것(속성 등)에 대해서는 [수 등이] 전의적으로 가탁(비유)된다고 생각된다.

mato yady upacāro atra

[답론]

그것(전의적 가탁)은 원인을 갖는다고 인정되지만, [그 전의적 가탁의 원인], 그것이야말로 모든 존재물에 대한 그들 양자(언어와 인식)의 원인이라고 어떻게 해서 인정하지 않는가?

sa iṣṭo yan nibandhanaḥ /

sa eva sarva-bhāveṣu hetuḥ kiṃ na iṣyate tayoḥ //

案

마노라타난딘은 다음과 같이 주석한다. "이것에는 즉 속성 등에는 수 등의 언어가 전의적으로 가탁(비유)된다고 생각된다[고 반론한다면]. 그 전의적 가탁의 원인으로 인정되는 것 즉 속성 등에 대한 수 등의 비유적 표현의 원인, 그것이야말로 모든 존재물에 대한 언어와 인식의 양자의 원인이라고 어떻게 해서 인정하지 않는가? 프라마나에 의해서 부정되는 수 등이 그것에 의해서 구상되는 것이다."(I.12.93)

기무라 도시히코는 다음과 같이 설명한다. "세간적인 언어표현의 기초는 전의적으로 가탁(upacāra)된다고 말한다면, 오히려 모든 언어표현에 그것을 말해야만 하는 것은 아닌가? 라고 다르마키르티는 말한다. 대상의 제1차적인 의미(mukhya)에 대해서 비유적 표현을 반대논사는 구상하기 때문이다. 그러나 언어는 수에 관해서도 실상과 다른 표현을 한다. 즉 한 사람의 아가씨를 '다라'(dārā)라고 복수로 표현하고, 다수인데도 문법학파의 6도파(都派)를 '산나가리'(ṣaṇṇagarī)라고 단수로 표현한다."(KT.210)

94abc.

[반론]

전의적 가탁은 모든 경우에 있는 것은 아니다. [일의적인 것이 있어야

비로소 전의적 가탁(비유)이 있다. 그리고 그것 자신과는 별도의 한정자를 갖는 것이 일의적인 것이다.]

upacāro na sarvatra

[답론]

[그것 자신과는] 다른 별도의 한정자를 갖는 것이 일의적인 것이라고 하는 것은 어떠한 것인가?

yadi bhinna-viśeṣaṇam /
mukhyam ity eva ca kuto

案

마노라타난딘은 다음과 같이 주석한다. "전의적 가탁은 모든 경우에 있는 것은 아니다. 요컨대 일의적인 것이 있어야 비로소 전의적 가탁이 있는 것이지, 어떠한 경우에도 그것이 있는 것은 아니다. [그리고] 다른 한정자를 갖는 것이 일의적인 것이다. [즉] 어떤 것에 [그것 자신과는] 다르게 [그것을 다른 것으로부터 구별하는] 한정자가 있을 때 그것은 일의적인 것이다. [그리고] 그것 이외의 존재에 대해서 전의적 가탁이 있다 [라고 반론한다면]. '다른 한정자를 갖는 것이 일의적인 것이다'라는 이것은 어떻게 해서 결정되는가?[라고 답론할 수 있다.]" (I.12.93)

94d-95c.

[반론]

[수 등이] 다른 것이라면 [그것들을 표시하는 언어가 모두] 같은 것을 대상으로 하는 것(동의어)이 된다.

abhinne bhinna-arthata iti cet //

[답론]

[그대들의 학설에서도 흰색 등의 속성에는 수 등의 다른 속성이 존재하는 것은 아니기 때문에] 흰색 등에 대해서 수 등을 표시하는 언어는 다른 것을 원인으로 하는 것은 아니지만, 그러나 [그것들은] 동의어가 아니다.

anartha-antara-hetutve apy aparyāyaḥ sita-ādiṣu /
saṃkhyā-ādi-yoginaḥ śabdās

案

마노라타난딘은 다음과 같이 주석한다. "[수 등이] 다른 것이 아니라면 같은 것을 대상으로 하는 것이 된다. 즉 만약 수 등이라는 다른 것이 없다면 그 경우 '하나의 결합한 큰 항아리가 간다'라는 [문장의 각각의] 언어는 동의어가 될 것이다. 그러나 실제 그러한 것은 있을 수 없다[고 반론한다면]. [그대들의 학설에서도 흰색 등의 속성에는 수 등의 다른 속성이 존재하는 것은 있을 수 없기 때문에] 흰색 등의 속성에 대해서 수 등을 표시하는 여러 언어들은 다른 것을 원인으로 하는 것은 아니지만, 그러나 동의어가 아닌 것이 실제로 보이지 않는가?"(I.12.93)

95d-96a.

[반론]

그 [흰색 등의 속성]에도 [수 등이라는] 다른 대상물이 있는 것이다.

tatra apy artha-antaraṃ yadi //

[답론]

[그렇다면 속성도 실체와 마찬가지로 속성 등을 갖는 것이 되며] 속성과 실체는 차이가 없는 것으로 되어 버린다.

guṇa-dravya-aviśeṣaḥ syād

案

마노라타난딘은 다음과 같이 주석한다. "이 흰색 등에도 수 등의 다른 대상물이 있는 것이다. 그러므로 그들 언어는 동의어가 되어 버리는 것은 아닌 것이다[라고 반론한다면]. 그렇다면 속성과 실체에는 차이가 없는 것이 될 것이다. 공통의 특질을 갖기 때문이다. 즉 실체는 운동을 갖는 것이며 속성을 갖는 것이며, 내속인이다라는 특질이 양자에 있는 것이기 때문이다."(I.12.93)

[반론]

[불교에 있어서도] 어떻게 해서 ['하나의' 등의 언어가] 같은 것을 대상으로 하는 것이라고 해도 동의어가 아닌 것인가?

96bcd.

[답론]

[수 등의 언어는] 다른 것을 대상으로 하지 않아도 [이류로부터의] 배제가 다르기 때문에 [언어는] 다른 것이다. '[실체는] 운동이 아니다'라든가 '[운동은] 실체가 아니다'라는 언어와 같이.

bhinno vyāvṛtti-bhedataḥ /

syād anartha-antara-arthatve apy akarma-adravya-śabda-vat //

案

마노라타난딘은 다음과 같이 주석한다. "단일하지 않은 것이나 결합하지 않는 것 등이라는 이류로부터의 배제가 다르기 때문에 다른 것이며 그리고 '하나의 항아리'라든가 '결합한 항아리' 등이라는 언어나 인식이 있는 것이다. '실체는 운동이 아니다'라든가 '운동은 실체가 아니다'라는 언어에 있어서와 같이. 다른 대상물이 없어도 다른 것이다. 왜냐하면 그대들의 주장에서도 '운동이 아닌 것'과 '실체가 아닌 것'이라는 두 개의 언어 대상은 각각 실체와 운동은 다른 실재물로서 존재하고 있지는 않기 때문이다."(I.12.93)

97.

[반론]

만약 [실체와는 달리] 수 등이 존재하지 않는다면 '항아리의 단일성(=항아리에 단일성이 있다)'라든가 '[항아리의] 결합(=[항아리에] 결합이 있다)' 등으로 표현되는 것은 어떻게 해서 그러한가?

[답론1]

또한 수 등은 ['단일성' 등이라고 말하는 것처럼] 성질(bhāva)을 표시하는 언어에 의해서 그것(수 등)을 갖는 것과는 다른 것인 것처럼 기술되지만, [그 경우] 그것(수 등)은 [흰색 등의] 다른 성질을 제외하는 것이다.

vyatirekī iva yac ca api sūcyate bhāva-vācibhiḥ /
saṃkhyā-ādi-tadvataḥ śabdais tad-dharma-antara-bhedakam /

案

마노라타난딘은 다음과 같이 주석한다. "수 등은 성질(bhāva)을 표시한다, 즉 성질(dharma)을 표시한다. 언어에 의해서 그것(수 등)을 갖는 실체와는 다른 것인 것처럼 '항아리의 단일성' 등으로 기술되지만, 그것 즉 기술되는 단일성 등은 흰색 등의 다른 성질을 제외하는 것이다. [즉] 단일성 등은 항아리[라는 실체]와는 참으로는 다르지 않은 것이지만, [그] 단일성이나 흰색 등에는 수반, 비수반에 의해서 항아리[라는 실체]의 혹은 [성질] 상호의 차이가 구상된다. [그리고] 그들 가운데 어떤 하나의 성질을 알고 싶다고 바라는 경우에는 그것(어떤 하나의 성질)은 차이를 가지고 제시되며 다른 성질을 무시하는 것이 된다. '항아리의 단일성' 등이라고 말하는 것과 같이."(I.13.72)

98.

[답론2]

[즉] 어떤 때에는 '손가락의 결합'이라고 하는 것처럼, 다만 그것만을 알고 싶다고 바라는 자에 대해서 그것 이외의 모든 것이 무시된 언어가 성질을 [성질 보존 유지자나 다른 성질과는] 다른 것인 것처럼 표시하는 것이 있다.

śrutis tan-mātra-jijñāsor na vā kṣipta-akhilā parā /
bhinnaṃ dharmam iva ācaṣṭe yogo aṅgulyā iti kvacit //

案

마노라타난딘은 다음과 같이 주석한다. "그 경우 다만 그것만을, 즉 어떤 하나의 성질만을 알고 싶다고 바라는, 듣는 사람에 따라서 그와 같이 언어 협약에 근거하여 언어가 사용된다. [그 언어는 그 언어에 의해서는] 다른 있을 수 있는 한의 모든 성질이 무시된 것, 즉 대상으로 간주되지 않는 것이다. 그와 같은 그것(언어)은 성질의 보존 유지자와는 그리고 다른 성질과는 다른 것(가려진 것)인 것과 같이, [그] 성질을 표시한다. 예를 들면 '손가락의 결합'과 같이."(I.13.72)

99ab.

[답론3]

[한편 어떤 때에는] '결합한 손가락'이라고 하는 것처럼, [언어는] 모든 것(성질)을 함의하는 것에 의해서 성질의 보존 유지자를 표시하는 것으로 되는 것이 있다고 잘 알려진다.

yuktāṅgulīti sarveṣām ākṣepād dharmivācinī /

案

한편 그 같은 성질이 다른 성질과의 관계를 가진 것으로서 알고 싶다고 바라는 경우에는 그와 같이 언어 협약에 근거하여 '결합한 손가락'이라는 말이, 모든 다른 성질을 함의하는 것에 의해서 성질의 보존 유지자를 표시하는 것이 되는 것이라고 알려진다.

99cd.

[답론4]

동일한 대상물을 지시한다고 해도 [언어에는 이와 같은 표시 방식의 구별이 있다는 것은 타당하다. 왜냐하면 언어]는 이와 같이 [협약에 의해서 표시 방식의] 공존이 정해져 있기 (때문이다).

khyātaikārthābhidhāne'pi tathā vihitasaṃsthitiḥ //

案

동일의, 이류로부터의 배제를 특질로 하는 대상물을 표시한다고 해도 이와 같이 [표시 방식의] 구별이 타당하다. 왜냐하면 그 언어라는 것은 언어 협약에 의해서 이와 같은 방식으로 공존이 정해져 있는 것이다. 즉 분립이 되는 것이기 때문이다.

100-101ab.

[답론5]

[항아리를 구성하는] 색 등의 [색의 여러 원자들이라면 시지각을 낳게 하는 등이라는] 개별 능력을 함의하지 않고서, 그것(항아리를 구성하는 색 등)의 [원자 전체에] 공통하는 결과(예를 들면 물의 보존 유지 등)의 원인이 아닌 것의 배제에 대해서 '항아리'라는 언어가 작용한다. 그렇기 때문에 '색인 항아리'라는 동일기체 표현(동격표현)은 없다.

rūpādiśaktibhedānām anākṣepena vartate /

tatsamāna-phalā ahetu-vyavacchede ghaṭaśrutiḥ //

ato na rūpaṃ ghaṭa ity eka-adhikaraṇā śrutiḥ /

案

마노라타난딘은 다음과 같이 주석한다. "집합체를 표시하는 '항아리'라는 말은 물의 보존 유지 등의 원인이 아닌 것의 배제를 기술한다는 의미이다. 그렇기 때문에 [항아리 등의 말은] 집합체를 표시하는 것이기 때문에 '색인 항아리'라는 동격표현은 없다. '색'이라는 말은 성질을 표시하는 것이며, 한편 '항아리'라는 말은 집합체를 표시하는 것이다. 그것들이 어떻게 해서 동일한 표시대상을 가질 수 있을까?"(I.13.72~73)

101c.

[답론6]

그리고 [다른 것을 무시하는가의 여부의] 이 구별은 유(類)를 표시하는 언어와 집합체를 표시하는 언어 사이에도 인정된다.

bhedaścāyam ato jāti-samudāya-abhidāyinoḥ //

案

"이 구별은 유를 표시하는 언어와 집합체를 표시하는 언어 사이에도 즉 '항아리성'이라는 말과 '항아리'라는 말 사이에도 있다고 알아야만 한다. 그리고 집합체를 표시하는 '언어'는 다른 속성을 무시하지 않는 것에 다름 아니다. 따라서 '금의 항아리' 등이라는 동격표현이 있다. 그리고 그것(집합체를 기술하는 말)은 1)복수의 존재에 대해서 일어나는 것, 2) 그렇지 않은 것의 2종이다. 예를 들면 '항아리' 등이라는 말과 '빈디야 [산]'이라는 말과 같이"(I.13.73)라고 마노라타난딘은 설명한다.

102abc.

[반론]

만약 색 등만이 다만 있는 것이며 [색 등과는 달리] 전체는 존재하지 않는다고 한다면, '항아리의 색 등'이라는 결합관계가 어떻게 있는 것인가?

[답론1]

'항아리의 색 등'이[라는 결합관계를 기술하는 표현에 의해서] 그것(색 등)의 총체를 한정적 부차요소로 하는 그것(색 등)의 개별 능력들이 기술된다.

rūpa-ādayo ghaṭasya iti tat-sāmānya-upasarjanāḥ /
tac-śakti-bhedāḥ khyāpyante

案

마노라타난딘은 다음과 같이 주석한다. "'항아리의 색 등'이라는 결합관계를 기술하는 언어에 의해서 그 총체와 결합한 즉 항아리성이라는 보편에 의해서 차이화된, 그 색 등의 가진 [것을] 색이라 이름 짓는 것 등이라는 개별의 여러 능력들이 기술된다. 즉 '항아리'라는 언어표현의 대상인 집합체에 내재하는 [것을] 색채 지을 수 있는 존재방식 [등]을 [그 집합체 속에서] 적출하여 기술된다는 의미이다."(I.13.73)

102d.

[답론2]

['전단의 향' 등의] 다른 [언어표현]도 이것과 같은 방식으로 설명되어야 한다.

vācyo anyo apy anayā diśā //

案

다른 전단의 향 등과 같은 표현도 이것과 같은 방식으로 설명되어야 한다. 이것은 『프라마나바르티카』 1장 추리론에서 상세히 설명된다. 이상 전체 등은 부정되는 것이기 때문에 혼합음료 등과 같이, 원자의 집합체에 다름 아닌 신체는 지각에 의해서 인식된다고 하는 것이 확정되었다.

속 마음의 연속 입증

案

여기서 다시 윤회에서 마음의 헤게모니를 논하고, 마음이 연속의 주체임을 입증한다.

103.

[반론]

또한 [신체의] 전체가 [마음의] 원인이다.

hetutve ca samastānām

[답론]

그 [신체의] 일부분이 결여되어도 [마음은] 생기지 않을 것이다. 혹은 또한 [신체의] 각각에 [마음을 생기게 하는 인과적 효과의] 능력이 있다면, 동시에 다수[인 마음이] 생길 것이다.

eka-aṅga-vikale api na /

pratyekam api sāmarthye yugapad bahu-sambhavaḥ //

案

현세주의에 입각한 로카야타파는, '마음은 신체에서 생긴다'는 유물론을 견지한다. 여기에는 두 가지 가능성이 있다. 하나는 신체의 전체에서 마음이 생긴다는 것과 또 하나는 신체의 부분에서 마음이 생긴다는 것이다. 이에 대해서 다르마키르티는 귀류 논법을 통해 상대의 주장이 이치에 맞지 않다고 답론한 것이 위의 송이다. 마노라타난딘은 다음과 같이 주석한다. "신체[를 구성하는] 극미들의 전체가 원인이라면, 그 경우 구성 부분의 절단에 의해서 그 [신체의] 일부분이 결여되어도 신체에 마음은 [생기지] 않을 것이다. 그런데 [실제로는] 이것은 있을 수 없다. 또한 만약 각각에 그들 [인과적 효과의] 능력이 있다면, 그 경우 각각에도 [인과적 효과의] 능력이 있다고 인정될 때 동시에 다수[인 마음이] 생길 것이다. 왜냐하면 모든 (원자) 각각에 [인과적 효과의] 능력이 있기 때문이다. [이것도 실제로는 있을 수 없다.]"(H.57~58) 따라서 우리의 마음은 신체에 의해서 생기는 것이 아니다.

104.

[반론]

또한 만약 날숨과 들숨이라는 한정된 존재로부터 오직 하나의 인식(마음)만이 생긴다면, 그것으로부터 동시에 다수의 존재가 생기는 것은 아니다.

[답론]

날숨과 들숨(호흡)이 다수인 것은 [신체를 구성하는 극미들과] 같기 때문에 [날숨과 들숨은 마음을] 한정하는 것이 아니다. [날숨과 들숨이] 단일한 것이라고 해도, 그 원인[인 신체의 극미]와 항상 접촉(인접)하고 있기 때문에 다수[인 마음이 동시에] 생기게 될 것이다.

na anekatvasya tulyatvāt prāṇa-apānau niyāmakau /
ekatve api bahu-vyaktis tad-hetor nitya-saṃnidheḥ //

案

신체로부터 마음이 생긴다고 하는 주장에서 한 걸음 더 나아가 호흡으로부터 마음이 생긴다는 주장이 범하는 난점에 대해서 마노라타난딘은 다르마키르티의 송에 근거하여 다음과 같이 해명한다. "그러한 것은 있을 수 없다, 즉 그것은 [바르지] 않다. 왜냐하면 극미의 집적을 본질로 하는 것에 의하여, 가령 신체와 같이, 날숨과 들숨도 또한 다수라는 점에서 같기 때문이다. 그것들이 각각 생기게 하는 것이라면, 동시에 다수의 존재를 생기게 한다는 난점이 발생하기 때문에, 오직 하나의 인식(마음)만을 생기게 하는 '날숨과 들숨(호흡)이 (마음을) 한정하는 것이라는 것'은 이치에 맞지 않다. [날숨과 들숨이] 단일한 것이라고 해도, 날숨과 들숨(호흡)이 '다수' 즉 다양한 시간에 존재하는 인식(마음)들을 동시에 '생기게 할' 것이다. 왜냐하면 그것을 생기게 하는 '원인'인 날숨과 들숨(호흡) 등은 '항상 [신체와] 접촉(인접)하기 때문'이다."(H.58) 신체와 마음 간의 관계에 대해서 유물론과 유심론의 차이는 다음과 같다.

[유물론]	[유심론]
마음(결과, 생성)	마음(원인) → 신체+호흡(현현)
↑	↑
신체(원인, 근거)	마음(원인)

마음(결과, 생성)

↑

날숨과 들숨(호흡, 원인, 근거)

105.

[반론]

[하나의 날숨과 들숨이] 다수[인 마음]의 원인은 아니다.

na aneka-hetur iti cen

[답론]

[날숨 등은 여러 찰나에 걸쳐서 시간적으로] 다르지 않기 때문에 계기적으로도 [마음을 생기게 할 수] 없다. 하나의 프라나(날숨) 사이에도 [마음은] 다수인 것을 대상으로 파악하기 때문에 그것(날숨)으로부터 [마음이] 한정되는 것이 아니다.

na aviśeṣāt kramād api /

na eka-prāṇe apy aneka-artha-grahaṇān niyamas tataḥ //

案

하나의 호흡이 다수인 마음을 동시에는 생기게 할 수 없다고 대론자가 말한다면, 호흡은 여러 찰나에 걸쳐서 천천히 작동하지만 마음은 그 사이에 다양한 활동을 한다. 따라서 호흡과 마음의 인과관계는 성립하지 않는다. 하지만 대론자는 다음과 같이 물을 수 있을 것이다. "날숨 등은 동시에 '다수'의 존재를 생기게 하는 '원인'은 아니다." 이에 대해 입론자는 다음과 같이 답할 수 있을 것이다. "원인은 아닐 것이다. 왜냐하면

'[날숨 등은 여러 찰나에 걸쳐서 시간적으로] 다르지 않기 때문에 계기적으로도 [마음을 생기게 할 수] 없다. 나아가 '하나의 프라나(날숨) 사이에도' 다수의 마음에 의해서 '다수인 것을 대상으로 파악하기 때문에' 하나의 날숨이 하나의 마음을 생기게 한다는 것은 '그것으로부터' 즉 '단일한 날숨으로부터'라고는 한정되는 것이 아니다."(H.58) 즉 하나의 호흡이 다수의 마음을 동시에 생기게 할 수 없다고 한다면, 호흡은 여러 찰나에 걸쳐서 천천히 작동하지만, 마음은 그 사이에 다양한 움직임을 보인다. 따라서 호흡과 마음에는 인과관계는 성립하지 않는다.

유식론자인 다르마키르티는 마음에서 마음이 생긴다는 마음의 연속체 이론(유심론)을 견지하는 반면, 유물론자는 신체를 구성하는 극미들의 집적에서 마음이 생긴다는 신체 근거 이론(유물론)을 고집한다. 그런데 마음이 극미의 집적에서 생긴다는 자신의 주장을 좀 더 세련되게 하기 위해 극미를 원인으로 하는 날숨과 들숨 등에서 마음이 생긴다는 호흡 근거 이론을 제시한다. 그렇지만 날숨과 들숨에서 생기는 단일한 마음이 동시에 다수를 인식한다는 것은 불가능하다. 왜냐하면 상주를 본질로 하는 단일한 마음은 다수를 인식할 수 없기 때문이다. 다수를 인식할 수 있는 것은 단일한 마음이 아니라 찰나멸을 본질로 하는 다수의 마음이 있기 때문이다.

106.

[반론]

[다수인 마음이 동시에 날숨과 들숨(호흡)에서 생기는 것이 아니라] 하나의 마음이 [날숨과 들숨에서 생겨] 다수를 인식한다고 한다면.

ekayā aneka-vijñāne buddhyās tu

[답론]

그렇다면 일시에(동시에, 획기적 전체로) 그것이 있어야만 한다.

sakṛd eva tat /

[반론]

[계기적으로 여러 찰나에 걸쳐 존재하기 때문에 그렇지 않다. 즉 계기적으로 다수를 인식한다고 하는 주장과] 모순되지 않기 때문이다.

avirodhāt

[답론]

계기적으로도 [다수를 인식한다]라는 것은 있을 수 없다. [날숨과 들숨과 같이 그것으로부터 나온 마음도 여러 찰나에 걸쳐 있어서] 그것(마음)이 다르지 않기 때문이다.

krameṇa api mā bhūt tad-aviśeṣataḥ //

案

날숨과 들숨에서 생긴 단일한 마음이 다수의 대상을 인식한다고 한다면, 그것은 일시에(동시에) 있어야만 한다. 그런데 단일한 마음이 다수의 대상을 파악한다는 것은 불가능하다. 왜냐하면 다수의 대상을 파악하는 것은 다수의 마음이 존재하기 때문이다. 마노라타난딘은 다음과 같이 주석한다. "'또한 하나의 마음에 의해서 다수의 인식이 있다'라고 인정된다면 그것은 파악대상의 파악이 있는 한, 반드시 일거에(동시에, 획기적 전체로) 그것이 있어야만 한다. 왜냐하면 모순하지 않기 때문이다. 만약 하나의 존재에 다수의 존재를 파악하는 것이 모순이라면, 다소

얼마간의 사물의 파악도 또한 일시에는 [파악되지] 않을 것이다. [그런데] 모순하지 않는다고 한다면, 파악대상을 파악하는 것이다. 그렇지 않으면 다수의 존재에 대한 파악은 '계기적으로도 [다수를 인식한다]는 것은 있을 수 없다.' 왜냐하면 '그것(마음)이 다르지 않기 때문이다.' 즉 마음에 차이가 존재하지 않기 때문이다."(H.59) 마음이 다수의 대상을 파악한다고 하는 것은 찰나멸이기 때문에 가능하다. 그렇지만 단일한 마음이 동시에 다수를 인식한다는 것은 불가능하다. 그리고 호흡은 경험적으로 알려져 있는 것처럼 여러 찰나에 걸쳐서 존재하며, 그것으로부터 마음이 발생한다고 한다면 단일한 대상이든가 그렇지 않으면 일거에 다수인 대상을 파악하지 않으면 안 되지만, 하여튼 이 모두는 우리의 경험과 상반된다(K.105). 결국 날숨과 들숨 즉 호흡은 천천히 이어지지만, 다른 한편으로 마음은 원숭이같이 움직이면서 멈추지 않는다. 따라서 양자 사이에 인과관계는 있을 수 없다.

107.

[반론]

다수 찰나의 프라나(날숨)가 자기의 연속에서 [다수로서 마음의 연속과] 동시에 존재하지 않고, [게다가 다수 찰나에 걸쳐 있는 프라나들이] 같은 마음의 원인이라고 분별한다면.

bahavaḥ kṣaṇikāḥ prāṇā aśvajātīyakālikāḥ /
tādṛśām eva cittānāṃ kalpyante yadi kāraṇam //

案

대론자는 프라나(날숨)가 마음의 원인이라는 주장을 고수한다. 그래서

"'만약 자기의 연속에서 [다수로서 마음의 연속과] 동시에 존재하지 않는' 즉 함께 존재하지 않는, '다수 찰나의 프라나가 같은' 즉 한 찰나에서만 존재하고 함께 존재하지 않는 다수의 '마음의 원인이라고 분별한다면'"이라고 반론한 것이 위의 송이다. 여기서 '자기의 상속에서 다수로서 마음의 연속과 동시에 존재하지 않는'(aśvajātīyakālikāḥ)은 '함께 존재하지 않는'(aśahabhāvinaḥ)이라는 의미와 같다. 다시 말하면 프라나는 마음의 연속과 동시에 존재하지 않고, 밀접한 인과관계도 가지지 않는다는 의미이다.

108.

[답론1]

계시적인 원인이 아닌데, 그것(프라나)들은 어떻게 해서 계시적인 것으로 되는가? 과거 자기의 연속이 [계시적인 프라나 생성의] 원인이라 한다면, 최초[의 프라나]는 일어나지 않을 것이다.

kramavantaḥ kathaṃ te syuḥ kramavaddhetunā vinā /
pūrvasvajātihetutve na syād ādyasya sambhavaḥ //

案

계시적인 원인이 아닌 프라나가 어떻게 해서 계시적인 것이 될 수 있는가? 다시 말하면 프라나는 계시적인 것이 아닌데, 계시적인 것을 본질로 하는 마음에 대해 어떻게 해서 원인이 될 수 있는가? 계시적인 것은 계기적인 것이 원인이 되기 때문이다. 마노라타난딘은 다음과 같이 주석한다. "그때 '어떻게 해서 계시적인 그것들의' 프라나가 '계시적인 원인이 아닌데 [계시적인 존재인 마음의 원인이] 되는가?' 신체가 그들(프라나)의 원인이다. 그리고 그것(신체)은 계시적인 것이 아니다. 계시적인 것이 아니기 때문에 계시적인 결과를 낳는다는 것은 이치에 맞지 않다. 과거 자기의 연속이 [계시적인 프라나 생성의] 원인이라 한다면, 최초의 프라나는 일어나지 않을 것이다."(H.59)

여기서 계시적인 것(kramavān)이란 찰나(불연속)적으로 상속(연속)하고 있는 것을 의미한다. 프라나를 마음의 원인이라 생각하여 요컨대 생명원리라고 하는 학파는 찰나멸이라는 입장을 취하지 않을 것이다. 그들에 의하면 프라나가 점차로 발생하여 점차 마음의 원인이 된다. 그와 같은 대론자에게 프라나가 점차적으로 발생하는 원인은 어디에서 오는가? 그리고 자기의 과거의 연속이라 한다면 최초의 프라나를 발생시키는 원인은 무엇인가? 라고 다르마키르티는 반문(反問)하고 있다.

109.

[답론2]

그것(마음)의 원인은 그와 같은 것(프라나 = 날숨)이 아니다. 그렇지 않으면 확실히 다수가 되어 버린다. 프라나들은 다양한 장소에 있기 때문이다. 그렇기 때문에 [다수인] 마음이 동시에 생기게 될 것이다.

tad hetus tādṛśo na asti sati vā anekatā dhruvam /
prāṇānāṃ bhinna-deśatvāt sakṛj janma dhiyām ataḥ //

案

원래 날숨과 들숨(호흡)은 인체 내에 다수라고 생각되고 있는 것이다. 그렇기 때문에 마음도 다수가 되어 버린다. 마노라타난딘은 위의 송에 대해서 다음과 같이 주석한다. "실로 최초의 신체와의 결합관계의 원인인 저 세상으로 가는 프라나는 존재하지 않는다. 같은 것을 '그것(마음)의 원인은 그와 같은 것이 아니다'라고 말한다. 또한 그 원인이 '그와 같은 것이라면 확실히 다수가 되어 버린다. 왜냐하면 프라나들은 다양한 장소에 있기 때문이다.' 즉 장소가 다르기 때문에 프라나들도 장소마다 별도로 존재한다. '그렇기 때문에' 즉 다수이기 때문에 각각에 [인과적 효과의] 능력이 있는 프라나들을 그것에 의해서 생기게 한다. 왜냐하면 다수이기 때문이다. 따라서 '[다수인] 마음이 동시에 생기게 될 것이다'라는 난점이 발생한다."(H.59~60) 마음의 원인을 프라나에서 구하면 프라나와 아파나는 신체상의 각종의 장에서 작동하고 있다고 생각되기 때문에 다수인 마음이 동시에 생긴다는 난점이 발생한다. 그러나 이러한 것은 있을 수 없다. 따라서 호흡에 의해 마음이 생기는 것이 아니다.

110.

[반론]

만약 동일한 시간에 존재하는 것(프라나)이 다수라고 해도, 하나의 [동일한] 마음의 원인이라고 한다면.

yady eka-kāliko aneko apy eka-caitanya-kāraṇam /

[답론]

그렇다면 호흡이 쇠약한 사람 등에 있어서 하나[의 프라나라]도 결여되면 [마음은 발생하지] 않을 것이다.

ekasya api na vaikalye syān manda-śvasita-ādiṣu //

案

마노라타난딘은 다음과 같이 주석한다. "'만약 동일한 시간에 존재하는 것(프라나)이 다수인' 프라나는 '하나의 [동일한] 마음작용의 원인이다' 라고 한다면, 그때 '하나'의 프라나라도 '호흡이 쇠약한 사람들에 있어서 결여될 때' 마음작용은 '[발생하지] 않을 것이다.' 왜냐하면 원인들의 전부가 아니기 때문이다."(H.60) 보다 쉽게 설명한다면 다음과 같다. 다수인 인연의 화합에 의해서 하나의 결과가 생기는 이치라고 한다면, 호흡이 쇠약하게 되어 하나의 프라나라도 결여한다면 마음은 전혀 생기지 않는 것으로 될 것이다. 중병에 걸린 사람 등에서 그와 같이 된다고는 할 수 없다. 중병에 걸린 사람 등이 호흡의 쇠약에 빠진다고 해도 마음은 존재하고 있는 것은 아닌가?

111.

[반론]

또한 [프라나가] 여실하게 [마음의] 원인이라고 한다면,

atha hetur yathābhāvaṃ

[답론]

[결과인] 마음에도 한정되는 것이 있을 것이다. 실로 그것(A)이 이것(B)의 차이에 의해서 구별되지 않는 경우, [그것(A)은] 이것(B)의 결과가 아니다.

jñāne api syād viśiṣṭatā /

na hi tat tasya kāryaṃ yady asya bhedān na bhidyate //

案

인과관계는 결과가 원인의 한정(특징)에 따라서 한정(특징)을 갖는 것이기 때문에 프라나와 마음에는 이러한 증감관계의 대응은 없다. 따라서 프라나와 마음 사이에는 인과관계는 없다. 마노라타난딘은 다음과 같이 주석한다. "'또한 [프라나가] 여실하게 [마음의] 원인이다.' 즉 여실하게 프라나들이 [마음의] 원인일 것이다. 그때 '[결과인] 마음에도 한정되는 것이 있을 것이다.' 즉 프라나들의 집적과 감소에 의해서 마음에도 그와 같은 것이 있을 것이다. '실로 그것(A)이 이것(B)의 차이에 의해서 구별되지 않는 경우, [그것(A)은] 이것(B)의 결과'인 것은 이치에 맞지 않다. 즉 불합리하다."(H.60) 즉 프라나와 마음 사이에 인과관계가 있다면 원인의 특성에 결과도 순응하는 것이며, 프라나의 증감에 마음도 순응하여 증감한다고 하는 현상이 보이지 않으면 안 된다(K.107). 그러나 실제로는 그러한 현상을 보이지 않는다.

112.

[반론]

앎에 있어서 동시에 생기는 것은 왜 없는가?

[답론]

하나의 앎(인식)은 [업의] 힘에 의해 한정되기 때문에 하나의 앎(인식)의 원인이 된다. 다른 대상에 대한 지향을 떠난 앎(인식)이라면, [다음 찰나의 앎(인식)은] 다른 대상을 파악하지 못하기 때문이다.

vijñānaṃ śakti-niyamād ekam ekasya kāraṇam /

anya-artha-asakti-viguṇe jñāne na artha-antara-grahāt //

案

업의 힘이 앎의 연속의 통일성을 행한다. 예를 들면 하나의 대상으로부터 앎이 떠나면, 다음 찰나의 앎은 역시 그 대상을 지향하지 않는다. 프라나와 마음 사이에는 이와 같은 긴밀성은 없다. 마음은 [다음 순간의 마음을 낳게 하는 경우] 능력에 제한이 있기 때문에, 다만 하나의 마음만이 [동류의 다음 순간의] 하나의 마음에 의한 원인이 된다. [그러나 동종의 마음이 동시에 생기는 것은 아니다.] 게다가 마음이 다른 대상을 향하는 것이 아닌 한, 다른 대상은 파악되지 않는다. [따라서 동종의 마음은 매 순간 상속하는 것이며 일시에 생긴다고 할 수 없다.] "업의 힘(śakti)은 식의 상속의 통일성을 행한다. 예를 들면 하나의 대상에서 식이 떠난다면 다음 찰나의 식은 역시 그 대상을 지향하지 않는다. 프라나와 마음 사이에는 이와 같은 긴장관계는 없다."(KT.216)

113.

[반론]

신체로부터 일거에(하나의 획기적인 전체로) 생긴 마음이 뒤에 동류[의 마음]에 의해서 한정된다면.

śarīrāt sakṛd utpannā dhīḥ sva-jātyā niyamyate /

parataś cet

[답론]

[마음을 낳는 인과적 효과의] 능력을 가진 신체가 [뒤에 그 인과적 효과의 능력을] 멈추는 것은 무슨 까닭인가?

samarthasya dehasya viratiḥ kutaḥ //

案

신체에 의해 생긴 최초의 마음이 동류의 마음의 원인이라는 것은 결국 신체가 마음의 원인이라는 말과 같다. 대론자에 의하면, "'신체로부터 일거에' 최초로 '생긴 마음은 뒤에 동류의 마음에 의해서 한정된다.' 즉 다른 하나의 마음에서 하나의 마음이 있기 때문에 일거에 생긴다는 난점은 발생하지 않는다"고 반론한다. 이에 대해 "마음을 낳을 때 인과적 효과의 능력을 가진 신체가 뒤에 멈추는 것은 무슨 까닭인가? 그 멈춤에 의해서 마음은 타자로부터 한정되는 것이다"라고 답론한다. 다시 말하면 모태에서 생긴 신체가 마음을 일으키고 그 뒤는 자기의 상속을 행하는 것이라고 말한다면, 그때에 신체는 마음을 낳을 수 있는데도 불구하고 뒤에는 그 능력을 정지하는 것은 무슨 까닭인가?(K.108)

114-115.

[반론]

[마음이 신체에] 의존하지 않는 것이라면, 죽은 시신에 단지 마음만 지속할 것이다.

anāśrayān nivṛtte syāc śarīre cetasaḥ sthitiḥ /

kevalasya iti

[답론1]

[그것은 그렇지 않다.] 그 마음의 연속체가 지속의 원인이다. 그리고 그것(내세의 신체)의 원인[으로 되는 현세의 최후의 감관]이 [내세의 신체를] 낳는 것을 달성하기 위한 공동인으로 되지 않는 경우는 [무물질계(無色界)에 있어서와 같이 마음만이 연속하는 것이다.] 내세의 신체를 일

으키는 원인(질료인)은 지금 세상의 다섯 감관이다.

cec citta-santānaṃ sthiti-kāraṇam //

tad-hetu-vṛtti-lābhāya na aṅgatāṃ yadi gacchati /

hetur deha-antara-utpattau pañca-āyatanam aihikam //

案

대론자는 신체에 마음이 의거하지 않는 경우는 신체가 소멸해도 마음만 지속하는 것이 아닌가라고 귀류 논법을 시도하지만, 그것에 대해서 다르마키르티는 어떤 경우는 무색계에 있어서와 같이 그러하다고 한다. 여기서 '어떤 경우'란 마음의 연속에 대한 직접적인 원인(등무간연)이 되는 마음이 다음 생의 신체가 모태에 태어나는 공동인이 되지 않는 경우이다. "만약 마음에 있어서 신체가 근거가 아니라면 그때 '[마음이 신체에] 의존하지 않는 것이기 때문에' 즉 근거의 비존재에 의해서 죽은 시신에 단지 마음만 지속할 것이다"라고 대론자가 반론을 제시한다면, "그럴지도 모른다. 신체와 함께 '마음의 연속체가 지속의 원인이다.' 즉 그 행위는 동반한다고 경험상 알려진다"고 답론한다(H.61).

계속해서 마노라타난딘은 다음과 같이 주석한다. "그런데 만약 '그' 저 세상의 신체의 '원인'이 이 세상의 최후의 다섯 감각기관으로 그것의 '작용'이 저 세상의 신체의 출생 등의 방향을 향한다면 그 '작용'을 얻는다. 즉 '도달하기 위해 지분(공동인)인 것 즉 공동인이 되는 것은 아니다. 그때 단지 마음만이 지속한다. 예를 들면 색깔 있는 모양이 없는 세계(無色界)를 구성하는 요소에 지속만이 있는 것과 같다. 나아가 마음이 그 공동인인 저 세상의 육체의 원인은 무엇인가? '내세의 신체를 일으키는 원인은 현세의 다섯 감각기관' 즉 다섯 감관이며 현세의 이 출생을 이끈다."(H.60~61) 즉 갈애의 불식에 의해서 업의 능력이 소멸한다면, 다섯 감관도 역시 질료인의 작용을 하지 않고, 다음 생에서는 지(地) 등의 물질요소를 결여한다.

116.

[답론2]

양자(업과 감관이 속해 있는 신체)가 공동인과 [직접적] 원인이라는 것을 부정하는 대론자의 '비인식'[으로서의 추론인]은 불확정[의 사이비 추론인]이며, 감관 등도 [다음 생에 연계되지 않는다]고 말하는 것도 의문이라고 답한다.

tad-aṅga-bhāva-hetutva-niṣedhe anupalambhanam /
aniścayakaraṃ proktam indriya-ādy api śeṣavat //

案

만약 업이 공동인(조성인)이며 다섯 감관이 직접적인 원인이 되어 다음 생에 이르는 것을 부정하는 경우, 다음 생에 이르는 것을 지각하지 못하기 때문이라고 말할지도 모른다. 그러나 내세 자체가 이 세상에서는 지각할 수 없는 것이기 때문에 부정의 추론인으로는 되지 않는다. 인식이 가능한 존재의 비인식만이 부정의 추론인이 되기 때문이다(K.109).

117.

[답론3]

이전의 감관들에는 [다음 순간] 자신과 동류의 [감관에 대해서 연쇄하고 있는 인과적 효과의] 능력이 경험된다. 게다가 [그것에는] 변화가 경험되기 때문에 [상주하는 것이 아니라, 연속의 연쇄로서의] 다음 생존이 증명된다.

dṛṣṭā ca śaktiḥ pūrveṣām indriyāṇāṃ sva-jātiṣu /
vikāra-darśanāt siddham aparāpara-janma ca //

案

현세에서 감관이 명징·혼탁 등의 변화를 수행하는 것에서 찰나멸이며, 게다가 자기의 연속에서 인과관계를 갖고 있음을 알 수 있다. 이 경험이 중유에서 내세(다음의 신체)로 나아가는 것을 추론하게 한다고 말하는 것이다. 이것은 윤회전생설(輪廻轉生說)의 증명이다. 이것은 원인에서 결과를 추론하는 논리구조가 된다.

118.

[반론]

신체로부터 감관 등의 생성이 있다.

[답론1]

신체로부터 그것(마음이나 감관 등)이 생긴다고 한다면, 앞서 언급된 난점이 발생하게 된다. 한편 마음으로부터 [감관이 생긴다]라고 한다면, 실로 [임종 순간의 마음은 원인으로서 완전하기 때문에] 다음 세상의 신체도 생길 것이다.

śarīād yadi taj-janma prasaṅgaḥ pūrvavad bhaved /
cittāc cet tata eva astu janma deha-antarasya ca //

案

감관 없는 신체(손톱이나 털 등)에서 감관적 신체가 발생한다면 같은 원소인 돌 등에서도 그것이 발생하게 된다는 것은 이미 언급했다. 또한 다수인 원자군에서 다수인 감관적 신체가 생긴다는 과실은 앞에서 지적한 바의 프라나에서의 발생과 같은 판단이다. 마음에서 감관이 속해 있는 신체도 발생한다고 한다면 윤회는 잘 설명할 수 있다(KT.219).

119.

[답론2]

따라서 [앞서 차르바카가 제시한 비판적 논증에서] 그 '원인의 불완전성'이라는 이유에 근거한 '모든 임종의 마음의 불가연쇄성'은 타당하지 않다. 그러한 이유로 그와 같은 논증인은 유예되어야 할 추리[요컨대 불확정인]에 의한 것이라 간주된다.

tasmān na hetu-vaikalyāt sarveṣām antya-cetasām /
asandhir īdṛśaṃ tena śeṣavat sādhanaṃ matam //

案

마노라타난딘은 다음과 같이 말한다. "마음이야말로 마음의 원인이다. 또한 갈애의 업을 동반하는 것이 다섯 감관의 (원인이기) 때문에 '따라서 원인이 불완전하기 때문에 모든 최후의 마음들은 연결되지 않는다.' 왜냐하면 마음과 다섯 감관은 원인으로서 불완전하며 결과의 발생은 필연적이기 때문이다. 그러므로 이와 같은 최후의 마음인 것 등은 유예되는 절대적이지 않은 논증인이라고 간주된다."(H.63)

자성청정심과 수행

案

지금까지 마음의 연속을 입증하는 과정에서 수행에 의해서 자비심이 증대하는 것을 마음의 연속설에 의해 보증하고자 했다. 즉 마음은 마음에만 의존해서 전개된다. 여기서는 다시 마음의 수행의 의미를 고찰하여, 마음의 본질을 밝히려고 한다.

120.

[반론]

[자비 등의 특수한 마음은] 수행에 의해서 특수[한 존재방식으로 마음이 질적으로 전환된다고 해]도, [마음의] 본성을 넘어설 수 없다. 가령, 도약(跳躍)[이 어떤 일정 한도를 비약할 수 없는 것]과 같고, 끓는 물(熱水)[이 일정 한도 이상으로 비등할 수 없는 것]과 같다.

abhyāsena viśeṣe api laṅghana-udaka-tāpa-vat /
svabhāva-atikramo mā bhūd iti āhitaḥ sa cet //

121.

[답론1]

만약 그것(특수, 질적 전환)이 [다른 외적 요인에 의해서] 이루어진다고 한다면, [그 특수가 거듭 이루어지기 위해서는, 그 특수는] 거듭되는 노력을 필요로 할 것이다. [도약이 거듭 이루어지기 위해서는 거듭되는 노력이 필요한 것과 같다.] 또한 만약 [특수가] 안정되지 않는 근거를 지닌다면, [물에 있어서 비등이라는 특수성과 같이, 그] 특수성은 결코 증대하지 않을 것이다. 그런데 [마음의] 본성은 그와 같은 것(불안정한 근거)이 아니다.

punar yatnam apekṣeta yadi syāt asthira-āśrayaḥ /
viśeṣo na eva bardheta svabhāvaś ca na tādṛśaḥ //

案

지금까지 자비심의 수행이 자비심을 고양하고 마음이 뒤의 마음의 원인이라는 것을 논했다. 그런데 대론자는 수행이 마음의 덕성을 고양한다고 해도 마음의 본성의 전변까지는 무리라고 한다(H.218). 가령, 높이뛰기 선수가 아무리 연습을 많이 해서 높이 뛴다고 해도 절대적 한계를 뛰어넘을 수 없듯이, 물을 아무리 끓여도 100℃ 이상은 넘어갈 수 없는 것처럼, 아무리 수행을 한다고 해도 인간의 본성을 바꾸는 것은 불가능하다는 것이 대론자의 입장인 것이다.

이러한 점을 염두에 두고 다음의 마노라타난딘의 긴 주석을 보자. "그런데 이와 같이 다만 마음에만 결합하기 때문에 마음의 생성에 있어서 신체가 정지했을 때에도 생성의 연속은 불가능하기 때문에 자비의 수행은 이치에 맞다. 그것은 반복적 수행 때문이라고 주장되었다. 그런데 다음과 같이 물을 수 있을 것이다. '수행에 의해서 [마음이] 특수[한 존재방식으로 질적으로 전환된다고 해]도', 즉 한층 근소할 때 '본성'인 그것의 이류가 혼재한 자비를 '넘어선다.' 즉 이류가 혼재하지 않은, 자기 스스로 활동을 개시한 자비 등으로 이루어진 것이 자기 자신의 것으로 되는 것은 아닐 것이다. 가령 도약[이 일정 한도를 비약할 수 없는 것]과 같고, 물이 끓게 되[어도 어떤 일정 한도 이상으로 끓을 수 없]는 것과 같다. 실로 목표를 넘어 도약하는 훈련을 한 사람은 1요자나 혹은 $\frac{1}{2}$요자나를 도약한다. 절대적으로 펄펄 끓고 있는 물을 그 이상으로 끓게 할 수 없다. 그렇지 않고, 예를 들면 자성이 증명되는 도약이나 촉감으로써 특수만이 있는 것과 마찬가지로, 자비에 의해서 탁월함만이 있을 것이다. 그러나 자기 자신의 본성을 넘어서까지 증대할 수 없다고 한다면, [답하여 말하면 다음과 같다.] 그 특수가 [다른 외적 요인에 의해 질적 전환이] 이루어진다고 한다면, [특수가] 정지할 때 자체(ātma)를 얻기 위해 '반복적인 노력을 필요로 할 것이다.' [그러나] 자기 스스로 움직이지는 않을 것이다. 가령 도약을 반복해도 반복적인 노력을 해야만 활동을 개시한다. 자기 스스로 움직이지는 않는다. '또한 만약' 물을 끓이는 것처럼 '안정되지 않은 근거를 지닌다면' 실로 끓고 있는 물은 증발함에 틀림없기 때문에, 물의 비등은 안정되지 않는 것을 근거로 하여 또한 반복적인 노력을 필요로 한다. 왜냐하면 자기 스스로 이끌 수 없기 때문이다. 그때 그 '특수성은 결코 증대하지 않을 것이다.' 즉 탁월한 정점으로 가지 않을 것이다. 또한 '그와 같은' 특수는 '본성' 즉 본래의 존재방식이 아니다. 왜냐하면 활동개시와 정지는 특수를 가진 원인의 접근과 차단을 필요로 하기 때문이다."(H.63~64)

기무라 도시히코는 다음과 같이 해설한다. "지금까지 마음의 연속이라는 이론의 변증 중에서 반복적 수행에 의해서 자비의 마음이 증대하는 것을 마음의 연속 이론의 정립에 의해서 보증하고자 하였다. 마음은 마음에만 의존하여 전개한다. 이 절은 더욱이 마음의 수행의 의미를 고찰하여 마음의 본질에 이르려고 한다. 수행에 의해서 다소의 변이가 일어난다고 해도 마음의 본질을 전환할 정도는 아닐 것이라고 반론할지도 모른다. 가령, 어느 정도 훈련을 거듭해도 1요자나는 고사하고 $\frac{1}{2}$ 요자나도 도약할 수 없다든지, 어느 정도 물을 끓여도 더 이상 물이 끓지 않는 것과 같다. 마음 본성의 질적 전환을 부정하는 배경에는 마음의 본질이 염오(染汚), 비청정(非清淨)이라는 사고방식이 있다. 그렇기 때문에 예시하는 변이의 사례는 제1의 경우, 반복되는 노력에 의해 유지되는 것으로 마음의 본성의 전환과는 같은 판단은 아니다. 도약은 반복적인 연습에 의해서 높은 성과를 지속할 수 있다. 그러나 마음의 본성은 다른 것에 의존하여 유지되는 것이 아니다. 그렇기 때문에 자기 본래의 존재방식을 회복하면 다시는 장애를 받지 않는다. 또한 물을 계속 끓이면 증발해 버리지만, 마음은 그와 같이 불안정한 근거가 아니다. 이윽고 소멸하는 것과 같은 불안정한 본성이라면 변환은 역시 그 이상 나아갈 수 없을 것이다."(K.112~113)

이와타 다카시는 다음과 같이 설명한다. "타자의 고통을 제거하기를 바라는 자비는 마음에 있어 어떤 하나의 뛰어난 특수한 존재방식이다. 그 의미에서 자비는 마음의 하나의 특수성이다. 일반적으로 어떤 것에 특수성이 있다고 하는 것만으로, 그 특수성이 정도의 제한 없는 증대를 지닌다고 단정할 수 없다. 증대가 있다고 해도 증대의 정도에 한계가 있는 것이 오히려 일반적일 것이다. 예를 들면, 사람이 도약하는 경우, 그 도약은 이전의 위치보다 높은 위치에 도달한다는 의미에서 신체에 존재하는 특수성이지만, 사람이 아무리 훈련을 거듭해도 무한한 높이에까지 도약하는 것은 불가능하다. 그 도약의 증대는 무한하지 않으며 어느 정도 제한된다. 한편 이하에서 논하는 바와 같이 자비에는 제한이 없는 증대가 있다고 불교논리학파는 정설한다. 즉 특수성은 2종으로 나누어진다. 제한 있는 증대와 그렇지 않고 제한 없는 증대의 2종이다. 그렇다면 이 양자의 차이는 무엇을 근거로 해서 존재하는 것일까? 다르마키르티는 아래의 게송에서 말한다."(133)

122.

[답론2]

그 [과거에 초래된 도약의 질적 전환] 가운데 유효한 [인과적 효과의] 힘들을 지니고 있었던 논증수단은, 뒤의 [도약의] 특수(질적 전환)에 대해서는 [인과적 효과의] 능력이 없기 때문이며, 또한 항상 [물의 뜨거움의] 근거가 지속된다고 할 수는 없기 때문이다.

tatra upayukta-śaktīnāṃ viśeṣān uttarān prati /

sādhanānām asāmarthyān nityaṃ ca anāśraya-sthiteḥ //

案

마노라타난딘은 다음과 같이 주석한다. "마찬가지로 또한 '그 가운데' 이전에 경험되었음에 틀림없는 특수(질적 전환)에 대해 유효한 힘들을 지니고 있는 '논증수단'인 노력 등은 다시 '뒤의 [도약이라는] 특수(질적 전환)에 대해 [인과적 효과의] 능력이 없기 때문이며, 또한 항상 [물의 뜨거움의] 근거가 지속된다고 할 수 없기 때문이다."

기무라 도시히코는 다음과 같이 설명한다. "반복적인 노력에 의존하는 변이는 결정된 근거(본질)를 지니지 않는 것에서 일어나는 것이며, 그와 같은 변이는 결코 본질의 현현이 아니다. 그와 같은 작용은 과거의 변이에 대해서 인과적 효과의 능력을 가지고 있다고 해도 다음 변이에는 더 이상 유효하지 않다. 결정된 본질을 결여하기 때문이다."(K.113)

123.

[답론3]

[그와 같은 도약의 비약이나 물의 비등과 같은] 특수성(질적 전환)은 본

질이 없기 때문에 증대해도 [한계가 있다.] 만약 그 초래된 것(질적 전환)이 반복적인 노력을 필요로 하지 않을 경우, 다른 노력이 [더욱더 증대하는] 특수(질적인 변이)를 행할 것이다.

viśeṣasya asvabhāvatvād vṛddhāv apy āhito yadā /
na apekṣeta punar yatnaṃ yatno anyaḥ syād viśeṣa-kṛt //

案

마음의 수행은 그와 같은 도약의 비약이나 물의 비등과 같은 신체적 반복 수련이나 물질적 변환과도 달리 결정된 본질을 현현한다는 구조를 언급한 것이 위의 송이다. 마노라타난딘은 다음과 같이 주석한다. "근거의 지속이 없기 때문에 그와 같은 '[도약의 비약이나 물의 비등과 같은] 특수(질적 변이)는 본질이 없기 때문에 증대[할 때]에도' 별도로 확립된 탁월성만이 반복되는 노력을 필요로 하는 불안정적인 근거에 의해서, 별도로 확립된 탁월성을 포함한다는 의미이다. 그러나 '초래된' 특수(질적 변이)가 이전에 발생한 것이 자체를 얻기 위해서 '반복적인 노력을 필요로 하지 않고서' 자기 스스로 저절로 움직일 때, 현재 행해지고 있는 '다른 노력이 [더욱더 증대하는] 특수(질적 변이)를 행할 것이다.' 훈련(수행)을 통해서 차례로 뒤의 특수(질적 변이)를 초래할 것이다."(H.64~65)

기무라 도시히코는 다음과 같이 설명한다. "밖으로부터 반복되는 작용을 원인으로 하여 변이가 진행하는 경우, 결정된 본질이 없는 것은 끓는 물이 비등하여 이윽고 증발해 버리는 것처럼 변이가 완수되면 멈추어 버린다. 도약과 같이 반복적인 노력에 의해서 행해지는 변이도 저절로 한계가 있다. 반복적인 작용에 의해서 보존 유지되는 변이는 아니다. 즉 본질이 현현한 뒤에는 저절로 계속해서 현현하는 것이라면 노력의 의미가 다르다. 그것은 수행이다."(K.113~114)

이상을 요약하면 다음과 같다.

도약(높이뛰기) = 신체적 수련 = 본성의 부재 → 지속적인 도약 불가능

비등 = 물질적 변환 = 본성의 부재 → 지속적인 비등 불가능

마음 = 수행 = 본성의 존재 → 본성의 무한한 현현

124.

[답론4]

가령, 불 등에 의한 나무[의 탄화작용이라는 특성(질적 변화)이 퇴전하지 않는 것]과 같이, 금과 수은 등[의 합금도 원래대로 환원할 수 없는 것]과 같이, [마음의] 수행에 근거해서 초래[되어 마음의 본성이] 된 자비 등[의 마음작용]은 [마음에] 저절로 일어난다.

kāṣṭha-pārada-hema-āder agny-āder iva cetasi /
abhyāsajāḥ pravartante sva-rasema kṛpā-ādayaḥ //

案

대론자에 의하면 인간이 아무리 수행을 해도 깨달을 수가 없다. 왜냐하면 불완전한 인간이기 때문이다. 비유를 들면 육상 높이뛰기 선수가 아무리 노력해도 기록의 한계가 있듯이, 또한 물을 아무리 끓여도 100℃ 이상으로 높일 수 없는 것과 같다. 반면 다르마키르티에 의하면 수행에 의해 자비의 마음이 생기게 되면 이것이 본성이 되어 수행을 하면 더욱

더 자비심은 무한히 증대되어 간다는 것이다. 비유를 들면 불에 탄 나무가 다시 나무로 돌아갈 수 없듯이, 금과 수은의 합금이 원래대로 환원할 수 없듯이.

마노라타난딘은 다음과 같이 주석한다. "'나무·수은·금 등에, 불에 의한 것과 같이.' 예를 들면 불·금의 작용·산화 등에 의해서 낙엽을 덮어 싸고서 태우는 것(약을 제조하는 방법으로 원료를 낙엽에 싸서 이것을 다시 점토로 포장하여 불 속에서 뜨겁게 만드는 것) 등이며, 순서 그대로 나무·수은·금에 있어서 불에 의해서 분쇄되어 타는 것이 있는 것처럼, 아름다운 염색의 능력이 있는 도료의 증대가 초래되어 저절로 변이한다. 더 이상의 노력을 필요로 하지 않는다. 나아가 그것들에 불 등이 작용할 때, 특정의 과잉인 탄화 등을 둔다. 마찬가지로 '[마음의] 수행에 근거해서 초래[되어 마음의 본질이] 된 자비 [등의 마음작용] 등은' 나아가 [더 이상의] 노력을 필요로 하지 않기 때문에, 또한 근거가 확고하기 때문에 '[마음에] 저절로 일어난다.'"(H.65)

기무라 도시히코는 다음과 같이 설명한다. "수행에 의해서 마음에 자비 등이 현현하면 그것은 역시 본성으로서 작동하는 것이기 때문에 반복적인 노력은 [더 이상] 필요로 하지 않는다. 나무에 불이 가해진 탄화라는 변이는 퇴전하지 않는 것과 같고, 금과 수은의 합금화도 원래대로 환원될 수 없는 것과 같은 것이다."(K.114)

125.

[답론5]

그러므로 그들(자비를 수행한 수행자들의 마음)에 체득된 [자비의] 덕성인 그 본성은 [저절로] 일어난 것이다. [그런데] 그 뒤의 노력은 [향상을 위한 길이며, 궁극에 이르기까지의 촉진을 위한 것으로] 특성(마음작용의 질적 전환)을 연마하는 것에 지나지 않는다.

tasmāt sa teṣām utpannaḥ svabhāvo jāyate guṇaḥ /
taduttarottaro yatno viśeṣaya vidhāyakaḥ //

案

자비 등의 선한 덕성[善德]이 반복적인 수행에 의해서 생기게 되면, 그것은 마음의 본성으로 전변한다. 그 뒤의 계속되는 수행은 선한 덕성을 악한 덕성으로부터 물들지 않도록 연마하는 것이다. 돈오(頓悟)가 곧 점수(漸修)이며 점수가 곧 돈오이다. 마노라타난딘은 다음과 같이 주석한다. "'그러므로' 저절로 움직이기 때문에 '그들' 즉 수행을 한 사람들에게 '체득된 자비 등의 덕성'이 생긴다. 즉 마음의 본성이 된다. '그 뒤의 노력' 즉 이전의 반복적 수행에 의한 그 뒤의 노력이 갖추어지는 것 즉 특성(자비의 마음작용)을 연마하는 것이 된다. 왜냐하면 이전의 노력에 의해서 지어진 '특성(자비의 마음작용)'이 잘 확립되어 있기 때문이다. 여분에 두는 것이야말로 다른 노력 때문이다."(H.65) 기무라는 "수행자들에게 생긴 자비 등의 마음의 덕성은 역시 본성으로 하여 지니게 되는 것이기 때문에 퇴전할 수가 없다. 마음의 본성이 된 이상 그 뒤에 이루어지는 수행은 향상의 길[道]이며, 다만 구경에 이르기까지의 촉진을 행하는 것에 지나지 않는다"(K.114)라고 위의 송을 설명한다.

126.

[반론]

또한 자비 등 마음은 동류의 과거 종자로부터 증대하는 것이기 때문에,

수행을 하는 경우에 그것들이 어떻게 해서 지속이 있는 것인가?

yasmāc ca tulya-jātīya-pūrva-bīja-pravṛddhayaḥ /
kṛpā-ādi-buddhayas tāsāṃ saty abhyāse kutaḥ sthitiḥ //

案

유식학파는 모든 행위의 여훈은 제8식인 아뢰야식에 종자로서 저장된다고 한다. 그래서 아뢰야식을 일체종자식(一切種子識)이라고도 한다. 이 종자가 인연을 만나 현상세계로 현현한다. 그렇다면 과거 행한 자비의 행위가 마음(아뢰야식)에 자비의 종자로 심어졌다면 수행에 의해 왜 증대하는 것인가? 도약이나 물의 비등은 아무리 외적인 노력이나 자극을 부여한다고 해도 한계가 있다고 하는데, 오직 자비의 마음만은 한계가 없다고 하는 것은 상식적으로 받아들이기 어렵다는 것이 대론자의 반론의 취지이다. 이 대론자의 반론을 마노라타난딘은 다음과 같이 해설한다. "'또한' 그 원인인 '동류의 종자'인 습기의 모태 직전 조건에서 '증대' 즉 우세'가' 그들에 있는 것이 이와 같은 '자비 등이며, 수행을 하는 경우에 그것들이 어떻게 해서 지속' 즉 확립이라는 우세가 '있는 것인가?'"(H.65) 기무라 도시히코는 이렇게 설명한다. "자비 등의 심성이 증대하는 원인은 같은 마음의 연속의 과거에 있어서 자비의 종자이다. 자비의 마음을 수행함으로써 그것들이 증대하는 것은 왜인가? 도약 등은 어느 정도 연습해도 성과에는 일정한 한계가 있기 때문이라고 반문할지도 모른다."(K.115)

127.

[답론1]

그러나 이것(마음의 수행)과는 달리, 도약에서 [거듭] 도약은 있을 수는 없다. [그것은] 체력(bala)과 노력(yatna)에 근거하는 것이다. 그 두 원인은 힘에 한계가 있기 때문에 도약에도 그 자체 한계가 있는 것이다.

na ca evaṃ lañghanād eva lañghanaṃ bala-yatnayoḥ /
tad-hetvoḥ sthita-śaktitvāl lañghanasya sthita-ātmatā //

案

노력에는 한계가 있지만, 반면 마음의 덕성을 연마하는 것은 종자를 연장시키는 것이기 때문에 자비 등에서 거듭 자비 등이 증장한다. 도약 등은 체력과 노력에 한계가 있는 이상 스스로 달성에 한계가 있다. 마노라타난딘은 다음과 같이 주석한다. "'이것(자비의 수행)과는 달리 다만 도약에서 도약이 있는 것은 아니다.' 예를 들면 다만 자비 등에서 자비가 있지만, 다만 도약에서 도약이 있는 것은 아니다. 그러한 것이 아니라 체력과 노력 때문이다. '두 원인은 힘에 한계가 있기 때문' 즉 능력이 한정되기 때문에 '도약에도 그 자체 한계가 있는 것이다.' 즉 우세를 별도로 확립하게 된다."(H.66)

기무라 도시히코는 다음과 같이 설명한다. "자비 등의 마음의 수행은 과거의 마음에 있어서 종자가 증대하거나 성장하는 것을 바탕으로 하지만, 도약의 경우는 도약에서 도약이 더욱 증대하는 것이 아니라 체력과 노력에 의존한다. 작인인 체력과 노력에 저절로 한계가 있는 이상, 결과인 도약에도 한계가 있는 것은 당연하다."(K.115)

128.

[답론2]

그(도약하는 주체)에게 최초에는 신체의 덕성이 결여(부조화)되어 있기 때문에 [노력] 뒤의 경우와 같은 도약은 [있을 수] 없다. 점진적 노력에 의해서 [신체의] 덕성의 결여(부조화)가 치료되어(제거되어) 자신의 체력이 안정된다.

tasya ādau deha-vaiguṇyāt paścād-vad avilañghanaṃ /
śanair yatnena vaiguṇye niraste sva-bale sthitiḥ //

案

일반적으로 생각하는 도약과 같은 체력의 작용은, 신체의 부조화를 연습을 통해 제거하여 자기의 체력을 능력이 미치는 한도까지 발휘하게 한다. 반면 마음의 수행은 원래 있었던 덕성의 종자를 증대케 하여 궁극의 경지까지 끌어올린다고 하는 차이가 있다. 마노라타난딘은 다음과 같이 주석한다. "만약 체력과 노력에 의해서만 도약이 있고, 자기 본성의 동류로부터가 아니라면 그때 반복적 수행 이전에도 그것만의 전변(변형)이 있을 것이다[고 묻는다면, 그것에 대해 답하길]. '그' 즉 도약하는 사람에게 '최초에는' 즉 반복적 연습 이전 '신체의 덕성이 결여(부조화)되어 있기 때문에' 즉 점액질 등에 의해서 지어진 둔중함 때문에 '뒤의 경우와 같은' 즉 반복적 연습의 직후의 경우와 같은, '도약은 [있을 수] 없다. 점진적 노력에 의해서' 즉 연습 등에 의해서 '[신체의] 덕성의 결여(신체의 부조화)가 치료되어(제거되어) 자신의 체력이 안정되면' 신체에 '안정'이 있다. 그러므로 도약은 이전의 존재로부터 구별된다. 또한 체력에 상응하는 안정이 있다."(H.66)

기무라 도시히코는 다음과 같이 설명한다. "사람은 점액질 등의 체질에 의해서 신체가 둔중하며, 연습한 뒤와 같이는 도약할 수 없다. 노력에 의해서 차례로 자기의 최대의 힘을 발휘하게 된다. 대론자의 예시를 교묘하게 마음 수행의 의의를 설명하기 위해서 사용한다. 즉 노력에 의해서 부조화를 제거하고 자기의 힘의 최대한을 발휘하는 것이지만, 수행은 과거의 종자를 증대시켜서 절대의 경지에까지 고양하게 한다."(K.116)

129.

[답론3]

자신의 종자에서 생기는 자비는 마찬가지로 자신의 종자에서 생기는 그것과 대립하는 [증오 등의] 것(마음작용)에 의해 장애되지 않는 한, 마음[의 상속]에서 절대적인 본성을 갖는 것으로 이행해 간다.

kṛpā sva-bīja-prabhavā sva-bīja-prabhavair na cet /
vipakṣair badhyate citte prayāty atyanta-sātmatām //

案

"절대의 본성을 견성(見性)하면 여래장이 부처님으로 성장한 것이며 이것은 뒤에 설해진다. 탐·진·치의 소위 삼독(三毒)도 종자로서 있기 때문에 그것들을 수행에 의해서 끊지 않으면 안 된다. 이것들의 뿌리는 자아의식(ātmadarśana, 我見)이라고 다르마키르티는 설한다."(KT.220) 이에 대해 마노라타난딘은 다음과 같이 주석한다. "그러나 마음의 덕성들은 반복적 수행이 존재하며, 또한 반대의 마음작용(증오)을 수행하지 않을 때, 우세의 확립으로 간다. 그것을 '자신의 종자에서 생기는 자비'라고 한다. 즉 대개 반복적 수행에 의한 자기 동류에 속하는 잠세력을 갖는다. [그런데] 직전 조건(등무간연)에 의해서 생긴 사물의 '종자에서 생기는 것에 의해서가 아니다'[라고 반론한다면 다음과 같이 답론할 수 있다]. 증오 등의 '반대의 마음작용들에 의해서 장애(저지, 방해)된다.' 즉 자기로부터 발생하는 것에 의해서 거절된다. '마음' 즉 마음의 연속체에 있어서 '절대적인 본성을 갖는 것' 즉 반대의 마음작용이 전혀 섞이지 않는 본성을 갖는 본래의 모습으로 이행해 간다."(H.66~67) 요컨대 마음의 수행은 마음에 있어서 종자(가능성)로서 자비 등의 덕성을 반복하여 연마하고, 이류인 증오 등을 소멸하는 과정이다. 궁극에 이르면 자비 등의 덕성은 본성이 되며, 그것은 절대적 경지이며, 도약과 같은 상대적 진도도 아니며, 물의 비등과 같은 불안정한 본성도 아니다 (K.116).

130.

[답론4]

마찬가지로 실로 각각 선행하는 [시점에서 자비 등의] 수행은 [각각] 후행하는 자비, 이욕, 지혜 등인 마음의 특성을 선명화하[는, 특수상태에 이르게 하]기 위한 근본(원인, 根基)이다.

tathā hi mūlam abhyāsaḥ pūrvaḥ pūrvaḥ parasya tu /
kṛpā-vairāgya-bodha-ādeś citta-dharmasya pāṭave //

案

마노라타난딘은 다음과 같이 주석한다. "'마찬가지로 실로 근본' 원인은 '실로 각각 선행하는 시점에서 자비 등의 수행'이다. '다른' 즉 뒤의 자비, 이욕(離欲), 지혜(깨달음) 등이라고 하는 마음의 특성 즉 마음의 덕성을 선명(예리, 명백)하게 한다. 즉 우세일 때이다. 그러나 생길 때는 아니다. 왜냐하면 그것이 있을 수 있기 때문이다."(H.67)

지금까지 '세간을 위해서 서원을 세우신 분'(jagaddhitaiṣī)이라는 칭호를 평석하였지만, 사실상 마음의 연속(심상속)인 윤회에 관해서 다르마키르티는 각종으로 고찰해 왔다. '세간을 위해서 서원을 세우는 것'은 자비라는 심성의 문제가 되며, 자비는 마음의 수행(abhyāsa)으로부터 증대하는 것이라 한다. 그런데 마음이 신체와 함께 소멸하게 되면 내세의 자비의 과보가 불가능하게 되어 버린다고 다르마키르티는 생각했던 것이다. 이것은 한 마디로 말해서 '보살'적 붓다관을 가지고 있었던 것이 된다. 이렇게 해서 붓다는 '자비이신 분'을 완성하고 나서 '교사'(śāatā)가 되기 위해 노력한다고 다르마키르티는 평석한다(KT.221).

131.

[답론5]

[반복되는 생사윤회의 수레바퀴 속에서 오랜 시간에 걸친] 수행에 의해 자비가 [마음의] 본성이 된다. 마치 [중생의 마음상태인] 연민[을 수행하면 연민이 마음의 본성이 되고], 이욕[을 수행하면 이욕이 마음의 본성이 되고], 애욕[을 수행하면 애욕이 마음의 본성이 되는 것]처럼.

kṛpā-ātmakatvam abhyāsād ghṛṇā-vairāgya-rāga-vat /

案

마노라타난딘은 다음과 같이 주석한다. "그러므로 '자비를 본성으로 하는 것은 반복적 수행에 의해서'이다. '연민(동정), 이욕, 욕망과 같이.'

예를 들면 수행에 의해서 연민(동정)이, 어떤 대상에 관해서는 이욕이, 또는 욕망이 본성을 갖게 된다. 그런데 이와 같이 반복적 수행으로부터 자비는 특정의 우세를 가지고 달성된다. 그렇기 때문에 또한 세간이나 이익을 원하는 것이 그만큼 가능하게 된다. 자비가 인식도구(종교적 권위)의 논증수단인 것이 해설되었다."(H.67)

기무라 도시히코는 다음과 같이 설명한다. "수행은 마음의 성질을 강화하는 근본수단이며 애욕을 수습하면 애욕이 마음의 본성이 되는 것처럼, 자비를 수습함으로 인해 자비가 마음의 본성에까지 고양된다. 'XI. 도의 원리'에서 마음은 본래 청정한 것이라고 주장한다. 본래의 모습을 발휘하여 다시 퇴전할 수가 없다. 세존의 자비 — 세간의 이익을 서원하는 분이라는 것 — 는 이 완성된 덕으로서 이해된다." 계속해서 기무라는 "수행은 마음의 성질을 강화하는 방법이기 때문에 애욕(愛欲)도 이욕(離欲)도 그것에 의해서 마음의 본성이 된다. 자비를 수행한다면 자비가 본성이 된다. '세간을 위해서 서원을 세우신 분'(jagaddhitaiṣī)이라는 붓다의 칭호는 이와 같이 대비를 본성으로 하는 분을 일컫는 것이다. 이 장은 마음이 헤게모니를 취하여 윤회하는 것을 논고하였다. 따라서 붓다의 마음 수행은 전생에서 보살로서 행하셨다는 본생담(本生譚)적 불전을 뒷받침하는 것처럼 생각된다. 현생의 붓다는 중생 구제의 대비를 처음부터 가지고 있고 제도의 방법을 연구하여 학자(śāstā)가 되었다고 해석하고 있는 것 같다. 부다가야에서 대오각성을 한 뒤에는 지자(sugataḥ = jñānī)가 되었으며, 초전법륜 뒤에는 구제자(tāyī)의 길을 걸어갔다. 다음 절에서는 붓다의 칭호 하나하나를 평석할 것이다"(KT.221)라고 설명한다.

V. 세존의 교사다움

案

이제까지 세간의 이익을 서원하는 분이라는 칭호를 평석하는 장소였지만, 사실상 마음의 연속인 윤회에 관해서 다르마키르티는 각종으로 고증했다. 세간의 이익을 서원하는 분은 자비라는 마음의 본성의 문제가 되며, 자비는 마음의 수행으로부터 증대하는 것이라고 한다. 그런데 마음이 신체와 함께 소멸하게 되면, 내세의 자비의 과보가 불가능하게 되어 버린다고 다르마키르티는 생각했던 것이다. 이것은 한 마디로 말해서 보살적 붓다관을 가진 것이다. 이렇게 해서 붓다는 자비자를 완성하고 나서 교사인 것에 힘쓴다고 다르마키르티는 평석한다(KT. 221).

132.

[반론]

세존이 교사인 이유는 무엇인가? 왜 타인의 고통을 버리게 하기 위한 방편에 대한 준비를 하는가?

[답론1]

[생사윤회의 긴 시간에 걸친 수행에 의해] 자비[의 마음으]로 충만하고서, [생사윤회하는] 타자의 고통을 견디지 못하고, [마음속에서] 솟아나는 대자대비로 충만한 분(세존)은, [중생의] 고통을 버리게 하기 위해 방편을 궁구한다. 왜냐하면 궁극적으로 목표로 삼아야 할 것(滅諦)과 그 [소멸의] 원인(道諦, 고를 소멸하는 방편)을 알지 못하는 자에게 그것을 이해시키는 것은 어렵기 때문이다.

niṣpanna-karuṇā-utkarṣaḥ-para-duḥkhā-kṣamer itaḥ /
dayāvān duḥkha-hāna-artham upāyeṣv abhiyujyate //
parokṣa-upeya-tad-hetos tad-ākhyānaṃ hi duṣkaram //

案

세존은 자비라는 선한 덕성을 수행을 통해 더욱 증진시키고 나서, 중생들에게 고의 원인은 무엇이며, 그 고를 소멸하는 방법은 무엇인가를 궁구하여 그 궁구한 것을 알기 쉽게 이해시키는 데 진작했기 때문에 훌륭한 교사의 덕성을 지닌 분이라는 취지로 다르마키르티는 말하고 있다. 이에 대해 마노라타난딘은 다음과 같이 주석한다. "교사인 것을 해설하려고 자비를 제시하기 위해 [다음과 같이] 말한다. '자비[의 마음으]로 충만한' 보살은 타인의 고통을 진압하고자 서원하여 '고통을 버리게 하기 위해' 자체의 '방편' 즉 고를 버리게 하기 위한 방편을 궁구한다. 왜 타인의 고통을 버리게 하기 위한 방편들에 대한 준비를 하는가? [라고 묻는다면 다음과 같이 답론할 것이다.] 고를 버리게 하기 위한 '궁극적으로 목표로 삼아야 할 것(滅諦)과 그 소멸의 원인(道諦)을 알지 못하고 길을 가는 자에게 그것을 이해시키는 것은 어렵기 때문'이다."(H.67~68)

붓다는 자비의 정신을 완성하고 나서 중생의 고통을 보고 치유하는 방법(upāya)을 연구했다(abhiyujyate = parīkṣate)고 한다.

133.

[답론[2]]

논리와 성전에 근거하여 [존재의 실상을] 고찰하면서, 고의 원인(我見과 我所見)과 그 [고의] 무상 등이라는 존재방식을 고의 특징들이라는 점에서 [세존은] 고찰한다.

yukty-āgamābhyāṃ vimṛśan duḥkha-hetum parīkṣate /
tasya anitya-ādi-rūpāṃ ca duḥkhasya eva viśeṣaṇaiḥ //

案

세존은 깨달은 자의 권위로 중생을 제도하는 분이 아니다. 그러한 것이 아니라 세존은 중생의 고의 원인을 성전을 통해서 알고, 그 다음 논리에 의한 고찰을 통해 고의 본질을 자각하는 분이다. 이것 때문에 세존이 교사라는 선한 덕성의 소유임을 알 수 있는 것이다. 계속해서 마노라타난딘은 다음과 같이 주석한다. "그 가운데 연구는 직관의 지분이다. 그것을 [다음과 같이] 말한다. '논리와 성전' 즉 상호 간에 모순하지 않는 추론과 해설에 의해서 [존재의 실상을] 규명하면서 즉 고찰하면서 '고'의 발생의 '원인을' 해탈하려고 하는 자는 고찰한다. 그 고의 원인의 무상성 등의 존재방식 등이라는 언어에서 정지시키는 데 적합한 것 등을 고찰한다. 어떻게 해서 그러한가? [라고 묻는다면, 다음과 같이 답론할 것이다.] 고의 여러 특징들 즉 우발적인 것 등에 '의해서' (세존은 고찰한다)."(H.68)

논리(yukti = anumāna)는 고찰에 필요한 것이며 성전의 고찰에도 필요한 수단이 된다는 것은 이미 살펴보았다. 게다가 일반 사람들이 볼 수 없고 또한 생각할 수 없는 대상을 시사하여 계몽의 수단이 되는 것도 성전이었다. 프라즈냐카라굽타에 의하면 먼저 성전에 의해서 고의 원인을 알고, 뒤에 논리에 의해서 고찰한다고 말하지만 고를 자각하고 나서 경전의 가르침을 받지 않으면 안 될지도 모른다(KT.222).

134.

[반론]

왜 고의 원인인 무상성 등을 고찰하지 않으면 안 되는가?

[답론[1]]

이와 같이 원인이 지속한다면 [그] 결과의 소멸은 없다(소멸은 불가능하다)고 보기 때문이다. 그렇기 때문에 [세존은] 그 원인을 버리게 하기 위해, 그 [고통의] 이류(고의 원인의 역의 범주)를 고찰하는 것이다.

yatas tathā sthite hetau nivṛttir na iti paśyati /
phalasya hetor hāna-arthaṃ tad-vipakṣaṃ parīkṣate //

案

고의 원인 없는 결과는 없을 수 없다. 또한 고인 결과를 소멸할 수 없는 원인이란 없을 수 없다. 전자는 사제(四諦) 가운데 고제(苦諦)와 집제(集諦)이며, 후자는 멸제(滅諦)와 도제(道諦)이다. 즉 고를 소멸하기 위해서는 고의 원인의 역을 제시하면 된다. 마노라타난딘은 다음과 같이 주석한다. "'이와 같이 원인이 지속한다면' 즉 상주이기 때문에 원인이 항상 지속한다면, '결과'인 고통의 소멸은 [있을 수] 없다고 보기 때문이다. 즉 알기 때문이다. 또한 고통의 '원인을 버리게 하기 위해 그 고통의 이류' 즉 수행하면 고통의 원인이 제거되는, 고의 원인과 모순하는 것을 고찰한다."(H.68) 여기서 '고찰'은 옛날에는 연찬(研鑽)이나 변도(辨道)의 의미이다. 붓다는 고를 소멸하기 위한 방법으로 고의 원인의 역의 범주에 대해서 고찰했다. 붓다에 의하면, 고의 원인은 '나'가 있다는 자아의식(我見)과 '나의 것'이라는 소유의식(我所見)이며, 이것의 역의 범주는 '나'가 없다는 무아견(無我見)과 '일체는 불변의 본질이 없다'는 공견(空見)이다.

붓다가 교사인 것은,

아견(我見), 아소견(我所見)[因] → 고[果]

무아견(無我見), 공견(空見)[因] → 고멸[果]

을 고찰했기 때문이다.

135-136a.

[답론2]

[고통의] 원인의 존재방식을 깨달음으로써 그 [고통의] 이류도 또한 성립한다. '나'(atma, 我)와 '나의 것'(atmi, 我所)이라는 파악에 의해서 행해진 애착은 제약된 존재(유위)를 그 영역으로 하는 것이며 [고의] 원인이다. 그리고 그것과 모순하는 무아(無我)라는 견해야말로 그것을 부정하는 것이다.

sādhyate tad-vipakṣo api heto rūpa-avabodhataḥ /

ātma-ātmīya-graha-kṛtaḥ snehaḥ saṃskāra-gocaraḥ //
hetur virodhi nairātmya-darśanaṃ tasya bādhakam /

案

고의 원인은 '나'라는 자아의식(我見)과 '나의 것'이라는 소유의식(我所見=法見)이며, 고의 소멸은 '나가 본래 없다'고 아는 무아견(無我見)과 '나의 것이라고 할 만한 것은 이 세간에 존재하지 않는다'고 깨닫는 공견(空見)에 의해 가능하다는 것을 말하고 있다. 마노라타난딘은 다음과 같이 주석한다. "'[고의] 원인의 존재방식을 깨달음으로써' '그 [고의] 이류도 또한 성립한다.' 즉 판단할 수 있다. 왜냐하면 원인이 알려지면 그것과 모순하는 것을 아는 것이 가능하기 때문이다. '나와 나의 것이라는 파악에 의해서 행해진 애착은 제약된 존재(유위)를 그 영역으로 하는 것이다.'"(H.68) 기무라 도시히코는 다음과 같이 이 게송을 설명한다. "고의 원인은 나(자아)를 설정하고, 이런저런 것을 나의 것(자아의 소유)이라고 집착하는 것에서 그와 같은 애착이 업을 일으켜 윤회로 향하게 한다. 그와 같은 원인을 끊기 위해서는 역의 범주인 무아견을 수행하지 않으면 안 된다. 애착이라는 본능적인 입장은 프라즈냐카라굽타가 사용한 것처럼 유신견(有身見)이라는 말로써 아가마(agama, 성전)는 전한다."(K.120)

136b-137.

[답론3]

그리고 이 다종다양한 방편을 긴 시간에 걸쳐서 수행함으로써 그에게 [탐욕이나 성냄 그리고 무지 등의] 악덕(惡德)과 [자비 등의] 선덕(善德)

이 현현하기에 이른다. 그리고 이와 같이 마음이 명민(明敏)하게 됨으로써, 그 고통의 원인인 [무시이래의] 잠재인상(습기, vāsana)도 소멸하게 된다.

bahuśo bahudhā upāyaṃ kālena bahunā asya ca //
gacchanty abhyasyatas tatra guṇa-doṣāḥ prakāśatām /
buddheś ca pāṭavād hetor vāsanātaḥ prahīyate //

案

여기서 수행의 주체는 보살이다. 이 보살에게는 전생의 아견에 의한 훈습도 현생의 수행에 의해 소멸하였으며, 마음이 명민하게 되었기 때문에 고의 원인인 잠재인상(습기)도 소멸하게 된다는 것이다. 마노라타난딘은 다음과 같이 주석한다. "자기 자체의 결합체와 그것의 보조자인 외계의 사물들에 애착하는 것이 원인이다. 왜냐하면 '나'와 '나의 것'이라는 견해를 가진 집착이라는 고는 갈애에서 생긴다고 파악하기 때문이다. '그것과 모순하는 무아라는 견해' 즉 역의 외적 근거를 형상으로 하기 때문에 '부정하는 것' 즉 이류이다. 이 고통의 원인과 그것의 이류를 성전에서 듣고 추론에 의해 판단하여 '다수의' 즉 다수의 '다양한 방편' 즉 다수의 존재방식을 긴 시간에 걸쳐 그 보살이 수행한다. 즉 명상을 하게 되면 그 고통의 원인과 그 이류에 있어서 악덕과 선덕이 적절하게 현현하기에 이른다. 실로 수행에 근거하여 명상되면서 존재하는 마음의 형상은 명석하게 된다. '그렇기 때문에 또한' 수행하기 때문에 '마음이 명민하게 되기 때문에 원인'인 나라는 파악과 갈애의 습기(종자)가 있다. 몸으로 짓는 행위(身業), 입으로 짓는 행위(口業), 마음으로 짓는 행위(意業)에 성질의 결여라는 이유에서 미세한 힘이 제거된다. 즉

남김없이 소멸하게 된다."(H.69)

기무라 도시히코는 "고의 원인은 '나다, 나의 것이다'라는 자아에 대한 애착의 본능이며, 이것을 수행함으로써 탐욕과 증오 등의 과실이 생긴다. 그리고 고의 소멸의 원인은 나라는 생각의 이류인 무아견의 수행이다. 수행의 의미에 관해서는 이미 보았다. 이 수행에 의해서 자비 등의 덕성이 현현하고 자아를 갈애한 업의 여훈(잠재인상, 습기)이 소멸한다"(K.120)고 설명한다.

138.

[답론[4]]

위대한 석가모니의 이것(가르침)은 타자를 위해 설해진 것이기 때문에 무소[인 성문과 독각] 등보다 뛰어나신 것이다. 이러한 의미에서 이 방편의 수행이야말로 그 가르침이라 인정된다.

padārtha-vṛtteḥ khaḍga-āder viśeṣo ayaṃ mahā-muneḥ /
upāya-abhyāsa eva ayaṃ tādarthyāc śāsanaṃ matam //

案

교사는 우선 연구자이지 않으면 안 된다. 그렇기 때문에 여기서는 고의 소멸을 위한 방편을 그 연구 대상으로 하기 때문에 그의 가르침이란 방편의 수행이라고 말하는 것이다. 따라서 그 연구에 진력하는 사람을 교사라 부른다. 기무라 도시히코는 다음과 같이 설명한다. "'무니'는 원래 『리그베다』 10, 136편에 찬탄되는 신비한 성자 또는 수행자이지만, 여기서는 불타를 일컫는 것이다. '사이'라고 말한 것은 아가마의 『숫타니파타』에 수속되는 무소뿔의 경에 '무소의 뿔처럼 혼자서 가라'라고 구가되고 있는 것에 의거한다. 혼자서 간다고 하는 성문이나 연각보다 타자 구제의 자비 정신의 체현자인 세존이 더 뛰어난 것이다. 그것이 유정(有情, 중생)에 있어서 인식도구인 까닭인 것이다. 또한 '교사'라 한 것은 교시를 행하기 때문이다. 그 교시란 구체적으로는 괴로움을 소멸하는 방편인 무아견의 수행을 목적으로 하기 때문에 비유적으로 그와 같이 말해진다. 요컨대 교시와 고를 소멸하는 방편인 수행은 원인과 결과의 관계에 있다. 따라서 '교사'인 분과 '구제자'인 분은 원인과 결과의 관계에 있다. 네 개의 성스러운 원리 가운데 특별히 괴로움을 소멸하는 원인과 관련시킨 평석을 마친다."(K.121)

VI. 세존의 선서다움

案

지금부터 붓다의 제4의 칭호인 '선서'(sugata)의 특성을 평석한다. '수가타'(sugata)는 '선서'(善逝)라 직역된다. 다르마키르티의 해석에서는 이것이 '일체지자'를 대신하는 개념이며, 일체지가 무의미한 한편으로 무엇인가 새로운 지자(jñānavān)의 개념이 추구된다. 그것이 이 '지자'이다. 이 '지자'(智者)는 자리완성(自利完成)하신 '수가타'(sugata)를 의역한 것이다(KT.224).

139.

[반론]

세존의 선서다움이란 어떠한 것인가?

[답론[1]]

[자비자다움과 교사다움을] 완성하고 난 뒤, 처음으로 [선서다움을] 얻었기 때문에, [앞의] 이 두 가지(자비자다움과 교사다움)가 [후자의] 원

인이라고 [디그나가 논사께서] 말씀하셨던 것이다. [고의] 원인[인 갈애]의 염리(厭離, 싫어하여 떠남)가, 세 가지 선한 덕(三德)을 갖춘 '선서다움'이다.

niṣpatteḥ prathamam bhāvād hetur uktam idaṃ dvayam /
hetoḥ prahāṇaṃ tri-guṇaṃ sugatatvam //

案

자비자다움과 교사다움이라는 인행격(因行格)을 완성한 뒤, 선서다움과 구제자다움이 과행격(果行格)으로서 존재한다. 삼덕을 갖춘 선서란 여러 주석자들이 인용하는 것처럼 『프라마나삼웃차야』의 자주(自註)에서 다음과 같이 기술하기 때문이다. "자리의 완성이란 선서다움이며, 여기에는 세 가지 뜻이 있다. ①스루파왕과 같이 찬탄(讚嘆)되는 것, ②열병이 완치되는 것과 같이 불퇴전(不退轉)인 것, ③물로 가득 찬 병과 같이 남음이 없는 것(無餘)이다. ①은 법을 위해서 자기도 가족도 다 버린 스루파왕에 관해서 '프라샤스타타'(praśastatā)라고 한다. 다음의 게송에서 다르마키르티는 이것을 고의 완전한 소멸의 비유로 삼고 있다."(KT.224~225)

기무라 도시히코는 다음과 같이 설명한다. "서론 제4절에서 기술한 바이지만, 디그나가의 『프라마나삼웃차야』 예배게송에 대한 자주의 문장을 충실하게 답습하고 있다. 세간의 이익을 원하는 것(자비자다움)과 방편의 수행을 교시하는 교사다움은 원인의 완성이라고 여겨진다. 이 두 덕성을 완성한 뒤에 결과로서의 선서다움이 완성된다. 프라즈냐카라굽타는 이 부분의 자주의 일부를 재록한다. 세 가지 덕을 갖춘 선서다움이란 『프라마나삼웃차야』의 자주의 다음 문장을 답습한다. '자기

원만이란 선서다움이며, 여기에는 세 가지 뜻이 있다. 첫째 잘 생긴 왕과 같다고 칭찬받는 것, 둘째 열병이 완치된 듯 불퇴전인 것, 셋째 가득 찬 병과 같이 남음이 없는 것이다.' '고의 원인'이란 제135게송 후반에서 '나와 나의 것이라는 파악에 의한 갈애'라고 정의된다."(K.121~122) 그는 계속해서 다음과 같이 설명한다. "나라는 생각을 가진 자는 자아에 대해 애착하고 고를 버리고 락을 얻고 싶다고 바라며, 탐욕과 증오라는 악한 덕성을 낳고, 결국 고를 존재방식으로 하는 생사윤회의 생성을 고집한다. 따라서 '고에 의존한다'라고 한다. 앞서 본 것처럼 디그나가는 선서다움의 세 가지 덕성으로 첫째 칭찬받으시는 분, 둘째 퇴전하지 않으시는 분, 셋째 남음이 없으신 분이라는 세 가지 덕성을 거론했다. 이 게송은 첫째 칭찬받으시는 분에 관한다. 다만 사성제를 기본으로 체계화한 해탈론—무아견의 수행을 근간으로 한다—에 의해서 평석하는 바가 눈에 띄는 독자성을 보여 준다."(K.123)

140.

[답론2]

고에 의존해 머물지 않기 때문에 또한 무아견 혹은 [그] 논리 때문에 [세존은] 찬탄받으시는 분이다. [생사윤회의] 생성과 악한 덕성이 [사람에게] 일어나는 것, [그것은] '퇴전'(退轉)이라 불린다.

anisrayāt /
duḥkhasya śastaṃ nairātmya-dṛṣṭeśca yuktito api vā /
punarāvṛttir ity uktau janma-doṣa-samudbhavau //

141-142a.

[답론[3]]

아견인 종자를 버리기 때문에 '불퇴전'이다. 그것(아견)은 진실에 반하는 것을 본질(자체)로 하기 때문이다. [이어서 '남음이 없음'의] '남음'(śeṣam)이란 번뇌가 없이 열병을 다스렸지만, 신·구·의 [3]업에 아직 결함이 있는 것 혹은 도를 설해도 불명확한 점이 남아 있다는 것이다. [세존은] 수행에 의해서 [그와 같은 것을] 남김없이 버리셨던 것이다.

ātma-darśana-bījasya hānād apunarāgamaḥ /
tad-bhūta-bhinna-ātmatayā śeṣam akleśa-nirjvaram //
kāya-vāg-buddhi-vaiguṇyaṃ mārga-ukty-apaṭutā api vā /
aśeṣa-hānam abhyāsād

案

'선서'(善逝)란 언어(口業)뿐만 아니라 행위(身業)나 사상(意業)에도 결함이 없고 고를 소멸하는 길(mārga)을 명석하게 설한 분이다. 『마하파리니파나경』에 "제자들이 법을 뛰어나게 설하지 못하는 동안에는 나는 열반에 들어가지 않겠다"라고 부처님이 죽음의 악마에 응수하는 장면이 있다. 논리의 완전함과 관련하여 도를 명석하게 설하는 것이 종교적 권위성의 이유 중 하나가 된다고 여기서 말해진다(KT.225).

142b-143b.

[반론]

어떤 [미망사학파의] 논사는 다음과 같이 논란한다. "[세존에게] 언설 등이라는 것이 있는 한, 오류(악한 덕성)는 없어지지 않는다. [따라서 세존은 일체지자는 아니다.]”

ukty-āder doṣa-saṃkṣayaḥ /

na ity eke

[답론]

[그러나 그것은 바른 논란이 아니다. 요컨대] 그 [논증의] 부정적 변충(배제)은 의심스럽다. 따라서 [이론상의] 일탈을 지닌 것이 된다.

vyatireko asya sandigdha-avyabhicāryataḥ//

案

인도정통 육파철학은 베다의 언어는 인간에 기인하는 것이 아니라 신에 의한 언어이기 때문에 진실이지만, 부처의 언어는 인간에 기인하는 것이기 때문에 거짓이자 허망한 의미이다. 이러한 관점에서 미망사학파의 학장 쿠마릴라는 다음과 같이 불교를 비판한다. “그렇기 때문에 이 [부처님의 말씀 등은] 인간에 기인하고 있기 때문에 허망한 뜻임을 알 수 있다. 그런데 베다에서는 그 화자가 존재하지 않기 때문에 그와 같은 성질은 없을 것이다.”(『슈로카바르티카』 II, 169) 하지만 다르마키르티는 『프라마나바르티카』「추론장」 314송에서 “[쿠마릴라는 인위적인 성전의 허망한 의미를] 마음, 감관, 언어, 인간임 등의 논리적 이유에 의해서 설하지만 이것은 사이비 추론인(의사적 논증인)이다. 유비추리(比論, śeṣavat)에서는 여실한 인식은 있을 수 없기 때문이다”라고 반박한다.

마노라타난딘은 다음과 같이 주석한다. “그런데 이와 같이 전지자는 있을 수 있다는 추론을 이해시켜 그것의 거절(부정, 배제)을 논파하기 위해 다음과 같이 말한다. 어떤 사람들(미망사학파의 논사)은 ‘언설 등의 추론인에 관해서 저잣거리에 오고가는 사람과 같이, 탐욕 등의 악한 덕성의 소멸은 어떠한 사람에게도 없다'라고 말한다. '부정적 변충(배제)'은 이류로부터의 제외이다. 이 화자성 등의 추론인은 의심스러[운 사이비 추론인이]다. 그렇기 때문에 이것은 '일탈'이 있다. 즉 절대적이지 않다고 널리 회자될 것이다. 나아가 오류들은 없어지지 않는다고 생각하는 사람들은 허공과 같이 '상주이기 때문' 혹은 '방편이 존재하지 않기 때문' 즉 방편이 없기 때문에 소멸한 것이 다시 생기는 것 같다고 생각한다."(H.71~72)

143c-144a.

[반론]

혹은 어떤 학파의 논사들은 "[고(불쾌감)는] 상주하는 것이기 때문에, [고통을 소멸하기 위한] 방편이 존재하지 않기 때문에, [그] 방편은 널리 알려져 있지 않기 때문에, 고통은 [영원히] 소멸할 수 없는 것이다"라고 허망하게 분별할 것이다.

akṣayitvaṃ ca doṣāṇāṃ nityatvād anupāyataḥ //
upāyasya aparijñānād iti vā parikalpayet /

案

여기서도 그들은 "언어를 발하는 자이기 때문에 탐욕과 갈애 등의 과실들은 소멸하지 못한다"라고 허망분별할지도 모른다. 성전론에서는 인위적인 것이기 때문에 부처님의 말씀 등(buddhādivavana)이 허망한 의미임을 제시했다. 여기서는 언어를 발하는 자는 과실에서 벗어나지 못한다고 하는 논증식을 대전제로 삼을지도 모른다. 인간인 존재는 과실들을 다 소멸할 수가 없으며, 항상 존재하며, 소멸시킬 방법이 없으며 또한 소멸시킬 방법이 알려져 있지 않다는 것을 상정한다. 그런데 방법이 있다면 그 논란은 성립하지 않는다(KT.226). 마노라타난딘은 다음과 같이 주석한다. "'혹은 방법이 전혀 알려져 있지 않기 때문'에 어리석은 자의 언어에 의한 앎과 같다고 '허망하게 분별할 것이다.' 이들 세 개의 추론인은 함께 증명되지 않는다는 것을 시사한다. 모순된 존재에게는 원인이 있기 때문에 즉 악한 덕성(오류)들은 원인을 지니고 있기 때문에 무상이다. 따라서 어떤 악한 덕성(오류)들의 상주성은 증명되지 않는다. 아견의 원인은 그것과 모순하는 무아의 반복적인 수행에 의해 소멸하기 때문에 양자의 비존재도 증명되지 않는다."(H.72)

144b-145a.

[답론]

[그러나 그것은 바르지 않다.] 우선, [고통은] 원인을 갖는 것이[다. 따라서 상주인 것은 아니]기 때문에, 다음으로 그 [고통의] 원인과 모순하는 것(인 이류)을 수행함으로써 소멸하는 것이기 때문에, 마지막으로 그 [고통의] 원인[인 악한 덕성]의 본질(svabhāva)을 앎으로써 그 [고통의 소멸과 방법]에 관한 앎(지혜)도 성립하기 때문이다.

hetumattvād viruddhasya hetor abhyāsataḥ kṣayāt /
hetu-svabhāva-jñānena taj-jñānam api sādhyate //

案

기무라 도시히코는 다음과 같이 이 송을 설명한다. "미망사학파는 제사에 의한 아직 오지 않은 먼 미래의 과보를 기약하기보다도 오히려 다만 바라문교 성전에 규정되고 있기 때문이라는 이유에서만 제의를 시행한다. 성전의 권위를 검증하는 수단도 없고, 그 권위를 체현한 일체지자도 없으며, 윤리적 성자로서의 이욕자의 존재도 필요로 하지 않는다. 그렇기 때문에 화자성(이것은 각각의 사람들에 관해서 주지의 사건)을 추론인으로 하여 누구라도 탐욕 등의 악한 덕성의 소멸은 존재하지 않는 도를 행하는 사람과 같다는 논증을 시도한다. 그러나 다르마키르티의 불교논리학파적 입장에서 말하면 여러 악한 덕성들의 근본 원인인 아견의 반대의 범주인 무아견의 수행이 그 방법이다. 미망사학파에서는 과보는 아직 오지 않은 먼 미래에 속하는 것이기 때문에 무아견의 수행에 의한 고의 소멸을 부정한다. 그 입장에서는 고는 거의 상주인 것으로 되어 버린다."(K.125)

VII. 세존의 구제자다움

案

이어서 다르마키르티는 '구제자'(tāyī)라는 디그나가가 제시한 다섯 번째의 부처님 칭호에 대해서 평석한다.

145b-146.

[반론]

세존의 구제자다움이란 무엇인가?

[답론]

'구제'(tāya)란 [세존] 자신이 경험한 길을 설하는 것이다. 망어(妄語)는 자신에 있어 [전혀] 무익하기 때문에 말씀하지 않으셨다. 그것도 자비에 근거하여 타자를 이익 되게 하기 위해 착수해야 할 [길(道) 등의] 모든 것에 힘쓰셨던 것이다. 그러므로 [세존은] 인식도구(종교적 권위)이다. 환언하면 구제란 사성제의 개진(開陳)이다.

tāyaḥ sva-dṛṣṭa-mārga-uktir vaiphalyād vakti na anṛtam /

dayālutvāt parārthaṃ ca sarva-ārambha-abhiyogataḥ /

tasmāt pramāṇaṃ tāyo vā catuḥsatya-prakāśanam //

案

『금강경』에는 온갖 칠보를 가지고 중생을 구제한다고 하더라도 『금강경』 사구게 한 구절 즉 "무릇 존재하는 상은 모두 허망하다. 만약 모든 상이 상 아닌 줄로만 본다면 곧 여래를 볼 것이다"(凡所有相, 皆是虛妄. 若見諸相非相, 卽見如來)를 들려주는 것보다 못하다는 구절이 나온다. 칠보의 보시에 의한 구제는 재물에 의한 타자의 구제인 반면 『금강경』 사구게에 의한 구제는 진리의 말씀에 의한 타자의 구제이기 때문에 진정한 구제는 후자에 있다고 하는 것이 『금강경』의 본의이다. 다르마키르티도 마찬가지이다. 중생에 대한 구제란 중생들에게 일체가 고(苦)라는 사실을 직시하게 하는 것, 이러한 고는 아무 원인이 없이 생기는 것이 아니라 반드시 어떤 원인이 있다는 것, 그리고 이러한 원인을 제거한 상태인 마음의 열반이 그 결과로 존재한다는 것, 그리고 그 열반에로 나아가는 방법을 중생들에게 개진하기 때문에 세존을 구제자라고 하는 것이다.

마노라타난딘은 다음과 같이 주석한다. "구제자다움을 해설하기 위해 (다음과 같이) 말한다. 고의 원인을 소멸시키기 위해서 '자신이 경험한 길'을 설한다. 즉 (중생들에게) 말씀하는 것이 '구제'이다. 왜냐하면 원인에 결과를 임시적 방편으로 가설하기 때문이다. 실로 (그 설하는 것에 의해) 중생들을 구제한다. 그것과 결합하기 때문에 구제자이다. 또한 무익하기 때문에 그(구제자)는 망어(妄語)를 말씀하지 않으셨다. '나'(라는 자아의식), '즐거움'(쾌감) 등에 대한 갈망 등에 의해서 어떤 사람은 비진리를 말한다. 혹은 알려져 있지 않기 때문이다. '나'가 존재한다는 견해를 버리고 진실을 직관한 자에게는 양자는 있을 수 없다. 특히 진리를 기술하는 원인임에 틀림없는 자비는 존재한다고 하여 말한다. '또한 자비에 근거하여 타자를 이익 되게 하기 위해 착수해야 할 길 등의 모든 도의 수행 등을 실천하는 것에 노력하시기 때문에 타자를 위함이 틀림없다고 지적하여, 세존인 정등각자(正等覺者)가 어떻게 해서 그가 망어를 말함으로써 중생들을 속인다는 의심이 있는 것인가?' 그러므로 구제자이기 때문에 세존은 인식도구(종교적 권위)이다. 자신이 경험한 것을 설하는 자는 실로 대화하고 소통하는 사람임에 틀림없다. 그러므로 최초의 인식도구의 정의에 적합하기 때문에 이것에 의해서 인식도구(종교적 권위)라고 말해진다."(H.72~73) 이상으로 디그나가가 거론한 붓다의 다섯 칭호에 관해서 고·집·멸·도의 4개의 원리(사성제)를 깨달은 분, 실천자라고 다르마키르티는 평석하고 있음을 알 수 있다. 그 하나하나는 이 뒤에 자세하게 논할 것이다. 그것은 역시 평석이 아니라 다르마키르티 자신의 실천론의 개진이다.

VIII. 고의 원리

案

지금까지 평석해 왔던 붓다의 칭호는 그 덕성이나 활동에 기인한 것이었다. 그것은 도(道)의 교시라는 것에서 단적으로 상징된다고 할 수 있다. 여기서는 그것을 중심으로 하는 고·집·멸·도의 원리에 대한 평석을 시작한다. 다르마키르티는 종교론의 후반을 사성제(四聖諦)에 대한 설명으로 충당하고, 끝으로 다시 종교적 권위성(pramāṇabhūtatva)을 역순으로 총괄하는 구성을 취하고 있다.

147.

[반론]

고(苦)란 무엇인가?

[답론]

[오]온[으로서의 신체와 마음]은 [생사]윤회하는 것이며, [생사윤회의 수레바퀴 속에 있는 한, 그것은] 고이다. [무시이래의 과거로부터의 습

관적인] 행위(abhyāsa)에 의해서 탐욕(rāga) 등을 강하게 추구하기 때문이다. [또한 탐욕 등은] 우연적인 것[으로부터 생기는 것]이 아니다. 원인을 갖지 않는 것(無因)이라면 생성하는 것과 모순하[는 즉 항상 존재하든가 아니면 항상 존재하지 않든가 둘 중의 하나가 되]기 때문이다.

duḥkhaṃ saṃsāriṇaḥ skandhā rāga-ādeḥ pāṭava-īkṣaṇāt /
abhyāsān na yadṛcchāto ahetor janma-virodhataḥ//

案

소위 색·수·상·행·식이라는 심신의 오온(skandhā)이 고라고 하는 것은 불교적 정리(定理)이다. 팔리 율장 등에서 "벗이여! 고의 성스러운 원리란 무엇인가? 태어남(生)은 고며, 늙음(老)은 고며, 병듦(病)은 고며, 죽음(死)은 고다. 사랑하는 사람과 이별하는 것도 고(愛別離苦)며, 바라는 것을 얻지 못하는 것도 고(求不得苦)며, 미워하는 사람과 만나는 것도 고(怨憎會苦)며, 오취온(五取蘊)도 고(五陰盛苦)다"라고 한다. 이 생·노·병·사 4개의 고(四苦)와 뒤의 사고(四苦)를 합하여 팔고(八苦)라 한다. 『아비다르마코샤』에 따라서 다르마키르티는 윤회하는 주체를 심신의 오온으로 본다. 과거로부터의 훈습(俱生의 본능)에 의해서, 욕망 추구의 체계로서의 자기는 애욕을 끊지 못하고 더욱더 욕망을 추구한 결과, 팔고(八苦)를 체험하는 것이다. 이렇게 해서 고에는 원인이 있다고 한다. 그런데 원인을 알게 되면 대책을 세울 수가 있다.

마노라타난딘은 다음과 같이 주석한다. "[다음은] 성스러운 진리들 가운데 [제1의] 고[제]를 말한다. 색·수·상·행·식이라 불리는 다섯[의 요소]는 '결합체'(蘊)이다. 생성(탄생)과 소멸(죽음)의 연쇄가 '윤회'이다. 그것을 지닌 것이 [윤회하는 사람이다.] 세 개의 고의 보편성에 의해서 '고'이다. [그런데 만약] 결합체(온)야말로 여러 인연과 조건에서 생기지만, 어떤 생사윤회하는 중생은 그렇지 않다고 한다면, 그때 우연적인 탐욕 등이 원인일 것이다[라고 묻는다면, 다음과 같이 답할 것이다]. 반복되는 습관적인 행위 때문에 즉 '[무시이래의 과거로부터의 반복되는 습관적인] 행위 때문'이야말로 그것들은 존재한다. 그러나 '우연적인 것[으로부터 생기는 것]'이 아니다. 실로 원인이 아닌 것으로부터 특수는 있을 수 없다. 또한 원인을 갖지 않는(無因) 탐욕 등이 '원인을 갖지 않는 것' 즉 원인을 여읜 것으로부터 [생기는 것이라면 이것은] '생성하는 것과 모순하[는 즉 항상 존재하든가 아니면 항상 존재하지 않든가 둘 중 하나가 되]기 때문이다. 실로 허공은 어떠한 경우에도 생기지 않는다."(H.73~74)

148.

[반론]

[탐욕 등은] 풍질 등의 성질이 아니다. 일탈이 있기 때문이다. 체질이 착종하기 때문에 악한 덕성이 없다.

vyabhicārān na vāta-ādi-dharmaḥ prakṛti-saṃkarāt /
adoṣaś cet

[답론]

그 [탐욕 등의 그것] 이외의 체질적 요소가 어떻게 해서 거기에 인지되지 않는 것이 있을까?

tad-anyo api dharmaḥ kiṃ tasya na īkṣyate //

案

마음은 신체를 원인으로 한다고 주장하는 로카야타파(유물론)가 반대논사이다. 유물론자에 의하면 체액의 세 가지 성질(triguṇa) 가운데 풍질(vāta-prakṛti)은 우매, 담즙질(pitta-prakṛti)은 증오(dveṣa), 점액질(ślesma-prakṛti)은 애욕의 마음을 일으킨다고 한다. 그러나 양쪽의 범주에 상호 관계는 존재하지 않는다. 반대논사는 각각의 범주에서 세 가지의 일탈이 있기 때문에 전혀 관련이 보이지 않는 것이라고 말할지도 모른다. 그러나 마음에는 거칠고 난폭한 성질 등 그것 이외의 성질도 보인다. 이것을 어떻게 설명할 수 있는가? 라고 반문한다(KT.237).

마노라타난딘은 다음과 같이 주석한다. "일탈이 있기 때문에 탐욕 등은 풍질 등의 성질이 아니다. 풍질의 체질을 지닌 자도 또한 미혹이 많은 것이 아니다. 담즙의 체질을 지닌 자도 예리한 증오가 있는 것이 아니다. 또한 점액의 체질을 지닌 자는 특정의 탐욕이 일어난 어떤 자라고는 경험상 알려지지 않는다. 그렇기 때문에 풍질 등의 일탈이 있는 미혹 등은 그것의 원인이 아니다. 만약 '체질적 요소가 착종하기 때문에' 악한 덕성이 아니라고 [반론]한다면 실로 착종한 여러 체질적 요소들은 인간의 체질이다. 왜냐하면 인간에게는 한 사람 한 사람 풍질, 담즙질, 점액질이 존재하기 때문이다. 그렇기 때문에 여러 악한 덕성은 원인으로부터 일탈하는 것이 아니다. 만약 그와 같다면 그 증오 등의 그것 이외의 체질적 요소, 즉 견고함 등이 풍질 등에 어떻게 해서 관찰되지 않는 것인가?"(H.74)

기무라 도시히코는 다음과 같이 설명한다. "대론자는 마음의 수행으로부터 탐욕 등이 증대하는 것이 아니라 풍질 등의 체질에 유래한다고 생각할지도 모른다. 신체근거 이론을 취한 현세파를 예상한다. 풍질이 우매함을, 담질이 증오를, 점액질이 탐욕을 일으키는 것이라고 한다. 그러나 풍질 등과 우매 등 사이에 인과관계는 확정할 수 없다. 이것에 대해서 신체에서 풍질 등은 복합하여 존재하는 것이기 때문에 마음의 법도 착종하여 보고서 일견한 바는 인과관계는 존재하지 않는 듯이 보이는 것이라 하지만, 그렇다면 이 삼자 이외에도 미세함과 거칢 등의 마음작용이 보이는 것은 어떻게 해서 그러한가?"(K.129)

149.

[반론]

모든 사람 각자에게 탐욕 등의 성질이 있다. 그렇기 때문에 일탈은 없다.

[답론]

[탐욕 등은] 전혀 체질적 요소에 의한 것이 아니다. [그렇다면] 모든 사람에게 같은 탐욕을 품게 된다는 난점이 발생하기 때문이다.

na sarva-dharmaḥ sarveṣāṃ sama-rāga-prasaṅgataḥ /

[반론]

만약 '[다만 네 가지 물질적 요소에서 구성되어 있다고 해도,] 그 모습[에 아름다운 것도 추한 것도 있는 것]과 마찬가지로 논리적 오류는 없다'고 한다면.

rūpa-ādi-vad adoṣaś cet

[답론]

그 경우에도 똑같은 비난이 주어진다.

tulyaṃ tatra api codanam //

案

기무라는 다음과 같이 설명한다. "특정한 체질과 특정한 마음작용이 대응하는 것이 아니라, 삼자의 혼재로부터 발하는 것이라고 한다면 세 개의 체질이 혼재해 있기 때문에 모든 사람이 같은 탐애 등을 갖추고 있는 것이 된다. 현세주의자가 물질원소는 지 등에서만 이루어지는 것에서도 색깔 있는 모양 등에 차이가 있는 것처럼 사람에게도 마음작용의 차이가 있는 것이라고 한다면 그것도 옳지 않다."(K.129)

150.

[반론]

악한 덕성(과실, 오류)만으로 탐욕 등이 있는 것이 아니다. 그러한 것이 아니라 그들 특정한 변형 때문이다. 예를 들면 질병과 같다. 그렇기 때문에 같은 탐욕이라는 난점은 수반되지 않는다.

[답론]

그 [모습들]에 대한 다양한 행위의 잠재여력에 의한 지배력이 존재하지 않으면 [그것과 마찬가지로 논리적 오류는 범하지 않을 것이라고 하는] 그러한 비난은 피할 것이다. 그러나 가령 [체질적 요소의] 부조화가 있다고 해도, [반드시 탐욕이나 혹란 등이] 한정된다고 할 수는 없다.

ādhipatyaṃ viśiṣṭānāṃ yadi tatra na karmaṇām /

viśeṣe api ca doṣānām aviśeṣād asiddhatā //

案

인간 신체의 세 가지 체질적 요소에 의해서만 탐욕, 증오(성냄), 무지(어리석음) 등의 삼독심(三毒心)이 일어난다고 한다면, 마음작용은 단순하고 기계적인 변화밖에 보이지 않을 것이다. 하지만 실제 우리의 마음작용은 지극히 복잡하고 미묘하다. 따라서 체질적 요소에 의해 우리의 마음이 생긴다고 할 수 없다. 이에 대해 마노라타난딘은 다음과 같이 주석한다. "다양한 행위의 잠재여력 즉 듣는다든지 혹은 들리지 않는다든지 하는 특징이 있는 행위의 지배력이 '만약 그' 색깔 있는 모양 등의 결과로 확인되지 않는다면, 존재의 협력자인 업들은 특정한 것이기 때문에 특정한 색깔 있는 모양 등이 있다는 의미이다."(H.75) 기무라 도시히코는 다음과 같이 해설한다. "각종의 행위의 지배에 의해서 색깔 있는 모양 등에까지 각양의 차이가 발생하는 것이다. 지 등의 물질원소만을 원인으로 한다면 같은 색깔 있는 모양이 된다는 난점이 발생한다. 마찬가지로 체질의 불순을 원인으로 생각한다면 탐욕 등도 같다."(K.130)

151.

[반론]

차이가 없기 때문이라는 이유는 탐욕 등에 있어서 악한 덕성의 변형이 원인인 것이 아니다.

[답론1]

[체질적 요소와 물질적 요소의] 모든 [것 가운데 어느] 변화에 응하여

[탐욕이나 모습과 형태의] 변화가 있는 것은 아니다. 또한 그 전체로부터 [탐욕이나 모습과 형태의 변화가] 초래되는 것도 아니다. [그렇지 않으면 앞의 148, 149송의 비난은 실로 타당한 것으로 될 것이다.] 원인이 증대하는데 그 결과가 감소하는 것은 이치에 맞지 않다.

na vikārād vikāreṇa sarveṣāṃ na ca sarvajāḥ /
kāraṇe vardhamāne ca kārya-hānirn na yujyate //

案

체액(dhātu)의 세 가지 성질에서만 마음의 탐욕 등의 현상이 생긴다고 한다면, 마음의 현상은 단순한 변화밖에 보이지 않을 것이다. 하지만 실제로는 마음의 활동은 지극히 복잡하다. 이것은 귀류 논증이다. 즉 업이라는 요소가 마음의 중대한 요인이 되고 있다. 지원소(地元素)는 변화가 없는데 색이 가지가지인 것도 업에 의한다고 다르마키르티는 생각한다. 그러나 유물론자는 점액질의 증대에서 애욕이 생긴다고 말할지도 모른다. 그와 같은 체액의 변동은 우선 불순위화에 의한 고통과 증오를 마음에 일으키는 것이다. 열병 등의 고통은 담즙질의 증대에서 생기며, 애욕이 그곳에서 감퇴하는 경우 원인이 증대하여 결과가 감퇴하는 것은 어떻게 되는 것인가?(KT.237~238)

기무라 도시히코는 다음과 같이 설명한다. "또한 어떤 체질이 변이하고 증대해도 그 고통에 의해서 증오가 일어난다고 답하지만, 그 경우도 마음작용이 일률적으로 된다는 과실이 수반한다. 탐욕의 마음은 일어나지 않게 되어 버리는 것은 아닌가? 따라서 귀류 논법은 성립하는 것이다. 또한 복합적인 체질에서 마음작용이 생기는 것도 아니다. 과실은 마찬가지이다. 도대체 대론자가 생각하고 있는 것은 담질이 증대하여 열병 등이 일어난다면 탐애의 마음은 감소하기 때문에 이러한 원인이 증대하여 결과가 감소하는 것이 되어 불합리하다."(K.130)

152-153.

[답론2]

가령, [점액질 요소가 증대할 때, 탐욕이 증대하는 것이지만] 열병 등의 경우에 [점액질 요소가 증대해도, 탐욕이 감소하는 것이 경험되는 것과] 같다.

tāpa-ādiṣv iva

[반론]

탐욕 등의 변이도 쾌감[과 불쾌감이라는 느낌]에 의해서도 초래되는 것이다. [열병 등을 앓고 있을 때에는] 체질적 요소의 불균형(부조화)에 의해서 초래된 [쾌감과 대립하는 그] 불쾌감(고통)에 의해서 [탐욕과는 대립하는] 증오가 초래되어 탐욕은 생기지 않는 것이다.

rāga-āder vikāro api sukha-ādi-jaḥ /
vaiṣamyajena duḥkhena rāgasya anudbhavo yadi //

[답론]

그렇다면 그 [탐욕은] 무엇에 의해서 초래되는 것인가?

vācyaṃ kena udbhavaḥ

[반론]

[체질적 요소의] 조화에 의해서 정액이 증가하며, 그것에 의해서 격렬

한 탐욕이 생기는 것이다.

sāmyān mada-vṛddhiḥ smaras tataḥ /

[답론]

가령 [체질적 요소의 상태가] 불균형(부조화)인 경우에도 탐욕을 갖는 것이 현재 경험되며, [체질적 요소의 상태가] 평형하고 있는 경우에도, 다른 것에는 탐욕을 갖지 않는 것이 현재 경험된다.

rāgī viṣam adoṣo api dṛṣṭaḥ sāmye api na aparaḥ //

案

탐욕의 원인인 담즙질이 증대하는데도 불구하고 결과인 탐욕이 고통의 증대에 의해서 감소하는 것이 되어 불합리하다고 하는 귀류 논증이다. (반대논사가 말하기를) 탐욕이 생기는 것은 체액의 평형에서 오는 쾌감의 마음으로부터이다. 다르마키르티가 말하기를 체액의 위화 불순인 자도 애욕을 가지며 역으로 순조로운 자도 애욕을 가지지 않는 경우가 있다고 한다.

154-156a.

[반론]

정액이 탐욕의 원인이다.

[답론]

출혈을 한 사람이 [정액을] 다 소진했다고 해도, 반대[로 탐욕을 갖는 것이 경험되는 것]도 있다. [그렇기 때문에 마음이 탐욕의 원인이다.]

[술지게미가 원인이라면] 정액은 한 사람의 여성에 대해서만 향하게 되는 것이 아니다. 한 사람의 여성에게만 탐욕이 강렬하게 되는 것은 없을 것이다.

kṣayād asṛk-sruto apy anye na eka-strī-niyato madaḥ /

te na ekasyāṃ na tīvraḥ syāt

[반론]

[탐욕의] 조성인인 [여성의] 자태 등도 [탐욕 등의 원인이] 된다고 한다.

aṅga-rūpa-ādy api iti cet //

[답론]

그렇지 않다. 모든 것은 불확정적이기 때문이다. [여성의 자태 등] 특정의 여성에 기인하는 [탐욕]도 있을 것이다. [또한 정액 등의 물질적 요인이 탐욕에 있다면 어떤 여성에게] 마음이 끌리지 않아도 그것(탐욕)이 있는 것이 된다. 그렇다면 모든 여성에게 마음이 끌리게 될 것이다. 왜냐하면 여러 원인들은 [물질적 요인이라는 점에서는 서로] 같기 때문이다.

na sarveṣām anekāntān na ca apy aniyato bhavet /

aguṇa-grāhiṇo api syād aṅgaṃ so api guṇa-grahaḥ //

yadi sarvo guṇa-grāhī syād hetor aviśeṣataḥ /

案

탐욕 등의 마음작용(심리적 현상)이 신체에 근거한다고 하는 유물론자들의 주장이 계속 이어진다. 만약 마음작용이 신체에 근거한다면 피를 많이 흘려 정액이 다 소진된 자에게는 애욕이 일어나지 않아야 할 텐데 애욕이 일어나기도 하며, 또 만약 정액 등의 물질적 요소들이 탐욕 등의 마음작용의 원인이라면 모든 여성들에게 마음이 끌리게 될 것인데 아예 끌리지 않는다거나 특정의 여성에게만 끌리게 되는 일이 일어나기도 하는 것을 보면 신체 근거설은 이치에 맞지 않다고 할 수 있다.

기무라는 다음과 같이 설명한다. "상처를 입고서 피를 흘린 자는 체액의 위화에 의해서 정액을 다 소진해 버렸지만, 그럼에도 마음작용으로서의 탐욕의 마음은 여전히 일어나는 경우가 있다. 즉 탐욕이라는 마음작용은 신체의 상태와 관계없이 과거의 마음의 수행에 의해서 증대도 하지만 소멸도 하는 것임을 깨닫지 않으면 안 된다. 그렇지 않으면 정액은 모든 여성을 향해서 탐욕의 마음을 일으키는 것이 되지만 실제는 그와 같은 물질적인 메커니즘이 아니라 특정의 여성에 연심을 일으키는 극히 정신적인 구조를 갖는다는 것을 경험한다. 신체를 마음의 원인으로 하는 전제가 잘못이기 때문에 연애 행위의 설명은 불가능하게 된다. 외모 등도 탐욕의 원인이 된다고 한다면 답한다. 외모가 탐욕의 원인인가 또한 다른 요소에 의존하는가는 경우에 따라서 다르다. 원인은 불확정이기 때문에 각각 특정의 여성에 대해서 탐욕을 일으키는 결과가 된다. 그것들은 조성인이지 마음에 있어서 수행이 주 원인이라고 다르마키르티는 말한다. 하여튼 정액이 탐욕의 원인이라고 하는 물질적 사고방식에서는 마음이 끌리게 되는 것과 같은 정신적 요소는 없게 되어 버린다. 무엇 때문에 탐욕인가? 마음이 끌리는 것도 정액이나 여성의 외모와 같은 외적인 조성인이라고 일괄한다면 마음이 끌리게 되는 것의 원인이 정액이나 외모이기 때문에 원인이 한결같기 때문에 끌리게 되는 것도 한결같을 것이다. 연애의 대상이 한정된다는 경험을 위

배하는 것이다."(K.132~133)

요컨대 반대논사는 탐욕이라는 심리적 현상을 육체에 기인한다고 생각한다. 그것에 대해서 다르마키르티는 탐욕의 정신적 요인을 거론한다. 그에 따르면, 특정한 여성에게 애욕을 느끼는 원인은 마음이다. 또한 여성의 자태가 아름다운 것 등은 탐욕의 조성인이라고 말하는 반대논사에 대해서, 그 경우도 물질적인 요인을 생각하고 있다면 모든 여성에게 탐욕이 일어나야 한다는 귀류 논증은 유효하다고 다르마키르티는 말한다.

156b-157a.

[반론]

어떤 체질을 가진 자가 탐욕을 가진다고 생각된다.

yad avastho mato rāgī

[답론]

그와 같은 자는 증오를 가진 자는 아닐 것이다. 왜냐하면 양자(탐욕과 증오)는 전혀 다른 성질이기 때문이다. [그러나 실제로는] 한정은 여기에 관찰되지 않는다.

na dveṣī syāc ca tādṛśaḥ /

tayor asamarūpatvān niyamaś ca atra na īkṣyate //

案

유물론자는 생리학적으로 체액의 상태에서 심리적 상태를 생각한다. 체액이 점액질로부터 애욕이, 담즙질로부터 증오가 일어난다고 생각한다면, 점액의 체질을 가진 자가 증오를 지니지 않고, 담즙의 체질을 가진 자가 애욕을 지니지 않을 터이지만, 실제로는 그와 같은 것은 결정되어 있지 않다.

157b-158a.

[반론]

왜 그대도 같은 욕망이라는 난점을 범하는 것 등의 이들 오류는 없는 것인가?

[답론1]

탐욕 등은 자기의 [마음의] 연속에 있어서 [무시이래의 과거로부터의] 습기(svajātivāsanā)의 차이에 결부하여 작동한다고 하는 [우리들의 견해에는] 이와 같은 오류들을 범하지는 않는다.

svajāti-vāsanā-bheda-pratibaddha-pravṛttayaḥ /
yasya rāga-ādayas tasya na ete doṣāḥ prasaṅginaḥ //

案

자기의 과거에 교섭하는 연속에서 오는 업의 훈습이 현재 순간 마음에 있어서 탐욕 등의 마음작용의 원인이 된다. 훈습에 의해서 그것은 반복 강화되는 것이라고 다르마키르티는 말한다. 마노라타난딘은 다음과 같이 주석한다. "'자기의 연속에 있어서 [무시이래의 과거로부터의] 습기', '나'와 '나의 것'이라는 파악(견해)을 근원으로 하여 자기의 상속에 있어서 각각 이전에 반복적으로 훈련된 탐욕 등의 습기가 각각 뒤의 탐욕 등을 생기게 하는 인과적 효과의 힘들이며, 그것들은 서로 다른 것이다.

그 차이의 습기에 결합되어 활동을 개시하는 것이 생성이라고 하는 사람들에게는 이와 같이 불교도의 설에 있어서 탐욕 등이 있고, 그(불교도)에게는 '그들' 직전에 말해진 '오류들은 범하지는 않는다.'"(H.78) 기무라 도시히코는 다음과 같이 설명한다. "여기서 다르마키르티의 견해를 다시 기술한다. 과거의 자기의 연속에 있어서 탐욕 등의 업의 습기에 영향을 받아서 그 반복적인 수행에 의해서 한층 더 강화해 간다고 한다. 정신이 주된 요인이기 때문에 각각 사람들의 탐욕의 강약, 그 대상의 특이성 등이 설명되며 마음의 연속설을 배경으로 하여 수행의 의의가 다시 이해된다."(K.134)

158b-159a.

[답론2]

이것에 의해서 [탐욕 등이] 물질요소의 속성임이 부정되었다. 또한 [신체가 마음의] 근거(niśraya)임을 부정함으로써 [그것이 부정되었다]. [탐욕 등이 물질요소에 의존하지 않듯이] '흰색' 등은 지(地) 등의 [물질요소에] 의존하는 것이 아니다.

etena bhūta-dharmatvaṃ niṣiddhaṃ niśrayasya ca /
niṣedhān na pṛthivy-ādi-niśritā dhavalā-ādayaḥ //

案

대론자는 탐욕 등의 마음작용이 물리적 요소의 속성이라는 주장이다. 그 자신의 주장의 근거는 우리의 신체가 마음의 근거이기 때문이라는 것이다. 하지만 신체가 마음의 근거가 아니기 때문에 탐욕 등의 마음작용이 물질적 요소의 속성일 수가 없다고 다르마키르티는 반론하고 있다. 기무라는 다음과 같이 설명한다. “이렇게 해서 차르바카적인 발상인 마음작용이 물질적 요소에 의존한다는 것은 부정되었다. 흰 색깔 등이 물질적 원소에 의존하는 것과 같다고 비유한다면 그것도 지(地) 등에 의존하는 것이 아니라고 답론한다. 만약 그렇다면 색도 지 등에 준하여 단일하게 될 터이다. 또한 앞서 신체가 마음의 근거임을 부정했다. 따라서 탐욕 등의 근거라는 것도 없다.”(K.134)

159b-160a.

[반론]

그렇다면 어떻게 해서 물질적 원소들을 근거로서 취하여 색깔 있는 모양(色)이 발생한다고 인정되는 것인가?

[답론]

[세존이] ‘그것(물질요소)에 의해서’ [물질형태가 존재한다고] 하신 말씀은, [근거가 아니라] 원인을 의미한다. 그리고 [그것은 그것을] 자기의 근거와 밀접하게 관계[하여 존재]하기 때문에 ‘근거’라고 [임시로 표현하는 것이지] 그것 이외의 다른 것(다른 존재방식)이라면 이치에 맞지 않다.

tad-upādāya śabdaś ca hetv-arthaḥ svāśrayeṇa ca /
avinirbhāga-vartitvād āśrayā ayuktam anyathā //

案

세간의 언어에 있는 ‘색깔 있는 모양(色) 등은 지원소 등에 기인하여 생긴다’라고 말하는 경우 ‘우파다야’(upādāya)라는 후치사는 ‘헤투크리트야'(hetūkṛtya)의 의미라고 한다. 색깔 있는 모양 등은 고유한 대상에 대해서 판단(niścaya)된 인식이라는 것이 다르마키르티의 입장이다. '지(地) 등에 의해서'라고 말하는 것은 대상이 인식 원인의 하나이기 때문이다. 요컨대 근거 = 기체라는 의미는 아니다(KT.240). 마노라타난딘은 다음과 같이 주석한다. "'그것에 의해서 [물질적 형태가 존재한다고 하신] 말씀', 즉 그들 원소를 취하여 하신 말씀은 '원인의 의미이다.' 여러 원소들을 원인으로 취하여 색깔 있는 모양(色)이 발생한다는 의미이다. 혹은 자기의 근거인 4원소와 색깔 있는 모양(色) 등이 동일한 (원인, 조건의) 결합체에 의존하는 것에 의해서 분리하지 않고서 존재하기 때문에 4원소로 이루어진 것은 분리에 의해서 존속하지 않는 것의 근거이기도 하다."(H.78)

160b-161a.

[반론]

'[어떤 일정한 발효의 단계에 이르렀을 때 어떤 특정 상태의 액체에] 취하게 하는 등[의 인과적 효과의 능력이 생기지만 그것]과 마찬가지로 4물질요소가 [어떤 특정 상태, 예컨대 신체라는 형태를 취했을 때 그 신체의 인과적 효과의 능력으로서] 별개의 존재로서 존재한다고 한다.

mada-ādi-śakter iva ced vinirbhāgo

[답론]

[그것은 바르지 않다.] 현실적 존재의 [인과적 효과의] 능력은 현실적 존재와 다른 것이 아니다. 결국 [무엇인가의 현실적 존재의 인과적 효과의 능력이 효과를 담당할 때, 실제상] 그 현실적 존재는 [순간적 존재인

한, 그 순간의 현실적 존재로서는] 소멸[하고, 동류의 상속을 형성]할 것이다. 그러나 그 근거로서의 현실적 존재가 완전한 것으로서 존속하는 한, 의존하고 있는 [인과적 효과의] 능력은 소멸할 수 없다.

na vastunaḥ /

śaktir artha-antaraṃ vastu naśyen na āśritam āśraye //

161b-162a.

[반론]

'그것과 같다'라고 한다면.

[답론]

그것은 바르지 않다. 물질요소와 마음작용은 별개의 존재이기 때문이다. [요컨대, 현실적 존재의 인과적 효과성과 현실적 존재는 별개의 존재로서 존재하는 것이 아니다. 한편 마음과 물질요소는 각각 인과적 효과의 능력을 완수하는 현실적 존재이기 때문이다.] 왜냐하면 [양자는] 별개로 현현하는 것을 인식하기 때문이다. 결국 마음은 반드시 신체와 관계하는 것 없이 생기기 때문이다.

tiṣṭhaty avikale yāti tat-tulyaṃ cen na bhedataḥ /

bhūta-cetanayor bhinna-pratibhāsa-avabodhataḥ //

案

대론자는 원소(bhūta)와 색의 관계를 수라주(surā酒, 인도신화에 등장하는 술)와 명정(酩酊, 술에 취함)의 관계에 비유한다. 따로 떨어져 존재해도 양자 사이에 인과관계가 있다고 말하는 것이다. 한편 다르마키르티는 수라주의 명정 작용을 바로 현실적 존재의 인과적 효과성이라 생각한다. 그렇기 때문에 별도로 달리 존재하는 것을 인정하지만 사물의 뜨거움이나 견고함은 대상에 대한 지각이며 두 성질은 분리하여 지각되는 것이 아니라고 한다. 그런데 애욕 등의 심리는 자증지(自證知, 자기인식)이며 대상의 존재와는 존재방식을 달리한다(KT.240).

162b-163a.

[반론]

마음작용이 물질요소의 결합체인 신체와 동일한 현실적 존재이며 그 신체의 인과적 효과성을 원인으로 한다면.

[답론1]

신체가 변이할 때까지, 마음은 [외계의] 색깔 있는 모양(色) 등과 같이, 동일한 형상을 지속할 것이다. [마찬가지로 '감관의 대상에도 마음은 의존한다'라고 한다면] 개념적 인식이 외계대상에 의존한다고 하는 것은, 도대체 어떠한 것인가[가 설명되어야 한다].

āvikāraṃ ca kāyasya tulya-rūpaṃ bhaven manaḥ /
rūpa-ādi-vad vikalpasya kā eva artha-paratantratā //

案

과거 연속의 애욕 등의 여훈(습기)을 어떤 찰나의 의식이 수용하여 반복·강화하면, 이어지는 그 의식은 한층 그 여훈(습기)을 증대하게 된다. 위의 송에 대한 기무라 도시히코의 설명은 다음과 같다. "탐욕 등의 마음이 신체를 원인으로 한다면 또한 본성으로 한다면 신체가 소멸하기까지 심식은 같은 표상을 취하게 될 것이다. 신체의 색깔 있는 모양과 같이. 개념적 인식은 외계의 사물과는 독립해서 작동하는 것이며, 즉 과거의 사업(思業)의 행해진 행위이다."(K.136~137)

163b-164a.

[답론[2]]

신체에 의존하지 않고서, 어떤 앎(A)이 [무시이래의 과거로부터 훈습된] 습기의 각성에 의해 생긴 앎(B)의 원인이라고 한다면, 어떤 것(A, 전 찰나의 인식)으로부터 다른 어떤 것(B, 다음 찰나의 인식)이 어떤 사람에게 그것에 의해서 일어난다.

anapekṣya yadā kāyaṃ vāsanā-bodha-kāraṇam /
jñānaṃ syāt kasyacit kiṃcit kutaścit tena kiṃcana //

案

이 송을 기무라 도시히코는 다음과 같이 설명한다. "과거의 탐애 등의 사업의 습기를 어떤 찰나의 의식이 받아서 지각하고, 수습하여 이어지는 의식이 한층 더 증대되게 된다. 마음의 상속이 이렇게 해서 작동한다. 탐애 등의 마음작용은 그 위에 이해된다"(K.137)라고 설명한다. 마노라타난딘은 다음과 같이 주석한다. "또한 이와 같이 '신체에 의존하지 않고서, 어떤 앎(A)이 [무시이래의 과거로부터 훈습된] 습기의 각성' 즉 깨어나게 하는 원인일 것이다. 어떤 현재 발생하는 인식작용에 관해서 그때 그 각성되는 것에 따라서 '어떤 것(전 찰나의 인식)으로부터 다른 어떤 것(다음 찰나의 인식)'이 있을 것이라는 것이 이 주장에서는 적절하다. 어딘가의 인식작용에서 직후에 약간의 어떤 인식작용이 있을

것이다."(H.79)

164b-165a.

[반론]

비인식[을 본질로 하는 것]은 인식의 질료인(upādāna)이 아니기 때문에 [인식의 자기 연속이] 성립한다. [대론자가 말하기를] 모든 현실적 존재들에 인식의 능력이 결합해 있기 때문에 [비인식을 본질로 하는 존재가 마음의 질료인이라는 것이] 인정된다.

avijñānasya vijñāna-anupādānāc ca sidhyati /

vijñāna-śakti-sambandhād iṣṭaś cet sarva-vastunaḥ //

165b-166a.

[답론[1]]

[현현하기] 이전에는 보이지 않았던 것도, [이미 그 결과는 근본원질 안에] 존재하고 있다고 하는, 이미 풀끝에 백 마리의 코끼리의 가능성이 있다고 하는 것을, 가축에도 비유할 수 있는 상키야학파의 논사[들] 이외에 어떠한 부끄러움을 아는 사람이 말하려고 할까?

etat sāṃkhya-paśoḥ ko anyaḥ salajjo vaktum īhate /

adṛṣṭa-pūrvam asti iti tṛṇa-agre kariṇāṃ śatam //

案

이렇게 해서 앎을 질료인으로 하여 다음 찰나의 앎이 발생하고, 의식의 연속이 성립한다. 이것이 의식의 흐름이 아니라면 연속체도 아니다. 과거의 업이나 여훈이 전해지면서 하나의 연속을 이루고, 인격으로서 인

지된다. 신체와 같은 물질이 앎의 질료인이 된다고 생각할 수 있는 것은 바비베카(Bhāviveka)가 『반야등론』(般若燈論)에서 전하는 상키야학파이며 그들은 흙 속에 가능성으로서 항아리가 있고, 곡물 속에 싹이 있다고 인중유과설(因中有果說)을 주장했다고 한다. 근본 질료인에 가능성으로서의 세계가 포함된다고 하는 것이지만, 그 이론에 대해 야유를 보낸 것이다(K.138).

166b-167a.

[답론2]

[눈에] 지각될 색깔 있는 모양[색]이 그 색깔 있는 모양 이전에는 지각된 적이 없다고 하는 것은, 논리적 이유를 백 가지로 전개해도 있을 수 있을까?

yad rūpaṃ dṛśyatāṃ yātaṃ tad rūpaṃ prāñ na dṛśyate /
śatadhā viprakīrṇe api hetau tad vidyate katham //

167b-168a.

[반론]

이전[의 과거세]에 존재하지 않았던 것이 [지금 현재세에 새롭게] 현현한다면, 탐욕 등은 결정되지 않게 될 것이다. [대론자가 말하기를 그것은] 물질요소(bhūtāni)를 본성으로 하는 것과 분리되는 것이 아니기 때문에 모든 것은 탐욕 등을 갖는다고 한다면.

rāga-ādy-aniyamo apūrva-prādurbhāve prasajyate /
bhūta-ātmatā-anatikrānteḥ sarvo rāga-ādimān yadi //

168b-169.

[답론]

[그렇다면] 모든 것이 똑같이 탐욕 등을 갖게 될 것이다. [대론자가 말하기를] 물질요소 간에 우열이 있기 때문에 그렇게 될 수 없다. [답한다.] 물질요소의 유기체성(prāṇityā)이 변화가 없다고 해도, 그 차이는 근거의 우열에 준해서 존재하기 때문에 [탐욕을 여읜 자라면] 그것(물질요소)을 소멸할 것이다.

sarvaḥ samāna-rāgaḥ syād bhūta-atiśayato na cet /
bhūtānāṃ prāṇitā-bhede apy ayaṃ bhedo yad āśrayaḥ /
tan nirhrāsa-atiśaya-vat tad-bhāvāt tāni hāpayet //

案

탐욕은 과거 마음의 여훈(습기)으로서 현재에 존재하는 것이라고 다르마키르티는 말한다. 유물론자와 같이 물질에서 탐욕 등이 유래한다고 생각하면 물질이 분포하는 것과 같이 모든 것에 보편적으로 탐욕 등도 분포하는 것이 되어, 그것도 현실을 말해 주는 것이 아니다. 현실적 존재에 우열이 있는 것처럼 심성에도 우열이 있다고 반대논사가 반론하자, 탐욕을 소멸한 자는 원인의 원소도 이미 없었던 것인가? 라고 반문한다(KT.242).

기무라는 "비인식을 본질로 하는 사물에 인식의 능력이 현현한다는 생각에 입각하면, 그와 같은 유기체는 과거생의 상속을 갖지 않는 것이 된다. 물질요소를 본성으로 하기 때문에 그들 유기체는 지 등과 마찬가지로 변함이 없다. 탐애 등을 갖는다면 모두 같은 탐애가 될 것이라고 한다. 근거인 물질요소의 우열과 증감에 따르는 것이라고 한다면, 만약 탐애를 소멸한 이욕자라면 근거인 물질요소도 소멸한 자일 터이다. 불교학파의 견해에서는 그것은 내세에 있어서 과보인 것이며 현세에서 갈애를 소멸해도 이 생에서는 업의 여훈을 짊어지고서 청정하게 살아가지 않을 수 없다. 심상속설에 입각한다면 어떤 자는 이욕자가 되고, 어떤 자는 유욕자가 되는 것과 같은 마음작용의 불확실함을 수반하는 모순은 존재하지 않는다. 갈애를 원인으로 하여 생을 향유할 뿐 유기체(중생)는 본래적으로 탐애를 본성으로 한다"고 설명한다(K.139~140).

170.

[반론]

[반대논사가 말하기를 탐욕 등에 강약의] 차이가 있어도 탐욕 등의 원인은 유사하다는 것은 없을 수가 없다.

na ced bhede api rāga-ādi-hetu-tulya-ātmatā-akṣayaḥ /

[답론1]

[그렇다면] 모든 사람에게 서로 유사한 탐욕이 있어야 할 것이다. 원인이 유사하기 때문이다.

sarvatra rāgaḥ sadṛśaḥ syād hetos sadṛśā-ātmanaḥ //

171.

[답론2]

서로 유사한 본질로부터 생기는 '소'라는 관념(pratyaya)에는 어디에도 정도의 차이(tātramya)는 없다. 이 경우도 지(地) 등에 있어서 유기체 등[에 정도의 차이는 없는 것이다].

na hi go-pratyayasya asti samāna-atma-bhuvaḥ kvacit/
tāratamyam pṛthivy-ādau prāṇitā-āder iha api vā //

案

아포하적 분별적 인식은 '소'에게 보다 좋은 소(gotarā), 최상의 소(gotanā)와 같은 정도의 차를 의미로 가지지 않는 것처럼, 물질에서 생긴 탐욕 등에도 정도의 차(tāratamya)는 없을 것이다. 그러나 실제는 개인차가 크다는 것이 사실이다.

172.

[반론]

[대론자가 말하기를] 뜨거움에 정도의 차이가 있어도 불이 뜨겁지 않다는 것은 결코 [있을 수] 없다. 이 경우도 마찬가지라고 한다면.

auṣṇyasya tāratamye api na anuṣṇo agniḥ kadācana /
tathā iha api iti

[답론[1]]

그렇지 않다. 불은 곧 뜨거움이어서 [양자의] 차이는 부정되기 때문이다.

cen na agner auṣṇyād bheda-niṣedhataḥ //

案

반대논사는 불의 뜨거움에 그다지 뜨거움의 차이가 없는 것처럼, 지(地) 등으로 이루어진 신체에서 생긴 심성에도 큰 차이는 없다고 한다.

다르마키르티는 그것에 대해서 불과 뜨거움은 동체(同體)지만, 원소와 심성은 별체(別體)라고 반론한다. 마노라타난딘은 다음과 같이 주석한다. "뜨거움에는 카디라 나무의 불 등에 정도의 차이가 있어도 뜨거움 없는 불은 어느 때에도 있을 수 없다. 여기서도 마찬가지로 탐욕 등에 정도의 차이가 있어도 탐욕을 여읜 어떠한 사람은 어느 때에도 있을 수 없다. [답론] 이것도 불합리하다. 왜냐하면 불의 뜨거움에 의한 차이를 부정하기 때문이다. 즉 이것은 불합리하다. 빛을 본성으로 하는 뜨거운 가능성 등이 불이라 말해진다. 그러므로 뜨거움이 존재하지 않는다면 불이야말로 있을 수 없을 것이다. 한편 탐욕 등은 물질원소들과는 다르다. 왜냐하면 그것(물질원소)이 없어도 그들(탐욕 등)은 존재하기 때문이다. 따라서 차이가 있는 원인을 제시한다."(H.82) 기무라는 "대론자는 불에 관해서 그 열에 정도의 차이는 있어도 원래 뜨겁다는 것은 변함이 없다는 것을 예시하고, 같은 유정에 관해서 탐애 등에 차이가 있어도 원래 유정의 속성임은 변함이 없다. 그러한 의미에서 물질요소에 유래하는 것도 이해된다고 한다. 그러나 그 비유는 적절하지 않다. 불과 열은 분리하기 어려운 것에 대해서 물질요소는 탐욕 등이 없어도 존재하기 때문이다"(K.141)라고 해설한다.

173.

[답론2]

[속성 그것과는] 다른 것인 [속성의 기체가 되는] 존재에 있어서, 그 정도의 차이를 직접적으로 경험하는 속성인 것, 그것은 어떤 [기체와는 별개의 존재로서 존재하는] 것에 있어서, [속성은] 그것과는 다르기 때문에 소멸하게 되는 경우도 있다. 예를 들면, [어떤 기체인 물질요소의

집합 그것과는 별개로 존재하는] 흰색[이라는 속성] 등과 같이. [요컨대, 항아리 등이 태워질 때, 그 흰색 등이라는 속성이 소멸한다.]

tāratamya-anubhavino yasya anyasya sato guṇāḥ /
te kvacit pratihanyante tad-bhede dhavalā-ādi-vat //

174.

[답론3]

한편, [물질원소에 의해 한정되는] 색깔 있는 모양[이나 맛] 등과 같이는, [탐욕 등은 물질요소에 있어서] 한정되지는 않는다. 그것(색깔 있는 모양)들은 물질요소와는 불가분이기 때문이다.

rūpa-ādi-van na niyamas teṣāṃ bhūta-avibhāgataḥ /

[반론]

그 [탐욕 등은 물질요소에 있어서 불가분의 존재라는 것]도 마찬가지라고 한다면.

tat-tulyaṃ cen

[답론1]

그것은 바르지 않다. 탐욕 등은 [물질요소와] 함께 생긴다고 하는 귀류(난점)가 부수하는 것으로 되기 때문이다.

na rāga-ādeḥ saha-utpatti-prasaṅgataḥ //

案

탐욕은 외부의 물질적 대상에서 오는 것이라면, 물질적 신체와 항상 접촉하기 때문에 항상 탐욕이 일어날 것이지만, 실제로는 그렇지 않다. 탐욕은 탐욕 자신의 동류인인 과거의 마음에서 생기는 것이다. 마노라타난딘은 다음과 같이 주석한다. "속성들에는 다르게 존재하는 성질을 가진 기체에 정도의 차이를 직접적으로 경험하는 속성들이 있는 경우, 그것들은 어떤 즉 성질을 가진 기체에서 소멸하게 된다. [속성은] 그것과는 다르기 때문에 즉 물질원소와 다르기 때문에 소멸한다. 흰색[이라는 속성] 등과 같이. 실로 모든 흰색은 물질원소의 전변(변형)이 아니다. 다음과 같은 생각이 있을지도 모른다. 물질원소의 성질인 색깔 있는 모양 등은 반드시 (이전에) 존재하지 않고 (이후에) 존재하지만 마찬가지로 탐욕 등도 또한 육체를 갖는 (자아)에 있을 것이다. 색깔 있는 모양 등과 같이는 탐욕 등에는 한정이 없다. 왜냐하면 그들 색깔 있는 모양 등은 물질원소와 불가분이기 때문이다. 실로 색깔 있는 모양 등의 공상(보편) 없이는 물질원소 등은 존재하지 않는다. 욕망 등도 그 물질원소와 불가분리하게 존재한다는 점에서 같다[고 묻는다면]. 그것은 그렇지 않다. 왜냐하면 탐욕 등이 물질원소들과 함께 생긴다고 하는 난점이 발생하기 때문이다. 즉 이따금 간혹 접근하는 대상들과 (함께 발생한다고) 한정되기 때문이다."(KT.82) 기무라 도시히코는 다음과 같이 설명한다. "색깔이나 맛 등은 물질적 성질로서 물질요소와 불가분으로 존재한다. 탐욕 등은 그렇지 않고 마음과 불가분으로 존재하는 것이다. 물질요소와 함께 생기고 수반하여 존재하는 것은 아니다."(K.142)

175.

[답론2]

[왜냐하면 탐욕 등은] 허망분별(개념)을 대상으로 한 인식이기 때문에

지각대상 그것이 [탐욕 등을 직접적으로] 한정하는 요인인 것은 아니다. 그것에 동류의 [인식이라는 질료적] 원인을 초래하지 않는 것으로 되어 버리기 때문에, [외적 대상으로서의 그것만이] 탐욕 등의 한정요인인 것도 아니다.

vikalpya-viṣayatvāc ca viṣayā na niyāmakāḥ /
sabhāga-hetu-virahād rāga-āder niyamo na vā //

176a.

[답론[3]]

그렇지 않으면 [신체라는 물질요소의 특정의 형태의 집합이 외적 대상이라는] 원인에 가까이 존재할 때에는 반드시 모든 의식이 생기는 것으로 되어 버릴 것이다.

sarvadā sarva-buddhīnāṃ janma vā hetu-sannidheḥ /

案

[탐욕 등은] [허망]분별의 대상이기 때문에 외계대상이 그것들을 한정할 수 없다. 또한 [물질요소는] 동류인을 떠나 있기 때문에 [탐욕 등을] 한정할 수 없다. [그렇지 않으면 즉 물질요소가 마음의 질료인이라면 물질요소는] 원인과 [항상] 접촉하고 있기 때문에 항상 모든 마음(buddhi)을 낳을 것이다.

기무라 도시히코는 "애욕은 분별대상(vikalpyaviṣaya)을 갖는다. 그것(분별)에 좌우되기 때문에 외부의 물질적 대상에서 오는 것은 아니라고 한다. 물질적 신체와 항상 접하고 있기 때문에 유물론자에 따르면 항상 애욕이 일어나야 할 터이지만 실제로는 그렇지 않다. 마음의 동류인인 과거 찰나의 마음으로부터 애욕과 같은 사업(思業)의 여훈(습기)이 전달된다. 그 외 고·락의 자기인식이나 우매(moha)나 예지와 같은 심성이 전해져 반복·강화되어 각각 다른 심성을 일으키는 것이다"(KT.243)라고 위의 송을 해설한다.

고제의 사상(四相)

案

부파불교에서 고의 원리에 속하는 4가지 상을 고제의 사상이라 한다. 사상은 무상, 고, 공, 무아이다. 일체는 조건에 의존하기 때문에 무상이며, 일체는 괴로움(불쾌감)을 본질로 하기 때문에 고이며, 일체는 나의 것이라는 사고방식을 뒤집기 때문에 공이며, 일체는 아견이라는 사고방식을 전복시키기 때문에 무아이다. 바수반두는 여기서 4개의 성스러운 원리(四聖諦)에 속하는 각 사상(四相), 합계 16상의 명상(瞑想)을 전하고 있다.

176b-177a.

[반론]

고(苦)란 무엇인가?

[답론]

[상주하는 존재는 언제나 인식되지만 무상한 존재는] 어떤 경우에[만] 인식되기 때문에 [사후에까지 지속하는 심신(五蘊)이라는 고의 존재는]

무상이다. [그 심신은] 악한 덕성에 의거하고 [다른] 원인에 지배되고 있기 때문에 고통이다. 그것은 자아(ātmā)도 아니며, (자아에) 속하는 것도 아니다.

kadācid upalambhāt tad adhruvaṃ doṣa-niśrayāt /
duḥkhaṃ hetu-vaśatvāc ca na ca ātmā na apy adhiṣṭhitam //

177b-178a.

[반론]

왜 영혼(자아)은 주재자가 아닌가?

[답론1]

원인 없는 존재는 주재자(adhiṣṭhātā)가 아니다. 상주[를 본질로] 하는 존재가 어떻게 해서 원인(능산자)일 수 있을까? 그렇기 때문에 각기 다른 시간에 단일한 존재로부터 다수의 존재가 생길 수는 없다.

na akāraṇam adhiṣṭhātā nityaṃ vā janakaṃ katham /
tasmād anekam ekasmād bhinna-kālaṃ na jāyate //

案

'원인이 없는 존재는 주재자가 아니다.' 왜냐하면 과잉 포섭의 난점이 발생하기 때문이다. 혹은 '상주'를 본질로 하는 실체가 '어떻게 원인(능산자)일 수가 있을까?' 왜냐하면 그 상주인 실체는 계기적으로도 동시적으로도 인과적 효과성을 결여하기 때문이다. 그러므로 각기 다른 시간에 보이는 즐거움과 괴로움 등의 다수의 결과는 '단일한 존재'로부터는 생기지 않는다. 왜냐하면 '다수의 존재'를 형성하는 능력이 있는 단일한 존재에 동시에 그 작용이 있다고 하는 난점이 발생하기 때문이다. 기무라 도시히코는 다음과 같이 설명한다. "영아(靈我, 아트만, 푸루샤)와 같은 다른 원인에 의존하지 않는 것 즉 상주인 것은 결과를 낳는 작용이 없다. 즉 인과적 효과의 능력이 없다. 인과적 효과의 능력이 없다면 주재 능력은 없다. 허공을 그 예로 들 수 있다. 그와 같은 영혼으로부터 매 찰나 각종의 인식이 생기는 것은 있을 수 없다. 이렇게 해서 무아가 정립된다. 원시불교에서는 무상으로부터 고를, 고로부터 무아를 정립하며 경험에서 귀납한 것 같지만, 다르마키르티는 찰나멸인 현실적 존재의 인과적 효과성이라는 독자의 형이상학설을 가지고 연역한다."(K.145)

178b-179a.

[답론2]

[상주를 본질로 하는 존재는] 다른 여러 요인이 [상주하는 존재와] 결합해도 결과는 생기지 않기 때문이다. [무상인 존재에 대해서는] 다른 요인을 추론할 수 있지만 상주하는 존재에 대해서는 이것은 없다.

kārya-anutpādato anyeṣu saṃgateṣv api hetuṣu /
hetv-antara-anumānaṃ syān na etan nityeṣu vidyate //

案

다른 학파가 말하는 영혼과 같은 다른 원인에 의존하지 않는 상주하는 존재에게는 결과를 낳을 수 있는 인과적 효과의 능력은 없다. 이렇게 인과적 효과의 능력이 없는 상주하는 존재가 어떻게 매 순간 마음이나 마음작용을 낳을 수 있을까? 따라서 마음의 연속은 상주가 아니라 무아이다. 마노라타난딘은 다음과 같이 주석한다. "나아가 다수의 원인이 모여 서로 결합해도 결과를 발생시키지 않기 때문에 다른 원인이 있을 수 있다는 추론이 있을 것이다. 예를 들면 색깔 있는 모양을 조망하는 주의 집중이 있다고 해도 눈은 발생하지 않는 눈의 지각을 추리하여 알게 한다. 이 결과가 발생하지 않는 것에 의한 추론은 상주인 존재들에게는 있을 수 없다. 왜냐하면 그것들을 배제하는 것이 아니기 때문이다."(H.84)

IX. 집의 원리

案

오래된 불교의 정리인 삼법인(三法印)도, 다르마키르티에 의하면 찰나적 존재인 현실적 존재의 인과적 효과성이라는 존재론으로 설명된다. 이상으로 고의 원리와 그 사상(四相)에 대한 평석을 마치고 이어서 다르마키르티는 집의 원리(samudayasatya)를 평석한다.

179b-180a.

[반론]

집(集)의 원리란 무엇인가?

[답론]

어떤 경우에만 생기는 것이기 때문에 이 괴로움(고)은 원인을 갖는 것이라고 증명된다. 원인을 갖지 않는 것은 다른 것에 의존하지 않는 것이기 때문에 [괴로움의 원인이 없다면, 그 괴로움은] 항상 존재하든가 혹은 항상 존재하지 않든가 [둘 중의 하나가 될 것]이다.

kādācitkatayā siddhā duḥkhasya asya sahetutā /

nityaṃ sattvam asattvaṃ vā ahetor anya-anapekṣaṇāt //

案

프라즈냐카라굽타에 의하면 이 송은 무인설(無因說)과 일인설(一因說)과 인중유과설(因中有果說)을 논파한 것이다. 마노라타난딘은 다음과 같이 주석한다. "4개의 형상을 본질로 하는 괴로움을 해설했기 때문에 집으로부터, 이유로부터, 조건으로부터라는 4개의 형상을 해설하기 위해 다음과 같이 말한다. '어떤 경우에만 생기는 것이기 때문에 이 괴로움은 원인을 갖는 것이 증명된다.' '원인을 갖지 않는 것은 항상 존재하든가 혹은 항상 존재하지 않든가 (둘 중의 하나이기 때문)이다.' 왜냐하면, 가령 허공이나 토끼 뿔과 같이, '다른 것에 의존하지 않는 것이기 때문이다.' 또한 고의 원인, 그것만이 집[제]이다."(H.84~85)

180b-181a.

[반론]

"마치 가시 등의 날카로움 등에 어떠한 원인도 존재하지 않는 것처럼, 그것과 마찬가지로 이것(고통으로서의 심신)에도 원인은 없다"라고 어떤 논사(본성론자, 자성론자)가 말한다.

taikṣṇya-ādīnāṃ yathā na asti kāraṇaṃ kaṇḍaka-ādiṣu /

tathā akāraṇam etat syād iti kecit pracakṣate //

案

무인설은 자성론자라고 불리는 논사들의 주장이다. 이것은 고대의 아지비카(Ājīvika)파의 숙명론과 유사하다. 기무라 도시히코는 다음과 같이 설명한다. "무인을 설하는 학파는 자성론자라 불리며, 원인을 설한 불교학파 등에 길항하는 숙명론자를 말한다. 옛날은 소위 육사외도 가운데 막칼리 고살라(Makkhali Gosāla)가 일종의 숙명론을 업설에 반대하는 것으로서 설하고, 아지타(Ajita)도 현세파와 유사한 유물론자로서 초기불전에 전해진다. 이들은 아지비카학파로서 서력 기원무렵까지 유력했다고 말해지지만 '자성론'은 아지비카파에 있어서 숙명론이 된다. 본성(자성)은 미리 결정되는 것으로 자이나의 구나라트나가 인용한 다음과 같은 구절이 본 게송을 잘 이해하게 할 것이다. '무엇이 가시의 예리함을 만들고, 짐승이나 새의 각종의 형상을 만드는가? 본성적으로 이 모든 것은 일어나 있고, 의사 그대로 되는 것이 아닌데 무엇 때문에 인위가 있을까?' 다른 한편『사르바다르샤나상그라하』(Sarvadarśanasaṅgraha)의 로카야타파의 절에 다음과 같이 기술한다. '불가시의 업의 힘을 인정하지 않으면 세간의 각종 형상은 변덕스러운 것으로 될 것이라고 한다면, 그렇지 않다. 본성을 원인으로 하여 생기기 때문이다. 그것을 말하여 불은 뜨겁고 물은 차다. 마찬가지로 바람은 시원하다. 이 각종의 형상을 누가 만든 것인가? 이 본성에 의해서 만들어진 것이다.'"(K.147~148)

181b-182a.

[답론]

어떤 것이 있을 때에만, 다른 것이 생긴다. [전자가] 변화가 있을 때 [후자도] 변화가 있는 경우, 전자는 후자의 원인이라 한다. 그것은 그들 [가시 등]에도 있는 것이다.

saty eva yasmin yaj janma vikāre vā api vikriyā /

tat tasya kāraṇaṃ prāhus tat teṣām api vidyate //

案

불교사상의 두 축은 '모든 것은 어떤 것과 관계를 갖는다'는 연기(緣起) 사상과 '관계를 맺는 항은 고정불변의 실체나 자아는 없다'고 하는 무아(無我)사상이다. 연기는 인연생기(因緣生起) 즉 인(因, 직접적 원인)과 연(緣, 간접적 원인)에 의지하여 생겨남 또는 인연(因緣)따라 생겨남의 준말로, 모든 것은 인연에 의해서 생겨나고 인연에 의해 소멸한다는 의미이다. 연기(緣起)라는 단어는 산스크리트어 프라티트야 삼무파다(प्रतीत्यसमुत्पाद , pratītyasamutpāda)를 뜻에 따라 번역한 것으로 인연생기(因緣生起)의 준말이다. 한역(漢譯) 경전에서는 발랄저제야삼모파다(鉢剌底帝夜參牟播陀)로 음차하여 표기한 경우도 있다. 프라티트야(pratītya)는 '의존하다'이며, 삼무파다(samutpāda)는 '생겨나다'·'발생하다'이다. 영어권에서는 dependent arising(의존하여 생겨남), conditioned genesis(조건 지어진 생성), dependent co-arising(의존된 상호발생), 또는 interdependent arising(상호 의존하여 생겨남) 등으로 번역되고 있다.

초기의 경전인 『잡아함경』에서는 "이것이 있음으로 인해 저것이 있다(此有故彼有), 이것이 생김으로 인해 저것이 생긴다(此生故彼生). 이것이 없음으로 인해 저것이 없다(此無故彼無), 이것이 소멸함으로 인해 저것이 소멸한다(此滅故彼滅)"라는 정형구로 표현된다. 팔종(八宗)의 조사이자 소승에서 대승에로의 문을 연 용수보살(龍樹菩薩)은 연기사상을 공사상의 관점에서 새롭게 해석하는데 그것이 바로 팔불연기(八不緣起)이다. 팔불연기는 "모든 존재는 소멸하지도 않고 생기지도 않으며(不滅不生), 단멸하지도 않고 상주하지도 않으며(不斷不常), 같지도 않고 다르지도 않으며(不一不異), 오지도 않고 가지도 않는다(不來不去)"라고 표현된다. 그렇다면 왜 모든 존재는 불멸불생, 불단불상, 불일불이, 불래불거인가? 존재는 무아이며, 공이며, 연기이기 때문이다. 이렇게 '존재'와 '관계'를 무아와 공의 관점에서 해석한 용수의 사상을 다르마키르티도 계승하고 있다.

마노라타난딘은 다음과 같이 주석한다. "어떤 것이라는 현실적 존재가 있을 때에만 다른 것이 생기며 혹은 어떤 것에 변화가 있을 때에만 다른 것의 변화가 있을 경우 어떤 것은 다른 것의 생성과 변화의 원인이라고 지자들은 말한다. 종자, 물, 흙 등과 그것의 탁월성 등의 변화가 있을 때에만 그것의 생성이라는 변화가 그들 가시 등에도 있다. 그러므로 그것들은 원인임에 틀림없다. 결합체들도 마찬가지이다."(H.85)

182b-183a.

[반론]

'[또한 가시의 통증이라는] 촉각이 있을 때, 그 가시의 색깔 있는 모양(色)에 대한 눈의 인식도 있다. 그리고 가시의 통증이 없을 때에는, 그 가시의 지각적 앎도 없다. 그런데 가시의 통증은 그 지각적 앎의 원인은 아니다. 그렇기 때문에 그 이론은 과대적용이 된다'라고 한다면.

[답론]

촉각이 색깔 있는 모양(色)을 원인으로 하고 있다는 점에서, [간접적으로] 시각에 관해서도 원인이 된다. 한편 상주를 본질로 하는 존재는 [계시적으로] 작용을 담당하는 것은 아니기 때문에, 창조신(이슈바라)[이나 근본원질과 정신원리] 등은 [원인으로서] 있을 수 없다.

sparśasya rūpa-hetutvād darśane asti nimittatā /

nityānāṃ pratiṣedhena na īśvara-ādeś ca sambhavaḥ //

案

인과관계는 상호 원인인 것도 있다. 가시의 예리함은 종자가 원인이 되며, 가시의 아픈 통증에 대한 앎은 녹색의 원인이기도 하다. 『아비다르마코샤』가 말하는 구유인(俱有因)이다. 원인 그 자체도 무상이기 때문에 신이나 영혼 그리고 상키야학파가 말하는 근본 질료인 등의 상주를 본질로 하는 원인은 인과적 효과의 능력이 없기 때문에 어떤 존재의 생성 원인이 된다는 것이 부정된다. 마노라타난딘은 다음과 같이 주석한다. "색깔 있는 모양(色) 등으로 분할되지 않는 가촉성(촉각)은 협력자의 상태에서 색깔 있는 모양(色)의 원인이기 때문에 보는 것(시각) 즉 간접적으로 눈의 인식에 관한 동력인이다. 따라서 과잉포섭이 아니다. 또한 이것은 배제를 승인하여 말해진다. 그러나 색깔 있는 모양을 교시하여 가촉성(촉각)이 없을 때, 눈의 인식이 아닌 것은 알 수가 없다. 왜냐하면 색깔 있는 모양과 가촉성(촉각)은 분리하지 않고서 존재하기 때문이다. 또한 그 괴로움은 계기적, 비계기적으로 상주인 것들에 인과적 효과의 능력이 없기 때문에 부정된다. 또한 주재자 등에서 '등'이라는 말에서 근본원인이나 정신원리 등이 [알려진다]라는 원인에서는 있을 수 없다. 즉 발생하지 않는다. 따라서 상주이기 때문에 발생하지 않으므로 고의 원인은 존재에 대한 욕망(갈망) 즉 생성에 대한 갈망이며, 생성의 상태의 존속은 중생 등의 욕망을 본질로 한다."(H.85~86)

요컨대 고는 원인을 가지며 그것 자체의 본성에서 생기는 것이 아니다. 그런데 원인이 상주를 본질로 하는 존재라면 그것은 고라는 결과를 낳을 수 없다. 반면 원인이 무상을 본질로 하는 존재라면 고라는 결과를 낳을 수 있으며, 그리고 무상을 본질로 하는 것만이 타자를 낳을 수 있는 인과적 효과성이 존재하는 것이다. 한편 상주를 본질로 하는 이슈바라 신이나 푸루샤 그리고 아트만이나 근본 물질원리인 프라다나 등은 인과적 효과성을 결여하기 때문에 어떤 결과도 낳을 수 없다.

183b-184a.

[답론]

왜냐하면 [그와 같은 것은 인과적 효과의] 능력이 없기 때문이다. 그렇기 때문에 [고의] 원인은 생에 대한 욕망이다. 사람들이 그것을 얻고 싶다고 하는 욕망에 의해 특정한 장소(모태)에 이르기 때문이다.

asāmarthyād ato hetur bhava-vāñchā-parigrahaḥ /
yasmād deśa-viśeṣasya tat prāpty-āśākṛto nṛṇām //

案

그렇다면 고의 원인은 무엇인가? 생존에 대한 욕망 즉 존재를 지속하고자 하는 욕망이다. 이러한 욕망으로 인해 생사윤회하면 특정한 장소인 모태에 이르는 것이다.

184b-185a.

[반론]

세존에 의해서 말해진다. '그 가운데 집제라는 성스러운 진리는 어떤 것인가? 재생의 기쁨이 있는 사람은 욕망을 수반하지 않으며, 이것저것에 환희한다. 혹은 애욕에로의 갈망, 존재에로의 갈망, 부유함에로의 갈망이다.' 그런데 어떻게 해서 유일한 생존에로의 욕망이 집제라는 진리라고 말해지는 것인가?

[답론1]

그리고 그 생존에로의 욕망이란, 유정의 즐거움을 얻고자 하고 괴로움을 피하고자 하는 활동이다. 또한 [성전에서도] 애욕과 죽음에로의 욕망의 양자가 고려되고 있는 것에서도 [알 수 있다].

sā bhava-icchā āpty-anāpti-icchoḥ pravṛttiḥ sukha-duḥkhayoḥ /
yato api prāṇinaḥ kāma-vibhava-icche ca te mate //

案

단지 고통을 버리고자 하는 바람은 보다 나은 삶을 살고자 하는 바람에 근거하기 때문에 죽음에 대한 욕망과 마찬가지로 잘못된 것으로 간주된다(KT.247). 마노라타난딘은 다음과 같이 주석한다. "어떤 원인에서 유정의 즐거움과 괴로움의 계기적인 도달과 미도달을 원하는 활동은 모태인 장소를 얻기 위한 경우, 그 원인은 생존에로의 갈망이기도 하다. 또한 그것은 애욕, 부유함에로의 갈망이라고 간주된다. 즐거움에로의 도달의 갈망은 애욕에로의 갈망이며, 괴로움으로부터의 분리의 갈망은 부유함에로의 갈망이다. 생존에로의 갈망은 즐거움과 괴로움에로의 도달과 제거에 근거하고 있을 때, 모태의 장소를 취하는 갈망을 본질로 하여 양자는 공히 포괄하기 때문에 모순하지 않는다."(H.86) 기무라 도시히코는 다음과 같이 해석한다. "앞 송의 제창이 다음의 아가마와 모순하지 않는다는 것을 기술한 것이다. '그 가운데 집성제란 무엇인가? 이 갈애는 재생으로 이끌고 기쁨과 탐욕을 수반하지 않으며 여기저기에 희열을 발견하는 것이다. 즉 애욕에로의 갈애, 생존에로의 갈애, 죽음에로의 갈애이다. 생존에로의 욕망이란 애욕에로의 갈애인 즐거움을 얻고자 하고, 죽음에로의 갈애인 괴로움을 버리기를 바라는 것을 포함하고 있다. 괴로움의 원인으로서의 생존에로의 갈애만을 거론해도 논리적으로 아가마의 이 정의와 모순하지 않는다고 해석한 것이다."(K.150~151)

185b-186a.

[답론2]

그리고 모든 경우에 즐겁지 않은 것에 대해 즐거움이라고 상념하는 자아에 대한 애착이 [생사윤회하는 생의] 원인이기 때문에 [그것에 의해 윤회] 전생해 가는 것이다. 그러므로 갈애가 생존에로의 근거이다.

sarvatra ca ātma-snehasya hetutvāt sampravartate /
asukhe sukha-saṃjñasya tasmāt tṛṣṇā bhava-āśrayaḥ //

案

자아에 대한 애착이 윤회전생의 공동인이며, 과거 찰나의 마음이 직접적인 원인이다. 전자를 동력인 그리고 후자를 질료인이라 명명해도 좋다. 마노라타난딘은 다음과 같이 주석한다. "또한 집은 집적하는 것을 본질로 하기 때문에 즐거움이 아니다. 즉 즐거움을 여읜 모든 대상에 즐거움이라고 상념한다. 즉 고와는 반대의 것을 이해하는 것이 이유이기 때문이다. 이것에 의해 부정인 것에 대해 청정이라고 상념하는 오해도 말해진다. 실로 부정에 관해서 그와 같이 생각하는 어떠한 사람에게도 자아에 대한 애착에 의해 즐거움이라는 상념은 있을 수 없다. 왜냐하면 자아에로의 애착 즉 자아의식, 자기의식이 일어나는 것이 원인이기 때문이다. 이것에 의해 자아가 아닌 것에 대해 자아라고 애착하는 오해도 말해진다. 그것에 의해 윤회전생해 간다는 말에 의해서 무상의 오해가 지적되었다. 실로 상주라는 오해가 없는 경우에는 결과를 구하는 사람은 윤회전생을 개시하지 않는다. 그런데 이와 같이 4개의 오해로 인상지어진 마음만이 자아에로의 애착으로부터 즐거움으로 도달하고 괴로움을 완전히 제거하려는 바람이야말로 갈망이다. 그러므로 갈애가 생존에로의 근거이다. 즉 원인이다. 이것에 의해서 '원인이기 때문'이라고 말해진다."(H.86~87)

186b-187a.

[반론]

[니야야학파의] 논사는 "탐욕을 떠난 존재에게는 탄생은 보이지 않는다. [따라서 탐욕은 신체에 유래하는 것이다]"라 하고, 아울러 "신체를 지니지 않는 존재에게는 탐욕은 보이지 않기 때문에 신체로부터 탐욕이 생기는 것이다"라 한다.

virakta-janma-adṛṣṭer ity ācāryāḥ sampracakṣate /
adeha-rāga-adṛṣṭeś ca dehād rāga-samudbhavaḥ //

案

태어나는 것은 신체이며 영혼은 상주하는 것이다. 무상한 신체도 영혼의 욕망을 짐 지고 태어난다. 그것은 아트만의 전생에서의 경험의 상기라고 말하는 것이다. 바츠야야나는 불교에서 말하는 '업의 습기'를 '영혼의 기억'이라 한다(KT.247). 마노라타난딘은 다음과 같이 주석한다.

“‘탐욕을 떠난 자에게는 탄생은 보이지 않기 때문’이라고 가우타마 등의 ‘논사도 선언한다.’ 또한 ‘신체를 지니지 않는 존재에게는 탐욕은 보이지 않기 때문에 신체로부터 탐욕이 생기는 것이다.’ 즉 확립한다. 따라서 육체를 가진 자에게는 탐욕의 떠남은 있을 수 없다.”(H.87) 신체를 떠난 탐욕, 탐욕을 여읜 신체란 있을 수 없기 때문에 탐욕은 신체에 근거한다는 대론자의 반론이다.

187b-188a.

[답론]

[신체를 탐욕의] 공동인(조성인)이라 이해한다면 [이미 우리들도] 인정하고 있다. 그러나 질료인인 것은 부정된다. 그런데 [로카야타파는] 이 이론을 탐구하면서 스스로 자신의 체계를 부인하고 있다.

nimitta-upagamād iṣṭam upādānaṃ tu vāryate /
imān tu yuktim anvicchan bādhate sva-mataṃ svayam //

案

신체는 마음작용이 생기는 직접적 원인이 아니다. 다만 탐욕 등의 마음작용에 대해서 신체는 신식을 매개로 그것의 생성을 돕는 조력인 즉 공동인이다. 다만 전 찰나의 마음작용이 탐욕의 질료인일 뿐이다. 다르마키르티는, 탐욕은 신체를 조성인으로 하여 생긴다고 하는 성전의 설을 회통하였다. 그리고 윤회의 직접적인 원인 가운데 동력인(nimitta)이 되는 것은 탐욕의 마음이다. 그 태생인 질료인(upādāna)은 전 찰나의 마음이다. 신체적인 탐욕이 윤회로 향하게 하는 것이지만 윤회의 소의(주체)는 심상속이라고 한다. 로카야타파는 신체가 윤회의 원인이라고 하여, 윤회 자체를 인정해 버린다고 말하는 것이다(KT.248). 마노라타난딘은 다음과 같이 주석한다. "'공동인 즉 조성인(협력인)이라 이해한다면' 이 욕망의 협력자인 신체가 원인이라고 인정된다. 그러므로 인정되지 않은 것은 아니다. '그러나 질료인'인 신체는 탐욕으로부터 '부정된다.' 한편 탐욕이야말로 질료인이다. 그리고 탐욕은 탄생의 원인이 아니다. 왜냐하면 탐욕을 여읜 자의 자비에 의해서 탄생이 가능하기 때문이다. 탐욕이 있는 자도 또한 갈애에 의해서만 탄생을 파악한다. 이것에 의해 조건으로부터라는 것이 해설되었다."(H.87) 즉,

신체 = 탐욕의 공동인(조성인)

전 찰나의 마음작용 = 탐욕의 질료인

윤회의 근거(주체) = 마음의 연속체(심상속)

188b-189a.

[반론]

[대론자가 말하기를] 이제 막 태어난 자에게도 탐욕(rāga)이 보이기 때문에 [탐욕은] 생과 공존하는 것이다.

janmanā sahabhāvaś cet jātānāṃ rāga-darśanāt /

[답론1]

[탐욕은] [이전의] 동류의 [탐욕을 질료인으로 하여 그것]으로부터 생긴 것이기 때문에 [신체의 탄생] 이전부터 [탐욕이] 존재하고 있었던 것이 된다.

sabhāga-jāteḥ prāk siddhiḥ kāraṇatve api na uditam //

189b-190a.

[답론2]

무지도 확실히 [고로서의 윤회하는 심신의] 원인이었다고 해도, [간접적인] 원인으로서는 부정된다. 생존을 향해서 연속을 추진하는 [직접적인 요인이기] 때문에 실로 갈망이야말로 [그와 같은 심신의] 원인인 것이다. 행위의 잠재적 여력도 또한 무지와 마찬가지로 그것만이 존재하고 있다고 해도, [심신은 생기지 않기 때문에] 직접적으로 [원인이 되는 것으로서는] 부인된다.

ajñānam uktā tṛṣṇā eva santāna-preraṇād bhave /
ānantaryāc ca karma api sati tasminn asambhavāt //

案

갈애 등의 마음이 동류인(sabhāgahetu), 요컨대 전 찰나의 같은 마음이 질료인이다. 그렇다면 여기서 우리가 알 수 있는 것은, 연속은 마음의 연속이라는 것, 또한 마음의 연속은 신체를 원인으로 하지 않는다는 것이다. 신체와 욕망이 공존하기 때문에 신체를 그와 같은 마음의 원인이라고 로카야타파도 생각한다. 하지만 그것은 업설에 가까운 주장이라 할 수 있다. 심리적 요인 중에서도 옛 언어로 갈애(tṛṣṇā)라 부르는 마음이 직접적인 작용의 동인이다. 단순한 사이업(思已業)은 그것만으로는 윤회의 동력인이 될 수 없다. 아라한이나 보살처럼 업이 남아 있어도 지금 생을 청정하게 보내는 사람들이 있는 것이다(KT.248).

X. 멸의 원리

案

앞서 고의 원인인 집제에 대한 논의는 마무리되었다. 여기서는 고의 원인이 소멸한 결과인 '고의 소멸'에 대한 내용이 이어진다. 대론자들은 심신의 고는 인간인 한 절대적이며, 운명이자 숙명이라고 한다. 하지만 다르마키르티는 심신의 고는 절대적인 것이 아니라 그 원인인 갈애를 제거하게 되면 소멸한다고 말한다. 생사의 윤회는 그 어느 누구도 벗어날 수가 없는 절대적인 사슬이 아니다. 고의 원인이 제거되었을 때 윤회를 여의고 해탈을 성취하는 것이다.

190b-191a.

[반론]

멸(滅)의 원리란 무엇인가?

[답론]

그것(심신의 고)은 절대적인 것이 아니다. [고의] 원인[인 갈애]를 항복

받는 것 등이 가능하기 때문이다.

tad anātyantikaṃ hetoḥ pratibandha-ādi-sambhavāt /

[반론]

[대론자가 말하기를] 윤회를 하기 때문에 해탈은 [있을 수] 없다. [윤회를 본성으로 하는 것이 중생이다. 따라서 중생은 해탈을 할 수 없다.]

saṃsāritvād anirmokṣo

[답론1]

그렇지 않다. [윤회는] 누구나 아는 것이지만, [해탈은] 누구나 성취하는 것이 아니기 때문이다.

na iṣṭatvād aprasiddhitaḥ //

191b-192a.

[답론2]

무릇 [고인 심신에 대해서 단일한] 자아에 대한 집착을 버리지 않고서, 그 [생사윤회하는 자]는 욕망하는 한, 고인 것(심신)을 [자아로서 허망하게] 분별한다. [그래서] 본래의 상태에 머물러 있을 수 없다.

yāvad ātmani na premṇo hāniḥ sa paritapyati /

tāvad duḥkhitam āropya na ca svastho avatiṣṭhate //

案

자아에 집착하는 사람은 [자아를] 싫어하여 떠나지(厭離) 않는 한, 고통스러운 [마음과 신체를 자아로서 허망하게] 상정한다. 그래서 본래의 상태에 머물러 있을 수 없다. "만약 어떠한 윤회하는 자도 없다면 어떠한 해탈을 구하는 자가 무엇을 위해 활동을 개시하는가? 또한 자아 즉 유일한 자아의식의 대상인 결합체(蘊)에 대한 애착, 즉 집착의 제거가 없는 한 괴로운 자아를 허망하게 분별하여 유정(유기체)이 믿어 버린 그 고의 연속체를 욕망한다. 즉 고에 머문다. 또한 고의 원인과 제거하는 수단에 의해서 그는 번뇌를 떠나서 본래의 상태에 머물러 있을 수 없다"(H.89)라고 마노라타난딘은 위의 게송을 주석한다.

192b-193a.

[답론3]

[욕망을 떠난 사람이라고 해도 완전하게] 해탈을 한 사람이라고 할 수 없다. [하지만 그럼에도 불구하고 그는] 허망한 분별을 버리기 위해 노력한다. 욕망을 떠난 사람(離欲者)들은 자비에 의해서 [자발적으로] 혹은 업에 의해서 [지금 현재의 청정한 삶에] 머문다.

mithyā-adhyāropa-hāna-arthaṃ yatno asaty api moktari /
avasthā-vīta-rāgāṇāṃ dayayā karmaṇā api vā //

案

자기의 성품이 무아임을 깨닫는다면 아직 남아 있는 업의 힘으로 그는 지금의 삶을 청정하게 보내고, 그뿐만 아니라 자비에 의해서 중생 구제의 사업을 행한다. 전자는 아라한이며 후자는 보살이다(KT.249). 기무라 도시히코는 "자아(영혼)를 구상하는 것을 정지하고 무아성을 통찰하는 것에 의해서만 고통으로부터 벗어날 수 있다. 이욕자가 되어 곧바로 해탈하는 것이 아니라 자비의 정신에 의해서 청정하게 지금의 삶을 보내게 된다. 업의 힘에 의해서 이 세상에 머무는 것이다. 대승불교의 이념에서 다르마키르티는 말하는 것이다. 이와 같은 자비의 체현자는 보살이라 불린다"(K.155)고 설명한다.

193b-194a.

[답론4]

[삶을] 견인하게 하여 [고인 연속이] 끊어지지 않게 되는 것을 바라기 때문이다. [윤회의] 공동인(sahakārī인 갈애)은 다했기 때문에 [현재의] 삶에 대한 갈애를 초월한 사람의 업은, 다음 [삶]을 견인하지 않는다.

ākṣipte avinivṛtti-iṣṭeḥ sahakāri-kṣayād alam /

na ākṣeptum aparaṃ karma bhava-tṛṣṇā-vilaṅghinām //

194b-195a.

[답론5]

[존재의 실상인 무상, 공, 무아,] 고에 관한 인식이 있다면, 전도[망상]이 없는 자에게는 과거의 잠세력에 의해서 초래되는 자비가 생긴다. 그것(자비)은 유정[에 대한 잘못된 견해]에 수반하는 것이 아니라 현실적 존재의 속성이다.

duḥkha-jñāne aviruddhasya pūrva-saṃskāra-vāhinī /

vastu-dharma-udaya-utpattir na sā sattva-anurodhinī //

案

일체는 인연에 의해 생기기 때문에 무상이며, 일체는 괴로움을 본질로 하기 때문에 고이며, 일체는 나의 것이라는 사고방식을 전변하기 때문에 공이며, 일체는 나라는 사고방식을 뒤집기 때문에 무아라는 고의 형상을 바르게 관찰함으로써 증오를 떠나고 그것의 역의 범주인 지혜와 자비가 생긴다. 그 자비는 과거에 걸친 수행의 결과이다.

195b-196a.

[답론6]

[존재의 실상인 무상·고·공·무아와는] 다른 본질을 가탁함으로써 그와 같은 [존재의 실상인 무상·고·공·무아라는] 본질을 갖지 않는 법에 대한 탐욕이 생긴다. [한편] 고의 상속을 경험하는 것에 의해서만 자비가 생긴다.

ātma-antara-samāropād rāgo dharme tad-ātmake /
duḥkha-santāna-saṃsparśa-mātreṇa eva dayā-udayaḥ //

案

무상·고·공·무아인 법에 대해서 상주(常)·쾌락(樂)·나의 것(我所)·나(我)라고 허망하게 분별하여 갈애하는 것이 세간의 실상이다. 자기나 타자의 [마음의] 연속(인격)이 고임을 투철하게 직관하는 것만으로 갈애 대신에 자비가 생긴다(KT.250). 마노라타난딘은 다음과 같이 주석한다. "다른 본질 즉 견고하며 안락한 자아와 자아에 속한 것의 본성은 가탁하기 때문에 결합체만을 본성으로 하여 그것을 본질로 하지 않는다. 즉 현실적 존재의 확고하지 않는 등을 본성으로 하는 것에 탐욕 즉 갈애의 본성이 있다. 한편 자비가 일어나는 것은 고의 연속의 경험이다. 즉 보는 것만에 의해서 이와 같이 존재한다. 거기에는 중생을 보는 것을 필요로 하지 않는다."(H.91) 다시 말하면 무상·고·공·무아인 법에 대해서 상주·쾌락·나의 것·나라고 개념적으로 구상하여 탐욕한다. 고의 연속인 자기를 체험하고 직관하는 것에 의해서만 이기적인 탐욕을 여의고 자비의 마음이 현현한다. 실상을 관찰하여 허망분별을 버리라고 말한다.

무상 ↔ 상주

고 ↔ 락

공 ↔ 아소

무아 ↔ 아

196b-197a.

[답론7]

또한 어리석음(痴)은 모든 악한 덕성(오류)의 근원이다. 그리고 그것(어리석음)이란 유정에 대한 집착(유신견)이다. 그것(유정에 대한 집착) 없이 최초의 원인[어리석음]에 대한 증오(瞋)는 없다. 따라서 자비는 악한 덕성이 아니라고 생각된다.

mohaś ca mūlaṃ doṣāṇāṃ sa ca sattva-graho vinā /

tena ādya-hetau na dveṣo na doṣo ataḥ kṛpā matā //

案

무지는 모든 악한 덕성(과실)의 최초의 원인이다. 그것이 없다면 증오가 없이 자비가 생긴다. 성전에서는 '육체의 오온(rūpaskandha)이 자아(ātmā)이다. 자아는 육체의 오온을 가지며 자아 속에 육체의 오온이 있다. 육체의 오온 속에 자아가 있다'라는 4종의 분별을 일으키고, 각 온에 그것이 있기 때문에 합계 20종의 유신견(살가야견薩迦耶見)이 있다. 마노라타난딘은 이렇게 주석한다. "[반론] 또한 미혹은 모든 악한 덕성(결점)의 원인이다. 즉 최초의 원인이다. 그리고 그 미혹은 유정에 대한 집착이다. 또한 유정에 대한 집착이 근절되기 때문에 그 유정에 대한 집착 없이는 최초의 원인이 해를 입힌 사람에 대해 증오는 없다. 왜냐하면 아견이 없기 때문이며, 그것을 해치는 미망(착오)이 없기 때문이다. 따라서 악한 덕성(오류)의 근원인 자아에 대한 집착이 없기 때문에 현재 생기는 자비는 결점이 아니라고 생각된다."(H.91)

기무라 도시히코는 "아견이라는 무지는 모든 악한 덕성(과실)의 근본원인이다. 아견을 유견이라고 부를 때도 있지만, 예부터 말하는 유신견(有身見)이라고도 다르마키르티는 말한다. 발달한 아함경전에서 '20의 유신견'이라고 불리는 경우는 '색온이 아(我)이다. 아는 색온을 지닌다. 아 중에 색온을 지니며 색온 중에 아가 있다'라는 4종의 아견을 오온의 각각에 관해서 보기 때문에 20종의 유신견(살가야견)이라 부르는 것이라고 말해진다"(K.157)고 한다.

197b-198a.

[답론8]

과거의 업의 힘이 다하면 다른 [생으로] 연계되지 않기 때문에 해탈이 그 사람에게 있다. [인과적 효과의] 능력이 잔존해 있는 업을 지닌 사람들은 청정하게 [지금 현재의 삶을] 영위하는 것이다.

na amuktiḥ pūrva-saṃskāra-kṣaye anya-apratisandhitaḥ /
akṣīṇa-śaktiḥ saṃskāro yeṣāṃ tiṣṭhanti te anaghāḥ //

案

업의 힘이 이 세상에서 다하면, 생사윤회의 수레바퀴에서 벗어나 다음 생으로 전생하지 않는다. 다시 말하면 다음 생에서 신체를 취하여 모태에 태어나지 않는다. '나'라는 자아의식과 '나의 것'이라는 소유의식이 소멸하면 어떠한 허물도 짓지 않는다. 아울러 새로운 업도 쌓지 않는다. 그렇게 무시이래의 수행으로 아견이 무아견으로, 아소견이 공견으로 전변하는 수행자는 이 세상에서 청정한 삶을 영위하는 것이다.

198b-199a.

[답론9]

[성문 등은] 자비가 미약하기 때문에 [이 생사윤회의 세계에] 머물려고 크게 노력하지 않는다. 그러나 [무시이래로부터 수행에 의해서 그 자비에 숙련하여] 대비(mahatī kṛpā)를 지닌 사람은, 타자의 이익을 위해 [생사윤회의 세계에] 머무는 것이다.

mandatvāt karuṇāyāś ca na yatnaḥ sthāpane mahān /
tiṣṭhanty eva para-adhīnāḥ yeṣāṃ tu mahatī kṛpā //

案

유식에 의하면 우리의 마음은 종자들로 충만해 있다. 왜냐하면 과거의 몸으로 짓는 행위인 신업과 입으로 짓는 구업과 뜻으로 짓는 의업은 그 여습과 습기를 종자의 형태로 마음에 남기기 때문이다. 그래서 유식에서는 제8 아뢰야식을 일체종자식(一切種子識)이라 불렀던 것이다. 종자에는 2종이 있다. 하나는 업종자(業種子)이며, 또 하나는 명언종자(名言種子)이다. 후자인 명언종자가 현재의 나를 생성하는 원인이라면, 전자인 업종자가 미래의 나 즉 다음 생의 자기를 낳는 것이다. 그런데 무아견과 공견이라는 지혜를 근간으로 하는 자비의 마음이 미약한 성문이나 독각 등의 수행자들은 자기의 해탈만을 지향하여 현생에 머물려고 하지 않는다. 반면 무시이래의 수행에 의해 자비의 마음으로 충만한 보살은 타자의 이익 즉 하화중생(下化衆生)을 위해 생사윤회하는 세계에 머물고서 중생을 구제하려고 노력한다.

199b-200a.

[반론]

[대론자는 다음과 같이 말할지도 모른다.] 초도인 견도(見道)에서 유신견(satkāyadṛṣṭi)을 끊었기 때문에 [예류향(預流向)으로 들어간 자에게는] 더 이상의 생존은 없을 것이다.

satkāyadṛṣṭer vigamād ādya eva abhavo bhavet /

[답론]

본능적인 것(유신견)은 끊어지지 않았기 때문에 그와 같은 것은 있을 수 없다. [유신견에는 오온 이외의 자아를 조정하는 것 즉 후천적인 것과 본능적인 것의 2종이 있다. 그 가운데 초견도에서는 조정된 유신견을 끊었지만, 제2의 유신견은 끊어지지 않았기 때문에 생존의 연속은 단절될 수가 없다. 그러나 더욱 밝고 예리한 지혜에 의해서 그 제2의 유신견마저] 끊어지게 될 때에는 어떻게 해서 재생이 있을 수 있을까?

mārge cet sahaja-ahāner na hānau vā bhavaḥ kutaḥ //

案

초기불교와 부파불교에서 수행의 계위를 4종의 단계로 나누는데, 그것을 사향사과(四向四果)·사문사과(沙門四果) 또는 성문사과(聲聞四果) 또는 줄여서 사과(四果)라 부른다. 고타마 붓다의 제자들은 그의 가르침을 듣고 수행함으로써 아라한이라는 이상의 경지에 도달할 수 있다고 생각하였으며, 아라한의 경지에 도달하는 데 사향사과라고 불리는 8종의 위계(位階)가 있다고 했다. 즉 아래서부터 말하면 예류(豫流)·일래(一來)·불환(不還)·아라한(阿羅漢)의 4위가 있다. 우선, 예류 즉 예류과는 수다원(須陀洹)이라고 음역(音譯)되는데 깨달음의 길을 하천의 흐름에 비유하여 그 흐름에 참여한 것, 즉 불도 수행에 대한 확신이 생긴 상태를 말한다. 다음으로 일래 즉 일래과는 사다함(斯陀含)이라고 음역되는데 수행의 도상에 있어서 한 번 더 욕계로 태어나는 것을 의미한다. 다음으로 불환 즉 불환과는 아나함(阿那含)이라고 음역되는데 더 이상 욕계로 태어나지 않아도 되는 상태이기 때문에, 즉 욕계로 윤회하여 더 배워야 할 필요가 없어진 상태이기 때문에 불환이라고 한다. 마지막으로 아라한향(阿羅漢向)은 아라한과(阿羅漢果)에 이르기까지의 위계이다. 아라한 즉 아라한과에 이르면 무학위(無學位)로서 더 이상 배울 것이 없고, 번뇌는 다하였으며, 해야 할 바를 다하였고, 윤회에서 해탈해서 열반에 들어간다고 생각되었다. 무학위를 간단히 무학(無學)이라고도 한다. 아라한과 이전의 단계를 통칭하여 유학위(有學位, 배울 것이 있는 계위) 또는 유학(有學)이라고 한다(이상 위키백과 '사향사과' 항목 참조). 이 게송은 이러한 초기와 부파불교의 수행의 계위를 알아야만 이해할 수 있다.

대론자의 반론은 4종의 수행단계 가운데 제1의 단계인 예류에서 유신견 —산스크리트 원어 사트카야-드르슈티(satkāya-dṛṣṭi)를 의역한 것으로 줄여서 신견이라고도 한다. 음역하여 살가야견(薩迦耶見, 살가야는 satkāya의 음역이고 견은 dṛṣṭi의 의역임), 살가야달리슬치(薩迦耶達利瑟致, 달리슬치는 dṛṣṭi의 음역임), 삽가야견(颯迦耶見) 또는 삽가사견(薩迦邪見)이라고도 한다. 또한 의역하여 허위신견(虛僞身見), 위신견(僞身見), 괴신견(壞身見) 또는 이전신견(移轉身見)이라고도 한다. 신사결(身邪結) 또는 신견결(身見結)이라고도 한다. 부파불교의 설일체유부의 교학에서 탐(貪)·진(瞋)·치(癡)·만(慢)·견(見)·의(疑)의 6가지 근본번뇌 즉 6수면(六隨眠) 가운데 견에 속한다. 대승불교의 유식유가행파와 법상종의 교학에서 탐(貪)·진(瞋)·치(癡)·만(慢)·의(疑)·악견(惡見)의 6가지 근본번뇌 가운데 악견에 속한다. 악견은 부정견(不正見)이라고도 하며 간단히 견(見)이라고도 한다—을 끊을 수 있는데, 그렇게 되면 다음 단계인 예류 이하의 수도는 무의미한 것인가 아닌가 하는 것이다. 이러한 논란에 대해 다르마키르티는 이론적으로 무아견을 견도의 단계에서 인식할 수 있다고 해도 태어나면서 지니는 본능적인 생래적인 자아의식은 쉽게 불식되지 않는다고 본다. "그렇기 때문에 모든 수도의 단계가 필요로 하는 것이라고 할 수 있다. 유신견에는 개념적 구상으로 분별한 것과 본능적인 것의 2종이 있다. 예리한 지혜에 의해서 양자 모두 견도에서 끊을 수 있다면 좋겠지만, 본능적인 자아의식의 멸각은 곤란을 직면하는 것이 보통이며, 아라한과를 얻기까지의 각종의 단계가 필요하게 된다."(K.159)

200b-201a.

[반론]

그렇다면 그 제2의 본능적인 유신견이란 어떠한 것인가?

[답론1]

'나는 즐거움을 얻고 싶고, 괴로움을 버리고 싶다'라고 갈망하는 자의 '나'[자아]라는 의식(생각, aham iti dhīḥ), 그것이 본능적인(선천적인) 유신견이다.

sukhī bhaveyaṃ duḥkhī vā mā bhūvam iti tṛṣyataḥ /
yā eva aham iti dhīḥ sā eva sahajaṃ sattva-darśanam //

案

즐거움을 얻고자 하고, 괴로움을 버리고자 갈망하는 자의 '나'라는 [자아]의식(aham iti dhīḥ)이야말로, 본능적인 유신견이다. "자아(영혼)는 무상인 존재이기 때문에 상주인 영아(영혼, 자아) 등은 존재하지 않으며, 심식의 흐름에 불과하다고 이론적으로 이해한다고 해도 무의식 속에 쾌락인 자아를 추구하고 불쾌인 고통을 모면하고 싶다고 원할 때의 본능적인 '나'(aham)라는 의식이야말로 선천적인 유신견이다."(K.160)

201b-202a.

[답론2]

'나'라는 견해를 일으키지 않는 사람, 그와 같은 사람에게 어떻게 자아에 대한 애착이 있을 수 있을까? 그리고 자아에 대해서 애착하지 않고 즐거움을 원하는 사람은 어떻게 모태[인 자궁 속으]로 나아갈 수 있을까?

na hy apaśyann aham iti kaścid ātmani snihyati /
na ca ātmani vinā sukha-kāmo abhidhāvati //

案

베다시대에는 아트마(ātmā)도 프라나(prāṇa)와 마찬가지로 '호흡'의 의미와 함께 영혼과 자아를 표현하기도 하였다. 이러한 사고방식은 결국 자기 즉 나란 무엇인가를 추구하게 한다. "인도에서 '나'의 자각의 역사는 베다시대를 지날 무렵부터 전개하기 시작하여 호흡이 브라흐마나시대의 인격의 체현자였다. '사람이 잠들면 그 소리, 눈, 의식, 귀는 프라나로 들어간다' 등이라고 샤타파타 브라흐마나(Śatapatha Brāhmaṇa)는 말한다. 고층 우파니샤드에서의 아트만은 자이나교 등의 애니미즘적 영혼 관념과 더불어 이후의 영아의 형이상학설을 결정적인 것으로 하였다. 다르마키르티와 같이 인도철학사의 흐름에서 불교철학의 확립을 지향하는 철학자는 이 자아의 형이상학 이론에 맞서지 않으면 안 되었다. 동시에 인간보편의 의식구조도 척결하지 않으면 안 되었던 것이다."(K.160~161)

202b-203a.

[답론3]

[번뇌의] 구속(bandha)은 고를 일으키는 원인이다. 상주[를 본질로] 하는 존재에 어떻게 해서 그것이 [있을 수] 있을까? 해탈은 비고(非苦, 안락)를 일으키는 원인이다. 어떻게 상주[를 본질로] 하는 존재에 그것이 [있을 수] 있을까?

duḥkha-utpādasya hetutvaṃ bandho nityasya tat kutaḥ /
aduḥkha-utpāda-hetutvaṃ mokṣo nityasya tat kutaḥ //

案

순수정신 혹은 순수영혼인 아트만이나 푸루샤는 상주를 본질로 하는 존재이다. 그런데 상주를 본질로 하는 존재가 번뇌에 구속되어 고통을 느끼고 또한 해탈하는 즐거움(안락)을 느낀다고 하는 것은 있을 수 없다. 다만 무상을 본질로 하는 존재만이 인과적 효과의 능력이 있기 때문에 번뇌에 구속되면 고통을 느끼기도 하고 또한 번뇌를 여의고 해탈하게 되면 즐거움(안락)을 느끼게 된다. 다르마키르티는 이러한 무상한 존재를 마음의 연속체로 파악한다. 여기서 즐거움(안락)이란 자기나 자아에 애착하여 생기는 쾌락이 아니라 번뇌를 여읜 해탈의 결과이다.

203b-204a.

[답론[4]]

무상이라 말해지지 않는 것, 그것은 그 어떠한 것의 원인도 아니다. 또한 [무상을 본질로 하는 존재라고] 말해지지 않는 것에 있어서는 [번뇌로부터의] 구속과 [번뇌로부터의] 해탈은 결코 있을 수 없다.

anityatvena yo avācyaḥ sa hetur na hi kasyacit /
bandha-mokṣāv avācye api na vidyete kathaṃ ca na //

案

어떤 것이 다른 것의 원인이라고 할 때 원인이 되는 것은 상주불변을 본질로 하는 것이 아니다. 무상하고 찰나멸하는 것을 본질로 하는 것이다. 상주불변을 본질로 하는 존재는 번뇌로부터의 구속이나 번뇌로부터의 해탈은 있을 수 없다. 그러므로 무상하고 찰나멸하는 존재 즉 마음의 연속체만이 구속과 해탈이 가능하다.

204b-205a.

[답론5]

본질(svabhāva)이 소멸하지 않는 것, 그것을 지자들은 '상주'라고 한다. 그렇기 때문에 이 부끄러워해야 할 견해를 버리고 그것을 '무상'이라고 말해야 한다.

nityaṃ tam āhur vidvāṃso yaḥ svabhāvo na naśyati /
tyaktvā imāṃ hrepaṇīṃ dṛṣṭim ato nityaḥ sa ucyatām //

案

그렇다면 상주란 무엇인가? 그것은 다름 아닌 본질을 상실하지 않는 자성으로 존재하는 것이다. 그런데 모든 것은 어떤 것과 관계를 맺는다는 연기의 원리에 의하면 일체의 존재는 무상, 찰나멸을 본질로 한다. 이상으로 멸제의 평석을 마친다.

XI. 도의 원리

案

여기서는 사성제 가운데 마지막인 도제(道諦)에 관해서 기술하고 있다.

205b-206a.

[반론]

도(道)의 원리란 무엇인가?

[답론]

[해탈에로의] '도'(mārga)는 [제138게송에서] 이미 설해졌다. 그것[은 무아견을 인정하는 것 속에 있다. 그 무아견의 도의 수습(修習)]에 의해서 근거는 전환한다.

ukto mārgaḥ tad abhyāsād āśrayaḥ parivartate /

[반론]

[대론자가 말한다. 그와 같은 전환은 결코 궁극적인 것이 아니다.] 그 [도

의] 본성이라고 해도, 다시 오류가 수반되기 때문이다. [가령, 생사윤회의 한가운데에 있다고 해도] 도 [그것이 번뇌에 오염되지 않고서 현현할 수 있는 것]과 마찬가지라고 한다면.

sātmye api doṣa-bhāvaś cen māgavan

[답론1]

[그것은] 그렇지 않다. [아견이 남김없이 제거되면] 그와 같은 [어리석음을 낳는 인과적 효과의] 능력은 없을 것이기 때문이다.

na avibhutvataḥ //

案

제138송 후반에 "가르침은 그것(방편의 수행)을 목적으로 하기 때문에 실로 방편의 수행이라고 생각한다"를 가리켜서 "[해탈에로의] '도'는 [제138송에서] 이미 설해졌다"라고 말했던 것이다. 여기서 근거란 프라즈냐카라굽타에 의하면, 마음의 연속체 혹은 아뢰야식을 가리킨다. 그 근거를 마음의 연속이라고 한다면 이것은 경량부의 관점에서 이루어진 해석이며, 아뢰야식이라고 한다면 이것은 유식학파의 관점에서 행해진 해석이다. 여기서는 무상유식(無相唯識)의 입장에서 표현된 것이 아닌가 한다.

기무라 도시히코는 다음과 같이 위의 송을 해설한다. "고의 소멸을 위해서 무아견이라는 방책을 수습(修習, bhāvanā)하는 것이 도의 수습이다. 도의 수습의 완성에 의해서 근거인 마음이 오염으로부터 청정에로 전환한다. 이 전의의 사상은 유식파에 의해 설해졌기 때문에 프라즈냐카라굽타는 근거를 마음의 연속[심상속] 또는 아뢰야식이라고 설명한다. '전환한다'라고 하는 것은 청정하게 된다는 의미이다. 주석도 번뇌의 여훈인 아뢰야식이 번뇌를 떠난 마음에 전환하는 것이라고 설명한다. 이 절은 유식학파의 개념을 잘 답습하고 있다. 유식학파에서는 의타기성(依他起性) —연기의 존재방식 —의 차원인 아뢰야식을 장으로 하여 번뇌를 상으로 하는 소위 변계소집성(遍計所執性)에서 깨달음의 차원인 원성실성(圓成實性)으로 전환하는 것을 전의(轉依)라고 부른다."(K.163)

206b-207a.

[답론2]

대상의 있는 그대로를 파악하는 것이 인식의 본질이다. 그리고 그것(대상)이 그것(인식)을 생기게 하는 현존재임을 본질로 한다. 그것(대상)이 그것(인식)의 본질이다.

viṣaya-grahaṇaṃ dharmo vijñānasya yathā asti saḥ /

gṛhyate so asya janako vidyamāna-ātmanā iti ca //

eṣā prakṛtir

207b-208a.

[답론3]

그것은 다른 [객진(客塵)의 번뇌와 내적인 무명 등이라는] 요인에 의해 방해되어 착오한다. 또한 그 [착오적 앎이] 소멸할 때에도 [그 대치라는] 조건에 의존한다. 따라서 그것은, [어두운 암흑 속에서 새끼줄을 잘못 생각하여] 뱀이라는 관념과 같이 고정적인 것이 아니다.

asyās tan nimitta-antarataḥ skhalat /

vyāvṛttau pratyaya-apekṣam adṛḍhaṃ sarpa-buddhi-vat //

案

인도불교철학의 두 축 가운데 하나인 중관불교는 존재를 두 가지 방식으로 이해한다. 하나는 세속제(世俗諦)이며 또 하나는 승의제(勝義諦)이다. 전자는 언어와 사유를 매개로 한 분별지를 통해 파악된 세계이며, 후자는 언어와 사유를 여읜 무분별지를 통해 파악된 세계이다. 나가르주나(용수)는 이 두 세계를 분리해서 이해하지 않는다. 언어와 사유를 통하지 않고서는 승의의 세계는 말할 수도 생각할 수도 없기 때문이다. 이것이, 마치 비트겐슈타인이 그의 전기철학 명저『논리철학논고』에서 "대체로 말할 수 있는 것은 명확하게 말할 수 있다. 그리고 말할 수 없는 것에 대해서는 우리는 침묵해야 한다"는 것을 연상케 한다. 또한 또 하나의 축인 유식불교는 존재를 세 가지 방식으로 이해한다. 하나는 변계소집성, 둘은 의타기성, 셋은 원성실성이다. 변계소집성이란 언어와 생각에 의해 파악된 세계이며, 의타기성이란 파악하는 주체인 언어와 생각을 매개로 한 분별지(허망분별)이며, 원성실성이란 언어와 생각을 여읜 무분별지를 통해 파악된 세계이다. 비유를 들면 달밤에 바람에 흔들리는 버드나무를 보고 귀신을 보는 것과 같고, 캄캄한 밤에 흔들리는 새끼줄을 뱀으로 보는 것과 같다. 귀신과 뱀이 변계소집성이며, 그것을 인식하는 분별적 인식이 의타기성이며, 분별적 인식에서 무분별적 인식에 의해 파악된 버드나무 그 자체 혹은 새끼줄 그 자체가 바로 원성실성인 것이다. 여기서 다르마키르티는 뱀의 비유를 들고 있다.

기무라 도시히코는 다음과 같이 설명한다. "인식론적으로 말하면, 그리고 이것이 고유식학파와 다르마키르티의 차이이지만, 대상을 무상, 고, 공, 무아인 성질을 가진 것으로서 여실하게 파악하는 것, 이것은 식의 본성이다. 대상은 그 상을 가지고 식 위에 현현하게 하는 소연연이다. 이것이 대상의 본성이다(유상유식설有相唯識說). 유식학파가 말하는 소취와 능취의 관계에서 대상과 식의 존재 이외의 원인, 즉 객진이라 불리는 번뇌를 연으로 하여 식은 착란한다. 착란한 식은 그러나 확고한 본성에 근거하고 있는 것이 아니기 때문에 고정적인 것이 아니라 고의 소멸의 도의 수습이라는 원인에 의거하여 청정한 존재방식으로 전환한다. 마치 새끼줄을 뱀이라고 잘못 아는 것처럼 이윽고 전환할 수 있는 가능성을 가진다. 그리고 본래의 자기를 자각한 후에는 역시 착란하지 않는다."(K.163~164)

208b-209a.

[반론]

마음은 본래 청정한 것인가?

[답론1]

이 마음은 [본성적으로] 청정한 것이다. [아견 등의] 더러움은 밖에서 온 것이다. 이미 이전에 [번뇌를 낳는 인과적 효과의] 능력이 없는 것이, 어떻게 해서 그 [수도] 이후에 그 [도]의 본성이 되고 있는 [마음에] 장애를 생기게 하는 [인과적 효과의] 능력이 있을 수 있을까?

prabhāsvaram idaṃ cittaṃ prakṛtyā āgantavo malāḥ /
tat-prāg apy asamarthānāṃ paścāc śaktiḥ kva tanmaye //

209b-210a.

[답론[2]]

[번뇌를 낳는 인과적 효과의] 능력이 있다고 해도, [모든 사견의] 대치[로서의 무아견이라는 수행도]가 생기는 능력의 모태가 되는 [마음의 연속과 같은] 현실적 존재에 있어서, [번뇌의 오염은] 결코 있을 수 없다. 예를 들면 물이 흐르는 지면에 놓인 불[이 연소할 수 없는 것]과 같다.

na alaṃ prarodhum atyantaṃ syandinyām agni-vad bhuvi /
bādhaka-utpatti-sāmarthya-garbhe śakto api vastuni //

案

"이 마음은 본래 청정한 것이다"라는 말은 여래장을 방불케 하는 표현이다. 그러나 주석들에는 여래장(tathāgatagarbha)이라는 말은 보이지 않는다. 그러나 실은 모든 존재는 그 깨달음의 길을 내장하고 있다는 것이다.

기무라 도시히코는 다음과 같이 설명한다. "소위 자성청정심의 테제가 여기에 설해진다. 심식은 비유적으로 '빛이 빛난다'라고 불린다. 청정한 본성을 가진다는 발상은 아가마에도 보이며 '비구들이여! 이 마음은 빛으로 빛나며, 그것은 외래의 티끌(번뇌)에서 벗어난 것이다'라고 말해진다. 스티라마티(Sthiramati, 안혜安慧)의 『중변분별론석』(中邊分別論釋)이 본성적 멸각을 설명하여 말하길 '마음은 본성적으로 빛으로 빛나는 것이라면'이라고 하는 말을 보라. 다르마키르티도 이것을 계승하여 심식은 본래 빛으로 빛나는 것이며, 번뇌는 외래의 존재라고 말했던 것이다. '그 이전'이란 문(聞), 사(思)의 단계를 말하며 '뒤에'란 수(修)의 단계를 말한다. 전자는 견도(見道)의 범주이며, 거기서 아견을 비롯한 번뇌를 멸각한다면 수습의 단계에서 이미 고의 소멸의 길을 걸어가는 마음에 어떻게 해서 그들 장구(障垢)가 생길 수 있을까라고 말했던 것이다. 착란한 번뇌에 의해 더러워진 식에 상대하여 장구를 제지하게 하는 것, 즉 무아견인 도를 낳는 인과적 효과의 힘이 있는 마음의 연속체에서 번뇌의 장구는 결코 증대할 수 없다. 본래 청정한 마음은 도를 본성으로 하는 각자에게 있을 수 있는 인과적 효과의 힘을 가지고 있는 것이며 그와 같은 힘을 내장한 현실적 존재이기 때문에 유정은 모두 여래장이라 불린다. 다만 이 말은 주, 소, 석에는 없다."(K.165~166)

210b-211a.

[답론3]

고통이 없는 진실의 경계를 본질로 하는 사람은 전도[된 분별]에 힘쓴다고 해도 장애를 받지 않는다. 마음은 그 방향(도)으로 나아가기 때문이다.

nirupadrava-bhūta-artha-svabhāvasya viparyayaiḥ /
na bādhā yatnavattve api buddhes tat pakṣa-pātataḥ //

案

본래 청정한 마음은 대상을 무상·고·무아·공의 네 가지 상을 근거로 보지만, 일단 새끼줄을 있는 그대로 보게 되면 뱀의 인식은 생기지 않는 것처럼, 다시는 퇴전할 리가 없다는 것이다. 기무라 도시히코는 다음과 같이 직절하게 말한다. "무상·고·공·무아인 진실의 경계를 여실하게 파악하는 심식은 고의 근본원인인 아견을 떠나 있고, '나'(자아의식), '나의 것'(소유의식)과 같은 전도된 허망분별에 힘쓰지 않는다. 마음은

도 — 무아견 — 의 방향으로 움직이며, 번뇌의 더러움에 가로막히게 되는 것은 아니다."(K.166)

아애와 윤회

案

자아에 대한 애착[我愛]이 윤회의 원인이 됨을 기술하고 있다.

211b-212a.

[반론]

윤회의 원인은 무엇인가?

[답론1]

탐욕과 증오는 [정의상] 서로 다르다고 해도, 서로 다른 기원을 갖는 것은 아니다. 요컨대 아견이라는 동일한 기원에 양자는 유래하는 것이며, 또한 [탐욕이 증오로, 증오가 탐욕으로 변하듯이] 서로 인과관계를 갖는 것이기 때문이다.

ātma-graha-eka-yonitvāt kāryakāraṇabhāvataḥ /
rāga-pratighayor bādhā bhede api na parasparam //

案

초기불교 이래 수행에 의해 끊어야 할 번뇌 혹은 미혹을 수혹(修惑)이라 한다. 이 수혹의 대표적인 악한 덕성(마음작용)은 독(毒)과 같은 마음이라 하여 독심(毒心)이라 한다. 이 독심에는 세 개가 있다. 그래서 삼독심(三毒心)이라 한다. 삼독심에는 탐·진·치(貪·瞋·痴)가 있다. 탐(貪)은 탐욕, 진(瞋)은 증오(성냄), 치(痴)는 무지(어리석음)이다. 삼독심 가운데 전자 둘 즉 탐욕과 증오는 생사윤회의 직접적인 원인이며, 후자인 무지는 생사윤회의 근본적인 원인이다. 무지란 다르마키르티에 의하면 '나'가 있다는 아견(我見) 즉 자아의식과 '나의 것'이 있다는 아소견(我所見) 즉 소유의식이다. 이 자아의식인 아견과 소유의식인 아소견에 의해 탐욕과 증오가 생기는 것이다. 그렇다면 어떻게 하면 탐욕과 증오를 끊을 수 있는가? 탐욕과 증오 그 자체는 바로 끊을 수가 없다. 왜냐하면 그것은 그 자체로 존재하는 것이 아니라 아견과 아소견에 의존하는 것이기 때문이다. 따라서 아견과 아소견을 끊어야만 탐욕과 증오가 끊어지게 된다. 그렇다면 아견과 아소견을 어떻게 끊을 수 있는가? 아견과 아소견이 일어나는 근원(뿌리)을 되돌아보아야 한다. 그렇게 회심(廻心, metanoia, 見性)하면 '나'라는 것과 '나의 것'이라는 것이 본래 없다는 것을 보게 된다. 이렇게 보는 것을 무아견(無我見)과 공견(空見)이라 한다. 끊는다는 것은 이렇게 아견(我見)에서 무아견(無我見)으로, 아소견(我所見)에서 공견(空見)으로 인식을 전환하는 것이다.

212b-213a.

[답론2]

자비(maitrī) 등은 무지와 대립하는 것이 아니기 때문에 [거기서] 완전하게 악한 덕성을 상쇄할 수는 없다. 모든 더러움(번뇌)은 그것(무지)을 근본으로 한다. 그리고 그것은 유신견이다.

moha-avirodhān maitry-āder na atyantaṃ doṣa-nigrahaḥ /

tan-mūlāś ca malāḥ sarve sa ca satkāyadarśanam //

案

자비는 우애이기도 하며, 여러 악한 덕성들과 혼재하는 마음작용이다. 그것만으로 즉 자비의 확충만으로 탐욕과 증오 등의 악한 덕성들을 없앨 수는 없다. 그 근원 즉 뿌리를 근절해야 한다. 그 뿌리가 바로 유신견(有身見)이다. 유신견의 산스크리트 원어 사트카야-드르슈티(satkāya-dṛṣṭi)에서 사트(sat)는 존재(有)라는 의미이며, 카야(kāya, 迦耶, 가야)는 구성요소들의 화합(和合)·적취(積聚)·적집(積集, 쌓인 것), 존재를 구성하는 색·수·상·행·식이라는 5온(五蘊)의 결합체를 의미하며 이것을 신(身)이라 한역한 것이다. 그리고 드르슈티는 보는 것(見)을 의미한다. 따라서 유신견이란 일체 존재가 구성요소들의 결합체에 지나지 않는 것인데 이것을 '나' 혹은 '나의 것'이라고 보는 삿된 견해(邪見)이다. 다시 말하면 유신견은 소의신(所依身), 즉 5온의 화합체 또는 5취온(五取蘊)을 실유(實有)라고 집착하는 견해, 즉 5온의 화합체 또는 5취온을 실재하는 '나' 또는 '나의 것'이라고 집착하는 견해이다.

213b-214a.

[답론3]

무지란, 지혜의 반대대당(pratipakṣa)이기 때문에, [또한] 마음작용으로서 인식되기 때문에 허망한(진실이 아닌) 인식(mithyopalabdhi)이라는 의미이다. [불전(佛典)의] 언어에 의해서도 다른 [정의는] 바르지 않다.

vidyāyāḥ pratipakṣatvāc caittatvena upalabdhitaḥ /
mithyā-upalabdhir ajñāna-yuktes ca anyad ayuktimat //

案

여기서 무지(ajñāna)는 무명이나 치로 한역되는 avidyā와 같은 뜻이다. 『구사론』의 오위칠십오법(五位七十五法)의 범주 가운데 대번뇌지법(大煩惱地法)에 속한다. 오위칠십오법이란 일체법을 색법(色法) 11가지, 심법(心法) 1가지, 심소법(心所法) 46가지, 불상응행법(不相應行法) 14가지, 무위법(無爲法) 3가지로 나눈 것이다. 이 분류에서 세 가지 무위법을 제외한 나머지 4위(位), 즉 색법·심법·심소법·불상응행법의 총 72가지 법은 모두 유위법(有爲法)이다. 대번뇌지법(kleśa-mahā-bhūmika dharmā)은 설일체유부의 5위 75법의 법체계에서, 심소법의 6가지 세부 그룹인 대지법(大地法, 10가지)·대선지법(大善地法, 10가지)·대번뇌지법(大煩惱地法, 6가지)·대불선지법(大不善地法, 2가지)·소번뇌지법(小煩惱地法, 10가지)·부정지법(不定地法, 8가지) 중의 하나이다.

대번뇌지법은 일체의 염오심(染污心), 즉 번뇌에 물들어 혼탁해진 마음(6식, 즉 심왕, 즉 심법), 즉 번뇌에 물들어 사물(事)과 이치(理)를 명료하게 알지 못하는 무지(無知)의 상태에 처한 마음(6식, 즉 심왕, 즉 심법)과 '두루 함께'(大) 일어나며, 따라서 염오심에서 '항상'(大) 발견되는 마음작용(심소법)을 말한다. '대번뇌지법'이라는 낱말에서 '대'(大)는 번뇌가 심하다는 의미가 아니며, 해당 마음작용이 번뇌에 물든 마음과 '두루 함께'(大) 일어나며 번뇌에 물든 마음에서 '항상'(大) 발견된다는 의미이다. 대번뇌지법의 6가지는 다음과 같다. ① 치(痴), ② 방일(放逸), ③ 해태(懈怠), ④ 불신(不信), ⑤ 혼침(昏沈), ⑥ 도거(掉擧)이다. '도거'는 들뜨고 불안정한 마음상태, '혼침'은 우울한 마음상태, '불신'은 믿지 않는 마음상태, '해태'는 게으른 마음상태, '방일'은 욕망대로 하는 마음상태, '치'는 사리에 어두운 것이다. 유식에 의하면 치(痴)는 근본

번뇌의 하나로 마음으로 하여금 업(業)과 과(果)와 진리(諦)와 보배(寶), 즉 인과의 법칙 즉 업과 업의 과보의 법칙 즉 연기법과, 인과의 법칙에 따라 증득하는 수다원과·사다함과·아나함과·아라한과의 4과(四果)와, 성스러운 진리인 4성제와, 불·법·승 3보에 대해 알지 못하게 하는 마음 작용이다.

나르마키르티는 이러한 유부의 46 심소법의 하나인 치 즉 무명에 주목한다. 즉 그는 무지를 지혜와 반대대당이며, 마음작용으로서 인식되며, 허망한 진실이 아닌 인식이라 간주하는 것이다. 여기서 특히 주목해야 하는 것은 마지막 무지의 본질을 허망한 진실이 아닌 인식이라 본 것이다. 허망한 인식이란 본래 없는 것을 있다고 본다거나, 둘이 아닌데 둘로 본다거나 하는 것이다. 허망한 인식 가운데 가장 허망한 인식은, 우선 '나'라는 자아는 본래 없는데 있다고 보는 것이다. 이것이 아견(我見)이다. 아견 즉 '나가 있다'고 하면 반드시 타자가 있기 마련이다. 나와 타자가 대립하면 거기서 무수히 많은 번뇌의 마음들이 치솟게 된다. 다음으로 '나의 것'이라는 소유물은 본래 존재할 수 없는데 그것이 나의 것이라고 집착하는 것이다. 이것은 아소견(我所見)이다. 아소견 즉 '나의 것이 있다'고 하면 모든 것에 대해 가지고자 하는 탐욕과 가진 것을 잃었을 때의 증오가 생기는 것이다. 이 탐욕과 증오의 근원에 바로 무지 즉 아견과 아소견이 있다는 것이다. 그리고 아견과 아소견은 허망한 인식에 다름 아니다. 이 허망한 인식은 허망분별이라고도 한다. 따라서 무명을 싫어하여 멀리 여읜다는 것은 여실한 법에 관한 허망분별을 떠난다는 것이다.

214b-215a.

[답론4]

여기서 [아견과 그 결과의] 상위가 언급되어야 한다. 그리고 그 상위로부터 그것(아견)에 의해 성립하는 모든 악한 덕성은 공견(空見, śūnyatādṛṣṭi)과 상위하는 것이 입증된다.

vyākhyeyo atra virodho yas tad-virodhāc ca tanmayaiḥ /
virodhaḥ śūnyatā-dṛṣṭeḥ sarva-doṣaiḥ prasidhyati //

案

4성제에 대한 직접적인 관찰(四諦現觀)에는 『초전법륜경』(初轉法輪經)의 삼전십이행상(三轉十二行相)설과 설일체유부 아비달마의 사제십육행상(四諦十六行相)설이 있다. 삼전십이행상설은 사제설 각각을 보여줌(示轉), 권함(勸轉), 얻음(證轉)으로 분류하여 열두 양상으로 설명한 것이다. 사제십육행상이란 사제설의 고·집·멸·도에 대한 각각 네 가지의 양상(四行相)을 말한다. 16행상이란 고제(苦諦)에서 모든 법에 대해서 변하고(無常), 괴로우며(苦), 비어 있으며(空), 고정된 실체가 없다(無我)는 이치를 관찰하고, 집제(集諦)에서 번뇌에 대해 원인(因), 발생(集), 생겨남(生), 조건(緣)을 관찰하고, 멸제(滅諦)인 열반에 대하여 소멸(滅), 고요함(靜), 뛰어남(妙), 벗어남(離)을 관찰한다. 도제(道諦)인 번뇌 없는 성자의 길(無漏聖道)에 대해서 길(道), 진리에 부합함(如), 열반에 이르는 첩경(行), 윤회를 벗어나는 방법(出)의 네 가지를 관찰한다. 네 가지 진리의 직접적인 관찰(사제현관四諦現觀)에 의한 여덟 가지 이해와 여덟 가지 지혜(八忍八智)의 열여섯 가지 마음(十六心)에 의해서 번뇌를 끊는다. 15심까지는 직접 체험하는 길(見道)이며, 마지막 16심이 닦는 길

(修道)이다. 네 가지 진리의 직접적인 관찰설에는 한꺼번에 직접 관찰하는 법(頓現觀)과 점차적으로 직접 관찰하는 법(漸現觀)의 두 가지가 있는데, 설일체유부에서는 점차적으로 직접 관찰하는 법을 주장한다. 한편 테라와다(Theravāda)는 고집멸도 사제를 한꺼번에 직접 관찰하는 법을 주장한다(『청정도론』, 3권).

위 게송에 공견이라고 했을 때 '공'은 바로 사제 십육행상 가운데 고제에서의 네 가지 행상 중 하나이다. 사상으로 말하면 무아소견이지만, 일반적으로 공견이라 한다. '나'라는 자아와 '나의 것'이라는 소유물이 공임을 관찰함으로써 일체의 번뇌와 허물을 불식시킬 수가 있는 것이다. 기무라 도시히코는 "무명 = 아견과 그것에 유래하는 탐욕과 증오 등의 악한 덕성은 마치 빠라샤(palāśa, 성스러운 나무) 나무와 그 숲의 관계와 같은 것으로 제1의적으로는 개체인 빠라샤 나무가 말해져야만 하듯이 아견을 들지 않으면 안 된다. 아견은 공견 = 무아견의 역의 범주이기 때문에 일체의 악한 덕성이나 과실의 역의 범주이기도 하다. 이렇게 해서 공견 = 무아견에 의해서 일체의 악한 덕성과 과실도 끊을 수가 있는 것이다"(K.170)라고 설명한다.

215b-216a.

[반론]

[대론자가 말하기를 번뇌는] 다하지 않는다. 중생의 속성이기 때문이다. 색깔 있는 모양(色) 등과 같이.

nākṣayaḥ prāṇi-dharmatvād rūpa-ādi-vad

[답론1]

[그렇지 않다.] [추론인이] 성립하지 않기 때문이다. 그것을 대치하는 주장(인 무아견)이 갖추어지면, 그들(여러 번뇌들)도 폐기되는 것을 경험하기 때문이다.

asiddhitaḥ /

sambandhe pratipakṣasya tyāgasyādarśanād api //

案

대론자의 반론은 마치 기독교의 원죄를 떠올리게 한다. 인간의 조상 아담과 이브가 하느님의 경고를 무시하고 선악과라는 과일을 따먹자마자 하느님이 노하여 그들을 에덴동산으로부터 추방하였다. 그리고 남자인 아담에게는 가족을 부양하는 노동의 고통을, 여자인 이브에게는 출산의 고통을 주었던 것과 같다. 중생은 본질적으로 어리석은 존재이기에 그 어리석음 등으로 인해 발생하는 번뇌는 영원히 소멸하게 할 수 없다는 논리이다. 이 송을 마노라타난딘은 다음과 같이 주석한다. "다음과 같은 생각이 있을지도 모른다. 탐욕 등은 남김없이 다 소멸하지 않는다. 왜냐하면 중생의 속성이기 때문이다. 색깔 있는 모양(色) 등과 같다[고 반론한다면 다음과 같이 답론할 것이다]. 이것은 불합리하다. 왜냐하면 [추론인이] 성립하지 않기 때문이다. 실로 탐욕 등의 성질이 성립되지 않는 어떠한 유정도 존재하지 않는다. 그러나 중생이 보일 때 그것만이 인식되기 때문에 이것은 조건부 발생일 뿐이다. 그것을 대치하는 주장인 무아견과 결합관계 즉 직면할 때 폐기되는 것 즉 장애에 빠지는 것을 보지 못하는 것에서도 대치하는 주장이 있을 수 있기 때문에 단멸이 있을 수 있기 때문에 완전하게 다 소멸하지 않을 수가 없다."(H.100) 기무라 도시히코는 다음과 같이 설명한다. “번뇌라고 부르는 탐욕 등의 악한 덕성은 마음의 본성이 아니라 어떤 때에 [우연적으로] 부착한 외래의 존재였다. 그것을 대치하는 주장인 무아견에 의해서 그것들은 배제되어 폐기된다. 따라서 죄들은 중생의 법이라고 말하는 대론자의 추론인은 성립하지 않는다.”(K.171)

216b-217a.

[답론2]

[모든 악한 덕성은] 다시는 생기지 않는다. 왜냐하면 악한 덕성의 반대가 본질이기 때문이다. [가령, 구리 등에서] 고체성과 같다. 또한 [그것은 다시] 소멸하지도 않는다. [악한 덕성이 재생하는 것도] 명확하지 않기 때문이다. 가령, 재[로부터 땔감이 소생하는 일은 없는 것과] 같다.

na kāṭhinya-vad utpattiḥ punar doṣa-virodhinaḥ /
sa ātmatvena anapāyatvād anekāntāc ca bhasma-vat //

案

중생이 깨닫기 전에는 악한 덕성은 인연을 만나 생기지만, 깨닫고 난 뒤에는 악한 덕성은 결코 생기지 않는다. 대론자는 구리가 불과 분리되면 다시 딱딱함을 되찾는 것과 같다는 비유를 들어 전자를 옹호하지만, 다르마키르티는 타 버린 재로부터 땔감이 소생하는 것은 불가능하다는 비유를 들어 후자를 옹호한다.

217b-218a.

[답론[3]]

[오온으로서의 심신에 대해서] 자아를 보는 자는 영원히 이들 [오온]에 자아라는 집착이 있다. 이와 같이 집착에 의해서 유쾌한 것을 바라고, 그 갈망이 여러 불편함(不都合)을 가려 버릴 것이다.

yaḥ paśyaty ātmānaṃ tatra aham iti śāśvataḥ snehaḥ /

snehāt sukheṣu tṛṣyati tṛṣṇā doṣāṃs tiraskurute //

案

오온으로서의 심신에 대해서 자아를 본다는 것은 유신견(有身見)이다. 유신견이란 앞에서 기술하였지만, 소의신(所依身) 즉 5온의 화합체 또는 5취온을 실유(實有)라고 집착하는 견해 즉, 5온의 화합체 또는 5취온을 실재하는 '나' 또는 '나의 것'이라고 집착하는 견해이다. 이렇게 '자아'라는 견해를 내는 자는 그것(자아)에 대해서 '자기'라는 영원한 집착이 있다. 애착 때문에 쾌락에 갈애하고 그 갈애가 악한 덕성을 [은폐하여] 덮어 버린다. 그렇기 때문에 어떤 대론자는 "자아 혹은 아트만에 대한 명상이야말로 유익하며 무아에 대한 명상은 무익하다"고 아트만 명상을 주장한다. 마노라타난딘은 다음과 같이 답론한다. "자아를 보는 자는 그 자아에 관해서 보는 자에게 '나'라는 영원히 제거되지 않는 집착이 있다. 집착에 의해서 즉 자아에 대한 집착, 쾌락을 갈애한다. 즉 갈애를 가지기에 이른다. 또한 갈애는 쾌락의 성취수단으로서 확인된 현실적 존재들의 오류들(난점, 결점, 악한 덕성) 즉 부정(不淨) 등을 가려 버린다. 즉 은폐한다. 왜냐하면 악한 덕성을 넘어가기 때문이다."(H.101)

218b-219a.

[답론4]

욕심나는 것을 보는 자는 '나의 것'이라고 갈애하고, 그 성취를 취한다. 그것에 의해서 자아를 애착하는 한, 그러한 한 그 사람은 [생사] 윤회하게 된다.

guṇa-darśī paritṛṣyan mama iti tat sādhanāny upādatte /
tena ātma-abhiniveśo yāvat tāvat sa saṃsāre //

案

생사윤회하게 하는 원인은 직접적으로는 탐욕 즉 갈애이지만 근원적인 원인은 '나'라는 자아의식인 아견과 '나의 것'이라는 소유의식인 아소견이다. 이러한 사견(邪見)에 의해서 자아를 애착하고 그 애착으로 인해 생사윤회하게 된다.

219b-220a.

[답론5]

'나'라는 [생각이] 있게 되면, '남'이라는 관념이 생긴다. '자기'와 '타자'라는 구별로부터 애착과 증오[라는 악한 덕성]이 일어난다. 이 양자(애착과 증오)와 연계되어 모든 악한 덕성이 생기게 되는 것이다.

ātmani sati para-saṃjñā sva-para-vibhāgāt parigraha-dveṣau /
anayoḥ sampratibaddhāḥ sarve doṣāḥ prajāyante //

案

오위백법(五位百法)은 유식 계통의 불교 종파인 법상종에서 세친의 『대승백법명문론』(大乘百法明門論)에 근거하여 일체의 만유제법(萬有諸法)을 크게 다섯 종류의 총 100개의 법으로 나눈 것을 말한다. 대분류인 오위(五位, 다섯 종류)는 심법(心法)·심소유법(心所有法)·색법(色法)·심불상응행법(心不相應行法)·무위법(無爲法)이다. 소분류인 백법(百法, 100가지 법)은 심법에 8개의 법, 심소유법에 51개의 법, 색법에 11개의 법, 심불상응행법에 24개의 법, 무위법에 6개의 법으로 구성되어 있다.

이 심소(유)법에는 하위 범주로 변행심소(5), 별경심소(5), 선심소(11), 번뇌심소(6), 수번뇌심소(20), 부정심소(4), 도합 51의 심소법이 존재한다. 번뇌심소는 단순히 번뇌라고도 하며, 또는 근본번뇌(根本煩惱)·본번뇌(本煩惱)·근본혹(根本惑)·본혹(本惑)이라고도 한다. 6개의 법이 있다. 즉 다음과 같다. ①탐(貪), ②진(瞋), ③만(慢), ④치(痴=無明), ⑤의(疑), ⑥부정견(不正見=惡見)이다. 탐(貪)은 마음으로 하여금 마음에 드는 사물에 대해 염오한 애착을 일으키게 하여 5취온이 생기게 함으로써 온갖 괴로움(苦)을 낳는 마음작용이다. 요컨대 생존에 대한 집착이다. 진(瞋)은 진에(瞋恚)라고도 한다. 마음으로 하여금 마음에 들지 않는 사물에 대해 미워하고 분하게 여기게 하여 몸과 마음으로 하여금 온갖 악업을 일으키게 하는 마음작용이다. 마음으로 하여금 고(苦, 마음에 들지 않는 것)와 고의 원인(苦俱, 마음에 들지 않는 것을 일으키는 사람, 사물 또는 자신의 결핍 상태)에 대해 미워하고 성내게 하는 것을 본질적 성질로 하고, 무진(無瞋)의 마음작용을 장애하여 악행의 발동 근거가 되는 것을 본질적 작용으로 한다. 즉, 마음으로 하여금 마음에 들지 않는 것에 대해 발끈하게 하여(熱惱, 열 받게 하여) 몸과 마음이 온갖 악행(불선) 즉 현세와 미래에 자신과 남을 해롭게 하는 것을 일으키게 촉발하는 마음작용이다. 기본적인 지혜를 지닌 사람도, 인과의 법칙 즉 업과 업의 과보의 법칙 즉 연기법에 대해 알고 있는, 대체로 관대한 착한 마음의 사람도 자신이 특히 마음에 들어 하지 않는 것과 만날 때 진(瞋)의 마음작용과 상응하여 그 결과 발끈하여 인과의 법칙도 잊어버린 채 악업(현세와 미래에 자신과 남을 해롭게 하는 것)을 저지를 수 있다. 진(瞋)은 이러한 작용을 한다.

성냄(瞋恚)은 그 허물이 가장 깊어서 3독 가운데서 이보다 깊은 것이 없다. 98사(九十八使) 가운데서 이것이 가장 견고하고, 모든 마음의 법 가운데 가장 고치기 어렵다. 성내는 사람은 착한 것도 모르고, 착하지 않은 것도 모르며, 죄와 복도 관찰하지 못하고, 이익과 손해도 알지 못한 채 스스로 억념하지도 못하다가 스스로 악도에 떨어진다. 착한 말을 망실하고 명예를 아끼지 않으며, 남의 괴로움을 모르고 자기의 몸과 마음이 피로하고 지치는 줄도 모른 채 성냄에 지혜의 눈을 가려 오로지 남을 괴롭히는 짓만을 한다. 만은 자만심을 말한다. 즉, 마음으로 하여금 남과 비교하게 하여 '내가 그와 동등하다'고 생각하게 하거나 '내가 그보다 더 뛰어나다'고 생각하게 하거나 '내가 그보다 열등하긴 하다. 그렇지만…'이라고 생각하게 하여 '스스로 자부하고 자신을 높이게 하는'(恃擧) 마음작용이다. 마음으로 하여금 스스로 자부하여 남에 대해서 자신을 높이게 하는 것을 본질적 성질로 하고, 불만(不慢)의 마음작용을 장애하여 괴로움(苦)을 낳는 것을 본질적 작용으로 한다.

치(痴)는 무명(無明)이라고도 한다. 치는 마음으로 하여금 업(業)과 과(果)와 진리(諦)와 보배(寶), 즉 인과의 법칙 즉 업과 업의 과보의 법칙 즉 연기법과, 인과의 법칙에 따라 증득하는 수다원과·사다함과·아나함과·아라한과의 4과(四果)와, 성스러운 진리인 4성제와, 불·법·승 3보에 대해 알지 못하게 하는 마음작용이다. 치는 마음으로 하여금 갖가지 법의 사리(事理, 현상과 이치, 현상과 본질, 구체적 모습과 본질적 모습)에 대해 미혹하고 어두워지게 하는 것을 본질적 성질로 하고, 무치(無痴)의 마음작용을 장애하여 온갖 잡염(雜染)의 발동 근거가 되는 것을 본질적 작용으로 한다. 의(疑)는 마음으로 하여금 진리 즉 연기법과 4성제를 의심하게 하여 참으로 그러하다고 결정을 내리지 못하게 하는 마음작용이다. 달리 말해, 미(迷)의 인과 법칙이나 오(悟)의 인과 법칙, 즉 유전연기와 환멸연기, 즉 고집멸도의 4성제에 대해 결정을 내리지 못하게 함으로써 진리를 실천하지 못하게 하는 마음작용이다. 의(疑)는 마음으로 하여금 모든 진리(諦)와 논리(理)에 대해서 결정을 미루게 하는 것을 본질적 성질로 하고, 결정 내림(不疑, 의심하지 않음, 결정을 미루지 않음)과 선(善, 유익함)이 일어나는 것을 장애하는 것을 본질적 작용으로 한다. 결정을 미루게 함으로써 결국 선이 생겨나지 않게 한다. 부정견(不正見)은 악견(惡見)이라고도 한다. 간단히 견(見)이라고도 한다. 부정견은 마음으로 하여금 모든 진리(諦)와 논리(理)에 대해 전도(顚倒)된 추론을 일으키게 하는 염혜(染慧, 번뇌와 상응한 지혜, 악혜)를 본질적 성질로 하고, 바른 견해를 장애하여 괴로움을 불러들이는 것을 본질적 작용으로 한다. 부연하자면, 부정견에 따른 행위의 과보로는 괴로운 것이 많으므로, 괴로움을 불러들이는 것을 부정견의 본질적, 특징적 작용이라 할 수 있다. 부정견은 세분하여 유신견(有身見)·변집견(邊執見)·사견(邪見)·견취(見趣)·계금취(戒禁趣)의 5견으로 나뉜다.

나라는 생각은 아견이다. 아견은 위의 오위백법의 심소법 가운데 번뇌심소의 하나인 치(痴=無明)에서 일어나는 견해이다. 아울러 치에서 '나의 것'이라는 아소견도 일어난다. 이렇게 아견이 일어나면 '남'이라는 관념이 생긴다. 자기와 타자라는 구별로부터 탐욕과 증오라는 악한 덕성이 일어난다. 이 탐욕과 증오는 치와 마찬가지로 번뇌심소에 해당한다. 자아의식이나 소유의식에 집착하게 되면 '나'와 '나의 것' 그리고 동시에 '타자'와 '타자의 것'이라는 관념도 일어나 탐욕과 증오의 대상이 된다. 이와 같은 관찰은 다르마키르티의 뛰어난 심리학적 관찰이며, 교학이라는 것을 초월하여 오늘날에 이르고 있다. 기무라는 "자아를 세우면 타자라는 관념도 일어난다. 이렇게 해서 자타를 변별하여 애착과 증오라는 대표적인 악한 덕성이 생기게 되며, 또한 『구사론』에서 심소법 중 26개가 거론되는 번뇌들이 양자에 수반하여 발생하는 것이다. 다르마키르티는 발생의 원인을 중시하기 때문에 바수반두와 같은 열거는 무의미하다고 보는 것 같다"(K.173)고 해설한다.

220b-221a.

[답론6]

자아(아트만)에 집착한다면, 반드시 그것에 속한 것을 싫어하여 떠나지 않는다. 또한 악한 덕성이 없는 자아(아트만)에 대해 집착을 버릴 이유가 없게 된다.

niyamenātmani snihyaṃs tadīye na virajyate /
na cāstyātmani nirdoṣe snehāpagamakāraṇam //

案

자아(아트만)가 있다고 하는 견해 즉 아견을 견지하면 '나'와 '타자'라는 분별이 일어나 '나'를 갈애하고 '타자'를 증오하게 될 것이다. 이렇게 '나'라는 견해가 있게 되면 '나의 것'이라는 아소견(我所見)이 있게 된다. 이들 아견과 아소견을 근거로 탐욕과 증오가 일어나는 것이다. 아울러 탐욕과 증오라는 근본번뇌를 따라 20개의 수번뇌가 뒤따른다. 20종의 수번뇌는 다시 하위의 세 분류로 나뉘는데, 첫째 소수번뇌(小隨煩惱, 이 마음작용은 각기 따로 일어나는 2차적인 번뇌이다. 각기 따로 일어난다는 것은 이 마음작용이 다른 중수번뇌와 대수번뇌보다 더 오염된 마음작용이라는 의미), 둘째 중수번뇌(中隨煩惱, 이 마음작용은 모든 불선심不善心 즉 악한 마음과 언제나 함께 일어나는 2차적인 번뇌), 셋째 대수번뇌(大隨煩惱, 모든 염오심染汚心과 언제나 함께 일어나는 번뇌)이다. 먼저, 소수번뇌에는 위해를 가하고자 하는 마음작용(忿), 원한인 마음작용(恨), 자기의 죄를 덮는 마음작용(覆), 다른 사람의 약점을 공격하는 마음작용(惱), 질투하는 마음작용(嫉), 인색한 마음작용(慳), 광기의 마음작용(狂), 아첨하는 마음작용(諂), 상대를 해치는 마음작용(害), 교만한 마음작용(驕) 등 10종이 있다. 다음으로, 중수번뇌에는 참회가 없는 마음작용(無慚), 참괴가 없는 마음작용(無愧) 등 2종이 있다. 마지막으로, 대수번뇌에는 들뜨고 불안정한 마음상태(掉擧), 우울한 마음작용(昏沈), 남의 말을 믿지 않는 마음작용(不信), 게으른 마음작용(懈怠), 욕망대로 하는 마음작용(放逸), 기억을 상실하는 마음작용(失念), 마음의 집중을 결여하는 마음작용(散亂), 잘못된 이해를 하는 마음작용(不正知) 등 8종이 있다.

수번뇌심소 가운데 질투(嫉)하는 마음작용을 예로 들어 이 마음작용과 함께 일어나는 번뇌들을 헤아리면 다음과 같다. 질투는 탐·진·만·치·의·부정견의 6가지 번뇌심소 중 만(慢)·치(痴)의 2가지와 함께한다. 질투는 잡염 즉 번뇌이므로, 질투하는 마음은 대수번뇌심소 8가지 모두와 함께한다. 또한 질투는 불선(不善)에 속하므로, 질투하는 마음은 중수번뇌심소 2가지 모두와 함께한다. 마지막으로 질투하는 마음은 소수번뇌심소에서는 질투 1가지만이 함께한다. 따라서 총 2+8+2+1 = 13가지 번뇌가 질투하는 마음과 함께 일어난다. 이렇게 무지인 아견과 아소견에 의해 탐욕과 증오라는 번뇌의 마음작용이 일어나고, 이것들에 의해 다수의 마음작용이 함께 일어나기 때문에 한 생각 일어나면 수미산이라는 말도 헛말이 아니다. 기무라 도시히코는 위의 게송을 다음과 같이 해설한다. "이렇게 자아를 세우면 반드시 자아를 애착하고 타자를 증오한다고 하는 패턴이 생기며, 모든 악한 덕성이 생긴다. 탐애와 증오라는 표리일체의 대표적인 악한 덕성과 함께 모든 악한 덕성이 일어난다. 예부터 부정관이라는 염리의 행법이 있었지만 부정을 느끼지 않는 자아라고 한다면 애착은 점점 심해질 것이다."(K.174)

221b-222a.

[반론]

[대론자가 말하기를] 애착[하는 것]이 오류(악한 덕성)를 동반하는 것이지 ['나'라는 견해가 악한 덕성을 동반하는 것은 아니다].

snehaḥ sadoṣa iti cet

[답론1]

그렇다고 해서 어떻게 그것(애착)을 버릴 수가 있을까? 그 대상(자아)에 악한 덕성이 없다면 [더욱더] 그것(애착)을 버릴 수가 없다. [즉 자기 자신을 부정(不淨)하다고 느끼지 못하는 자아라면, 애착은 점점 더 심해질 것이다.]

tataḥ kiṃ tasya varjanam /

adūṣite asya viṣaye na śakyaṃ tasya varjanam //

案

대론자는 애착이라는 마음작용이 악한 덕성을 동반하는 것이지, '나'라는 견해 즉 아견이 악한 덕성을 동반하는 것이 아니라고 한다. 다시 말하면 자아에 악한 덕성이 있는 것이 아니라 자아에 애착하는 행위야말로 악한 덕성을 수반한다는 것이 대론자의 반론이다. 그들의 견해에 의하면 아트만은 혹은 자아는 순수한 영혼이며 불변의 본질이기 때문이다. 그러나 대론자가 추구하는 자아 내지 아트만에 악한 덕성이 없어 고를 동반하지 않는다고 한다면 어떻게 자아 내지 아트만에 대한 애착을 끊을 수가 있을까? 라는 것이 입론자의 답론이다. 이에 대해 기무라 도시히코는 "자아론자(아트만론자)는 자아에 악한 덕성이 있는 것이 아니라 자아에 애착하는 행위야말로 악한 덕성을 수반하는 것이라고 반론하는 것 같다. 그러나 그대가 추구하는 자아에 악한 덕성이 없고 고통을 수반하지 않는다면 어떻게 해서 자아에 대한 애착을 단절할 수 있을까?"(K.174)라고 해설한다.

222b-223a.

[답론2]

좋은 것(긍정적 느낌, positive feeling, guṇa)과 싫은 것(부정적 느낌, negative feeling, doṣa)과 결부된 탐욕(貪)과 증오(瞋) 등[의 마음작용]을 내려놓는다고 하는 것은, 그 양자를 대상으로 보지 않는다는 것이다. 외계대상에 있어서 순서는 [내부 심리와는 상응]하지 않는다.

prahāṇir icchā-dveṣa-āder guṇa-doṣa-anubandhinaḥ /

tayor adṛṣṭir viṣaye na tu bāhyeṣu yaḥ kramaḥ //

案

우리가 대상을 보고서, 대상의 좋은 것 즉 긍정적 느낌을 주는 것과 싫은 것 즉 부정적 느낌을 주는 것을 보고서 전자에 대해서는 탐욕이라는 마음작용이 일어나고 후자에 대해서는 증오라는 마음작용이 일어난다. 그런데 여기서 탐욕과 증오의 마음작용을 내려놓는다는 것은, 그것들 즉 좋은 것과 싫은 것을 분별적 견해로 보지 않는다는 것이다. 사실 대상 그 자체에는 좋은 것과 싫은 것이 객관적으로 존재할 수 없다. 그것은 그냥 그것일 뿐이다. 우리가 그것을 좋은 것과 싫은 것으로 볼 뿐이다. 그렇다면 좋은 것과 싫은 것이라는 물리적 느낌은 어떻게 해서 생기는가? 다름 아닌 대상을 볼 때, '나'라는 견해와 '나의 것'이라는 견해가 일어나기 때문이다. '나'라는 견해 즉 아견과 '나의 것'이라는 아소견이 일어날 때, 비로소 대상에 대해서 분별심이 일어나 좋은 것과 싫은 것이라는 물리적 느낌의 분별이 생기고, 여기서 전자에 대해서 탐욕이라는 마음작용이, 후자에 대해서는 증오라는 마음작용이 생기는 것이다. 따라서 탐욕과 증오의 마음작용을 내려놓는다는 것은 대상과 주체에 '나'라는 것과 '나의 것'이라는 것이 본래 없다는 것을 볼 때 즉 무아견과 공견이 생길 때 가능하다. 기무라 도시히코의 설명을 보자. "대상의 측면에서 좋은 것을 보면 그로 인해 쾌락의 대상이 되어 탐욕이 일어난다. 대상 측면에서 싫은 것을 보고서 고의 대상으로 삼아서 증오가 생긴다. 즉 외경(外境)에 좋은 것과 싫은 것을 변별하여 탐욕과 증오의 생각을 일으키기 때문에, 애착이라는 내경(內境, 즉 마음작용)상에서 좋은 것과 싫은 것을 분별하는 것이 아니다. 그렇기 때문에 애착이라는 행위 그것에 싫어하여 떠나는 것은 있을 수 없는 도리이다. 자아를 개념적으로 구상하여 '나의 것'이라는 애착이 여러 대상들 상에서 생기는 것이기 때

문에 우파니샤드 사상가들과 같은 자아론자가 애착만을 버리는 것은 있을 수 없다."(K.175)

223b-224a.

[답론3]

애착은 애착이라는 속성에 의해서 생기는 것이 아니라 대상의 속성을 보는 것에서 생기는 것이다. 그 원인이 갖추어져 있으면, 어떻게 결과가 제거될 수 있을까?

na hi sneha-guṇāt snehaḥ kiṃ tv artha-guṇa-darśanāt /
kāraṇe avikale tasmin kāryaṃ kena nivāryate //

案

애착은 애착이라는 속성에 의해서 생기는 것이 아니라 외부의 대상을 좋은 것이라고 보는 견해에 의해서 생기는 것이다. 대상을 좋은 것이라고 보는 견해가 있으면, 필연적으로 애착이라는 마음작용(결과)도 동반하는 것이다.

224b-225a.

[반론]

혹은 애착에 어떠한 과실을 보는 것인가? [그것이] 고의 근거이다.

kā vā sadoṣatā dṛṣṭā snehe duḥkha-samāśrayaḥ /

[답론]

그럼에도 불구하고 이것(애착)에 이욕은 [있을 수] 없다. 자아에 대한 자기라는 견해[를 일으키기] 때문이다.

tathā api na virāgo atra svatva-dṛṣṭer yathā ātmani //

案

애착이 고의 근거라는 대론자의 반론에 대해 다르마키르티는 '나'와 '나의 것'이 있다는 아견과 아소견이야말로 고의 원인이라고 주장한다. 대론자에 의하면 고의 근거 혹은 원인은 애착이다. 그러나 다르마키르티에 의하면 애착을 일으키는 근본원인인 자아(아트만)에 대한 '나'라는 견해 즉 아견에 대한 근본적 전회가 일어나지 않았기 때문에 애욕에 대한 이욕은 있을 수 없는 것이다.

225b-226a.

[반론]

그들(애착)이 없다면, 자아는 고의 원인으로 되지는 않는다고 한다면.

na tair vinā duḥkha-hetur ātmā cet

[답론]

전적으로 그와 같다(자아가 없다면 고의 원인이 되지 않는다). 이렇게 해서 양자 모두 과실이 없다. 그러므로 양자에 대한 이욕은 [있을 수] 없다.

te api tādṛṣāḥ /

nirdoṣaṃ dvayam apy evaṃ vairāgyaṃ na dvayos tataḥ //

案

고의 직접적인 원인인 애착이 없다면 당연히 고의 근원적 원인인 자아가 있다는 견해 즉 아견이 일어나지 않을 것이다. 왜냐하면 애착이 일어나지 않았다고 한다면 이미 아트만을 나라고 하는 생각도 일어나지 않을 것이기 때문이다. 역으로 말하면 이것은 자아(아트만)를 자기라고 생각하지 않는다면 애착이 일어날 수 없고, 애착이 일어나지 않는다면 고도 발생하지 않을 것이다. 기무라 도시히코는 "자아를 세우면서 애착만을 거부하려고 하는 아론자에게 마찬가지로 자아를 거부한다면 애착은 고의 원인으로 되지 않을 것이라고 한다. 단지 자아만이 또는 애착만이라면 고의 원인으로는 되지 않는다. 이욕이 일어날 리가 없다. 자아(아트만)를 개념적으로 구상하는 것과 애욕이 표리일체라고 깨달으면 애착을 버리기 위해서는 무아견을 세우지 않으면 안 된다는 것이 이해될 것이다"(K.176)라고 설명한다.

226b-227a.

[반론]

[대론자가 말하기를] 독사에게 물린 부분을 절개하는 것처럼, 고의 수습에 의해서 [애착을 싫어하여 떠날 수] 있다고 한다면.

duḥkha-bhāvanayā asyāc ced ahi-daṣṭa-añga-hāni-vat /

[답론1]

'나의 것'이라는 마음(소유의식, ātmīya-buddhi)을 싫어하여 떠남(厭離)으로써 이것(애착)을 여의는 것이지, 다른 것(고의 수습)만으로 [싫어하여 떠날 수는] 없다.

ātmīya-buddhi-hānyā atra tyāgo na tu viparyaye //

227b-228a.

[답론2]

향유의 근거라고 파악되는 감관 등에 있어서 '자기의식'이 어떻게 배제되는가? 거기에 그 이욕이 어떻게 [있을 수] 있을까?

upabhoga-āśrayatvena gṛhīteṣv indriya-ādiṣu /

svatva-dhīḥ kena vāryeta vairāgyaṃ tatra tat kutaḥ //

案

대론자는 자아도 애착도 고의 원인이 아니라고 반론하지만, 자아를 아주 뛰어난 것으로 보는 한은 애착이 생겨 이욕이 불가능한 고의 원인이 된다고 다르마키르티는 논박한다. 또한 '고의 수습' 즉 고행은 세간에서는 이욕의 방편과 같이 간주되지만, 이것은 자아의식의 여윔이라는 핵심을 간과한 것이다. 신령한 자아(jīva)의 독존적 지위를 추구하는 자이나교 등을 향해서 비판한 것이 226b-227a의 게송이다. 기무라 도시히코도 다음과 같이 자세하게 설명한다. "요가수행자의 수행법과 유사하지만, 자아의 고를 체험하고 행함으로써 애착을 떠나려고 생각하는 방향에 대해서 애착의 근본은 '나의 것'이라고 생각하는 소유의식이라고 가르친다. 고의 수습을 아무리 한다고 해도 아견이 존재한다면 애착은 없어지지 않는다. 쾌락을 향유하는 근거라고 이해되는 감관 등의 어떤 신체로부터 고의 근거만을 떠나려고 하는 것은 불가능한데, 하물며 근본원인인 자아의식을 그것으로부터 배제하는 것은 불가능하다. 더구나 이욕 등을 바랄 수도 없다. 감관이 향유의 근거인 것은 바사르바즈냐

(Bhāsarvajña)도 말하고 있다."(K.177)

228b-229a.

[답론3]

모든 사람이 [이것을] 직접적으로 아는 것(pratyakṣa)이다. 가령, 신체로부터 떨어진 모발 등에는 싫어하여 떠나고 싶은 마음이 생기지만, 다른 쪽[의 떨어지지 않는 모발 등]에는 애착의 마음이 생기는 것처럼.

pratyakṣam eva sarvasya keśa-ādiṣu kalevarāt /
cyuteṣu sā ghṛṇā buddhir jāyate anyatra saspṛhā //

案

신체의 일부분을 구성하는 손톱이나 모발 등에 대해서는 '나의 것'이라는 소유의식이 작동한다. 그렇기 때문에 그것을 애착하는 마음작용이 일어나는 것을 우리들은 경험한다. 반면 신체에서 떨어진 손톱이나 모발 등은 더 이상 '나의 것'이라는 소유의식이 작동하지 않기 때문에 그것들은 단지 쓰레기로 취급받을 뿐이다. 이러한 비근한 예에서도 알 수 있는 바와 같이 모든 고의 근원에는 '나'라는 '자아의식'(我見)과 '나의 것'이라는 '소유의식'(我所見)이 뱀처럼 똬리를 틀고 있는 것이다.

229b-230a.

[답론4]

[바이셰시카학파에 있어서] 자기의식은 화합(samavāya) 등의 결합에 의해서 그것(자아)에서 생긴다. 그 결합은 [고를 수습해도] 마찬가지이기 때문에 [악한 덕성을 보고도] 버려지지 않는다.

samavāya-ādi-sambandha-janitā tatra hi sva-dhīḥ /
sambandhaḥ sa tathā eva iti dṛṣṭāv api na hīyate //

案

여기서부터 바이셰시카·상키야·자이나의 해탈론을 도제의 관점에서 비판하고 있다. 바이셰시카학파에 의하면, 영혼인 실체에 고락의 앎인 속성이 화합한다. 실체는 화합인이며 '영혼에 고락이 화합한다' 등으로 표현한다. 대상의 싫은 면을 보고, 고라는 속성이 영혼에 일어나도 해탈하지 않은 영혼에 고로부터 증오를 일으켜 악한 행위를 지어 윤회하게 된다는 것이 바이셰시카의 해탈이론이다. 기무라 도시히코는 "쾌락과 불쾌감에서 탐욕과 증오가 일어나고 탐욕과 증오에서 법과 비법의 업을 지어서 영아(아트만)는 윤회한다. 경에도 '쾌락에서 탐욕이 증가한다', '탐욕과 증오에 근거하여 법과 비법의 업이 있다'라고 하며 그것으로부터 신체, 감관의 결합, 즉 윤회가 일어난다고 한다"(K.178~179)라고 한다.

230b.

[답론5]

[상키야학파에서는] 화합 등[의 개념]이 없어도 모든 것에 [집착이 일어나는 것을] 조성하는 것이 된다.

samavāya-ādy-abhāve api sarvatra asty upakāritā /

案

상키야학파는 두 개의 근본원리 즉 정신원리인 푸루샤와 물질원리인 프라크리티를 가지고 세계의 전개를 설명한다. 윤회의 물질적 원리인 근본원질(프라크리티, 프라다나)에 사트바(sattva)·라자스(rajas)·타마스(tamas)라는 세 개의 구성요소가 균형을 이룬 상태에서는 세계는 전개되지 않고 고요하게 존재하는데, 이것들이 무시이래의 무지에 의해 균형이 깨지면서 세계는 전개된다. 최초로 전개되는 것이 마하트(mahat)이며, 그다음으로 아함카라(ahaṁkāra)로 전개되며, 이것으로부터 물질적 경험을 구성하는 세계와 정신적 경험을 구성하는 세계로 전개된다. 기무라는 다음과 같이 설명한다. "고락의 화합과 같은 개념을 갖지 않아도 자아를 주장하는 상키야학파 등에 애착의 염리는 있을 수 없다고 한다. 이 학파는 물질적 원리의 근본 질료인인 프라다나가 윤회의 주체라 보고, 그 프라다나를 성격짓는 사트바·라자스·타마스의 삼질에 의해서 마음작용도 설명한다. 라자스의 활동에 의해서 욕망이 일어나 윤회한다. 사트바는 법과 지혜·이욕·자재에 근거하여 해탈로 향하게 한다. 비법의 업이나 무지는 타마스가 관계한다. 그러나 의식의 다음에 자아의식을 세우는 체계에서는 애착은 불가피하다."(K.179)

231.

[반론]

자기의식은 [있을 수] 없다. 왜냐하면 [자기의식은] 고를 조성하기 때문이다. 가령 [뱀에 물린] 손가락에 있어서와 같다고 한다면.

duḥkha-upakārān na bhaved añglyām iva cet sva-dhīḥ /

[답론1]

'절대로' [즐거움이 전혀 부수하지 않는 것]은 아니며, '상당히' [즐거움인 한 측면이 다소라도 부수하는 것]이다. 가령, 독을 머금고 있는 식물과 같다.

na hy ekāntena tad duḥkhaṃ bhūyasā saviṣa-anna-vat //

案

중생의 세계에서는 절대적인 괴로움과 절대적인 즐거움이란 없다. 다만 상대적인 즐거움과 괴로움만이 있을 뿐이다. 왜냐하면 어떤 것에 대한 괴로움을 벗어나면 또 다른 더 큰 괴로움이 닥쳐온다든지 하거나, 어떤 것에 대한 즐거움을 획득하면 곧이어 더 큰 즐거움을 추구하는 마음이 일어난다든지 하는 것을 우리들은 경험한다. 기무라 도시히코는 "가령, 뱀에 물린 손가락은 독의 제거를 위해서 척결하고 싶다고 바라는 것처럼 고의 수습에 의해서 아견을 떠날 것이라는 생각이 있을지도 모른다. 그러나 어떠한 고통이라고 해도 상당히 있다고 해야만 하며, 즉 쾌락인 일면이 다소라도 부수하고 있을 터이다. 마치 독을 머금은 식물이 다소 맛있는 혹은 배를 채운다는 장점의 한 면을 포함하고 있는 것이다. 절대적으로 고통이라는 것이 있을 수 없는 이상, 애착은 단절되지 않는다"(K.180)라고 주석한다.

232.

[답론2]

특별한 즐거움(열반)을 얻고자 한다면, 그것과 반대되는 존재에 대해서 이욕(離欲)하는 자가 되어야 할 것이다. 특별한 즐거움(열반)을 희구함으로써 어떤 [세속의 소소한] 즐거움을 싫어하여 떠나야 할 것이다.

viśiṣṭa-sukha-saṃgāt syāt tad-viruddhe virāgitā /

kiṃcit parityajet saukhyaṃ viśiṣṭa-sukha-tṛṣṇayā //

案

'특별한 즐거움'이란 윤회로부터의 해탈이다. 그것을 얻고자 희구하는 것을 갈은 tṛṣṇā라는 말로 표현한다. 사트바의 가볍고 경쾌한 기운을 본질로 하는 법이나 앎, 그리고 이욕과 자재 등은 상대적인 선이며 약간의 안락이다. 이렇게 상키야학파가 말하는 것은 모두 세간적인 안락에 근거한 것이다. 하지만 절대적인 해탈에는 이들을 모두 내려놓지 않으면 안 된다. 열반을 희구하는 자는 소소한 세간적인 쾌락을 버려야만 한다. 독이 있는 식물이라고 해서 전혀 먹지 못하는 것은 아니지만 그것마저도 버려야만 그 독으로부터 벗어날 수 있듯이 절대적인 즐거움(열반)을 위하여 세간의 쾌락 모두를 싫어하여 떠나지 않으면 안 된다.

233.

[답론3]

그런데 무아[를 본질로 하는 것]에 대해서 자아에 대한 집착 때문에 [착오하여 자아를] 얻은 것처럼 흥분하여 춤춘다. 매력적인 여성을 얻지 못하면 짐승에게 [욕망을 표출]하는 것이 보이는 것처럼(즉 수간獸姦의 경우와 같이 도착된 행위를 하는 것처럼).

nairātmye tu yathālābham ātma-snehāt pravartate /

alābhe mattakāśinyā dṛṣṭā tiryakṣu kāmitā //

案

본래 애착할 수 없는 대상을 애착하고 있다는 것을 상대가 알기 쉽도록 비속한 비유를 들어 설명한 송이다. 즉 본래 무아임에도 불구하고 자아를 가탁하여 애착하고 고를 락이라 착각하여 수간과 같이 도착된 행위를 한다는 것이다.

234-235a.

[답론4]

자아를 갈애하는 자는 그 [자아의] 소멸을 어떻게 원할 수 있을까? [푸루샤인 정신원리를] 모든 경험(anubhava)·생활(vyavahāra)·신체속성(guṇā)의 근거(āśraya)가 아닌 애착을 어떻게 인정할 수 있을까? 왜냐하면 애착의 본질은 그와 같[이 단절하]는 것은 아니기 때문이다.

yasya ātmā vallabhaḥ tasya sa nāśaṃ katham icchati /
nivṛtta-sarva-anubhava-vyavahāra-guṇa-āśrayam //
icchet prema kathaṃ premṇaḥ prakṛtir na hi tādṛśī /

案

상키야학파는 승의적으로는 정신원리인 푸루샤를, 경험·생활·세간적 가치의 근거가 아니라고 하여 비작자임을 강조한다. 하지만 경험이나 생활의 근거도 아닌 존재는 역시 무아이다. 따라서 애착의 대상일 수가 없다. 마노라타난딘은 다음과 같이 주석한다. "자아를 갈애하는 자는 그 [자아의] 소멸을 어떻게 원할 수 있을까? 즉 이해의 대상이 아니기 때문에 소멸이라는 독존을 바라지 않는다. [반론] 나아가 어떻게 해서 다만 자아만을 바라면서 소멸을 바라는 것인가? [답론] 모든 경험과 생활과 신체속성의 근거가 단절된다, 즉 그것에 의해서 의존하고 있는 것이 소멸이라는 특징에 의해 한정된다는 의미이다. 또한 탁월한 집착인 애착이 어떻게 해서 소멸에 의해 한정된 자아(영혼)를 바랄 것인가? 왜냐하면 애착의 본질은 그와 같이 즉 자아의 대상의 소멸을 바라는 것을 본질로 하는 것은 아니다."(H.107)

235b-236a.

[답론5]

하여튼 아견은 자아에 대한 집착을 극히 강고하게 한다. 그 '나의 것'에 대한 집착(ātmīyasneha)의 종자는 그 [강고한] 상태로 향하게 되는 것 같다.

sarvathā ātma-grahaḥ sneham ātmani draḍhayaty alam /
ātmīya-sneha-bījaṃ tat tad-avasthaṃ vyavasthitam //

案

푸루샤·아트만·지바(jīva)와 같은 자아를 설정하면 그와 같은 자아에 대한 애착은 강화될망정 약화되지는 않는다. 그것이 '나의 것'이라 하는 애착의 종자가 되며, 큰 애착으로 성장해 간다. 마노라타난딘은 다음과 같이 주석한다. "따라서 모든 점에서 '자아에 대한 견해'(我見)는 자아에 대한 애착이다. 그 자아에 대한 견해는 자아의 보조자이다. '나의 것'에 대한 애착의 종자가 근원이라고 별도로 확립된다. 그렇기 때문에 또한 그것에 결합된 악한 덕성들은 멈추지 않는다."(H.108)

236b-237a.

[답론6]

[욕망을 떠나기 위해] 힘써도 현재 존재하는 [자아에 대한 집착이] '나

의 것'에 대한 '욕망의 떠남'(離欲)을 방해한다. 아주 적은 선한 덕성에 의거하여 그 악한 덕성을 덮어 은폐하는 것이다.

yatne apy ātmīya-vairāgyaṃ guṇa-leśa-samāśrayāt /
vṛttimān pratibadhnāti tad doṣān saṃvṛnoti ca //

案

우리는 아주 작은 쾌락을 보고서 고통의 일면을 잊어버리고 애착하기도 하고, 실제 고의 원인이 되는 불쾌한 것을 무심코 간과하거나 눈을 감아 버리곤 한다.

237b-238a.

[반론]

자아에 대해서도 이욕한다.

ātmany api virāgaś cet

[답론1]

그 경우 이욕의 대상이 싫어하여 떠난다는 것은 있을 수 없다. 자아에 대해서 [자아 자신을 버릴 수 없는 것]처럼. 그렇기 때문에 고의 수습(bhāvanā)은 무의미하다.

na idānīṃ yo virajyate /
tyajaty asau yathā ātmānaṃ vyarthāto duḥkha-bhāvanā//

案

상키야학파가 말하는 정신원리인 푸루샤는 보통 아트만에 해당한다.

그렇지만 윤회와 해탈의 주체는 사트마·라자스·타마스라는 세 가지 요소를 가진 물질원리(육체원리)이다. 이 가운데 이욕과 관련하는 것은 사트바이다. 이것뿐만 아니라 법이나 앎 그리고 자재와 같은 성질도 사트바를 본질로 한다. 이와 달리 고와 그 원인은 라자스를 본질로 한다고 할 수 있다. 문제는 이욕의 대상이 이욕의 주체가 될 수는 없다는 것이다. 자아(아트만, 푸루샤)를 싫어하여 떠난다는 것은 자아 자체가 무아이자 무자성이며 공이기 때문에 가능하다. 따라서 자아를 고집하면서 아무리 고에 대한 명상 수습을 한다고 해도 이욕은 불가능한 것이다.

238b-239a.

[답론2]

고의 명상 수습에 의해서도 이 사람은 실로 고통을 경험할 수 있을 것이다. 과거에도 그것은 직접적으로 지각되었다. 그렇지만 [자아가 있다는 견해를 견지하는 수행자에게는] 이욕은 존재하지 않았던 것이다.

duḥkha-bhāvanayā apy eṣa duḥkham eva vibhāvayet /
pratyakṣaṃ pūrvam api tat tathā api na virāgavān //

案

요가수행자나 고행자는 과거로부터 언제나 고를 명상 수습해 왔지만 그럼에도 불구하고 그 중에서 완전한 이욕자는 나오지 않았다. 왜냐하면 '나'라는 견해와 '나의 것'이라는 견해가 있는 한 아무리 명상 수습을 오래 했더라도 이욕은 불가능하기 때문이다.

239b-240a.

[답론3]

가령 어떤 사람이 [상대의] 싫은 점(악덕)에 의해서 그 찰나에 [싫어하여 떠나는] 마음을 움직였다고 해도 [그는] 결코 이욕자는 아니다. [어떤 여성에게 이욕해도] 사랑하는 다른 여성에 대해서 [이욕한 적이 없는 것]처럼.

yady apy ekatra doṣeṇa tat kṣaṇaṃ calitā matiḥ /
viraktau na eva tatra api kāmi iva vanita-antare //

案

우리는 간혹 대상의 싫은 점(부정적 모습)을 보고서 한때 싫어하여 떠나는 마음을 낳았다고 해도 그가 이욕자가 될 리는 없다. 왜냐하면 다시 그 대상의 좋은 점을 보게 되면 '나의 것'이라는 소유의식이 일어나 그 대상에 대한 애착의 마음작용이 생길 것이기 때문이다. 이것은 한 대상에 대해서 언급한 경우지만, 두 대상을 예로 들어 보면 어떤 한 여성을 사랑한다고 해서 다른 여성에 대한 욕망을 떠난다고 할 수는 없다. 요컨대 한 대상의 좋은 점을 보고서 취하려고 애착하고, 그 대상의 싫은 점을 보고서 버리려고 하는 혐오(증오)가 일어나는 것은, 근원적으로 '나'라는 견해와 '나의 것'이라는 견해가 잠재해 있기 때문이다.

240b-241a.

[답론4]

버려야 할 것과 취해야 할 것을 구별하여 한쪽(후자)에만 일으키는 탐닉은, 점차 모든 탐닉들을 일으키는 종자가 된다.

tyājya-upādeya-bhede hi saktir yā eva eka-bhāvinī /
sā bījaṃ sarva-saktīnāṃ paryāyeṇa samudbhave //

案

하나의 대상에 대해 좋은 점을 보고서 애착하는 마음작용을 일으키고, 싫은 점을 보고서 혐오(증오)하는 마음작용을 일으키는 원인은 바로 아견과 아소견이다.

241b-242a.

[딥론5]

싫지 않은 것을 대상으로 하는 애착은, 마찬가지로 싫지 않은 것이 된다. 작인(인 감관 등)도 [마찬가지이다]. 이와 같은 유정은 무엇에 대해 이욕하는 것일까?

nirdoṣa-viṣayaḥ sneho nirdoṣaḥ sādhanāni ca /
etāvad eva ca jagat kva idānīṃ sa virajyate //

案

마노라타난딘은 다음과 같이 주석한다. "그 탐닉은 모든 탐닉이 때때로 즉 순차적으로 일어나는 동력인 즉 종자의 원인이다. 그런데도 어떤 경우에는 증오와 애착에 의해서 그것과 순역의 반항과 호의가 있다. 마찬가지로 탐욕과 탐닉에 의해서도 어딘가에서 양자에 대한 호의와 증오가 있다. 그런데 이와 같이 자아는 결점이 없기 때문에 결점이 없는 것을 대상으로 하는 애착은 결점이 없고 또한 스스로 향유의 성취수단이다. 즉 감관, 신체 등 언어, 맛, 색깔 있는 모양 등은 결점이 없다. (즉 악덕은 없다.) 왜냐하면 자아 등의 모두는 하나하나가 고의 원인인 것은 아니기 때문이다."(H.109) 계속해서 기무라 도시히코는 "대상이 모두 유쾌한 것이라면 애착하는 것도 유쾌한 것이다. 그 경우 사람은 무엇에 대해서 이욕하려고 욕망하게 될 것이다"(K.185)라고 한다.

242b-243a.

[반론]

[대론자가 말하기를 자아에 대한 애착 때문에] 악한 덕성도 있는 것이다.

sadoṣatāpi cet

[답론1]

그 경우는 자아에 대해서도 마찬가지이다. 그 악한 덕성이 있는 [자아에 대해서] 이욕하지 못하는 사람은, 무엇에 대해 이욕하는가?

tatra tasyātmanyapi sā samā /
tatrāviraktas taddoṣe kvedāniṃ sa virajyate //

案

대론자는 자아는 순수정신이자 순수영혼을 본질로 하는 존재지만, 이 자아에 대해 애착하는 사람들에 의해 악한 덕성 혹은 과실(허물)이 초래되는 것이라 하여, 모든 고통과 번뇌의 원인을 애착에 돌린다. 그런데 다르마키르티는 자아 그 자체에 대해 있다고 하는 잘못된 견해인 아견을 무아견으로 회심하지 않는다면 그 아견에서 발생하는 애욕(탐욕)과 증오(혐오) 등의 번뇌와 욕망을 결코 벗어날 수 없다고 주장한다.

243b-244a.

[답론2]

[대상의] 좋지 못한 점을 보는 자는 [상대의] 좋은 점을 봄으로써 생기는 애착을 배제할 수는 있을 것이다. 그러나 감관 등에 대해서는 그렇지 않다. 갓난아기 등도 [본능적으로 감관 등을 자기의 것이라고] 보기 때문이다.

guṇadarśanasambhūtaṃ sneham bādheta doṣadṛk /
sa cendriyādau na tvevam bālāder api darśanāt //

案

대상의 좋지 못한 점을 보는 자는 대상의 좋은 점을 봄으로써 생기는 애착(탐욕)은 배제할 수 있을 것이다. 그렇지만 신체의 일부인 감관이나 모발 그리고 손톱 등에 대해서 '나의 것'으로 보는 것은 좋은 점을 보는 것이 아니다. 갓난아기가 본능적으로 신체의 일부인 감관이나 모발이나 손톱 등에 대해 자기 것이라고 보는 것에서 볼 때, 애착은 쉽게 단절되지 않음을 알 수 있다.

244b-245a.

[답론3]

[나의 것이라 본다면] 싫은 점에 대해서도 [애착이] 있기 때문에 그리고 타자의 존재라면 좋은 점이 있다고 해도 [애착은] 없기 때문이다. 또한 [자신의 신체에서] 분리된 것(모발 등)에 대해서는 나의 것임을 싫어하여 떠나기 때문이다.

doṣavatyapi sadbhāvād abhāvād guṇavatyapi /

anyatrātmīyatāyāṃ vā vyatītādau vihānitaḥ //

案

기독교 성경에 다음과 같은 말이 있다. "눈먼 이가 눈먼 이를 인도할 수 없지 않느냐? 둘 다 구덩이에 빠지지 않겠느냐? 제자는 스승보다 높지 않다. 그러나 누구든지 다 배우고 나면 스승처럼 될 것이다. 너는 어찌하여 형제의 눈 속에 있는 티는 보면서 네 눈 속에 있는 들보는 깨닫지 못하느냐? 네 눈 속에 있는 들보는 보지 못하면서 어떻게 형제에게 '아우야! 가만 네 눈 속에 있는 티를 빼내 주겠다' 하고 말할 수 있느냐? 위선자야! 먼저 네 눈 속에서 들보를 빼내어야지. 그래야 네가 형제의 눈에 있는 티를 뚜렷이 보고 빼낼 수 있을 것이다."(「루가의 복음서」, 6:38~45) 이 성경의 말은 자기 자신에 대해 너무 관대하고 남에게 엄격한 것을 지적한 것이다. 또 우리말에는 팔불출(八不出)이 있다. 팔불출은 열 달을 채 못 채우고 여덟 달 만에 나왔다는 것으로 몹시 어리석은 사람을 조롱하는 의미이다. 특히 자기 자랑하는 사람이나, 자식과 아내를 자랑하는 사람을 팔불출이라 한다. 이것은 '타자의 존재라면 좋은 점이 있다'고 하는 것과 대응한다. 기무라 도시히코는 "가령 눈이 질병에 걸려 과실이 있는 것으로 되어도 자기의 눈 때문에 애착은 바뀌지 않는다. 타자의 눈이나 끊어진 자신의 털 등은 아무리 아름답다고 해도 애착은 샘솟지 않을 것이다. 그렇기 때문에 대상의 장점이나 결점에 의해서 유무가 있는 것이 아니다. '나의 것'이라고 하는 마음이 원인이다"(K.186~187)라고 한다.

245b-246a.

[답론4]

그러므로 '나의 것'이라는 [소유]의식의 원인은 [대상의] 좋은 점을 보는 것에서 기인하는 것이 아니다. ['나의 것'이라는 소유의식은 결국 '나'라는 자아의식에 기인한다.] 그렇기 때문에 싫은 점을 보고 그것(애착)이 버려지는 것도 아니다.

tata eva ca na ātmīya-buddher api guṇa-īkṣaṇam /
kāraṇaṃ hīyate sa api tasmān na aguṇa-darśanāt //

案

요가학파 등이 고를 요가에 의해서 명상 수습을 한다고 해도 혹은 부정관 등의 관법에 의거한다고 해도 애착(탐욕)과 혐오(증오)라는 마음작용(번뇌)은 버려질 수가 없다. 거기에는 근본적으로 '나의 것'이라는 소유의식이 작동하여 좋은 것과 싫은 것으로 분별하여 좋은 것은 취하려고 하는 애착심이 일어나고 싫은 것은 버리려고 하는 혐오(증오)심이 일어나는 것이다. 그렇지만 '나의 것'이라는 소유의식도 궁극적으로 나라는 자아의식에 근거하는 것이다. 따라서 아소견이 공견으로, 아견이 무아견으로 회심할 때 일체의 애착과 증오라는 번뇌의 마음작용이 일어나지 않게 되는 것이다.

246b-247a.

[답론5]

또한 비존재(허위, 허망)인 덕성의 증익은, 그것(자아)에 대한 애착에서 보이는 것이다. 그러므로 그 원인(나라는 생각)을 저지하지 않는 의식

(儀式)이 어떻게 해서 그것(애착)을 막을 수 있을까?

api ca asad guṇa-āropaḥ snehāt tatra hi dṛśyate /
tasmāt ta kāraṇā bādhī vidhis tam bādhate katham //

案

고인 것을 락이라고 허망하게 분별하고 허위인 악한 덕성을 싫은 대상에 가탁(증익)하는 것은, 일체 존재가 고정불변의 아(我)가 없다는 일체법무아(一切法無我)이며 일체는 다 공인 일체개공(一切皆空)인데, 그것들을 '나'와 '나의 것이라고 분별하여 나와 나의 것에 대해 애착을 일으키는 것으로 말미암는 것이다. 따라서 어떠한 고행이나 명상 수습 그리고 신 또는 절대자에게 제사를 드리는 의식을 거행한다고 해도 아견과 아소견을 끊지 않는다면 아무 소용이 없다.

247b-248a.

[반론]

[상키야학파의 논사는 말한다.] 이 사람은 다른 뛰어난 것을 구하기 때문에, 생멸을 지각하기 때문에, 감관 등과는 다른 자아를 안다.

parāpara-prārthanato vināśa-utpatti-buddhitaḥ /
indriya-ādeḥ pṛthag bhūtam ātmānaṃ vetty ayaṃ janaḥ //

案

상키야학파는 순수정신인 푸루샤와 근본물질인 프라크리티의 결합에 의해 존재가 생사윤회한다고 본다. 생사윤회는 곧 존재의 구속이다. 또한 그들에 의하면 해탈은 푸루샤와 프라크리티의 단절이다. 해탈은 존재의 해방이다. 쉽게 말하면 프라크리티라는 육체의 감옥 속에 순수정신인 푸루샤가 갇혀 있는 상태를 생사윤회한다고 하고, 그곳으로부터 푸루샤(순수정신)가 해방되는 것은 생사윤회에서 떠났다, 즉 열반 혹은 해탈했다고 하는 것이다. 그런데 "예를 들면 눈 등의 감관에 고장이 생긴 사람은 다른 좋은 눈을 선망한다. 자기의 눈을 내던지는 것처럼 보이지만, 실은 눈에 대한 애착을 더 한층 강화하는 데 불과하다. 상키야학파의 윤회설은 미세한 몸(細身)을 주체로 하여 영혼의 목적에 부합하는 것이다. 미세한 몸은 무용수, 영혼은 관객에 비유된다. 무용이 끝나야만 영혼이 해방되듯이 결국 육체원리는 영혼 해탈을 위해서 활동을 정지한다. 따라서 '이 사람'은 미세한 몸, '다른 자아'는 '다른 뛰어난 것'인 영혼이다. 상키야학파의 체계는 인격이 분열되지만, 원래 이원론이기 때문에 하는 수 없다."(KT. 263)

248b-249a.

[답론1]

그러므로 [상키야파는 두 원리인 푸루샤와 프라다나를] 동일하다고 보는 것에 의해서도 애착이 있는 것도 아니다. 자아에 애착하고 있는 자는 본래 인식작용의 내적인 감관에 대해 애착하고 있는 것이다.

tasmān na ekatva-dṛṣṭyā api snehaḥ snihyan sa ātmani /

upalambha-antarāṅgeṣu prakṛtyā eva anurajyate //

案

정신과 육체라는 두 개의 근원의 동일시라는 상키야학파의 형이상학을 무시하고, 바로 푸루샤=아트만에 대한 집착이야말로 생사윤회하게 하는 근원이라고 다르마키르티는 비판한 것이다. "차이성의 인식에 의해서 애착이 끊어지는 것도 아니다. 즉 본래 인식작용의 조성인이 되는 감관 등을 '나의 것'으로 탐애하는 실태가 과실(허물)의 원인으로서 설명된다. 푸루샤와 프라크리티라는 두 원리를 동일하다고 보는 허망분별(虛妄分別)에서 애착이 일어나는 것이 아니라 인식의 내적 기관인 감관 등을 본래 나의 것이라고 보는 사견(邪見)에서 애착이 일어나는 것이다."(K.189)

249b-250a.

[답론2]

그러나 현재 직면한 괴로움으로부터 싫어하여 떠나는 것(厭離)이 증오(dveṣa)이며, 그와 같은 것은 (진정으로) 욕망을 떠난 것(이욕)이 아니다. 그 경우도 그것(자아)에 대한 애착이 있다. 다른 상태(쾌락)를 구하기 때문이다.

pratyutpannāt tu yo duḥkhān nirvedo dveṣa īdṛśaḥ /
na vairāgyaṃ tadā apy asya sneho avasthā-antar eṣaṇāt //

案

고가 있으면 증오의 마음작용이 일어나며, 그 고가 잠깐이라도 사라지면 다시 대상에 대해 즐거움을 추구하는 탐욕의 마음작용이 일어나는 것은 중생들의 인지상정이다. 한편 상키야학파는 "고에 시달리면 그 배제를 위한 방법을 추구한다"고 하지만, 그것은 고에 대한 증오, 결국에는 쾌락을 추구하는 것이지, 그들이 늘 입에 올리는 이욕은 아닌 것이다.

250b-251a.

[답론3]

증오는 괴로움을 원인으로 하기 때문에, 후자(괴로움)가 있는 한 전자(증오)가 존재하고 후자(괴로움)가 소멸하면 다시 [애착이라는] 자기의 본성(prakṛti)을 [이 인간은] 갖는 것이다.

> dveṣasya duḥkha-yonitvāt sa tāvan mātra-saṃsthitiḥ /
> tasmin nivṛtte prakṛtiṃ svām eva bhajate punaḥ //

案

고가 있는 한 증오라는 마음작용이 일어나며, 고가 소멸하면 고락을 넘어서 진정한 즐거움인 열반으로 가지 않고 다시 즐거운 것을 추구하는 것이 범부들의 본성이다. 이상은 윤회의 구조이다. 아래의 게송들은 윤회로부터 해탈을 이야기한다.

무아와 해탈

案

자아에 대한 애착이 윤회의 원인이라면, 자아에 대한 애착을 여의는 것 즉 무아야말로 해탈의 원인이다. 아래는 이것을 논하고 있다.

251b-252a.

[반론]

그렇다면 어떠한 이욕이 합리적인 것인가?

[답론]

그런데 버린다든지 하는 것(생각)과 취한다든지 하는 것(생각)을 떠남으로써 도끼[를 손에 쥐려는] 생각과 전단[향을 손에 넣으려는] 분별[적 사유]를 일으킨 자 모두에게 무집착인 이욕을 말하는 것이다.

audāsīnyaṃ tu sarvatra tyāgopādānahānitaḥ /
vāsī-candana-kalpānāṃ vairāgyaṃ nāma kathyate //

案

어떠한 이욕이 합리적인 것인가라는 대론자의 반론에 대해 도끼와 등불의 비유를 제시하여 이욕 즉 욕망을 떠나는 것에 대해 설명하고 있다. 도끼의 비유는 증오를, 전단향의 비유는 탐욕을 의미한다. 어떠한 것에도 집착하지 않는 이욕이란 혐오스러운 것을 싫어하여 버린다든지 하는 증오와 좋은 것을 갈애하고 취한다든지 하는 탐욕을 여읜 것이다. 그런데 이러한 탐욕과 증오는 '나'라는 아견(자아의식)과 '나의 것'이라는 아소견(소유의식)을 근원으로 해서 일어나는 것이다. 이러한 아견(我見)을 무아견(無我見)으로, 아소견(我所見)을 공견(空見)으로 회심하는 것이야말로 진정한 의미에서의 이욕이다.

252b-253a.

[반론]

만약 고의 명상 수습이라는 애착 등을 버리는 것에 의해서는 해탈은 있을 수 없다고 한다면, 그럼에도 어떻게 해서 세존은 고의 명상 수습을 말하는가?

[답론1]

[현실의 고만이 아니라 모든] 현상들이 고임을 고찰하고서, [세존은] 고의 수습[으로서의 부정관 등]을 말씀하신 것이다. 그것은 우리들(불교 인식 논리학파)에 있어서는 인연생기의 의미이다. 그것(인연생기)은 무아견의 근거이다.

saṃskāra-duḥkhatāṃ matvā kathitā duḥkha-bhāvanā /

sā ca naḥ pratyaya-utpattiḥ sā nairātmya-dṛg-āśrayaḥ //

案

현실의 고만이 아니라 모든 생성하는 사건들의 고와의 관련을 고려하고서 세존의 고의 명상 수습으로서 부정관(不淨觀)이나 골쇄관(骨碎觀) 등을 말씀하신 것이다. 그리고 고는 인연에 의해서 생기는 것(연기)이며, 이 연기가 무아견의 근거가 된다는 것이 위 송의 내용이다. 초기불교에서 모든 존재를 무상, 고, 공, 무아라는 네 가지 존재방식으로 파악하고 있는 것을 계승하여 부파불교 특히 설일체유부의 아공법유설이라는 실체존재론에 대해서 초기불교의 무아론과 연기론으로 되돌아가자고 하는 불교의 르네상스 운동 즉 소승불교에서 대승불교를 표방했던 팔종의 조사인 나가르주나는 그의 주저 『중론』(中論) 제24장 제18송에서 "[모든 존재가 무엇인가를] 조건으로 하여 생기하는 것(연기)을 우리들은 [모든 존재가] 공인 것(공성)이라 한다. 그것(연기)은 [무엇인가를] 원인으로 하여 [무엇인가가] 개념 설정되는 것(인시설)이며 그 같은 것이 중도"라고 하여 일체의 존재가 사상으로 존재한다고 하는 이론을 계승하고 있다. 이러한 초기불교의 무상 → 고 → 공 → 무아의 사상과 나가르주나의 연기 → 공 → 가명 → 중도 사상을 다르마키르티는 그대로 계승하고 있음을 위의 송을 통해서 확인할 수 있다.

253b-254a.

[답론2]

그런데 공성에 대한 인식으로부터 해탈한다. [그것 이외의] 나머지 수습(bhāvanā)은 그것을 목적으로 한다. 그러므로 [세존은] 무상이기 때문에 고를, 고에서 무아를 말씀하신 것이다.

muktis tu śūnyatā-dṛṣṭes tad-arthāḥ śeṣa-bhāvanāḥ /
anityāt prāha tena eva duḥkhaṃ duḥkhān nirātmatām //

案

한편 나라는 생각이 없는 것 즉 아견과 나의 것이라는 생각이 없는 것 즉 아소견에 대해 무아견과 공견으로 인식이 전변하는 것이 바로 해탈이며, 그 외의 무상이나 고 등의 명상 수습은 바로 무아견과 공견을 목적으로 한다. 그러므로 세존은 무상에 근거하여 고를, 고를 근거로 하여 무아를 말씀하신 것이라고 다르마키르티는 언명한다. 이러한 다르마키르티의 언명은 다음과 같은 초기불전의 언설에 기인한다. "세존께서 말씀하셨다. '비구들이여! 일체는 상주하는 것인가 아니면 무상한 것인가?' 비구들이 아뢰었다. '대덕이시여! 무상한 것입니다.' '그렇다면 일체가 무상한 것은 고인가 아니면 락인가?' '대덕이시여! 고입니다.' '그렇다면 무상이며 고로서 전변하는 법을 나의 것, 나의 본성이라 볼 수 있는가 아니면 볼 수 없는가?' '대덕이시여! 나의 것, 나의 본성이라 볼 수 없습니다.'" 일체 존재는 무상 → 고 → 무아라는 존재방식으로 존재한다는 붓다의 말씀은 다르마키르티에 의해서도 그대로 전승되고 있음을 위의 게송을 통해서도 확인할 수 있다.

254b-255a.

[답론3]

그리고 이욕하지 않고서, 갈애를 지니고 모든 행위에 의거해 머무는 자는 해탈하지 않은 자이며, 그와 같은 자는 업과 번뇌에 의해서 윤회하는 자라고 명명된다.

aviraktaś ca tṛṣṇāvān sarva-ārambha-samāśritaḥ /
so amuktiḥ kleśa-karmabhyāṃ saṃsārī nāma tādṛśaḥ //

案

인도불교에서는 생사윤회하는 원인을 2종으로 설정한다. 하나는 직접적 원인으로 갈애이며, 또 하나는 근원적 원인으로 무명과 업이다. 다르마키르티에 의하면 무명 즉 무지는 '나'가 있다는 생각 즉 아견과 '나의 것'이 있다는 생각 즉 아소견이다. 그런데 아견과 아소견이 생사윤회의 근본적 질료인이라면 업은 생사윤회의 근본적 동력인이라 할 수 있고, 갈애는 생사윤회의 직접적 질료인이라 할 수 있다.

255b-256a.

[답론4]

'나의 것'을 욕망하지 않는 자는 그것에 관한 향유자(bhoktā)일 수가 없다. 그 ['나의 것'이라는 관념이 버려졌을] 때, 그 사람에게는 어떠한 자아도 존재하지 않는다. 그것 [자아]란 행위와 그 [자신의 행위의] 향유에 의해서 특징지어지기 때문이다.

ātmīyam eva yo na icched bhoktā apy asya na vidyate /
ātmā api na tadā tasya kriyā-bhogau hi lakṣaṇam //

案

이 송은 자이나교에 대한 비판이라 한다. 자이나교에 의하면 일체는 생명적 실체인 지바(jīva, 영혼)와 비생명적 실체인 아지바(ajīva, 비영혼)로 구분된다. 이런 측면에서 자이나교는 철저한 이원론에 입각해 있다. 또한 무수한 실체들이 우리의 지각 혹은 인식주체와 독립하여 존재한다는 점에서 형이상학적 실재론을 견지한다. 자이나교에서는 "행위의 주체이자 생명적 실체인 지바(영혼)는 필연적으로 고(불쾌감)와 락(쾌감)을 향유하지만 해탈한 생명적 실체인 지바는 업을 짓지 않는다, 즉 업에 의한 물질을 부착하지 않는다. 또한 해탈한 생명적 실체인 지바는 업의 결과인 고와 락을 향유하지 않는다"고 한다. 마노라타난딘은 위의 송을 다음과 같이 주석한다. "나(자아, 영혼)[라는 자아의식]이 존재할 때, 나의 것[이라는 소유의식]을 버릴 수가 없다. 마찬가지로 비해탈이라 말해졌다. 혹은 나의 것[이라는 소유의식]을 버릴 수가 있을 것이다. 그렇다고 해도 나의 것[이라는 소유의식]을 인정하지 않으려는 자의 주장에서는 그 나의 것[이라는 소유의식]의 향유자는 존재하지 않는다. 왜냐하면 향유자는 향유의 대상을 필요로 하기 때문이다. 향유자가 없다면 나(자아, 영혼, 자아의식)도 또한 존재하지 않는다는 난점이 발생하기 때문이다. 어떻게 해서 그러한가? [라고 묻는다면,] 행위와 향유가 그 나(자아, 영혼, 자아의식)의 특징이며, 나(자아, 영혼, 자아의식)는 작자이며, 향유자라고 말해지기 때문이다. 또한 나의 것(자아의식)만이 존재하지 않을 때, 무엇 때문에(무엇을 위해서) 행위를 해야만 하는가?

혹은 무엇을 향유해야만 하는가? 작자인 것과 향유자인 것이 없기 때문에 나(자아, 영혼, 자아의식)는 존재하지 않음에 틀림없다고 받아들여야 할 것이다. 따라서 나(자아, 영혼, 자아의식)가 존재하면 나의 것(자아의식)은 그 나(자아, 영혼, 자아의식)에 대한 애착 등이 존재할 때, 단멸하지 않는다. 윤회에 관해서도 마찬가지이다."(H.115) 따라서 행위와 향유의 주체가 없을 때 생명적 실체인 지바는 존재할 수 없다.

256b-257a.

[답론5]

그러므로 해탈을 시원하는 자들(mumukṣava)이여! 무시이래의 과거로부터 연속하는 동류인의 종자인 유[신]견을 근절하라.

tasmād anādi-santāna-tulya-jātīya-bījikām /

utkhāta-mūlāṃ kuruta sattva-dṛṣṭiṃ mumukṣavaḥ //

案

생사윤회의 구속은 아견과 아소견이 원인이다. 따라서 이 아견과 아소견을 끊을 때 해탈을 실현할 수 있다.

257b-258a.

[반론]

베다의 성전만이 해탈로 인도한다.

[답론]

[그대들의] 성전을 그와 같은 진실에 근거한 것이라 보지 않는 자에게

는 성전에만 의존하여 해탈을 설해도 환희를 하지 않는다.

āgamasya tathā bhāva-nibandhanam apaśyatām /
muktim āgama-mātreṇa bruvan na paritoṣakṛt //

案

시바교도들의 성전에는 오직 해탈의 길을 말할 수 있는 존재는 신뿐이라 한다. 하지만 다르마키르티는 그들 성전의 말씀은 진실에 근거한 것이 아니기 때문에 아무리 해탈과 해탈의 길을 말해도 환희심을 일으키게 할 수 없다고 주장한다.

바이셰시카학파의 해탈론에 대한 비판

案

바이셰시카학파는 자아의 본질에 대한 무지를 속박의 원인으로, 자아의 본질에 대한 인식을 해탈의 수단으로 본다. 이러한 해탈론을 다르마키르티는 비판한다.

258b-259a.

[반론]

제사의 규정에서 언급하는 성전은 인식도구(종교적 권위)에 근거하여 성장하는 성질을 갖지 않는 것을 시사한다. 예를 들면 제사의 규정에서 언급한 종자가 발아하지 않는 것처럼, 신에게 봉사한 인간도 또한 다시 존재하지 않는다.

[답론]

종자 등의 [발아를 멈추게 하는 데] 유효한 의식(儀式)은, 사람이 [윤회의 세계에 다시] 태어나지 않게 하는 [인과적 효과의] 능력은 없다. [몸에] 기름을 바르거나 소신(燒身)[공양] 등에서도 해탈이 있다고 하는 난점이 발생하기 때문이다.

na alaṃ bīja-ādi-saṃsiddho vidhiḥ puṃsām ajanmane /
taila-abhyaṅga-agni-dāha-āder api mukti-prasaṅgataḥ //

案

바이셰시카학파에서는 신들에게 제사를 드릴 때 종자를 호마기름에 바르거나 태운다든지 하는 의식을 거행한다. 그렇게 호마기름에 적셔진 종자나 불에 태워진 종자는 다시는 싹을 틔우지 못하는 것이다. 이처럼 윤회전생하는 사람도 몸에 기름을 바르거나 자기 몸을 태워 신에게 바치는 소신공양을 하게 되면 윤회로부터 해탈한다고 그들은 말한다. 그러나 다르마키르티에 의하면 그러한 의식이나 소신공양은 해탈에 아무런 인과적 효과도 없는 무의미한 행위이다. 마노라타난딘은 다음과 같이 주석한다. "'종자 등의 [발아를 멈추게 하는 데] 유효한' 제사 '의식은 사람이 [윤회의 세계에 다시] 태어나지 않게 하는 [인과적 효과의]' 능력은 '없다. 왜냐하면 [몸에] 기름을 바르거나 소신[공양] 등으로' 윤회로부터의 해탈이 있다고 하는 난점이 발생하기 때문이다. 호마기름에 적셔진 종자와 불과 접촉한 종자는 발아하지 않는다. 마찬가지로 인간도 호마기름을 적셔서 소신공양을 한다고 해도 다시 존재하지 않을 것이다."(H.116)

259b-260a.

[반론]

의식을 치르게 되면 죄가 감소, 소멸된다.

[답론]

[의식을 치르기] 전에는 [죄가] 무거운 자가 [의식을 치르고 난] 뒤에는 가볍게 되어 소멸된다고 하는 것은 있을 수 없다. 이것(죄)에는 무거움 등은 있을 수 없다. 왜냐하면 죄는 물질적 형태[를 본질로] 하지 않기 때문이다. 따라서 [죄는] 무거운 것이 아니다.

prāg guror lāghavāt paścān na pāpa-haraṇaṃ /
mā bhūt gauravam eva asya na pāpaṃ gurv-amūrtitaḥ //

案

제사의식을 거행한다고 해서 지은 죄가 가볍게 되거나 없어지지 않는다. 왜냐하면 죄는 무겁다거나 가볍다고 하는 물질성을 본질로 하지 않기 때문이며, 또한 이미 지은 죄는 지었기 때문에 없앨 수 없기 때문이다. 그렇다고 하면 어떻게 죄를 없앨 수 있을까? 다르마키르티는 죄의 본성은 본래 그 자성이 없는 공임을 인식한다. 죄가 본래 없는 것인데 없는 죄를 있다고 간주하여 제사의식이나 소신공양 등의 행위를 한다고 하더라도 소멸은 불가능하다는 것이다. 우리나라 불자들이 독송하는 『천수경』(千手經)에는 죄와 참회에 대해서 다음과 같이 말하고 있다.

죄는 자성이 없다. 다만 마음으로부터 일어날 뿐이다. 罪無自性從心起
마음이 만약 소멸하면 죄 역시 잊혀진다. 心若滅是罪亦忘

죄가 잊혀지고 마음이 소멸하여 둘 다 공한 것, 罪忘心滅兩俱空
이것이 곧 진정한 참회이다. 是卽名爲眞懺悔

죄는 무엇인가 그리고 진정한 참회란 무엇인가를 『천수경』은 우리에게 묻고 있다. 참회는 곧 견성(見性)이자 회심(廻心)이다. 즉 진정한 참회는 곧 자기 자신을 돌아보는 것이다.

260b-261a.

[반론]

그대의 주장인 무아견에서도, 왜 존재하고 있어도 탄생은 없는 것인가?

[답론]

허망한 인식과 그것에 의해 생긴 갈애의 마음에 지배되기 때문에 열등한 곳으로 가서 태어난다. 따라서 그것을 끊는 자는 [다시는 생사윤회의 세계에] 태어나지 않는다.

mithyā-jñāna-tad-udbhūta-tarṣa-saṃcetanā-vaśāt /
hīna-sthāna-gatir janma tena tacchin na jāyate //

案

생사윤회의 직접적인 원인은 갈애(애착)이지만 근본적 원인은 무지 즉 아견과 아소견이라는 허망분별이다. 다시 말하면 일체를 무상, 고, 공, 무아인 것을 상주, 락, 나의 것, 나라고 허망하게 분별함으로써 애착(갈애)을 일으켜 모태로 나아가게 하여 다시 생을 얻는 것이다. 마노라타난딘은 다음과 같이 주석한다. "'허망한 인식'이란 고에 관해서 반대로 생각하는 것이다. '그것에 의해 생긴 갈애'란 허망한 인식에서 생긴 갈애이다. 그 양자와 결합한 '마음'에 있어서 [그 마음에] '지배되기 때문에 열등한 곳으로 가는' 것이 '탄생'(출생)이라고 말해진다. 따라서 '그것을 끊는 자' 즉 무지의 갈애를 끊어서 무아견[을 체득한] 사람은 [다시는 생사윤회의 세계에] '태어나지 않는다.' 왜냐하면 원인이 없기 때문이다. 같은 것을 말한다."(H.116~117)

261b-262a.

[반론]

업도 또한 탄생의 원인이라 인정된다. 그런데 어떻게 해서 무지와 갈애만이 언급되는가?

[답론]

실로 [생사윤회하게 하는 근본적 원인인 무지와 직접적 원인인 갈애] 양자가 [다시] 생을 얻게 하는 [인과적 효과의] 능력을 갖는다. 그것들만으로 [재]생하기 때문이다. 두 개의 마음작용은 원래 업이기 때문에 [재]생의 원인으로 충분하다.

tayor eva hi sāmarthyaṃ jātau tan-mātra-bhavataḥ /
te cetane svayaṃ karma ity akhaṇḍaṃ janma-kāraṇam //

案

생사윤회의 직접적인 원인은 갈애(애착)이며, 근본적 원인은 무지와 업이다. 무지란 아견과 아소견이라는 허망분별이다. 이것은 윤회의 근본 질료인이며, 업은 윤회의 근본 동력인이다. 그렇기 때문에 무지와 업을 원인으로 중생은 생사윤회하는 것이다.

262b-263a.

[반론]

[바이셰시카 논사가 말하기를] 이행과 지각의 근거는 감관들이며 그들은 불가시[의 힘]에 의거한다. 불가시[의 힘]의 소멸에 의해서 이행은 없어진다. 그러므로 사[업]은 업(saṃskāra)이 아니다.

gati-pratītyoḥ kāraṇa-anya-āśrayas tāny adṛṣṭataḥ /
adṛṣṭa-nāśānna gatis tat saṃskāro na cetanā //

案

바이셰시카학파는 생사윤회의 동인을 신과 카르마의 불가시력으로 본다. 즉 신은 불가시력을 본질로 하는 카르마의 법칙에 인도되어 세계를 창조하고 지배하고 파괴한다. 불가시력인 카르마의 법칙은 맹목적이므로 갖가지 자아들의 운명을 결정짓는 데 있어 신의 지적인 힘을 필요로 한다. 따라서 바이셰시카학파의 논사들은 우주의 도덕적 질서가 가장 완전한 영혼이며, 우주의 주인인 신으로부터 나온다고 본다. 결국 원자와 다른 실체들이 우주의 질료인이 되며, 신은 카르마의 불가시력과 더불어 세계의 생성과 지속과 소멸의 동력이 된다. 이러한 바이셰시카의 우주론과 세계관을 전제해야만 위의 반론을 이해할 수 있다. 기무라 도시히코는 다음과 같이 설명한다. “바이셰시카학파의 학설에서는 열등한 장소인 모태에 아트만(영아靈我)이 전이하는 근거는 눈 등의 감관이다. 감관들은 법과 비법을 특징으로 하는 불가시력에 의해서 아트만과 결합하여 그로 인해 아트만은 윤회한다. 바이셰시카가 말하는 불가시력은 불교가 말하는 업력과 같지만, 다만 유심론적인 후자의 사업과 달리 목욕, 단식이나 임주(林住), 공의(供儀), 예배 등 바라문교적 규거를 지키는 것이 법의 업을 짓는다. 영혼(ātman)과 마음(manas)을 별도로 보는 것은 바라문교계 학파들의 경향이지만, 바이셰시카학파도 영혼과 마음의 분리에 의해서 해탈을 생각한다. 법에 적합한 불가시력은 소멸하여 영은 해탈, 승천한다."(K.198)

263b-264a.

[답론]

감관의 생성은 [마음의] 유무에 따르기 때문에 [마음의 인과적 효과의] 힘은 경험된다. 다른 쪽(불가시력)에는 없다. 그것들(감관)이 있다면 아무래도 [열등한 곳으로] 이행하지 않은 것이 있을 것이다.

sāmarthyaṃ karaṇa-utpatter bhāva-abhāva-anuvṛttitaḥ /
dṛṣṭaṃ buddher na ca anyasya santi tāni na yanti kim //

案

이렇게 생사윤회의 길 혹은 세계로 인도하는 동력인인 신의 지적인 힘과 불가시의 힘을 제어하기 위해서는 신에 대한 제사와 공의 그리고 예배 및 목욕을 통해 가능하다는 미망사학파와 바이셰시카학파의 주장에 대해서 다르마키르티는 생사윤회의 길 혹은 세계로 이끄는 동력인을 갈애라는 직접적인 원인과 아견과 아소견이라는 근원적인 원인으로 파악하고 이러한 근원적 원인인 무지 즉 아견과 아소견을 무아견과 공견으로 회심할 때 생사윤회의 길 혹은 세계로부터 벗어날 수 있다고 반론한 것이 위의 답론이다.

264b-265a.

[반론]

[더러운 모태에로] 이행하기 때문에 반드시 제사에 의해 해롭게 된 인식(마음)은 감관들을 다른 장소로 이끌 수는 없다.

[답론]

청정한 보시행[이라는 제사의식] 등에서 곧바로 그 [인과적 효과의] 능력이 없어지게 된다면, 마음에 의존하는 그것들(감관)의 대상에로의 파지[保持]·방척(촉진)·변화(자극)·소멸(억제)하는 것은 없게 될 것이다.

dhāraṇa-preraṇa-kṣobha-nirodhāś cetanā-vaśāḥ /
na syus teṣām asāmarthye tasya dīkṣā-ādy-anantaram //

案

마음과 관계없이 제식에 의해 생사윤회로 이끄는 힘들이 소멸한다면, 감관도 곧바로 청정한 보시행(布施行)이라는 제사의식에 이어서 작동이 소멸할 것이다. 그러나 실제로는 감관은 제사의식 등의 외적 요인에 영향을 직접적으로 받는 것이 아니라 전 찰나의 마음의 지배를 받는다는 것을 우리는 경험한다.

265b-266a.

[반론]

또한 [대론자가 말하기를] 그때(임종 순간)는 마음이 없게 [되기 때문에 감관도 없게] 될 것이다.

atha buddhes tadā abhāvān na syuḥ

[답론1]

[마음의] 더러움(번뇌)에 의해서 생을 연결하는 것이다. 그것(번뇌)들이 (제사의식에 의해서) [인과적 효과의] 능력을 결여한다면, 살아 있는 자(중생)도 [윤회를] 끊을 것이다. [그러나 실제로는 그렇지 않다.]

sandhīyate malaiḥ /
buddhis teṣām asāmarthye jīvato api syur akṣamāḥ //

案

대론자의 반론에 의하면 사람은 임종하는 순간, 마음은 소멸하기 때문에 감관도 작동하지 않아 그 자리에서 해탈하는 것이 될 것이다. 이에 대해 다르마키르티는 마음의 더러움(번뇌)에 의해 생사윤회의 세계로 가게 되는 모태에서 다시 생을 결합한다고 답한다. 그런데 제사의식의 시행으로 죄가 가벼워진다면 살아 있는 자(중생)도 곧바로 생사윤회를 끊어 해탈할 것이라고 귀류법을 근거로 답론하고 있다.

266b-267a.

[답론2]

[악한 덕성들의] 반대[인 무아견]과 원래의 [악한 덕성들의 근거인] [허망분별이] 각각 증대하는 데 이르러 번뇌가 소멸하거나 또는 증대하기 때문에, 자기의 종자에서 연속한 악한 덕성들은 청정[한 의식]을 수행해도 제거되지 않는다.

nirhrāsa-atiśayāt puṣṭau pratipakṣa-sva-pakṣayoḥ /

doṣāḥ sva-bīja-santānā dīkṣite apy anivāritāḥ //

案

생사윤회의 근원적 원인은 허망분별 즉 '나'라는 생각(我見)과 '나의 것'이라는 생각(我所見)이다. 이러한 삿된 견해(邪見)는 아무리 청정한 의식을 거행한다고 해도 제거되지 않는다. 단지 아견을 무아견으로, 아소견을 공견으로 회심할 때 번뇌는 소멸하고 해탈의 길로 나아갈 것이다.

267b-268a.

[반론]

다음과 같은 반론이 있을지도 모른다. 나(자아, 영혼)에는 모태에 있는 기관 등을 생기게 하는 작용이 있다. 실로 그것이 청정한 의식에 의해 억제되기 때문에 재생하지 않는다.

[답론[1]]

상주[를 본질로] 하는 존재는 [어떠한 것에도] 의존하지 않기 때문에 단계적으로 [감관의 작용이] 일어나는 것은 모순이며 [감관이] 작용하거나 작용하지 않을 때에도 마찬가지로 영혼의 작용이 있다는 것은 모순이다.

nityasys nirapekṣatvāt kramotapattir virudhyate /

kriyāyām akritāyāñca sadṛśātmanaḥ //

案

다르마키르티에 의하면 존재는 인과적 효과성을 본질로 한다. 이것만이 궁극적 실재이며 현실적 존재이다. 그렇기 때문에 상주를 본질로 하는 존재는 인과적 효과성을 결여하기 때문에 비존재이다. 따라서 비존재인 상주를 본질로 하는 신이나 아트만과 같은 것들이 일체를 만든다거나 관계를 맺는다거나 영향을 끼친다든가 하는 것은, 마치 모래로 밥을 짓는 것과 같고, 허공의 꽃으로 장식하는 것과 같으며, 토끼의 뿔로 어떤 것을 들이받는 것과 같이, 무의미한 것이다. 오직 인과적 효과성을 본질로 하는 자상 즉 실상을 직관하는 지각(무분별지)만이 생사윤회를 끊을 수가 있다. 요컨대 이러한 비실재인 상주하는 신이나 아트만이 감관의 작용에 대해서 어떠한 역할도 하지 못한다.

268b-269a.

[답론2]

그리고 인과가 동일하게 될 것이다. 양자가 그것(아트만)과 다르다면 [아트만은] 행위의 주체임과 향유의 주체임을 버리는 것이 된다. 그리고 [인과적 효과의] 능력은 성립하지 않는다.

aikyaṃ ca hetu-phalayor vyatireke tatas tayoḥ /
kartṛ-bhoktṛtva-hāniḥ syāt sāmarthyaṃ ca na sidhyati //

案

윤회의 주체가 상주를 본질로 하는 아트만이라고 한다면 다음과 같은 난점이 발생할 것이다. "행위자가 향유자이기도 하여, 그것은 마음의 연속에서 원인과 결과의 분리와 다르게 동시에 원인이기도 하며 결과이기도 하게 된다. 또한 행위와 향유가 아트만과 다르다고 한다면 아트만은 행위와 향유로부터 단절되어 버린다. 또한 원래 상주를 본질로 하는 아트만은 그와 같은 작용도 가지지 않을 것이다. 상키야학파는 아트만을 행위는 하지 않지만 향유는 하는 존재로 보지만, 그것도 다르마키르티의 존재론에서는 우스운 일이 되어 버린다."(KT.268)

269b-270a.

[반론]

[대론자가 말하기를 무아의 입장에서도] 다른 사람이 기억하고 향유하는 것과 같은 모순이 발생한다.

anya-smaraṇa-bhoga-ādi-prasaṅgāś ca

[답론]

지장이 없다. 누구의 기억이라는 것은 [있을 수] 없기 때문이다. 그렇기 때문에 직접적 경험에서 기억이 생기는 것이다.

na bādhakāḥ /

asmṛteḥ kasyacit tena hy anubhūteḥ smṛta-udbhavaḥ //

案

다르마키르티에 의하면 인격이란 마음의 연속에서 그것을 분별하여 '나'라고 부른 것에 지나지 않는다. 당연히 분별된 자기는 고정적·영속적 본질을 지닌 존재가 아니다. 다만 직접적 경험에 의해서 기억이 생기는 것이다. 즉 마음의 연속의 과정에서 어떤 시점의 경험을 다른 시점에서 떠올리는 것이 기억이다. 이 기억은 분별이다. 이 기억이라는 분별에 의해 '나'라는 인격이 개념화되는 것이다.

자이나교의 고행설 비판

案

자이나교는 순수영혼인 지바가 육체로부터 벗어나는 것을 해탈이라 한다. 그 벗어나는 방법이 바로 고행이다. 다르마키르티는 이 고행을 극단적인 방법이라 하여 부정한다.

270b-271a.

[반론]

만약 영혼이 존재하지 않으면, 어떻게 해서 이 육체는 존재한다는 견해 혹은 윤회의 활동 개시가 있는 것인가?

[답론1]

4제에 대해서 상주이며, 쾌락이며, '나의 것'이며, '나' 등으로 16개의 형상의 허망분별을 증익하여 갈애한다.

sthiraṃ sukhaṃ mama ahaṃ ca ity ādi satya-catuṣṭaye /
abhūtān ṣoḍaśa-ākārān āropya paritṛṣyati //

案

사제십육행상(四諦十六行相)을 정리하면 다음과 같다.

고제(苦諦)의 사상(四相): 무상(無常)·고(苦)·공(空)·무아(無我)

집제(集諦)의 사상(四相): 인(因)·집(集)·생(生)·연(緣)

멸제(滅諦)의 사상(四相): 멸(滅)·정(靜)·묘(妙)·리(離)

도제(道諦)의 사상(四相): 도(道)·여(如)·행(行)·출(出)

다르마키르티는 설일체유부의 사제십육행상을 수용하고 있다. 이 16의 형상을 허망하게 분별하여 증익(가탁)하게 되면 생사윤회의 직접적 원인인 갈애가 발생하는 것이다. 즉 고제에 준해서 말한다면 일체의 존재는 본래 무상·고·공·무아인데 이것을 상(常)·락(樂)·아소(我所)·아(我)라고 허망하게 분별하여 파악하게 되면 갈애와 혐오 등의 번뇌(마음작용)가 일어난다. 이러한 번뇌가 생사윤회의 직접적 원인이다.

271b-272a.

[답론2]

그것(4제)만이 그것(허망분별에 의해 전도된 형상)과 반대인 대상의 실상에 눈을 뜬다. 잘 수행한 정견이 부수하는 것과 함께하는 [윤회의 직접적인 원인인] 갈애를 끊는 것이다.

tatra eva tad-viruddha-artha-tattva-ākāra-anurodhinī /
hanti sā anucarāṃ tṛṣṇāṃ saṃyag-dṛṣṭiḥ subhāvitā //

案

고의 원리 즉 고제는 무상, 고, 공, 무아인 실상을 허망하게 분별한 것에 있기 때문에 무아견에 입각한 바른 견해(정견)가 생사윤회의 직접적 원인인 갈애를 끊고 그 갈애에 부수하여 함께 생기는 인색함(慳) 등의 번뇌도 끊는다.

272b-273a.

[반론]

갈애를 소멸해도 업과 육체라는 탄생의 원인이 있는데, 어떻게 탄생이 없는 것인가?

[답론]

업과 신체가 존재해도 [윤회를 위한] 3개의 원인(무지, 업, 갈애)이 있는 것은 아니다. [핵심이 되는] 하나(갈애)를 결여하기 때문이다. 종자를 결여하면 싹은 나오지 않는 것과 같은 것이다.

tri-hetor na udbhavaḥ karma-dehayoḥ sthitayor api /

eka-abhāvād vinā bījaṃ na aṅkurasya iva sambhavaḥ //

案

생사윤회의 세 가지 원인 즉 무지와 업 그리고 갈애 가운데 직접적인 원인은 갈애이다. 이 갈애를 끊으면 윤회전생하지 않는다. 그렇다면 갈애는 어떻게 끊을 수 있는가? 갈애는 '나'와 '나의 것'이라는 생각 즉 아견과 아소견에서 일어난다. 따라서 아견과 아소견을 여읠 때 갈애가 끊어지는 것이다.

273b-274.

[반론]

세 개의 원인의 생성은 하나라도 존재하지 않으면 발생하지 않는다고 말한다면, 그렇다면 업 혹은 육체의 소멸은 반복되지 않는 것인가? 또한 다른 사람들은 업이 소멸하기 때문에 해탈이 있다고 말한다.

[답론1]

[그러나 무명의] 반대[인 지혜]가 일어나지 않기 때문에 업과 신체를 버릴 수가 없다. [그] 힘이 없기 때문이다. [여기서] 갈애가 있다면 다시 생을 얻기 때문이다. 양자(갈애와 생)를 소멸하기 위해 노력하는 경우, 업의 소멸에 힘쓴다는 것은 무의미하다.

asambhavād vipakṣasya na hāniḥ karma-dehayoḥ /
aśakyatvāc ca tṛṣṇāyāṃ sthitāyāṃ punar udbhavāt /
dvaya-kṣaya-arthaṃ yatne ca vyarthaḥ karma-kṣaye śramaḥ //

案

자이나교에 의하면 상주불변을 본질로 하는 영혼(지바)을 세운 채로 업의 소멸을 고행에 의해 도모하는 것은 무의미하다. 왜냐하면 업의 결과는 다양한 조건에 의해서 이루어지기 때문에 단지 고행만으로 그것을 소멸할 수 없다는 것이 다르마키르티의 생각이다. 기무라는 "무명의 반대인 지혜가 일어나지 않는 이상, 아견을 지니고서 업과 신체를 버릴 수 없다. 아견에서 갈애를 일으켜서 윤회는 계속된다. 자이나교도와 같이 고행에 의해서 업의 멸각을 장려하는 것은 근본원인을 그대로 하고 있기 때문에 전적으로 난센스"(K.204)라고 말한다.

275.

[답론2]

그리고 [업의] 결과가 다양하다는 것을 알기 때문에, 업들의 능력의 차이가 추론된다. 그러므로 고행의 수인(受忍)이라는 단일한 양태의 수행으로 [업을] 소멸할 수 없다.

phala-vaicitrya-dṛṣṭeś ca śakti-bhedo anumīyate /
karmaṇāṃ tāpa-saṃkleśāt na eka-rūpāt tataḥ kṣayaḥ //

案

자이나교의 고행설에 대한 다르마키르티의 비판이다.

276-277.

[반론]

모든 행위(업)에 있어서 고뇌야말로 결과이다.

[답론]

그 [업에서] 생기는 결과가 어느 정도 소멸하는 것은 있을 수 있지만, 다른 종류[의 결과]는 그렇지 않다.

phalaṃ kathaṃcit taj-janyam alpaṃ syān na vijātimat /

[반론]

고행은 [업의] 힘이 있고 없음이 섞인 것을 소멸함으로써, 또한 무엇인가의 수고(受苦)에 의해서 (소멸하는 것에 의해 해탈하려 한다고 한다면).

atha api tapasaḥ śaktyā śakti-saṃkara-saṃkṣayaiḥ /

[답론[1]]

[만약 그렇다면] 고행을 하지 않든가 약간[의 고행]만으로 [업이] 남김 없이 끊어지게 될 것이다.

kleśāt kutaścid dhīyeta aśeṣam akleśa-leśataḥ //

案

어떤 업에 대응하는 고행이라면, 그 고행으로 인해 업을 소멸할 수도 있을 것이다. 하지만 다른 종류의 업에는 그러한 고행은 아무 소용이 없을 것이다. 또한 고행이라는 단일한 방법으로 모든 업을 소멸할 수 있다고 한다면, 머리털 한 올을 뽑는 가벼운 고행만으로 해탈이 가능하다는 것으로 되어 버릴 것이다.

278.

[답론2]

만약 그 고행이 수고(受苦)와는 다른 것이라 본다면 [혼효한 업의 힘을 소멸하지만] 수고 그것이 [고행이라면] 그것은 [오히려] 업의 결과이기 때문에 [업]력이 섞인 과보와 같은 것으로는 되지 않는다.

yadi iṣṭam aparaṃ kleśāt tat tapaḥ kleśa eva cet /
tat karma-phalam ity asmān na śakteḥ saṃkara-ādikam //

案

자이나교의 방법론인 고행이 단순한 괴로움과는 다르다고 한다면, 혹은 복잡한 업의 힘을 멸각하는 작용도 지닐 수 있지만, 괴로움 즉 육체적 고통 그것에 불과한 경우는 업의 다양한 능력이 혼재된 결과를 향유하는 것으로는 되지 않는다.

279.

[답론[3]]

생긴다고 하는 악한 덕성을 소멸함으로써 악한 덕성의 반대[인 무아견의 수습]이 그것(악한 덕성)에서 발생하는 업에 대해서 억누를 수 있는 힘을 가질 것이지만, 이미 행한 [업의] 단멸은 어떻게 있을 수 있을까?

utpitsu-doṣa-nirghātād ye'pi doṣa-virodhinaḥ /
tajje karmaṇi śaktāḥ syuḥ kṛta-hāniḥ katham bhavet //

案

이미 지은 업은 이미 지었기 때문에 그것을 없앨 수는 없다. 다만 업의 여력이나 습기가 남아 있는 한, 현재의 삶을 청정하게 살아가지 않으면 안 된다. 다르마키르티는 무아견의 수행이 바로 갈애를 끊는 것이다, 따라서 갈애에 기인하는 미래의 여러 허물이나 과실들을 미연에 막을 수 있다고 보는 것이다.

280.

[반론]

악한 덕성으로부터 업이 있는 것처럼 또한 업에서 악한 덕성들이 있기 때문에 업을 소멸하지 않은 자에게는 해탈은 없다.

[답론]

업에서 악한 덕성은 일어나지 않는다. 악한 덕성을 지닌 자가 업을 짓는 것이다. 그 역은 아니다.

doṣā na karmaṇo duṣṭaḥ karoti na viparyayāt /

案

마노라타난딘은 다음과 같이 주석한다. "업에 악한 덕성(결점, 단점)은 없다. 그렇지 않고 결점들에 의해서 오염된 생물이 업을 행한다. 역으로는 되지 않는다. 즉 결점이 없는 자는 업을 행하지 않는다. 왜냐하면 무아견인 자에게는 갈애가 없기 때문에 어떠한 곳에서도 활동개시와 정지가 있을 수 없기 때문이다."(H.124)

[반론]

인간의 행위(업) 자체가 결점(악한 덕성)을 낳는다.

[답론]

허망분별(mithyāvikalpa)이 없다면 쾌락에서도 욕망은 일어나지 않는다.

mithyā-vikalpena vinā na abhilāṣaḥ sukhād api //

案

기무라 도시히코는 위 게송을 다음과 설명한다. "불교학파의 견해에서는 업 자체는 새로운 악한 덕성을 일으키는 원인은 아니며, 어디까지나 과거의 행위나 수습의 결과이다. 아견에 의거한 유정이 갈애를 지니고서 과실(악한 덕성)이 있는 자가 되어 업을 형성한다. 업 자체는 윤회의 요인은 아니며, 요인인 갈애를 소멸하면 제198송에서 논한 바와 같이 현세에만 맑게 지나가게 하는 원인으로서의 업의 힘이 남게 된다. 또한 쾌락에서 탐애 등의 새로운 과실(악한 덕성)이 일어날 것이라고 한다면 그렇지 않다. 상주이며, 쾌락이며, 나의 것이며, 나라고 하는 허망분별에 의한 갈애가 없다면 쾌락이 탐애 등의 과실(악한 덕성)로 이어질 수 없다. 다르마키르티가 '과실'(악한 덕성)이라고 부르는 번뇌에 관해서 『유식삼십송』에서는 아직 『아비다르마코샤』의 번뇌론과 그다지 다르지 않고, 탐애, 증오, 무명에 이어서 아만이 유신견을 근거로 한다고만 말할 뿐이다."(K.208)

XII. 세존이 프라마나임을 총괄

案

이 281송 이전까지는 세존이 인식도구임을 증명하기 위한 덕목으로 자비자다움 → 교사다움 → 선서다움 → 구제자다움을 제시했다. 그러나 이 281송 이후에는 다시 역으로 구제자다움 → 선서다움 → 교사다움 → 자비자다움으로 역순으로 제시한다. 그리고 선서(지자)의 세 가지 뜻으로 여기서는 진실한 앎(眞實知), 견고한 앎(堅固知), 남음이 없는 앎(無餘知)을 기술한다. 아울러 다르마키르티는 선서를 지자의 의미뿐만 아니라 깨달은 자의 의미까지 확대해서 이해하고 있다.

281.

[반론]

다시 세존은 프라마나인가?

[답론1]

구제에 의해서 진실[하고], 견고[하며], 남음이 없는 수승한 지혜가 증명된다. [‘sugataḥ’의 동사어근 √gam은] ‘깨닫다’라는 의미이기 때문이다. 그러므로 [세존은] 외도[의 이욕자]·유학(有學)·무학(無學)을 넘어서신 분이다.

tāyāt tattva-sthira-aśeṣa-viśeṣa-jñāna-sādhanam /
bodha-arthatvād gamer bāhya-śaikṣa-aśaikṣa-adhikas tataḥ //

282.

[답론2]

그것으로부터 그의 교시(śāsana)인 타자를 위한 [수승한] 인식의 개시가 [정립된다]. 그러므로 타자의 이익을 제일로 하는 [세존의] 자비가 [추론된다]. 목적을 성취하신 분(세존)은 결코 게으른 적이 없기 때문이다.

parārtha-jñāna-ghaṭanaṃ tasmāt tac śāsanaṃ dayā /
tataḥ parārtha-tantratvaṃ siddha-arthasya avirāmataḥ //

案

세존이 인식도구이자 종교적 권위인 까닭은 사제에 대한 지혜뿐만 아니라 그 지혜를 중생의 고통을 제거하고 중생과 더불어 즐거움을 같이하고자 하는 대자대비의 마음을 내셨기 때문이다.

283.

[답론3]

[세존은] 자비에 의해서 가장 심오한 것을 말하고 지혜에 의해서 [고와 고의 소멸이] 성립하는 요인을 포함한 진리(satya)를 말씀하신다. 그리

고 그것을 말씀하시려고 노력하시기 때문에 [세존은 중생에 있어서의] 인식도구(프라마나, 종교적 권위)이다.

dayayā śreya ācaṣṭe jñānāt satyaṃ sasādhanam /

tac ca abhiyogavān vaktuṃ yatas tasmāt pramāṇatā //

案

세존이 인식도구이자 종교적 권위인 것은 존재의 실상을 확철대오(確徹大悟)하는 지혜로 사제를 말씀하시고, 자비에 의해서 가장 심오한 것을 말씀하시고, 그것을 말씀하시려고 노력하시는 분이기 때문이다. 요컨대 자비와 지혜 때문에 스스로 깨달은 그것을 중생에게 보여 주시기 때문에 세존이 인식도구이자 종교적 권위라 할 수 있다.

284.

[답론4]

[세존의] 교설의 진실성에 대한 찬탄은, 그의 교설이 그것(진실) 그 자체이기 때문에 인식수단 자체임을 증명하기 위함이다. [그의 교설은 직접 지각에 의해 부정되지 않을 뿐만 아니라] 추론에도 장애되지 않기 때문이다.

upadeśa-tathābhāva-stutis tad upadeśataḥ /

pramāṇa-tattva-siddhy-artham anumāne apy avāraṇāt //

案

디그나가가 『프라마나삼웃차야』의 서두에서 붓다의 칭호를 5종으로 불러 예배한 것은 그의 어록집인 성전이 지각에도 적합하고, 논리도 갖추고 있음을 정립하기 위함이다. 고 등의 사제를 깨닫고 16의 행상, 특히 무아성을 근본으로 하는 도의 진리를 깨달은 것 자체가 뛰어난 지각이다. 그러나 세존은 직관적 지각에 대해서 사변적 논리에 의해서 끊임없이 논증하고 있었다는 점에서 그는 인식도구라 할 수 있다.

285.

[답론5]

"일반적으로 어떠한 것도 생성을 본질로 하는 것은 모두 소멸하는 속성을 갖고 있다"라고 다양하게 [성전에서] 논증되기 때문이다.

prayoga-darśanād vā asya yat kiṃcid udaya-ātmakam /
nirodha-dharmakaṃ sarvaṃ tad ity ādāv anekadhā //

286.

[답론6]

[술어와의] 논리적 결합관계를 지닌 [논리적] 목표는 추론에 근거하고 있다. 추론대상에 의해서 추론인이 변충되는 것이 제시되기 때문이다. 그리고 그것이 [세존에 의해서] 명료하게 말해졌다.

anumāna-āśrayo liñgam avinābhāva-lakṣaṇam /
vyāpti-pradarśanād hetoḥ sādhyena uktaṃ ca tat sphuṭam//

案

다니 다다시는 다음과 같이 위의 송을 주석한다. "'무릇 어떤 것이든 생기하는 것을 본질로 하는 것은 모두 소멸하는 성질을 갖고 있다라는 것을 논증하는 것은 찰나멸 논증을 벗어나지 않는다. 이것은 이미 기술한 바와 같이 존재(A)는 스스로의 비존재(-A)를 본질로 한다는 것을 증명하는 것이며 대상의 자기동일성(A = A)을 근거로 하는 통상의 논리에서는 증명할 수 없다. 그렇기 때문에 다르마키르티는 이것을 시간성의 시점에서 찰나멸/순간적 존재성으로서 파악하며 그것을 증명하는 것에 필생의 철학적 노력을 바쳤던 것은 아니었을까. 또한 텍스트에서는 아가마에 '등'이라고 기술하기 때문에 사제 십육행상 가운데 무엇 때문에 무상/찰나멸을 나타내는 이 시구가 인용된 것일까? 그것은 결코 우연이 아니다. 이미 기술한 바와 같이 일상성의 차원의 인식근거를 인식근거에 의해서 초월해 가기 위해서는 인식 자신이 자발적으로 소멸함으로써 그것을 초월한 새로운 인식을 발현하지 않으면 안 되기 때문이다. 거기에 리얼리티의 전환을 가능하게 하기 위해서 찰나멸이 요청되는 것이다. 즉 윤회로부터의 탈출이라는 각성을 가능하게 하는 인식론적 논리가 증명되지 않으면 안 되는 것이다. 다르마키르티는 논리에 의해서 논리를 초월해 가는 증명에 도전한다. 그것은 새로운 논리를 출현시키기 위해서 논리의 한계를 다하여 논리 자신의 종언을 증명하는 것을 의미할 것이다."(『찰나멸 연구』, 89)

『인식론평석』 종교론 해제

1. 현실적 존재(vastu)로서의 불(佛)

7세기 인도불교의 다르마키르티(Dharmakīrti, 600~660)는 유동(流動) 내지 연기(緣起)의 형이상학에 기반하여 자신의 종교철학을 구축한다. 그는 '완전한 것'이 존재하는 것이 아니라 '불완전한 것'이 존재하는 것이며, '생성하는 것'이 '생성하지 않는 것'에 의존하는 것이 아니라 '생성하지 않는 것'이 '생성하는 것'에 의지한다는 것을 주장한다. 또한 그는 신과 세계(인간)를 창조주와 피조물의 관계로, 완전한 것과 불완전한 것의 관계로, 존재와 비존재의 관계로 이분(二分)하지 않는다. 다시 말하면 그는 불과 인간(세계)을 이분하지 않고 그것들을 궁극적 실재(ultimate reality) 속에서 포용한다. 다르마키르티는 이 궁극적 실재를 현실적 존재(vastu)라 한다.

"인간의 모든 목적 성취는 바른 인식에 근거한다"(『니야야빈두』, 1)는 다르마키르티의 선언은 바른 인식(인식도구, pramāṇa) 없이는 일

* 이 해제는 권서용, 「다르마키르티와 화이트헤드의 종교철학에 관한 고찰」 참조.

상적·세속적 삶의 목적 성취뿐만 아니라 해탈과 같은 승의적·초세속적 삶의 목적 성취는 불가능하다는 것을 함의한다. 그는 바른 인식(인식도구)을 지각(pratyakṣa)과 추론(anumāṇa)의 2종으로 한정한다. 그 이유는 인식의 대상이 자상(svalakṣaṇa)과 공상(sāmānyalakṣaṇa)의 2종뿐이기 때문이다. 자상은 개별상으로 지각의 대상이며, 공상은 보편상으로 추론의 대상이다. 그에 의하면 자상만이 승의적 존재이다. 따라서 다르마키르티가 말하는 승의적 존재는 궁극적 실재이다. 그는 이것을 바스투(vastu) 즉 현실적[實] 존재[有]라 이름한다.

그렇다면 궁극적 실재인 바스투의 본질은 무엇인가? 다르마키르티는 『니야야빈두』에서 다음과 같이 바스투의 본질을 기술한다.

> 그것(지각)의 대상은 자상이다. 가깝고 멂에 따라 지각의 현현에 차이가 있는 대상이 자상이다. 그것만이 승의적[궁극적 차원의] 존재이다. 바스투는 인과적 효과성을 본질로 하기 때문이다.(『니야야빈두』, 15)

지각의 대상인 자상만이 궁극적 실재이며 이 궁극적 실재가 바로 현실적 존재인 바스투이다. 아울러 이 바스투의 본질은 인과적 효과성이라는 것이 위 게송의 의미이다. 따라서 이 바스투는 인과적 효과성을 본질로 하는 궁극적 실재인 것이다. 다르마키르티는 이러한 인식론을 토대로 그의 주저 『프라마나바르티카』 제2장 종교론에서 다음과 같이 바른 인식(인식도구)을 정의한다.

> 바른 인식(인식도구)은 정합적 앎(인식)이다. 정합적 앎(인식)이란 [인식대상에] 인과적 효과의 작용(목적의 달성, 결과를 낳는 것)이 확정되

어 있는 것이다.(2장, 1)

여기서 정합적 앎(인식)이란 '사람이 바른 인식(인식도구)에 근거하여 행동할 때 앎과 행동에 체계적 일관성이 있으면서 동시에 인과적 효과를 초래'하는 것이다. 달리 말하면 지각과 추론이 바른 인식(인식도구)일 수 있는 것은, 이들 인식을 통해 객관적 대상의 실상을 알게 하는 인과적 효과를 창출할 뿐만 아니라 궁극적 실재의 실상을 알게 하여 자기 존재의 근본적 전환이라는 인과적 효과를 창출하기 때문이다. 그런데 이러한 궁극적 실재에 도달하는 바른 인식(인식도구)으로는 지각과 추론뿐만 아니라 불(세존)도 그 범주에 포함된다는 것을 다음과 같이 표명한다.

> 그것과 마찬가지로 세존(불)은 인식도구(프라마나, 종교적 권위)이다. '생성'이라는 말은 불생(不生, 상주)인 존재의 배제를 위한 것이다. 따라서 [세존이] 인식도구임은 [위의] 논증에 근거하여 [논리적으로] 타당하다. 인식도구는 결코 상주[를 본질로 하는 것]이 아니다. 왜냐하면 [무상(찰나멸)을 본질로 하며, 인과적 효과의 실현을 초래하는] 현실적 존재로서 존재하는 것에 대한 앎이 인식도구이기 때문이다. [목적의 실현을 초래하는 현실적 존재로서 존재하는 것의 앎이 인식도구이기 때문에 상주인 인식도구(프라마나)는 결코 존재하지 않는다. 왜냐하면] [현실적 존재인] 인식대상은 무상[을 본질로] 하며, (또한) 그것(현실적 존재로서 존재하는 것에 대한 앎)은 무상이기 때문이다. 계시적으로 생기는 것(앎)이 상주[를 본질로 하는 것으]로부터 생긴다는 것은 모순이기 때문이다. [또한 상주인 것이 계시적으로 생기는 공동인에 의존하여 계시적

인 앎을 낳는다는 것도 있을 수 없다. 다른 것에] 의존하는 것은 타당하지 않다. 왜냐하면 상주인 존재가 [계시적으로 생성되는 무상인 존재에 의해] 조성되는 것은 결코 있을 수 없기 때문이다. [따라서 그와 같은 상주인 존재는] 무상인 존재에 대해서도 인식도구일 수가 없다.(2장, 7~9)

인식론적 측면에서 '바른 인식(인식도구)'은 지각과 추론이다. 지각과 추론이 바른 인식(인식도구)인 까닭은 사람들이 그것을 통해서 인과적 효과라는 유익한 결과를 획득하기 때문이다. 한편 종교론적 측면에서 '바른 인식(인식도구)'이 '불'이라는 의미에서 '불은 바른 인식(인식도구)'이라고 한다. 불이 바른 인식인 까닭은 사람들로 하여금 불의 말씀을 통해 궁극적 실재에 대한 인식을 획득하고 나아가 그러한 인식을 통해 생사윤회의 고통을 여의는 인과적 효과라는 유익한 결과를 낳기 때문이다.

또한 그 인식대상이 무상하기 때문에 그 인식도 무상하다는 면에서 불도 무상한 존재이지 상주하는 존재가 아니다. '모든 것은 무상하다'라는 불교의 대전제에 기반할 때 불이라고 해서 예외가 될 수 없다는 것을 의미한다. 이렇게 불생(不生)이 아니라 무상을 본질로 하는 불이야말로 바른 인식이라는 존재론적·인식론적 논의를 토대로 종교론적 관점에서 불이 바른 인식(인식도구)임을 다르마키르티는 다음과 같이 기술한다.

그것도 자비에 근거하여 타자를 이익 되게 하기 위해 착수해야 할 [길道 등의] 모든 것에 힘쓰셨던 것이다. 그러므로 [세존(불)은] 인식도구(종교적 권위)이다. 환언하면 구제란 사성제의 개진(開陳)이다.(2장, 146)

여기서 '불이 바른 인식(인식도구)'이라는 언명은 불에 의해서 설해진 말씀과 말씀의 문자화인 불교경전[佛經] 그 자체가 궁극적 실재의 실상을 인식하는 근거 또는 도구가 된다는 것이다. 그리고 바른 인식(인식도구) 자체도 무상한 존재이기 때문에 바른 인식(인식도구)인 세존도 무상일 수밖에 없다. 이렇게 바른 인식(인식도구)을 구족하고 지혜와 자비를 근거로 중생의 구제를 위해 힘쓰는 불이야말로 궁극적 실재라고 할 수 있다. 보다 더 엄밀하게 말하면 바른 인식(인식도구)인 지각과 추론의 능력을 겸비하고 아울러 지혜와 자비를 체득한 불이야말로 궁극적 실재 즉 바스투(vastu)이다. 따라서 우리는 이러한 다르마키르티의 불타관에는 전지전능하며 초월적인 신의 관념이 전혀 있을 수 없음을 확인할 수 있다.

요컨대, 다르마키르티의 궁극적 실재로서 불은 인식론적 맥락에서 바른 인식(인식도구)의 차원에서 의미 규정되고 있다는 점에서 중요하다. 궁극적 실재를 인식하는 지각과 추론은 인식론적 맥락에서 파악된 것이며, 종교적 맥락에서 파악된 인식(인식도구)은 불이다. 불과 불의 말씀인 불교경전이 궁극적 실재를 인식하는 근거 내지 수단이 된다는 점에서 궁극적 실재와 본질적 관계를 맺는 것이다.

2. 현실적 존재이자 궁극적 실재로서의 불의 본성

쿠마릴라(Kumārila)는 다르마키르티와 동시대의 미망사학파의 학장이다. 그는 불교에 대해서 대단히 비판적이었다. 특히 불은 신이 아니라 인간이기 때문에 일체지자(一切知者 = 全知者)일 수 없다는 것을 주장한다. 만약 불이 일체를 안다고 했을 때, 앎의 수단 또는 도구는 지각 아니면 추론일 것이다. 우선, 지각이 일체지(전지)의 원인이라면 "(1) 그는 눈으로 맛을 알게 되어 인식수단과 대상과의 대응관계가 붕괴될 것이며, (2) 아무리 탁월한 감각기관을 소유한다고 해도 그 감각기관에 의해서 그것에 대응하는 대상 영역을 초월하여 다른 대상 영역을 알 수 없을 것이며, (3) 그리고 지각은 현재의 것을 대상으로 하는 이상 미래의 존재를 지각에 의해서 알 수 없을"(가쓰라 쇼류 외, 『불교인식론과 논리학』, 267) 것이다. 다음으로, 이렇게 지각에 의해서도 일체지를 알 수 없다고 한다면 당연히 지각을 근거로 한 추론 역시 일체를 안다는 것은 불가능할 것이다. 이상은 인간의 지각과 추론으로는 일체를 아는 것이 불가능하다는 쿠마릴라의 논증이다.

한편 백번 양보하여 일체지자의 존재가 있다고 하더라도 우리는 일체지자의 존재를 어떻게 알 수 있는가? 불교도에 의하면 불의 언어를 근거로 일체지자의 존재가 증명된다고 한다. 하지만 쿠마릴라는 (1) 불의 언어의 신뢰성을 증명하는 추론식의 과실, (2) '나는 일체지자이다'라고 불이 말했다는 전승의 모순, (3) 불의 이욕자성(離欲者性)과 화자성(話者性)의 모순이라는 세 개의 반론을 제시한다(위의 책, 268). 이상과 같이, 불의 언어의 신뢰성이나 전승의 모순 그리고 논리적 모순이라는 쿠마릴라의 반론의 이면에는 인간은 불완전한 존재이기 때문에 그 인식과 언어 및 논리도 모순을 초래할 수밖에 없다는 것이다. 따라서 불도 불완전한 인간이기 때문에 일체지자가 될 수 없다는 것이 그의 최종 결론이다.

상키야학파의 웃됴타카라(Uddyotakara)는 여기서 한 걸음 더 나아간다. '근본 질료인인 여러 원자와 업은 비정신이기 때문에 작용 이전에 정신인 작인에 의해 주재되기 때문에 작동한다'고 하여 '세계라는 정신이 없는 존재를 움직이게 하는 것은 (순수)정신을 본질로 하는 존재, 즉 세계를 아는 일체지자 즉 신'이라고 한다.

하지만 다르마키르티는 인간의 인식능력을 초월한 초감각적 능력을 보유한 존재나 글자 그대로 모든 것을 다 아는 전지전능한 존재를 일체지자라고 간주하지 않는다. 그는 다음과 같이 말한다.

> 멀리 있는 것을 보든 보지 못하든 [그것은 문제되지 않는다]. 추구되어야 할 실상을 보는 것[이 중요하다]. 멀리 있는 것을 보는 이가 종교적 권위(인식도구)라고 한다면, [멀리 있는 것을 또렷하게 보는] 독수리를 경배해야 되지 않는가?(2장, 33)

독수리처럼 수 킬로미터 멀리 떨어진 곳까지 먹이를 볼 수 있는 뛰어난 눈의 능력을 가진 것이 일체지자라면 그러한 능력은 독수리가 최고이기 때문에 독수리를 일체지자로 숭배하는 것이 어떤가라고 다르마키르티는 조소(嘲笑)한다. 그에 의하면 그러한 동물적 감각능력이 아니라 존재의 실상을 여실하게 보는 눈 즉 혜안(慧眼)을 가진 자야말로 일체지자라 해야 한다. 또한 다르마키르티는,

> 따라서 그(세존, 불)의 실천해야 할 것에 관한 [붓다의] 앎이 고찰되어야 하며, 그(일체지자)의 곤충의 수에 대한 앎은 우리들에게 무슨 소용이 있을까?(2장, 31)

라고 하여 개미집에 서식하는 개미의 수를 모조리 다 헤아리는 능

력만으로 일체지자를 이해한다면 컴퓨터야말로 뛰어난 일체지자일 것이다. 사실 그러한 것을 아는 것은 우리 삶의 고통과 그것으로부터의 해탈에 전혀 도움을 주는 것이 아니다. 따라서 다르마키르티가 생각하는 일체지자는 원시불교 이래 불교사상의 근간을 이루는 사제(四諦)를 알고 그것을 기반으로 중생 구제를 위해 힘쓰는 존재이다. 그는 다음과 같이 말한다.

> '버려야 할 것'에 대한 실상(진리, 苦諦)을 [그것을 버리는] 방편(滅諦)과 함께 가르치고, '취해야 할 것'에 관한 실상(진리, 集諦)을 [그것을 취하는] 방편(道諦)과 함께 가르치는 분이 인식도구(종교적 권위)로 인정된다. [그것 이외의] 일체를 가르치는 사람은 [인식도구(종교적 권위)가] 아니다.(2장, 32)

여기서 '버려야 할 것의 실상'이란 사제의 제1원리인 고제(苦諦)이며, 또한 '취해야 할 것의 실상'이란 사제의 제3원리인 멸제(滅諦)이다. 그리고 '그 원인을 함께 가르치는 분'이란 고의 원인인 집제(集諦)라는 제2원리와 고의 소멸 원인인 도제(道諦)라는 제4원리를 '중생에게 설하는 분'이라는 의미이다. 결국 불이 일체지자라 했을 때 그 일체지는 이 세상의 일이 아닌 저 세상의 일을 안다든지 혹은 아직 닥치지도 않은 미래의 일을 예견하는 것이 아니라, 고의 본질, 고의 원인, 고의 소멸, 고의 소멸 방법이라는 실질적이고 현실적인 중생의 고통을 제거하는 법을 알고 그것을 중생에게 가르치는 분, 즉 부처(불)이다.

하지만 이러한 생사윤회의 고통을 극복하는 방법인 사제라는 인과법을 체득한 불은 자비와 지혜를 근거로 그것을 중생에게 설하는 존재이다.

[반복되는 생사윤회의 수레바퀴 속에서 오랜 시간에 걸친] 수행에 의해 자비가 [마음의] 본성이 된다. 마치 [중생의 마음상태인] 연민[을 수행하면 연민이 마음의 본성이 되고], 이욕[을 수행하면 이욕이 마음의 본성이 되고], 애욕[을 수행하면 애욕이 마음의 본성이 되는 것]처럼.(2장, 131)

불은 중생의 고통을 아파하고 중생의 즐거움을 함께 즐거워하는 자비의 마음을 본성으로 할 뿐만 아니라 중생의 고통을 소멸하는 것과 소멸하는 길을 아는 지혜를 본성으로 한다. 다르마키르티에 의하면 지혜의 구체적 내용은 고가 발생하는 원인에 대한 인식과 고를 소멸시킬 수 있는 방법에 대한 인식이다. 고의 발생은 존재가 '나'(我)와 '나의 것'(我所)이 아닌데 '나'라고 하고 '나의 것'이라고 하는 잘못된 아견(我見) 및 아소견(我所見)에 기인한다고 아는 것이 고가 발생하는 원인에 대한 바른 인식이며, 고의 소멸은 일체의 존재가 무아(無我)와 공(空)을 본질로 한다고 아는 것이 고를 소멸하는 방법에 대한 바른 인식이다. 쉽게 말하면 아견과 아소견을 원인으로 고가 발생하고, 무아견(無我見)과 공견(空見)에 의해서 고가 소멸된다고 아는 것이 지혜이다. 만약 이러한 자비의 마음과 지혜의 마음이 없다면 중생의 고통을 해결할 수 있는 사제(四諦)를 설할 수가 없을 것이다.

[세존은] 자비에 의해서 가장 심오한 것을 말하고 지혜에 의해서 [고와 고의 소멸이] 성립하는 요인을 포함한 진리(satya)를 말씀하신다. 그리

고 그것을 말씀하시려고 노력하시기 때문에 [세존은 중생에 있어서의] 인식도구(프라마나, 종교적 권위)이다.(2장, 283)

모든 고통의 원인과 해결방안을 스스로 체득하는 것은 불(세존)의 자리(自利)일 뿐 이타(利他)가 아니다. 자리를 넘어 이타로 나아갈 때 진정한 불 즉 깨달은 자일 수가 있는 것이다. 그는 이러한 사제의 진리를 중생의 고통 구제를 위하여 몸소 실천하는데 그 실천을 위한 내재적 덕목이 바로 불의 자비와 지혜이다. 결국 불은 사제를 아는 일체지자일 뿐만 아니라 중생 구제를 위한 자비와 무아견과 공견을 내용으로 하는 지혜를 본성으로 하고 있다는 것을 확인할 수 있다.

요컨대, 니야야·바이셰시카학파가 말하는 신이 인간과 다른 절대자일 수 있는 것은, 전지전능의 능력과 영원하고 불멸하며 상주하는 능력 때문이다. 하지만 다르마키르티는 궁극적 존재인 불은 다른 궁극적 실재와 마찬가지로 생멸을 본질로 하는 무상한 존재라고 전제한 다음, 그렇지만 깨달은 자인 불이 인간과 다른 것은 그의 전지전능의 능력 때문이 아니라 인간의 고통과 고통의 원인 그리고 그것을 해결할 수 있는 방안이라는 사제의 진리를 알고 그것을 중생에게 설하는 것이야말로 불일 수 있다는 것이다. 이렇게 사제의 인과법을 체득한 다음, 지혜와 자비를 통하여 중생들에게 사제를 설법하려고 노력하는 존재가 바로 불이다. 따라서 불은 지혜와 자비라는 두 덕성을 본성으로 하는 존재라고 할 수 있다.

3. '마음의 연속'에 내재하는 불

다르마키르티는 중생과 불을 인간의 마음의 두 현현이라는 유식불교의 마음의 연속(心相續) 이론을 수용한다. 마음의 연속이란 이전 찰나의 마음이 질료인이 되고 업 등이 동력인이 되어 다음 찰나의 마음이 생기하고 또 생기하자마자 소멸하여 그 다음 찰나의 마음이 생기하는 '마음의 흐름'을 말한다. 이 마음은 헤아릴 수 없이 많은 종자들로 구성되어 있으며 이 종자가 계기적으로 다음 종자를 낳으며 동시적으로 현행을 낳는다. 전자를 종자생종자(種子生種子)라 하고 후자를 종자생현행(種子生現行)이라 한다. 만약 그 마음이 선한 종자로 충만해 있다면 그것의 현행은 인격으로 말한다면 선한 사람이 될 것이요, 그 마음이 악한 종자로 충만해 있다면 그것의 현행은 악한 사람이 될 것이다. 이렇게 다르마키르티는 불이 인간과 다른 초월적 존재가 아니라 마음의 연속(심상속)의 현현임을 다음과 같이 주장한다.

> [세존이 인식도구(종교적 권위, 프라마나)임을] 논증하는 것은 자비(慈悲)이다. 그것(자비)은 [오랜 시간에 걸친] 반복적인 [마음의] 수행에 의해서 획득된다. 마음은 신체에 의존하기 때문에 [신체가 소멸하면 마음도 소멸한다. 그러므로 윤회는 존재하지 않는다. 따라서 자비의] 몇 세대에 걸친 수행은 성립하지 않는다. 그것은 바르지 않다. [신체가 마음의] 근거임은 부정되기 때문이다.(2장, 34)

불(세존)은 실로 객관적으로 존재하는 것이 아니다. 오직 존재하는 것은 인간 즉 마음의 연속(=마음의 흐름)만이 존재할 뿐이다. 이 마음의 연속에 중생을 구제하려는 자비의 마음이 충만하여 현행할 때 그 현행하는 존재를 불이라 이름할 뿐이다. 또한 불이 바른 인식 혹은 종교적 권위임을 정립하는 근거는, 마음의 연속을 떠난 전지전능한 초월적 능력이 있기 때문이 아니라 중생을 구제하려는 자비의 마음이 있기 때문이다. 다시 말하면 불이기 때문에 자비가 있는 것이 아니라 자비의 마음이 있기 때문에 불인 것이다. 이런 측면에서 마음의 연속에 내재하는 자비의 현행이야말로 불이라 할 수 있다.

그러나 반대논사는 '수행에 의해 마음이 전변한다고 해도 도약이나 뜨거운 불과 같이 마음의 본성을 넘어설 수 없다'고 반박한다. 이에 대해 디르마키르티는,

> [자비 등의 특수한 마음은] 수행에 의해서 특수[한 존재방식으로 마음이 질적으로 전환된다고 해]도, [마음의] 본성을 넘어설 수 없다. 가령, 도약(跳躍)[이 어떤 일정 한도를 비약할 수 없는 것]과 같고, 끓는 물(熱水)[이 일정 한도 이상으로 비등할 수 없는 것]과 같다. 만약 그것(특수, 질적 전환)이 [다른 외적 요인에 의해서] 이루어진다고 한다면, [그 특수가 거듭 이루어지기 위해서는, 그 특수는] 거듭되는 노력을 필요로 할 것이다. [도약이 거듭 이루어지기 위해서는 거듭되는 노력이 필요한 것과 같다.] 또한 만약 [특수가] 안정되지 않는 근거를 지닌다면, [물에 있어서 비등이라는 특수성과 같이, 그] 특수성은 결코 증대하지 않을 것이다. 그런데 [마음의] 본성은 그와 같은 것(불안정한 근거)이 아니다.(2장, 120, 121)

'도약이나 끓는 물과 같다'란 '어느 정도의 수행을 쌓아도 도약은

1요자나(yojana)는커녕 0.5요자나도 무리인 것처럼, 혹은 물이 끓는다 해도 물 그 자체는 뜨겁지 않은 것처럼' 인간이 수행을 통하여 마음의 내적인 덕성을 고양시킨다고 해도 마음의 본성 그 자체는 바꿀 수 없다는 반대논사의 회의론을 피력한 비유이다. 다르마키르티는 마음의 연속의 과정에서 수행에 의해 자비가 생기게 되면 그것은 마음의 본성의 근본적 전변을 추동한다는 것이다. 그는 다음과 같이 말한다.

> 가령, 불 등에 의한 나무[의 탄화작용이라는 특성(질적 변화)이 퇴전하지 않는 것]과 같이, 금과 수은 등[의 합금도 원래대로 환원할 수 없는 것]과 같이, [마음의] 수행에 근거해서 초래[되어 마음의 본성이] 된 자비 등[의 마음작용]은 [마음에] 저절로 일어난다.(2장, 124)

수행에 의해서 마음의 연속에 자비 등이 나타나면 그것은 마음의 본질적 변화를 의미하는 것이다. 다시 말하면 '수행에 의해서 마음에 자비 등이 나타나면 그것은 본연적인 변화이기 때문에 나무가 타서 재가 되며 금을 합금할 수 있는 것과 같이 안정된 상태가 되는 것'이다. 결국 수행에 의해 형성된 자비가 우리 마음의 본성이 되는 것이다. 그러한 자비의 종자를 구현한 존재는 혐오 등의 나쁜 종자의 부정적 영향을 받지 않는 한, 자신의 절대적 본성에 이르게 된다.

> 자신의 종자에서 생기는 자비는 마찬가지로 자신의 종자에서 생기는 그것과 대립하는 [증오 등의] 것(마음작용)에 의해 장애되지 않는 한, 마음[의 상속]에서 절대적인 본성을 갖는 것으로 이행해 간다.(2장, 129)

우리의 마음의 연속에는 선한 자비의 종자만이 연속하는 것이 아니다. 그것과 대립하는 탐·진·치(貪·瞋·痴)와 같은 삼독심(三毒心)의 종자도 연속하는 것이다. 이러한 삼독의 종자가 자비의 종자를 장애하지 않을 때 우리의 마음의 연속은 절대적인 본성에 이르게 된다. 이러한 장애를 이기지 못하고 탐·진·치 3독의 종자가 현행할 때 우리는 그러한 존재를 중생(衆生)이라 부르는 것이다.

그러나 다르마키르티는 우리의 마음은 본성적으로 청정한 것이라 하여 여래장 사상을 방불케 하는 다음과 같은 존재의 모습을 제시한다.

> 이 마음은 [본성적으로] 청정한 것이다. [아견 등의] 더러움은 밖에서 온 것이다. 이미 이전에 [번뇌를 낳는 인과적 효과의] 능력이 없는 것이, 어떻게 해서 그 [수도] 이후에 그 [도]의 본성이 되고 있는 [마음에] 장애를 생기게 하는 [인과적 효과의] 능력이 있을 수 있을까? (2장, 208b-209a)

다르마키르티에 의하면 우리 마음의 본래 모습은 본성적으로 청정하다고 진단한다. 즉 우리의 마음에는 여래가 될 수 있는 가능성이 내장되어 있다는 것이다. 하지만 본래 청정한 우리의 마음이 더러움으로 물드는 것은 마음속에 있는 아견(我見) 종자의 현현 때문이다. 이렇게 아견 종자가 밖으로 현행할 때 우리는 그것을 중생이라 이름한다고 위에서 기술했다. 결국 다르마키르티의 종교철학에 의하면 인간을 포함한 모든 세계는 오직 마음의 연속의 현현에 지나지 않으며 불과 세계도 마찬가지로 마음의 연속의 현현에 지나지 않는다는 점에서 불은 마음의 연속 즉 인간 속에 내재해 있다고 할 수 있다.

요컨대, 유식불교에서는 일체의 존재를 마음 흐름의 현현이라 규정한다. 따라서 나라는 존재 혹은 인간이라는 존재는 마음의 연속에 지나지 않는 것이다. 역으로 말하면 나 혹은 인간이 존재하는 것이 아니라 마음의 현현에 따라 이름한 것이라 할 수 있다. 다르마키르티는 이러한 마음의 흐름=인간의 관점에서 종자로 충만한 마음이 어떤 종자를 현행하는가에 따라 인간 존재의 이름이 달라진다고 보는 것이다. 만약 탐·진·치 삼독의 종자와 삼독의 근거인 아견이라는 종자가 반복 수습(修習)되어 현행할 때 그 현행하는 존재를 중생이라 이름하며, 탐·진·치의 역인 무탐(無貪)과 무진(無瞋) 그리고 무치(無痴)의 선한 종자와 그 종자들의 근거인 무아견이라는 종자가 반복 수습되어 현행할 때 그 현행하는 존재를 불이라 이름할 것이다. 이런 측면에서 불은 인간 즉 마음의 연속 밖에 존재하는 것이 아니라 마음의 연속 안에 존재한다고 할 수 있다.

4. 요약

이상의 논의를 간략한 요약으로 결론을 삼으면 다음과 같다. 첫째, 다르마키르티는 실체의 형이상학에 기반한 종교철학을 구축했던 것이 아니라 유동의 형이상학에 근거한 종교철학을 지향한다. 둘째, 실체의 형이상학에 기반한 종교에서 신은 세계의 배후에 존재하며 세계의 생·주·멸을 주재하는 초월적 존재인 반면, 유동의 형이상학에 근거한 다르마키르티의 불은 인간과 세계와 격절된 존재가 아니라 세계와 내재적 관계를 맺으며 세계를 구성하는 현실적 존재의 하나라고 보며, 또한 우리의 경험과 단절된 존재가 아니라 우리의 구체적 경험과 마찬가지로 생멸하는 궁극적 실재라고 본다. 셋째, 궁극적 실재인 다르마키르티의 불은 전통종교에서 말하는 절대자와 그 본성을 달리한다. 다르마키르티는 전지전능한 일체지자로서의 불이 아니라 인간의 고통의 원인과 그 해결을 지향하는 사제의 원리에 대한 앎과 그것을 중생 구제를 위해 피력하고 아울러 지혜와 자비라는 두 개의 본성을 내재적 덕성으로 한다. 넷째, 다르마키르티는 현실적 존재(vastu)를 '마음의 흐름' 즉 마음의 연속(心相續)으로 파악한다. 그는 마음의 연속에서 무아견과 공견이라는 종자가 반복 수습하여 현행할 때, 불로서 현현하기 때문에 불은 인간 즉 마음의 연속에 내재한다고 본다.

참고문헌

『니야야빈두』(Nyāyabindu)

『니야야빈두티카』(Nyāyabinduṭīkā)

『아비달마구사론』(阿毘達摩俱舍論)

『중론』(中論)

『프라마나바르티카』(Pramāṇavārttika)

『프라마나바르티카바샤』(Pramāṇavārttikabhāṣya)

『프라마나바르티카브리티』(Pramāṇavārttika-Vṛtti)

『프라마나바르티카아란카라』(Pramāṇavārttikālaṅkāra); Motoi Ono, *Prajñākaraguptas Erklärung der Definition gültiger Erkenntnis*, Wien, 2000.

『프라마나비니쉬차야』(Pramāṇaviniścaya)

『프라마나삼웃차야』(Pramāṇasamuccaya)

다르마키르티·다르못타라, 『니야야빈두·니야야빈두띠까』, 박인성 옮김, 경서원, 2000.

목샤카라굽타, 『타르카바샤』; モークシャーカラグプタ, 『論理のことば』, 梶山雄一 譯, 中央公論社, 1975.

권서용, 「연기에 관하여」, 『철학논총』, 2003.

_____, 「다르마끼르띠와 화이트헤드 사상의 접점」, 『인도철학』, 2007.

_____, 「다르마끼르띠의 존재와 인식의 본질에 관한 고찰」, 『보조사상』, 2007.

_____, 「인식의 과정 — 다르마끼르띠의 지각론을 중심으로」, 『동아시아불교문화』, 2009.

______, 『다르마키르티와 불교인식론』, 그린비, 2010.
______, 「다르마키르티와 화이트헤드 사상의 접점(1)」, 『화이트헤드연구』, 2010.
______, 「불교의 인식론과 서양의 인식론에 관한 비교연구」, 『동아시아불교문화』, 2012.
______, 「대상인식과 자기인식으로서의 지각과 추리에 관한 다르마키르티의 논증」, 『인도철학』, 2012.
______, 「의상과 화이트헤드」, 『불교학보』, 2012.
______, 「다르마키르티와 화이트헤드 사상의 접점(3)」, 『동아시아불교문화』, 2015.
______, 「다르마키르티의 의지각과 화이트헤드의 현시적 직접성의 양태로서의 지각에 관한 연구」, 『동아시아불교문화』, 2015.
______, 「다르마키르티의 인과이론—외계실재론과 유식론을 중심으로」, 『인도철학』, 2017.
______, 「유식(唯識)과 기억[念]에 관하여—『유식이십론』과 『양평석』을 중심으로」, 『동아시아불교문화』, 2017.
______, 「화이트헤드의 파악(prehension)과 다르마키르티의 인식(pramāṇa)에 관한 비교연구」, 『인도연구』, 2017.
______, 「다르마키르티의 기억에 관한 소고」, 『인도철학』, 52, 2018.
______, 「앎[識]의 구조에 대한 논쟁—법칭과 원효를 중심으로」, 『한국불교학』, 89집, 2018.
______, 「원효와 화이트헤드사상의 접점에 관한 비교연구」, 『코기토』, 2018.
______, 「원효의 불확정[不定] 원리와 법칭의 선험적 원리에 관한 연구」, 『동아시아불교문화』, 2018.
______, 「다르마키르티와 화이트헤드의 종교철학에 관한 고찰」, 『동아시아불교문화』, 2019.
권오민, 『유부아비달마와 경량부철학의 연구』, 경서원, 1994.
김성철, 「용수의 중관논리의 기원」, 동국대학교 박사학위 논문, 1996.
문창옥, 『화이트헤드 과정철학의 이해』, 통나무, 1999.
우제선, 「증득과 논증」, 『한국선학』 제3호, 2003.
______, 「인식의 전환」, 『보조사상』 22집, 2004.
이지수, 「불교논리학파의 지각(현량)론」, 『불교학보』 제30집, 동국대학교 불교문화연구소, 1993.

_____, 「다르마키르티(법칭)의 관계비판」, 『불교학보』 제34집, 동국대학교 불교문화연구소, 1997.
이태승, 「『이제분별론세소』의 연구」; 「『二諦分別論細梳』の硏究」, 駒澤大學博士學位論文, 1993.
전치수, 「4종의 지각에 관한 상관성 고찰」, 『한국불교학』 제15집, 1990.
_____, 「법칭의 타상속의 존재증명」, 『백련불교논집』 제1집, 1991.
하영미, 『비트겐슈타인의 종교관과 철학』, 서광사, 2014.

가쓰라 쇼류, 「다르마키르티에 있어 '자기인식'의 논리」; 桂紹隆, 「ダルマキールティにおける'自己認識'の理論」, 『南都佛教』 第23號, 1969.
_____, 「디그나가의 아포하 이론」; 「The Apoha Theory of Dignāga」, 『印佛硏』 28-1, 1979.
_____, 「다르마키르티의 인과론」; 「ダルマキールティの因果論」, 『南都佛教』 第50號, 1983.
_____, 「디그나가의 인식론과 논리학」; 「ディグナーガの認識論と論理學」, 『講座大乘佛教』, 春秋社, 1984.
_____, 『인도인의 논리학』(권서용 외 옮김, 산지니, 2009); 『インド人の論理学 ―― 問答法から帰納法へ』, 中公新書, 1998.
_____, 「다르마끼르티의 타심 존재 논증」, 세계불교석학 초청 특강, 우제선 옮김, 2004.
가쓰라 쇼류·이나미 마사히루·후나야마 토루 외, 『불교인식론과 논리학』(권서용 옮김, 운주사, 2014); 桂紹隆·稲見正浩·船山徹 外, 『認識論と論理学』, 春秋社, 2012.
가와사키 신조, 「일체지자의 존재논증」; 川崎信定, 「一切智者の存在論證」, 『講座大乘佛教』 9, 春秋社, 1984.
_____, 『일체지사상의 연구』; 『一切智思想の硏究』, 春秋社, 1992.
가지야마 유이치, 「목샤카라굽타의 논리학」; 梶山雄一, 「Mokṣakaraguptaの論理學」, 『印佛硏』 6-1, 1958.
_____, 「라트나카라샨티의 아포하론」; 「ラトナーカラシャーンティのapoha論」, 『印佛硏』 8-1, 1960.
_____, 「후기 인도불교의 논리학」; 「後期印度佛教の論理學」, 『講座佛教思想』 第2卷, 理想社, 1974.
_____, 『인식론과 논리학』; 『認識論と論理学』, 講座大乘佛教 第9卷, 春秋社, 1984.

가토 준쇼, 『경량부의 연구』; 加藤純章, 『經量部の研究』, 春秋社, 1987.
기무라 도시히코, 「양평석·프라마나싯디 장의 종교론과 해탈론」; 木村俊彦, 「量評釋·プラマーナシッディ章の宗教論と解脫論」, 『印佛研』 20-1, 1971.
_____, 『다르마키르티 종교철학의 원전연구』; 『ダルマキールティ宗教哲學の原典研究』, 木耳社, 1980.
_____, 「프라마나바르티카·프라마나싯디 장에 대하여」; 「プラマーナヴルッティカ·プラマーナシッディ章について」, 『東北印度學宗學會論集』 第2號, 1980.
_____, 「다르마키르티에 있어 인식과 존재의 문제」; 「ダルマキールティにおける認識と存在の問題」, 『南都佛教』 第50號, 南都佛教硏究會, 1983.
_____, 『다르마키르티의 철학과 종교』(권서용 옮김, 산지니, 2011); 『ダルマキールティにおける哲學と宗教』, 大東出版社, 1999.
기무라 세이지, 「프라즈냐카라굽타의 다르마키르티 이해」; 木村誠司, 「Prajñākaraguptaのダルマキールティ理解」, 『印佛研』 37-1, 1988.
기타가와 히데노리, 『인도 고전논리학의 연구』; 北川秀則, 『インド古典論理学の研究』, 鈴木学術財団, 1965.
나마이 지쇼, 『윤회의 논증』; 生井智紹, 『輪廻の論證』, 東方出版, 1996.
니시카와 다카후미, 「다르마키르티에 있어 현량의 정의」; 西川高史, 「Dharmakīrtiにおける現量の定義」, 『曹洞宗研究員研究生研究紀要』 第16號, 1984.
다니 다다시, 「역행하는 인식론과 논리 ― 다르마키르티에 있어 프라마나(인식론 및 논리적 진리 결정 기준)의 구조」; 谷貞志, 「逆行する認識論と論理 ― ダルマキールティにおけるpramāṇa(認識論および論理的眞理決定基準)の構造」, 『佛教思想の諸問題』, 平川彰博士古稀記念論集, 1985.
_____, 「다르마키르티에 있어 자기차이성으로서의 SVABHAVA(순간적 존재성), 그 경계선상의 시점」; 「ダルマキールティにおける自己差異性としてのSVABHAVA(瞬間的存在性), その境界線上の視點」, 『印佛研』 39-1, 1989.
_____, 「다르마키르티 'SVALAKSANA'(獨自相)의 문제 ― 자기차이화하는 현전부재의 대상」; 「ダルマキールティ 'SVALAKSANA'(獨自相)の問題 ― 自己差異化する現前不在の對象」, 『宮坂宥勝博士古稀記念論文集』, 1993.
_____, 『무상의 철학 ― 다르마끼르띠와 찰나멸』(권서용 옮김, 산지니, 2008); 『無常の哲學』, 春秋社, 1996.

______, 『찰나멸 연구』; 『刹那滅の研究』, 春秋社, 1999.

______, 「다르마키르티 '지각에 있어 순간적 존재성 논증'의 전개」; 「ダルマキールティ'知覺による瞬間的存在性論證'の展開」, 『インドの文化と論理』, 戶崎宏正博士古稀記念論文集, 九州大學出版會, 2000.

다케무라 마키오, 『인도불교의 역사』(도웅·권서용 옮김, 산지니, 2018); 竹村牧男, 『インド佛教の歷史』, 講談社, 2004.

다케무라 쇼호, 『불교논리학의 연구 — 지식의 확실성의 논구』; 武邑尙邦, 『佛教論理學の研究 — 知識の確實性の論究』, 百華苑, 1968.

도사키 히로마사, 『불교인식론연구』 상·하; 戶崎宏正, 『佛教認識論の研究』 上·下, 大同出版社, 1979·1985.

마쓰모토 시로, 「불교논리학파의 이제설」 상·중·하; 松本史朗, 「佛教論理學派の二諦說」 上·中·下, 『南道佛教』 45~47, 1980.

______, 「스바브하바 프라티반다」; 「Svabhāva pratibandha」, JIBS 30-1, 1981.

______, 『티베트 불교철학 — 티베트 불교철학의 의의와 가치』(이태승·권서용 외 옮김, 불교시대사, 2008); 『チベット佛教哲學』, 大藏出版社, 1997.

모리야마 세이테쓰, 「후기 중관학파의 학계와 다르마키르티의 인과론」; 森山淸徹, 「後期中觀派の學系とダルマキールティの因果論」, 『佛教大學研究紀要』 第73號, 1989.

______, 「후기 중관학파와 다르마키르티」; 「後期中觀派とダルマキールティ」, 『佛教大學研究紀要』 第74號, 1990.

미야사카 유쇼, 「양평석에 있어 법칭의 현량론의 일고찰」; 宮坂宥勝, 「量評釋に於ける法稱の現量論の一考察」, 『印佛研』 3-1, 1955.

______, 「양평석의 논리와 저작적 입장」; 「量評釋の論理と著作的立場」, 『印佛研』 5-2, 1957.

______, 「양평석에 있어 프라마나 싯디에 관하여」; 「量評釋におけるpramāṇa siddhiについて」, 『印佛研』 7-2, 1959.

______, 「pramāṇa-phala-vyavastha와 다르마키르티의 입장」; 「pramāṇa-phala-vyavasthaとダルマキールティの立場」, 『印佛研』 8-1, 1960.

______, 「다르마키르티의 인식론 소고」; 「ダルマキールティの認識論小考」, 『智山學報』 第11輯, 1963.

______, 「다르마키르티의 생애와 작품」 상·하; 「ダルマキールティの生涯と作品」 上·下, 『密教文化』 94, 1971.

______, 『인도고전론』 상·하; 『印度古典論』 上·下, 筑摩書房, 1984.
사이구사 미쓰요시 편, 『인식론·논리학』(심봉섭 옮김, 불교시대사, 1996); 三枝充悳, 『認識論·論理学』, 講座仏教思想 2, 理想社, 1975.
사쿠라베 하지메, 『구사론의 연구』; 櫻部建, 『俱舍論の硏究』, 法藏館, 1969.
스에키 후미히코, 『근대일본과 불교』(이태승·권서용 옮김, 그린비, 2009); 末木文美士, 『近代日本と仏教』, トランスビュー, 2004.
아카마쓰 아키히코, 「다르마키르티 이후의 아포하론의 전개 — 다르못타라의 장합」; 赤松明彦, 「Dharmakīrti以降のApoha論の展開 — Dharmottaraの場合」, 『印佛硏』 28-1, 1979.
______, 「다르마키르티의 아포하론」; 「ダルマキールティのアポーハ論」, 『哲學硏究』 540, 1980.
야이타 히데오미, 「Tarkarahasya에 있어 『삼반다파리크샤』」; 矢板秀臣, 「TarkarahasyaにおけるSambandhaparīkṣā」, 『印佛硏』 38-1, 1989.
______, 「Tarkarahasya 연구」; 「Tarkarahasya 硏究」 I·II·III·VII·IX, 『成田山佛教硏究所紀要』, 1989~1996.
에지마 야스노리, 「대승불교에 있어 시간론」; 江島惠教, 「大乘佛教における時間論」, 『講座佛教思想』 第一卷, 1974.
______, 『중관사상의 전개 — Bhavaviveka 연구』; 『中觀思想の展開 — Bhavaviveka 硏究』, 春秋社, 1980.
오키 가즈후미, 「다르마키르티의 citrādvaita 이론」; 沖和史, 「ダルマキールティのcitrādvaita理論」, 『印佛硏』 21-2, 1974.
______, 「'citrādvaita' 이론의 전개 — 프라즈냐카라굽타의 논술」; 「'citrādvaita'理論の展開 — Prajñākaraguptaの論述」, 『東海佛教』 第20輯, 1975.
______, 「무상유식과 유상유식」; 「無常唯識と有相唯識」, 『講座大乘佛教』 8, 春秋社, 1982.
와타나베 조코, 「불교논리학파와 찰나멸론의 논증」; 渡邊照宏, 「佛教論理學派と剎那滅論の論證」, 『哲學年譜』 第14號, 1953.
이나미 마사히로, 「다르마키르티에 있어 인과관계의 결정」; 稲見正浩, 「ダルマキールティにおける因果關係の決定」, 『哲學』 39, 1984.
______, 「다르마키르티의 자비 수습의 의론」; 「ダルマキールティの慈悲の修習の議論」, 『印佛硏』 35-1, 1986.
______, 「다르마키르티에 있어 불도」; 「ダルマキールティにおいて佛道」, 『日本佛教學會年譜』

54, 1989.
______,「다르마키르티에 의한 윤회의 논증」上;「ダルマキールティによる輪廻の論證」上,『南都佛教』56, 1992.
______,「『프라마나바르티카』「프라마나싯디」장 연구」1;「『プラマーナ・ヴァールティカ』プラマーナシッディ章の研究」1,『廣島大學文學部紀要』51, 1992.
______,「불교논리학파의 인과관계의 결정방법에 관하여」;「佛教論理學派の因果關係の決定方法について」,『印佛研』47-1, 1998.
이와타 다카시,「Pratyaksa의 장의 구조에 의한 해명」1; 岩田孝,「Pratyaksaの場の構造による解明」1,『Philosophia』第61號, 1973.
______,「동시인식에 관하여」;「同時認識について」,『東洋の思想を宗教』創刊號, 1984.
______,「불교논리학파의 현량제분별성의 증명에 있어 시간요소」;「佛教論理學派の現量除分別性の證明における時間要素」,『佛教における時機觀』, 平樂寺書店, 1984.
핫토리 마사키,「불교논리학파의 현량설으로 하는 일고찰」; 服部正明,「佛教論理學派の現量說にする一考察」,『印佛研』3(2-1), 1953.
______,「디그나가의 지식론」상·하;「ディグナーガの知識論」上·下,『哲學研究』462·463號, 1959.
______,「중기 대승불교의 인식론」;「中期大乘佛教の認識論」,『講座佛教思想』第2卷, 理想社, 1974.
혼다 메구무,『다르마키르티의 인식비판』; 本多惠,『ダルマキールティの'認識批判'』, 平樂寺書店, 2005.
후쿠야마 도루,「가라마시라의 직접지각에 있어 '의에 의한 인식'」; 船山徹,「カマラシーラの直接知覺における'意による認識'」,『哲學研究』第569號, 2000.
______,「다르마키르티의 육식구기설」;「ダルマキールティの六識俱起說」,『インドの文化と歷史』, 九州大學出版會, 2000.
히라카와 아키라,『법과 연기』; 平川彰,『法と緣起』, 春秋社, 1988.

듄, 존 다울링,『다르마키르티 철학의 기초』; Dunne, John Dowling, *Foundation of Dharmakīrti's Philosophy*, Wisdom Publications, 2004.
드레이퍼스, 조지,『실재 인식』; Dreyfus, Georges B. J., *Recognising reality : Dharmakīrti's Philosophy and Its Tibetan Interpretations*, State University of New York Press, 1996.

마티랄, 비말 크리슈나, 『지각』; Matilal, B. K., *Perception*, Clarendon Press Oxford, 1986.

바트, S. R.·A.메로트라, 『불교인식론』(권서용·원철·유리 옮김, 예문서원, 2013); Bhatt, S. R. and A. Mehrotra, *Buddhist Epistemology*, Greenwood Press, 2000.

셔번, 도널드 W., 『화이트헤드의 『과정과 실재』 입문』(오영환·박상태 옮김, 서광사, 2010); Sherburne, Donald W., *A Key to Whitehead's Process and Reality*, University of Chicago Press, 1966.

시더리츠, 마크 외, 『아포하』(권서용·원철·박종식 옮김, 그린비, 2019); Siderits, Mark, Tom Tillemans, Arindam Chakrabarti, *Apoha*, Columbia University Press, 2011.

제임스, 윌리엄, 『근본적 경험론』; James, William, *Essays in Radical Empiricism*, Harvard University Press, 1977.

체르바츠키, 테오도르, 『불교논리학』 I·II(임옥균 옮김, 경서원, 1995); Stcherbatsky, Theodore, *Buddhist Logic*, Motilal Barnasidass, 1962.

크레이저, 「다르마키르티 『진리의 고찰 소론』에서의 앎의 이론」; Krasser, Helmut, "Dharmottara's theory of knowledge in his Laghuprāmāṇyaparīkṣā", *Journal of Indian Philosophy* vol. 23, 1995.

프랑코, 엘리, 『다르마키르티에 있어 자비와 환생』; Franco, Eli, *Dharmakīrti on Compassion and Rebirth*, Universität Wien, 1997.

화이트헤드, 앨프리드 노스, 『상징작용 — 그 의미와 효과』(정연홍 옮김, 서광사, 1989); Whitehead, Alfred North, *Symbolism*, Macmillan Co., 1927.

______, 『과정과 실재』(오영환 옮김, 민음사, 1991); *Process and Reality*, Macmillan Company, 1929.

______, 『관념의 모험』(오영환 옮김, 한길사, 1996); *Adventures of Ideas*, Macmillan Company, 1933.